文魁 谭永生 ◎ 著

THE
PHILOSOPHY OF
ACHIEVEMENT:

Exploration from Theory to Method

达论：
人才测评新体系
从理念到方法的探索

社会科学文献出版社
SOCIAL SCIENCES ACADEMIC PRESS (CHINA)

内容摘要

人才资源是经济社会发展的第一资源。只有建立有效的人才测评新机制，才能高效选拔人才，合理配置人才，正确引导与开发人才，形成我国人才的新优势。构建科学的人才测评体系不仅可以适应人才强国战略对人才工作的要求，还可以在一定程度上解决传统人才测评方法存在的不足。我们建立的是一种基于"达"的"达系"，这里的"达"可以简单理解为达到或实现目标。

以能力和业绩为导向，根据德才兼备的要求，我们建立的"达系"包含：内部和外部两个环境，使命和愿景两个目标，德达、能达、绩达、体达和识达五个要素。从规范职位分类与职业标准入手，针对不同的行业特点、不同的职位和职业要求，按照规范性、科学性和可操作性的要求，我们分别建立了德达、能达、绩达、体达和识达的测评体系及测评方法，并对党政人才、企业经营管理人才、专业技术人才、高技能人才、农村实用人才和社会工作人才六类人才队伍建立了各自的测评"达系"。我们还对"达系"测评指标的筛选及标准制订，"达系"测评的组织与结果分析等问题进行了论述，最后对"达系"测评进行了试点。"达系"试点结果表明，测评的综合结果与"能达"和"绩达"相关度最高，这与《国家中长期人才发展规划纲要（2010～2020年）》的目标要求"建立以岗位职责要求为基础，以品德、能力和业绩为导向，科学化、社会化的人才评价发现机制"精神要求相吻合，并为其提供了实践证明和量化支撑。此外，我们的测评"达系"不但从业绩，而是从品德、能力和知识等方面更加综合地反映了一个人的实际状况，并且分别给出了各个要素的评价情况，这样更便于测评结果的反馈，使被测评人更加清醒和明了地看到自己的成绩和不足。正是通过对"达"的测评，可以对人才进行全面衡量，从而对人才行为做出最佳调整和自我控制。这种控制不再是传统的上级对下级的控制，而是通过回馈信息不断加强个人能力和业绩的一种化被动为主动的控制。它使个人能够及时获知执行结果，因而能非常清楚和自觉地对自己进行调整。

Abstract

Human Capital is the primary resources for economic and social development. In order to form the new advantages of our talent, we should establish a new effective talent evaluation mechanism, which can select the personnel effectively, allocate the personnel rationally, guide and instruct the personnel properly. The scientific talent evaluation system can not only adapt to the requirements of the strategy of talents state, but also solve the shortcomings of traditional talent evaluation methods to some extent. The system we created is based on the achievement which means reach the target.

Capacity and performance-oriented, according to the requirements of both moral and ability, we build up the achievement system includes: internal and external environment, mission and vision, morals, ability, result, physical fitness and knowledge. Start from the specification of job classification and occupational standards, point at different industry characteristics, different positions and job requirements, in accordance with the normative, scientific and operational requirements, we established the evaluation system and methods of achievement of morals, ability, result, physical fitness and knowledge. Also found the achievement system on the party and government personnel, enterprise management talent, professionals, high skill talents, the rural practical talents, and the social workers. We also carried on the quota selection and standard formulation of achievement system, discussed the organization and results and so on, finally made the system into progress in some pilots. The results show that the consolidated result is highly associated with the achievement of ability and result, which is coincidence with the target and requirement of National Long-term Talent Development Plan (2010-2020) to establish the mechanism of post responsibility requirements based, moral character, ability and result oriented, scientifically and socially, and also provide practical proof and quantification support. In addition, our evaluation system of achievement not only from result, but also from the moral, ability and knowledge that more comprehensively reflect a person's actual situation, and given the various elements of the evaluation, which is easier to survey the results feedback, and enable the testee more sober and clear to see their achievements and shortcomings. It is through the evaluation system of the achievement, talent could be fully measured, and make the best adjustment and self-control of talent. It is no longer a traditional superior to subordinate control, but an active control of strengthen personal capacity and performance by feedback information. Enable individuals to know the results of the implementation, and therefore adjust themselves clearly and consciously.

目　录

Contents

序　言

国以才重、党以才旺，政以才治、业以才兴。历史反复印证着这样一个道理：一个政党，一个民族，一个国家，能不能培养出优秀的人才，能不能呈现人才辈出、才尽其用的局面，在很大程度上，决定着这个政党、这个民族、这个国家的兴衰存亡。

党和国家历来十分重视人才工作，2003 年 12 月召开的第一次全国人才工作会议，通过了《中共中央国务院关于进一步加强人才工作的决定》。2007 年 10 月，党的十七大将人才强国战略写入党的代表大会报告和党章，使人才强国战略与科教兴国战略和可持续发展战略并列成为国家发展的三大战略。2010 年 5 月召开第二次全国人才工作会议，同年 6 月颁布了《国家中长期人才发展规划纲要（2010～2020 年）》。2012 年 11 月，党的十八大着眼实现全面建成小康社会奋斗目标，准确判断我国发展重要战略机遇期内涵和条件的变化，作出了深入实施人才强国战略、加快确立人才优先发展战略布局、推动我国由人口大国迈向人才强国的重大部署。这充分体现了党中央、国务院对人才工作的重视，为人才工作注入了活力，指明了前进的方向。

人才工作包括人才的培养、开发、使用和评价等环节。要做到正确地使用人才、吸引人才和开发人才，首先必须做到能科学准确地评价人才、鉴别人才，这样才能做到人尽其才、才尽其用，避免优秀的人才因为没有得到正确的评价而被长期闲置浪费，而不称职的庸才却长期占据重要的职位。因此，引入和使用科学的人才评价方法，能有效保证我们正确地选拔人才、鉴别人才，使人才能在一个良好、健康、和谐的环境中安心工作，充分发挥他们的积极性和创造性，通过这种良好的人才使用机制，来为我们党和国家事业的发展，为我们全面建设小康社会提供强大的智力支持。为此，《中共中央国务院关于进一步加强人才工作的决定》和《国家中长期人才发展规划纲要（2010～2020 年）》中均明确提出要改革各类人才评价方式，积极探索主体明确、各具特色的评价方法，大力开发应用现代人才测评技术，努力提高人才评价的科学水平。显然，适应人才工作的新要求，与时俱进地探索研究人才测评的新方法、新途径就具有极其重要的理论意义和实践意义。

人才测评工作根据评价目的可以分为选拔测评和考核测评两大类型，选拔测评主要是指在选拔任用时对拟选人员的素质、能力等的预测性评价，而考核测评则是对现职人员在岗位上所表现出来的业绩和能力的评价。近年来，随着国家及企事业单位用人制度改革，各级各类单位的人才选拔、录用、考核工作都迫切需要一套科学的、操作性强的测评方法和手段来实现对评价对象的真实评价。特别是科学人才观和人才强国战略的提出，使人才测评工作需要经常化、制度化、规范化，客观上需要建立一套科学的评价方法、评价数据和评价标准，以供选拔和考核之用。我们研究的主要目的和内容就是按照《中共中央国务院关于进一步加强人才工作的决定》和《国家中长期人才发展规划纲要（2010～2020年)》等文件精神，开发应用现代人才测评技术，努力提高人才评价的科学水平。

管理学家彼得·德鲁克曾经说过："所谓企业管理，最终就是人事管理，人事管理，就是管理的代名词。"从德鲁克的目标管理概念得到启发，我们认为对于人才的评价或者考核也可以测量他们（组织）的目标完成情况。人才的作用就是实现和超越组织的目标，即目标的"达成"。而目标是在资源约束条件下按照组织的性质、本质、使命、宗旨确定的，确保组织动态目标实现的能力就是"达力"，所有的"达力"便构成一个"达系"。按照这种思路，可以首先找出能够体现人才标准的基本要素，然后对这些要素分别进行衡量，最后进行综合。如果一个人"达到了"人才标准的要求，我们就可以认为他是人才或者考核合格。简单地说，我们的测评技术就是建立对人才进行科学评价的人才测评"达系"。

我们提出的"达系"层次结构包含两个环境、两个目标和五个要素。

两个环境：内部环境和外部环境。从组织行为学的角度讲，一个组织（个人）的存在总是为了实现某一任务，而任何组织（个人）的存在和发展都离不开环境，环境施加给组织约束，又提供给组织资源。因此，在进行人才测评时，一定要考虑人才所处的环境。

两个目标：组织的使命和愿景。使命说明了社会赋予组织的基本职能，或组织应履行的社会委托给它的任务。换言之，它说明了组织的追求及组织存在的理由。而愿景则是组织的使命需要转化为组织各管理层次的具体目标。将使命和愿景的内涵思想赋予人才测评上，我们认为，人才都应该有明确的使命和目标，并努力实现这些使命和目标。评价或考核一个人是否是人才，要研究其所在组织的使命和愿景。

五个要素：德达、能达、绩达、体达和识达。根据人才多层次和多结构的特点，适应人才强国战略的要求，我们认为正确评价人才应综合考虑被评价对象的品德、能力、业绩、体质和知识。综合分析，我们从德达、能达、绩达、体达和识达五个方面建构"能绩型"人才测评"达系"。其中，德达是先决条件；识达、体达和能达是基础；绩达是人才价值的外在表现，能够反映人才作用发挥的情况和能力大小。

根据上述人才测评"达系"的层次结构，我们在向实践、向专家进行有关人才测评情况调查的同时，全面系统地学习了国内外人才测评的原理、方法以及党和国家在不同时期制定的有关人才工作的政策和制度文件，特别是认真学习了《中共中央国务院关于进一步加强人才工作的决定》和《国家中长期人才发展规划纲要（2010～2020年）》。在此基础上，我们对人才测评问题进行了理论探讨。根据学习和探讨的成果，初步设置和建立了人才测评"达系"的框架和综合评价方法。然后组织专家学者对指标体系和评价方法进行论证，利用论证后的指标评价方法实施试点。通过对试点情况进行总结，然后对人才测评"达系"和测评方法作进一步的修订总结，使其更加完善，最后形成成果接受实践检验。除此之外，我们还对德达、能达、绩达、体达和识达对不同行业、类型、层次的人才如何设计测评指标，如何进行统计计量分析及有关人才测评等问题也进行了研究。

需要说明的是，为验证人才测评"达系"的可行性与可信性，我们以某高校教学及科研人员进行了测评试点，并将"达系"得出的测评结果与试点高校科研部门的评价结果进行了对比。结论表明：两者的测评结论是一致的。不同的是，我们的测评不但从业绩，而是从品德、能力和知识等方面更加综合地反映了一个人的实际状况，并且分别给出了各个要素的评价情况，这样更便于测评结果的反馈，使被测评人更加清醒和明了地看到自己的成绩和不足。也就是说，通过对"达系"的测评，还可以对人才行为做出最佳调整和自我控制。这种控制不再是传统的上级对下级的控制，而是通过回馈信息不断加强个人能力和业绩的一种化被动为主动的控制。它使个人能够及时获知执行结果，因而能非常清楚和自觉地对自己进行调整。

　　此外，人才测评"达系"试点结果也表明，人才测评的综合结果与"能达"和"绩达"相关度最高，这不但与《中共中央国务院关于进一步加强人才工作的决定》和《国家中长期人才发展规划纲要（2010～2020年）》的建立以"能力和业绩为导向，科学化、社会化的人才评价发现机制"精神要求相吻合，而且也可看成是为其提供了实践证明和量化支持。

第一章　人才与人才强国战略

人才是指具有一定的专业知识或专门技能，进行创造性劳动并对社会做出贡献的人，是人力资源中能力和素质较高的劳动者。人才是我国经济社会发展的第一资源。人才作为科学发展的第一资源和先进生产力，其地位和作用已经明确写进党的代表大会报告和党的章程，人才队伍作为国家战略性资源，是党和国家实现全面建设小康社会目标最可依靠的优势资源。

第一节　人才概念及其演进

人才是一个历史的概念，随着时代的推移和社会发展，人才概念的内涵和外延始终处于一个动态的演进过程。

一　中国古代的人才思想

中华民族历史悠久，有着丰富的文化典藏，其中蕴藏着大量的具有科学性精华的人才学思想。

据历史记载，人才一词最早出现于《诗经·小雅》注之中："君子能长育人才，则天下喜乐之矣。"① 此诗用生长茂盛的植物来比喻人才的茁壮成长，希望人才能够成为天下人民喜爱的人中精华。据考证，从西周开始，便对人才有了论述，中国古代"才"与"材"通用。西周姜子牙把人才的标准规定为六条："一曰忍，二曰义，三曰忠，四曰信，五曰勇，六曰谋。"（《太公六韬·文韬·六守》）可见人才既要有品德方面的仁义忠信，又要有才能方面的勇谋。这种把人才理解为有道德伦理和知识技艺的人的概念，是与西周宗法等级制度相适应的，可以视为中国人才思想的发端。②

---

① 王通讯：《宏观人才学》，中国社会科学出版社，2001，第381页。
② 邱永明：《人才概念及标准历史演变的考察》，《中国人才》2004年第4期。

春秋战国时期，各诸侯国信奉"得人才者得天下"的道理，其间有不少思想家对"人才"有过论述。① 我国古代用于描述人才之意的字词有"贤"与"能"，然后是"士"，指的就是有德行有才干的人。② 孔子在《论语·里仁》中论述"君子喻于义，小人喻于利"，他把"义"与"利"之间取舍作为区分"君子"与"小人"的价值标准。尽管把"君子"比作"人才"，把"小人"比作"非人才"的观点容易引起人们的争议，但从姜子牙把"义"作为评判人才的一个"标准"来看，孔子侧重于探讨如何来判定众生之中的"优秀者"。孔子在《论语·子路》论述"为政之道"时还提出"先有司，赦小过，举贤才"，指出要不计较人的小错，提拔优秀的人才。

孔子的人才观在其对颜回和子贡的态度中可以清楚地看出。就身份地位而言，颜回属于一文不名的知识分子，而子贡却是家财万贯的商人。从资质来看，颜回沉默笃言，看似愚钝，而子贡能言善辩，聪明伶俐。作为学生，颜回既不是特别爱发问，学习能力也不强，而子贡却积极请教孔子，参与讨论，发表见解。如果以略带功利色彩的教育观点看，子贡这样的学生应当更受老师和学生的欢迎，然而孔子对他们的态度却截然相反。孔子扬颜回而抑子贡，颇有深意。③ 孔子并不看重外在的金钱地位，他不以外在的成就论是非，而更注重个人精神层面的仁德以及由此衍生出来的坚定信仰、积极而又超脱的人生态度和学习态度。孔子针对两个人的不同性格采取不同的教育方式，并且将个人内在的道德品质和思想内涵视为教育的一个重要标准，显然超越了世俗的功利价值评价。

荀子在人才的培养、选拔、使用、激励、保障等方面也提出了一套较为系统的理论。如荀子提出了"尚贤"是立国之要的用人观点，并提出了

---

① 朱耀廷、李树喜：《中国人才史纲》，北京大学出版社，2012，第32~70页。

② 钟祖荣：《现代人才学》，浙江教育出版社，1988，第36页。

③ 在整部《论语》中，涉及颜回的共有17条，其中颜回发表观点的只有1条，回答孔子提问的1条，其余15条全部是孔子对颜回的评价及怀念，而这些评价基本上全都是褒奖。关于子贡的有33条，其中请教孔子的有10条，发表自己观点和见解的有8条，其余的为评价，其中正面评价2条，负面评价和训诫5条，8条为中性评价。《论语·述而》篇中，子谓颜渊曰："用之则行，舍之则藏，唯我与尔有是夫！"很显然，孔子视颜回为知己。颜回言行合一，笃于行而讷于言。在孔子看来，颜回是"大智若愚"，是真正君子的智慧，也是真正理解孔子思想、能传承孔子衣钵的人。和颜回的大智若愚比起来，子贡的"利口巧辞，能言善辩"则属于巧言令色的"小智"。

相应的一些标准及以考察、待遇等为核心的人才管理办法。

春秋战国时期比较集中反映人才思想的是吕不韦组织门客编写的《吕氏春秋》。该书集中总结了关于人才选拔、使用和管理"士"的经验。"重人"是《吕氏春秋》人才思想的第一要义。"凡国之亡也，有道者必先去，古今一也"。① 举才、用才的关键在于知才，这都在《吕氏春秋》中有详细的论述。

东汉杰出的思想家王充是历史上第一位使用"人才"这一概念的人，其在《论衡·累害》的开卷就提出："人才高下，不能钧同。"王充认为："儒生过俗人，通人胜儒生，文人逾通人，鸿儒超文人。"② 他将鸿儒称为"超而又超"的人。王充的人才观点可以概括为：知识不是天生就有的，人只有通过学习才能获得知识，有知识的人是社会的有用之才，社会发展离不开有知识的人才和社会应该重视人才。他的"人才得失论""人才学成论""人才才力论"等理论，在人才思想史上有着重要的影响。

三国时期的诸葛亮曾以德才为标准，将"将才"分为九类，即仁将、义将、礼将、智将、信将、步将、骑将、猛将、大将。又分为十夫之将、百夫之将、千夫之将、万夫之将、十万人之将、天下之将。魏国哲学家刘劭的《人物志》，是我国历史上第一部研究人才的专著，他把人才分为清节家、法家、术家、国体之才、器能之才、臧否之才、伎俩之才、智意之才、文章之才、儒学之才、口辩之才、雄杰之才 12 个类别，并提出了鉴别人才的"八观""五视"法。③ 晋代葛洪认为人才就是有才学的人，其在《抱朴子·广譬》提出"人才无定珍，器用无常道"，他又在《抱朴子·逸民》中提到"褒贤贵德，乐育人才"。唐代刘知幾在《史通·叙事》中提到："故知人才有殊，相去若是，校其优劣，讵可同年。"韩愈在其《马说》，李贺在所写的《马诗》中都采用了借马喻人才，讲人才的道理。④

宋代王安石在《上仁宗皇帝言事书》中指出"则天下之人才，不胜用矣"。宋代秦观的《人才》篇是古代史上第一次以人才为论题的策论，它集中反映了秦观的人才思想。秦观认为人才分为成才、奇才、散才和不才四

① （战国）吕不韦：《吕氏春秋》，上海古籍出版社，1989，第 116 页。
② （汉）王充：《论衡·超奇》，中华书局，1974，第 104 页。
③ （魏）刘劭原著、金克水编著《人物志全解》，中央编译出版社，2011，第 210～211 页。
④ 朱耀廷、李树喜：《中国人才史纲》，北京大学出版社，2012，第 356～363 页。

类。在人才类别中，既有偏才也有通才，既有英才也有庸才，体现着人才个体不同的学识水平和能力品级，这种人才分类的思想和善用一技之长人才的观点至今仍广泛借鉴。

清代恽敬在《兵部侍郎裘公神道碑铭》指出"今上加意人才，大臣多以公名举奏，升内阁侍读学士"，恽敬也认为人才就是有才学的人。曾国藩在《冰鉴》中也指出"取人之式，以有操守而无官气，多条理而少大言为要"①。近代龚自珍的诗词、散文如《己亥杂诗》《病梅馆记》都对人才问题发表了精彩的见解。②

综述我国古代的人才思想，古人对"人才"的特征可概括为：首先，人才应当具备良好的道德品质；其次，人才应当具有一定的才干；最后，人才可以分为很多类别，即"术业有专攻"。

二 人才概念的演进

人才是一个历史的、具体的概念，随着时代的推移和社会发展，人才概念的内涵和外延始终处于一个动态的演变过程。如《辞海》对人才的解释是："有才识学问的人，德才兼备的人；指才学、才能；指人的品貌。"③《现代汉语词典》对人才的解释是："德才兼备的人，有某种特长的人。"④《领导科学词典》中认为："人才是指在各种社会实践中具有一定专门知识、较高技能和能力，能够以自己创造性的劳动，对认识、改造自然和社会做出较大贡献的人，是人群中的精华。"⑤新中国成立以来，人才概念不断得到深化发展，大致经历了以下五个阶段。

（一）第一阶段（1949～1976年）：人才概念的孕育——人才身份论

在新中国成立初期，人才通常是指干部和知识分子。⑥毛泽东在论及人才的重要作用时曾说过："五百万左右的知识分子对我们这样一个大国来

---

① （清）曾国藩：《冰鉴》，内蒙古人民出版社，2008，第1页。
② 朱耀廷、李树喜：《中国人才史纲》，北京大学出版社，2012，第642～645页。
③ 辞海编辑委员会编《辞海》（编印本），上海辞书出版社，1980，第302页。
④ 中国社会科学院语言研究所词典编辑室编《现代汉语词典（修订本）》，商务印书馆，1996，第1061页。
⑤ 孙瑕、白明东《领导科学词典》，东北师范大学出版社，1988，第35页。
⑥ 1939年12月1日，毛泽东为党中央起草了《大量吸收知识分子》的决定。这是我们党最早提出选拔知识分子的政策，在当时旧中国的知识分子中，产生了巨大的影响。

说，是太少了。没有知识分子，我们的事情就不能做好……"① 邓小平也曾指出："现在我们搞建设，干部已成为决定性的因素。"② 可见，在当时的社会历史条件下，以身份界定人才的人才身份论是较为普遍的。

（二）第二阶段（1977～1982 年）：人才概念的破土——人才尖子论

社会上对人才的认定，往往和知识分子的概念联系起来。改革开放之初，1977 年 5 月 24 日邓小平明确提出了"尊重知识，尊重人才"的重要思想。③ 1978 年邓小平在《全国科学大会开幕式上的讲话》中又充分肯定了我国的知识分子的绝大多数已经是工人阶级和劳动人民自己的知识分子。五届全国人大五次会议通过的新宪法，以法律的形式肯定了知识分子是工人阶级的一部分。随着人才学的兴起，关于人才的定义也多种多样。

雷祯孝和蒲克认为："我们所理解的人才，是指那些利用自己的创造性劳动成果，对认识自然改造自然，认识社会改造社会，对人类进步做出较大贡献的人。"④ 应该说这属于一种尖子论人才定义。其间，人才学的主要创始人王通讯也认为"人才指的是对社会发展和人类进步进行了创造性劳动的人"，这种定义为当时多数人才学学者所接受。

在 1979 年 11 月中国首届人才学术讨论会上，研究人才学的专家学者各抒己见，对"什么是人才"这个问题进行了进一步的探讨，提出了许多看法，归纳起来大体有 10 种。

（1）谁能解决问题谁就是人才；

（2）人才是指有潜在能力的人；

（3）人才是指出类拔萃的人；

（4）人才是指有特殊才能的人；

（5）人才是指有超群才能的人；

（6）人才是人中优秀者；

（7）人才是指对现代化建设做出贡献的人；

（8）人才是指智能较高，可能对人类做出贡献的人；

（9）人才是指智能较高，有义务感等素质的人；

---

① 毛泽东：《毛泽东文集》（第三卷），人民出版社，1999，第 270 页。

② 邓小平：《邓小平文选》（第一卷），人民出版社，1994，第 209 页。

③ 邓小平：《邓小平文选》（第二卷），人民出版社，1994，第 41 页。

④ 雷祯孝、蒲克：《应当建立一门"人才学"》，《人民教育》1979 年第 7 期。

（10）人才是指智能较高，创造力较强，对社会做出贡献的人。

（三）第三阶段（1982～2003 年）：人才定义的百家争鸣——学历职称论

长期以来，很多人才学者都试图把人才的概念定量化，找到一条便于实际操作的概念。1982 年《国务院批转国家计划委员会关于制定长远规划工作安排的通知》（国发〔1982〕149 号），在人才预测工作中使用了专门人才的概念，并规定专门人才包括两类人：一是具有中专或中专以上规定学历者；二是具有技术员或相当于技术员以上专业技术职务者。随后，原人事部在人才统计工作中给出了人才定义："人才，在我国具体指以下三类人：一是获得中专以上（含中专）学历的人；二是技术员（含技术员）或相当于技术员以上专业技术职称的拥有者；三是不具备以上条件，但是能胜任技术岗位工作的人。"从 1982 年起，这个界定一直沿用下来，也成为实际工作中衡量人才的一个普遍标准，因为它界定清晰，便于统计。[①]

其间，人才定义也进入丰富和完善阶段。学者对什么是人才这个问题继续进行探索，丰富了人才的内涵，比较有代表性的观点有：

1. 潘光旦的人才含义

我国人才问题研究的著名学者潘光旦先生认为："人才问题有两方面，一是原料，一是培植；原料的由来靠反选择的移民与有选择的生育，培植则靠营养，靠教育，靠一般文化的激发与熏陶，二者是不可偏废的。"[②]

2. 彭文晋的人才定义

彭文晋在坚持认识人才的社会性、相对性、可变性、广泛性原则的基

---

① 国内一些地区也从本地区的实际出发，界定了本地区的人才标准。但由于我国经济社会发展不平衡，各地区各部门发展的目标也不一致，考虑到区域经济社会发展的方向、人才结构的配置和优化、高层次人才的领率作用、优势产业和传统产业对人才的需求等因素，在一定的历史阶段，各地区各部门所需要的人才是不一样的，人才的数量、质量和层次也不尽相同，对人才也分门别类，按照实际需求进行了界定。如《北京市人才市场管理条例》（1997 年 10 月 16 日北京市第十届人民代表大会常务委员会第四十次会议通过）中规定："本条例所称人才是指具有专业技术职务任职资格或者中专以上学历的专业技术人员以及各类管理人员。"《辽宁省人才市场管理条例》（1997 年 4 月 11 日辽宁省第八届人民代表大会常务委员会第二十七次会议通过）中规定："本条例所称人才是指具有中专以上学历或者初级以上专业技术职务（含取得相应专业技术职务任职资格）的人员。"

② 中国人才研究会编《人才研究论文集》，辽宁人民出版社，1985，第 249 页。

础上，认为："人才就是指那些能够在认识自然改造自然和认识社会改造社会的实践中，用自己的创造性劳动成果，为提高人类社会的物质文明和精神文明做出较大贡献者；或者是那些具备了某种从事创造性劳动的能力，具备了为人类社会做出较大贡献的内在条件，只是暂时由于缺乏某种外部条件和机会，而尚未做出较大贡献者。前者是实在的人才，后者是潜在的人才。"①

3. 叶忠海的人才定义

叶忠海认为："人才，是指那些在各种社会实践活动中，具有一定的专业知识、较高的技术和能力，能够以自己创造性劳动，对认识、改造自然和社会，对人类进步做出了某种较大贡献的人。"② 这一定义主要是强调在一定社会条件下，人才必须进行创造性劳动和做出贡献。

4. 黄津孚的人才定义

黄津孚对人才做了如下定义："人才是指在对社会有价值的知识、技能和意志方面有超常水平，在一定社会条件下能做出较大贡献的人。人才既包括知识超常的知识分子，又包括技能超常的能工巧匠、艺人和'领袖'，还包括意志超常的'英雄'。再简单一点，就是社会需要的高素质的人。"③ 这一定义把社会需要和高素质作为评价人才的关键要素。

5. 杨开显的人才定义

杨开显认为应引入投入产出比来定义人才，他把人才定义为："一个人投入产出比达到一定的值，就是人才；未达到这个值的，就不是人才；这个值越高的就越是人才。"④ 但杨开显并未从定量的角度对可以称之为人才的"投入产出比的值"作出明确界定。

6. 罗洪铁的人才定义

罗洪铁在对人才定义的实质问题进行深入探讨的基础上对人才作出如下定义："人才，是指那些具有良好的内在素质，能够在一定条件下通过不断地取得创造性劳动成果，对社会的进步和发展产生较大影响的人。"⑤ 这

---

① 彭文晋：《人才学概说》，黑龙江人民出版社，1983，第16－17页。
② 叶忠海：《人才学概论》，湖南人民出版社，1983，第12页。
③ 黄津孚：《人才是高素质的人——关于人才的概念》，《中国人才》2001年第11期。
④ 杨开显：《人才定义的新思路》，《中国科技论坛》1997年第6期。
⑤ 罗洪铁：《再论人才定义的实质问题》，《中国人才》2002年第3期。

一定义强调了人才的三个要素，即内在素质、创造性劳动成果、较大影响的要素。

7. 王通讯的人才定义

王通讯指出："人才就是对社会发展和人类进步进行了创造性劳动，在某一领域、某一行业，或者某一工作做出了较大贡献的人。"[①] 这一定义主要强调了创造性劳动并对社会做出贡献，对科学人才观的提出起到了理论铺垫作用。

8. 钟祖荣的人才定义

钟祖荣认为："人才，是在品德、智能、创造性三者中的一个或几个方面，其实际水平和实际成果都杰出的人。人才是适应一定的社会需要，利用一定的外部条件，充分发挥主观能动性，在劳动中形成并发挥其杰出的内在素质的人。"[②] 这一定义缩小了人才的内涵，扩大了人才的外延。

从上述研究中可以看出，尽管对人才的定义不尽相同，但都具有以下一些共同的特征：

（1）社会性。人才总是一定历史条件下的人才，总是一定社会专门需要的人才。

（2）创造性。这是人才的首要特征，也是区别与一般人的根本所在。

（3）杰出性。人才自身要具备高于一般人的素质，掌握一定的知识和技能。

（4）进步性。人才总是要推动社会前进和历史进步，而不能逆潮流而动，要推进社会主义物质文明、政治文明、精神文明建设，为建设中国特色社会主义伟大事业做出积极贡献。

（5）实践性。人才是从实践中成长并被认可的，虽然先天的心理和生理素质对成才有一定的影响，但主要还是看在实践中的表现，同时人才还必须经受实践的检验。

（6）相对性。"尺有所短，寸有所长"。人才是相对的，人才总是一定范围一定条件下的人才，在本行业是人才，出了这个行业可能就不是人才。

---

① 王通讯：《人才学通论》，天津人民出版社，1985，第8页。
② 钟祖荣：《现代人才学》，浙江教育出版社，1988，第5页。

（7）层次性。人才既有领军人才、帅才、高级人才，也有一般人才、普通人才。

（8）类别性。"三百六十行，行行出状元"，不同的行业、不同的岗位上都能出人才。

（四）第四阶段（2003年至今）：人才定义的丰富和完善——实践论

人才是个大概念，专业人才只是人才中的一部分。特别是完全以学历和职称来判定是否是人才，限制了人才概念的外延，不甚科学。随着社会实践的进一步丰富、发展，我国的人才事业与时俱进，党和国家对人才问题的认识日臻深刻和成熟，对人才的界定也越来越符合实践规律和人类社会发展规律。2003年全国人才工作会议，在总结以往人才定义的基础上，第一次通过中央文件《中共中央国务院关于进一步加强人才工作的决定》对人才概念作了表述，即"只要具有一定的知识或技能，能够进行创造性劳动，为推进社会主义物质文明、政治文明、精神文明建设，在建设中国特色社会主义伟大事业中作出积极贡献，都是党和国家需要的人才"。《中共中央国务院关于进一步加强人才工作的决定》第一次把知识、能力和业绩作为衡量人才的主要标准，突破以学历、职称、资历和身份界定人才的束缚，实现了人才观念的质的飞跃。这是对传统人才概念的重大突破，体现了科学的人才观，对人才发展具有重大意义，也为社会各方面所接受。2010年《国家中长期人才发展规划纲要（2010～2020年）》站在新的历史起点，对人才思想进一步丰富和完善，对人才的定义又重新进行了阐述："人才是指具有一定的专业知识或专门技能，进行创造性劳动并对社会作出贡献的人，是人力资源中能力和素质较高的劳动者。人才是我国经济社会发展的第一资源。"这个人才概念，体现了人才思想的又一次突破。

从内容看，《国家中长期人才发展规划纲要（2010～2020年）》中的人才概念是"大人才观"，并有新的内涵。主要体现在三个方面：一是专业性，具有一定的专业知识或专门技能；二是价值性，能够进行创造性劳动，产生新增价值，对社会作出贡献；三是时代性，为体现人才的地位和作用，对"人才资源是第一资源"的重要思想作了进一步丰富，提出人才是我国经济社会发展的第一资源，是科学发展的第一动力，谈人才不能脱离当前全面建设小康社会、创新型国家的目标，突出了时代性特征。在外延上，概念清晰界定了人才与人力资源、知识分子的关系，即人才包含在人力资源中，是人力资源中能力素质较高的部分。同时，知识分子也含在人才之中。人人都能成才，凡是劳动者，只要有创造性劳动都能成才。人才的范围不再为少数精英者所专有，有利于整个社会的发展，有利于人的全面发展，这符合马克思主义的观点，也符合社会主义制度的特征，使人才概念不仅是一个人才学的学术概念，而且对人才工作实践和人人成才都具有很强的现实指导意义。①

《国家中长期人才发展规划纲要（2010～2020年）》对我国人才队伍也进行了修正改进，实现了"三个扩展"：一是人才队伍由传统的"三支人才队伍"（党政人才、专业技术人才、企业经营管理人才）扩展到"三支三批人才队伍"（增加了高技能人才、农村实用人才和社会工作人才）；二是人才统计领域由传统的体制内人才（公有经济单位人才）扩展到体制外人才（非公有经济领域人才）；三是负责人才统计的部门由传统的组织人事部门扩展到劳动和社会保障部门、农业部门和统计部门，一个分工明确、相互协作的全新人才统计体系开始形成。在人才评价方面，指出"建立以岗位职责要求为基础，以品德、能力和业绩为导向，科学化、社会化的人才评价发现机制。完善人才评价标准，克服唯学历、唯论文倾向，对人才不求全责备，注重靠实践和贡献评价人才。改进人才评价方式，拓宽人才评价渠道。把评价人才和发现人才结合起来，坚持在实践和群众中识别人才、

---

① 在英文词典里，对"人才"并没有规定一个确切的概念，与"人才"最接近的词汇是"talent"，但它与我国人才的含义不尽相同。《韦氏大词典》的解释是"a special, superior ability in an art, mechanics, learning, etc."或者"talented persons collectively"，"talent or talented person：people who have special or verygreat ability"，意指"在艺术、技巧、学习等方面有特殊的、较高的能力"或者"具有这种能力的人的总称"。《剑桥美国英语词典》的解释是"a special natural ability to do something well or people who have this ability"，或"genius：person who has exceptional great mental or creative ability"，意指"胜任某件事情的特殊的、天然的能力"或"具有这种天分或天资的人"。日语中有"人才"这一词汇（其通常写作"人材"），日语中的"人才"概念源于我国，目前其对人才概念的解释也是"形形色色"的。以石川淳二为代表的一部分人认为：人才指企业的职工、工作人员，即其"人才"概念与企业的"人力资源"概念之间是"等价"的。日本小学馆印行的《国语大辞典》（1987年12月）中对人才概念的释义与我国的《辞海》基本相同："人才"亦作"人材"，一是指"人的才能、才干"；二是指"才智出色的人，有用处的人"。在二神恭一主编的《人才开发辞典》（1998年7月）中将人才与专家画了等号，他认为：人才是拥有丰富的实践经验和专业知识并取得实际成果的高水平的专家。在俄语中，"人才"一词写作аталант（塔兰特）。塔兰特是古希腊、巴比伦、波斯和小亚细亚其他地区的货币单位，由此而转化为"财富""天资""才能""天才""人才"之意。

发现人才"（见表1-1）。[①]

表1-1　两次人才工作会议对人才队伍的阐述

文件 ＼ 定义	人才队伍
《中共中央国务院关于进一步加强人才工作的决定》（2003年12月26日）	党政人才、企业经营管理人才和专业技术人才是我国人才队伍的主体。加强高技能人才和农村实用人才队伍建设。
《国家中长期人才发展规划纲要（2010~2020年）》（2010年6月6日）	统筹抓好党政人才、企业经营管理人才、专业技术人才、高技能人才、农村实用人才以及社会工作人才等人才队伍建设，培养造就数以亿计的各类人才，数以千万计的专门人才和一大批拔尖创新人才

三　人才概念的特征

在当今知识经济迅猛发展的时代，人才的标准越来越呈现多元化的特点。综合中共中央两次人才工作会议精神，人才在经济社会发展中的特点及发挥作用的规律，我们认为，人才概念具有以下共性特征。

（一）具有一定的知识技能基础

这是当今时代对人才的基本素质和能力要求，也是成才的基础，更是进行创造性劳动，为社会和经济发展做出积极贡献，发挥人才积极作用的内在依据。知识经济时代，没有知识和技能，没有较高的素质和能力，难以称其为人才，也不可能成才。从这个意义上说，一定的知识和技能是人才的基本标准。

---

① 国外尤其是西方国家对人的评价普遍以能力和业绩为核心，注重履历和经验，强调人与岗位的匹配性，认为具备岗位所要求的能力的人，就是所需要的人才。西方国家一般不对人才做统计学意义上的界定，只是严格定义一些专业人群，如研究开发人员、科学家与工程师等。如美国密西根大学行为科学家丹尼逊把人才分为七个层次：第一层次，具有高度的创造性和想象力，经常想出机智的方法解决问题，被认为是该部门最有创造性的人；第二层次，善于用新的首创方法来解决问题，并能提出很多好意见；第三层次，比一般人有较多的新意见，能提出一些应当思索的问题，并思考用不同的方法加以解决，偶尔也提出有想象力的建议；第四层次，能发挥别人的见解，但自己的见解却大多是陈旧和众所周知的；第五层次，在搞一项新工作时经常向同事讨教，并依靠别人的建议；第六层次，无明显的首创性，很少提供新见解，习惯于老一套的工作方法。第七层次，满足于让干什么就干什么，工作方法老一套，不适时宜也不想修改。国内对于人才的理解，通常与其对第一层次、第二层次人才的论述相一致。

（二）能够进行创造性劳动

创新是人才的本质，能不能进行创造性的劳动是人才区别于非人才的根本。一般的人类劳动都是以模仿性、重复性和继承性的简单劳动为主，而基于知识、技能、素质基础上的人才则是以进行创造性的复杂劳动为主。人才通过创造性的实践活动，可以创造比一般人类劳动更多的成果。

（三）能够做出积极的贡献

做出贡献是人才的内在素质通过创造性劳动转化的结果。如果人才的创造性劳动成果阻碍了社会的进步和经济的发展，那么这种创造性劳动只具有负价值，必定得不到社会的认可。相反，人才的创造性劳动必须能够对经济社会起到积极的促进作用，也就是能够为经济社会发展做出有价值的贡献。

（四）具有动态性和历史性

随着时代的发展和社会的进步，人才也在不断地改变着自己的内涵和外延。不同的时代、不同的国家、不同的历史时期，人才有着不同的内涵和外延，人才的标准和要求也随着时代的变化而变化。人才个体具有可变性，有的人未被公认是人才，经过自己的长期努力可以向人才方向发展，从非人才转变为人才，而成才者自身也有一个从不成熟到相对成熟的发展过程，可能由低级人才向高级人才发展。人才存在着异化现象，即有的人才向负的方向发展，可能由高级人才向低级人才跌落或从人才蜕变为非人才。有的人才还可以跨越部门，从一个领域转向另一个领域。这都是人才特征的主要表现所在。

四　相关概念比较

人才概念是一个涵盖面很广的理论概括，对与其相关概念如人口资源、人力资源、劳动力资源及人力资本的理解和辨析有助于我们把握人才概念的本质。

（一）人口资源、人力资源、劳动力资源与人才资源

从内涵上看，人口是指生活在一定社会和区域内的人的总和；人力是指一定社会和区域内具有劳动能力（智力或体力）的、从事社会劳动的人口的总数。人才则是指有才识学问的人，德才兼备的人，即人才是人力中能力和素质较高的劳动者，是一定社会或区域内优质的人力。

从定义上看，人口资源是指一个国家或地区人口总体的数量表现。它

是人力资源、劳动力资源和人才资源的基础。

　　人力资源的定义，国内学者给出了多种不同的解释。① 广义上，人力资源是指一定区域内的人口总量；狭义上的人力资源是指一定时间、一定地域内有劳动能力的适龄劳动人口及实际参加社会劳动的劳动年龄以外的人口总和。

　　劳动力资源是指一个国家或地区所拥有的具有劳动能力并在"劳动年龄"范围之内的人口总和。目前，世界上有两种划分劳动力资源的方法：第一种是按照法定适龄劳动人口来划分。凡是在法定劳动适龄范围之内的人口属劳动力资源，低于或者超过法定劳动适龄范围的人口不属于劳动力资源。第二种是按照适龄劳动人口中是否具有劳动能力和非适龄劳动人口中是否实际参加劳动来划分。凡是适龄劳动人口中具有劳动能力，或者非适龄劳动人口中实际参加劳动的劳动人口均属劳动力资源，否则不属于劳动力资源。

　　人才资源是指一个国家或地区具有较强的管理能力、研究能力、创造能力和专门技术能力的人的总称，着重强调人才的质量方面。强调劳动力资源中较优秀的那一部分，表明一个国家和地区所拥有的人才质量，反映了一个民族的素质。

　　从图1－1中可以直观地看出上述四种资源相互之间的数量关系。可见，人口资源主要是数量概念，劳动力资源包含于人口资源中，仍然偏重数量。人力资源则同时强调数量和质量两方面，不仅强调要具有劳动能力，而且强调能提供创造性的劳动，并为维持社会发展、人类进步做出贡献。人才资源突出强调质量，人力资源中较杰出、较优秀的那一部分，表明一个国家或地区所拥有的人力资源质量，是一个国家和地区最重要的智力保障。

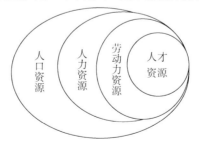

图1－1　人口资源、人力资源、劳动力资源、人才资源的包含关系

---

　　① 根据研究的角度不同，可以将这些定义分为两大类：第一类主要是从能力的角度出发来解释人力资源的含义，持这种观点的人占了较大的比例；第二类主要是从人的角度出发来解释人力资源的含义。

从上述概念的关系看，人才是人口资源、人力资源和劳动力资源中的先进部分。就人才的才能、创造性、对社会的贡献等方面而言，人口资源、人力资源和劳动力资源是生产力，人才则是先进生产力。① 人口资源、人力资源和劳动力资源侧重于人的数量和劳动者的数量，人才资源侧重于人的质量，是人口数量和质量的统一。

我国人口众多，从数量上看，人口资源、劳动力资源、人力资源数量居世界首位，但从人才资源上看依旧匮乏。2011 年，我国有 13.47 亿人口，人力资源总量为 7.64 亿，占总人口的比重为 56.7%，人才总量 2010 年底为 1.2 亿，占总人口的比重为 8.9%，占人力资源总量的比重为 15.7%，三者之间呈"宝塔"形结构关系。人力资源是我国最丰富、最可开发、最有潜力的资源，如果人力资源开发得当，利用有方，管理得力，我国人口资源必将大规模向人才资源转变并为经济社会发展做出更大的贡献。因此，我们必须充分抓住人口资源大国这一优势，并逐步向人力资源、人才资源强国转变。

（二）人力资本与人才资本

人力资本概念是诺贝尔经济学奖得主西奥多·舒尔兹在 1960 年首次提出的，即以劳动者的质量或其拥有的技术、知识、工作能力所表现出来的资本。人力资本与物质资本两者共同构成国民财富，并且人力资本存量对劳动生产率的提高和经济增长起着越来越重要的作用。20 世纪 80 年代以罗默、卢卡斯为代表的新增长理论进一步丰富了人力资本的内涵，提出"特殊的知识和专业化的人力资本"。经济合作与发展组织（OECD）的最新定义是："人力资本是个人拥有的能够创造个人、社会和经济福祉的知识、技能、能力和素质，也就是人能创造的社会财富。"世界银行发布报告称，世界各国中，除了石油资源极其丰富的中东国家外，大多数国家60% 以上的社会财富是由人力资本构成的。对加拿大、新西兰、挪威、瑞典、美国等国的人力资本账户的分析一致表明，人力资本是经济增长的主

---

① 人才是最活跃的先进生产力。马克思主义唯物史观认为，科学技术是推动经济发展和社会进步的生产力，人是社会发展的本体、本源。人才作为先进生产力和先进文化的重要创造者和传播者，是生产要素中最活跃、最重要的因素，是当今社会生产力发展的核心要素。人才是人力资源中的先进部分，是科技创新的主要承担者，人才对经济社会发展的创造性贡献，决定了人才是最活跃的先进生产力。

要源泉。①

　　人力资本是现代经济增长的源泉，是技术创新的推动力，是经济社会可持续发展的重要推动因素，也是减少贫困和不平等的重要条件。人力资本对经济增长的贡献表现在直接和间接作用上。直接作用表现为人力资本直接增加工人的边际生产率，推动经济增长。研究发现，高学历劳动力的边际产品是低学历的两倍以上。间接作用即人力资本投资通过技术创新与技术扩散，产生溢出效应，促进全要素生产率的增长，进而推动经济增长。人力资本不仅提高劳动力的生产效率，还推动其他要素的进步。它对技术进步的促进作用主要表现在以下两方面：其一，人力资本积累能够增强经济体的创新能力，新技术、新知识、新产品和新工艺将促进经济增长。其二，人力资本的增长能够促进技术的扩散与吸收，从而促进经济增长。世界各国的研究都证明，包括教育投资在内的人力资本投资是发展效益最大的投资。② 根据李海峥计算的中国人力资本投资的内部收益率，小学以上教育投资的平均收益率达到14.4%，而在不发达地区收益率更是高达19%，相反，沿海地区仅为12.3%。欠发达地区人力资本的收益率更高，初中以上教育投资的全国平均内部收益率则大大超过小学，达到26%，而且全国各地的收益率变得较为接近。③

　　人才资本是体现在人才本身和社会经济效益上，以人才的数量、质量和知识水平、创新能力特别是创造性的劳动成果及对人类的较大贡献所表现出来的价值。④ 人才资本是社会生产的第一资本。把人才看作一种资本，

---

　　① 李海峥：《中国人力资本状况及其经济贡献》，《解放日报》2010年8月29日。
　　② 第二次世界大战后，不仅战败国德国、意大利、日本，就是主战场欧洲都是一贫如洗，一片萧条，物质资本极度匮乏。为了组建和加强西方阵营，美国政府于1947年启动了旨在帮助欧洲重建与复兴的马歇尔计划（Marshall's Plan）。马歇尔计划执行以后，取得了巨大的成功，上述国家和地区在短短的几年中就从战争的废墟中重新站了起来，经济很快恢复并超过了战前的水平。林肯·戈登（Gorden，1984）在总结经验时认为："具有技术知识和所有必需的技能以及学习新技术能力的工人是马歇尔计划成功的基本条件。"舒尔茨（1962）也曾指出，战后西欧，特别是德国以及日本经济复苏和增长的"长边"条件是人力资本，"短边"条件是物质资本。在这种条件下，一旦注入物质资本与原有的人力资本相结合，就会实现经济的腾飞。此外，一些资源条件同样不佳的国家或地区，如丹麦、瑞士和亚洲的"四小龙"同样在经济方面取得了成功，而西方国家对部分非洲国家经济援助的失败教训也都证明了同一个道理：人力资本是经济发展的必要条件。
　　③ 李海峥：《中国人力资本状况及其经济贡献》，《解放日报》2010年8月29日。
　　④ 桂昭明：《人才资本论纲》，《中国人力资源开发》2003年第11期。

是人类对自身认识不断深化的结果。过去，人们只注重对物质资本的开发和积累；到了知识经济时代，人才资本在经济发展中所起的作用将越来越大。对人才资本的投资往往可以带来几倍、几十倍的效益回报，远远超过其他资本所产生的效益。

从概念上分析，人力资本的内涵泛指知识技能和工作能力。人才资本的内涵，则突出强调潜在的创新能力、创造性的劳动成果及对人类的较大贡献。人才资本与人力资本的区别主要体现在：人力资本是与物质资本相对的一个概念，是通过人力投资形成的，凝聚在劳动者身上的知识、技能及其所表现出来的能力，这种能力是经济增长和生产发展的主要因素，是一种收益率很高的资本。[①] 人才资本则是在一定人力资本基础上形成的，附于具体人身上的知识、智慧、才能、技能等能够被用来进行创造性劳动并能对人类做出较大贡献的智力资源禀赋。[②] 从人才资本和人力资本的关系看，不管是按投入还是产出的方法来算，人才资本都是人力资本中的核心价值，是价值较高的那一部分。因此，可以认为，人才资本蕴涵在人力资本之中，是人力资本中具有较高创新价值、较大社会贡献的那一部分。现在，世界上许多国家都认识到人才资本实质上是一种核心资本，并加紧投资开发。我国作为一个人口大国，应努力实现由人口大国向人才资本强国的转变。

第二节　科学人才观与人才强国战略

人才是社会主义事业取得成就的主要保障。[③] 面对风云变幻的国际形势、日趋激烈的综合国力竞争，面对我国发展的重大机遇和风险挑战，人才资源作为第一资源的特征和作用更加凸显。只有树立科学的人才观并深入实施人才强国战略，确立国家人才竞争比较优势，充分发挥人才对经济社会发展的重要支撑作用，才能不断增强我国实力，在国际形势、国内条件深刻变化中，赢得主动、赢得优势、赢得未来。

---

① 谭永生：《人力资本与经济增长——基于中国数据的实证研究》，中国财政经济出版社，2007，第 37~42 页。

② 黄爱民、刘楼：《人才资本聚散机制研究》，《人才瞭望》2004 年第 1 期。

③ 王通讯：《毛泽东与人才科学》，《中国人才》1993 年第 11 期。

一 科学人才观

(一) 党的三代中央领导集体的人才思想

1. 毛泽东人才思想的核心：又红又专

毛泽东特别强调领导干部的关键作用[1]，他认为"政治路线确定之后，干部就是决定的因素"，"指导伟大的革命，既要有伟大的党，又要有许多最好的干部"[2]，应该"有计划地培养大批的新干部"，强调知识分子这一群体在社会主义建设中的作用。在人才的选拔使用方面，毛泽东坚持任人唯贤的标准，他指出："在干部人才的使用上应该以是否具备独立的工作能力，能否坚决地执行党的方针、路线，服从党章党纪，与人民群众保持密切联系，踏实肯干，不谋取私利为标准。"[3] 在人才的培养方面，注重理论与实践相结合，指出"没有调查就没有发言权，人才也一样，应该深入到实践中研究实际问题"，"从群众中来，到群众中去"[4]，人才的培养应该是德智体美劳的全面发展。毛泽东关于人才的一系列论述为中国特色社会主义人才理论提供了思想资源。

2. 邓小平人才思想的核心：尊重知识，尊重人才

邓小平人才思想有三个特征：第一个特征是"改革"，第二个特征是"求实"，第三个特征是"创新"。[5] 在改革开放之初，邓小平非常重视并始终关注人才问题。他经常强调"两个难得"，也就是机遇难得和人才难得。邓小平指出："建设四个现代化最缺的不是资金，不是技术，而是人才……为了建成社会主义，工人阶级必须有自己的技术干部，必须有自己的教授、教员、科学家、新闻记者、文学家、艺术家和马克思主义理论家队伍，这是一个宏大的队伍，人少了是不成的。"[6] 1984 年，邓小平在谈到《中共中央关于经济体制改革的决定》时指出，《决定》中最重要的是第九条："概

---

[1] 据现有文献记载，毛泽东第一次使用"人才"概念是在 1928 年。在《毛泽东选集》（第一卷）《中国的红色政权为什么能够存在?》一文中，毛泽东指出，湘赣边界工农武装割据"使地方工作人才逐渐减少依靠红军中工作人才的帮助，完全能自主"。见毛泽东《毛泽东选集》（第一卷），人民出版社，1991，第 277 页。

[2] 毛泽东：《毛泽东选集》（第二卷），人民出版社，1991，第 526 页。

[3] 毛泽东：《毛泽东选集》（第二卷），人民出版社，1991，第 528 页。

[4] 毛泽东：《毛泽东选集》（第一卷），人民出版社，1991，第 109~111 页。

[5] 王通讯：《宏观人才学》，中国社会科学出版社，2001，第 415~420 页。

[6] 邓小平：《邓小平文选》（第二卷），人民出版社，1994，第 256 页。

括地说就是'尊重知识，尊重人才'八个字，事情成败的关键就是能不能发现人才，能不能用人才。"① 邓小平对人才培养问题格外关注，指出改革开放能否坚持，经济能否得到大发展，国家能否富强，从一定意义上说关键在于人才的培养和使用。他认为，培养人才是新时期组织路线的一项重要任务，强调人才问题"主要是一个组织路线的问题。很多新的人才都需要培养，但当前的主要任务在于善于发现、提拔以至敢于破格起用一些青年优秀干部"。② 邓小平强调人才队伍建设要坚持"四化"标准，指出社会主义各项事业兴旺发达的关键在于培养大量的人才，而人才的培养要坚持革命化、年轻化、知识化、专业化的要求，培养和任用德才兼备的干部。

3. 江泽民人才思想的核心：人才资源是第一资源

以江泽民为核心的第三代领导集体在新的历史时期继承和发展了毛泽东和邓小平的人才思想，提出了"人才资源是第一资源"③ 的重要思想，并指出"实施科教兴国战略关键是人才"。④ 江泽民强调："当今世界各国，以经济实力和科技实力为基础的综合国力的竞争日趋激烈，而且将长期存在，这种竞争，在很大程度上决定于人才的数量和质量的竞争。"⑤ "科学技术人员是新的生产力的重要开拓者和科技知识的重要传播者，是社会主义现代化建设的骨干力量。"⑥ 他指出："在社会主义的各种资源中，人才是最宝贵最重要的资源，现代化建设事业推进和民族振兴的进程在某种程度上将取决于我们对人才资源的开发和培养。"⑦ 江泽民在党的十六大报告中明确提出："必须尊重劳动、尊重知识、尊重人才、尊重创造，这要作为党和国家的一项重大方针在全社会认真贯彻。"⑧ 第一次把劳动、知识、人才和创造联系起来，形成整体。在人才的培养和使用方面，江泽民强调重视领导干部的教育，抓好领导干部的选拔、培养工作，努力造就一支高素质的干部人才队伍。要进一步解放思想，破除用人上的条条框框，大胆培养和使用

---

① 邓小平：《邓小平文选》（第三卷），人民出版社，1994，第 91~92 页。
② 邓小平：《邓小平文选》（第二卷），人民出版社，1994，第 323 页
③ 江泽民：《江泽民文选》（第三卷），人民出版社，2006，第 27 页。
④ 江泽民：《论科学技术》，中央文献出版社，2001，第 7 页。
⑤ 江泽民：《江泽民论有中国特色社会主义》，人民出版社，2002，第 664~665 页。
⑥ 江泽民：《论有中国特色的社会主义》，中央文献出版社，2002，第 259 页。
⑦ 江泽民：《江泽民文选》（第三卷），人民出版社，2006，第 77 页。
⑧ 中央文献研究室编《中共十三届四中全会以来历次全国代表大会中央全会重要文献选编》，中央文献出版社，2002，第 662 页。

青年干部，改革制度积极促进各类人才脱颖而出。在干部管理方面，江泽民强调要坚持党管干部原则，深化人事制度改革，更新管理理念、方法和技术。

（二）科学人才观的提出

科学人才观是胡锦涛人才思想的核心，是科学发展观的重要组成部分。2003年12月19日，胡锦涛在全国人才工作会议上指出："做好人才工作，落实好人才强国战略，必须以马克思主义为指导，从当代世界和中国深刻变化着的实际出发，根据党和国家事业发展的迫切需要，解放思想、实事求是、与时俱进，树立适应新形势新任务就要求的科学人才观。"强调要牢固树立"三个观念"，即人才资源是第一资源的观念、人人都可以成才的观念、以人为本的观念。[①] 科学人才观继承和坚持"人才资源是第一资源"的思想，认为人人都可以成才，强调以人为本，充分体现了马克思主义关于人的发展的思想和科学发展观精神实质的辩证统一。2011年12月召开的全国人才工作座谈会，胡锦涛从当代世界和中国深刻变革的实际出发，适应经济社会发展规律和人的发展需要，积极倡导科学的人才观，对科学人才观的重要理念作了全面系统的论述。在人的发展问题上，他明确地提出"必须把促进人才的健康成长和充分发挥作用放在首要位置"，"充分尊重人才的特殊禀赋和个性"[②]。在人才的评价和选拔上，胡锦涛强调要把品德、知识、能力和业绩作为衡量人才的标准，要求不唯学历，不唯职称，不唯资历，不唯身份，"树立有较高知识水平、创新能力的拔尖人才和有丰富实践经验与一技之长的实用人才都是人才的观念"[③]。

（三）树立科学人才观的要求

树立科学人才观需要把握"服务发展、人才优先、以用为本、创新机制、高端引领、整体开发"的人才发展方针[④]，需要创新人才工作新思路。

---

① 科学人才观的核心理念在于：人才资源是第一资源；人人都可以成才；以人为本。见中共中央组织部人才工作局编《科学人才观理论读本》，人民出版社、党建读物出版社，2012，第5页。

② 中央文献研究室编《十六大以来重要文献选编》（上），中央文献出版社，2005，第575页。

③ 中央文献研究室编《十六大以来重要文献选编》（上），中央文献出版社，2005，第575～576页。

④ 李源潮：《大力宣传和普及科学人才观　努力提高人才工作科学化水平》，《中国组织人事报》2012年2月3日。

1. 人才工作要服务发展，正确把握人才标准

一是要把服务科学发展作为人才工作的根本出发点和落脚点，围绕科学发展目标确定人才队伍建设任务，根据科学发展需要制定人才政策措施，用科学发展成果检验人才工作成效。

二是要坚信人才存在于人民群众之中，树立有较高知识水平与创新能力的拔尖人才和有丰富实践经验与一技之长的实用人才都是人才的观念。

三是要坚决打破论资排辈、唯学历资历、职务职称和身份的传统观念，把实践作为衡量人才的根本标准，要为那些对社会做出突出贡献而没有学历和职务职称的人才开辟一条发展路径。

四是要创新改进人才评价方式，对党政人才的评价重在群众认可，对企业经营管理人才的评价重在市场和出资人认可，对专业技术人才的评价重在社会和业内认可。尽管评价标准不完全相同，但都应以能力和业绩为核心和重点。

2. 人才工作要优先发展，要理解人才，尊重人才

一是确立在经济社会发展中人才优先发展的战略布局，充分发挥人才的基础性、战略性作用，做到人才资源优先开发、人才结构优先调整、人才投资优先保证、人才制度优先创新，促进经济发展方式向主要依靠科技进步、劳动者素质提高、管理创新转变。

二是不同人才，需求不同，禀性各异，因而要充分理解人才的特殊禀性，合理满足各类人才的需求。随着改革开放的不断推进和社会主义市场经济体制的逐步完善，人才的价值观念也出现了由单一到多样、由封闭到开放、由传统到现代的转变。要以包容的心态对待不同的人才，善于与他们交流和沟通，积极创造一种理解人才的社会环境。

三是党和国家提出了"尊重劳动、尊重知识、尊重人才、尊重创造"的重大方针，这四个"尊重"的本质就是尊重人才。要尊重人才的人格，尊重人才的个性，尊重人才的选择，尊重人才的需要，尊重人才的劳动，尊重人才的创造。努力创造条件，营造良好环境，一视同仁地为各类人才提供服务，实现人才的自我价值和社会价值的统一，使各类人才有实现自身价值的满足感，有贡献社会的成就感，有得到社会承认和尊重的荣誉感。

3. 人才要以用为本，高端引领，整体开发

人才的作用要通过使用才能发挥出来，人才的价值必须落实到使用上。以人为本做好人才工作，最终应体现在用好人才上。

一是要把充分发挥各类人才的作用作为人才工作的根本任务，围绕用好、用活人才来培养人才、引进人才，积极为各类人才干事创业和实现价值提供机会和条件，使全社会创新智慧竞相迸发。

二是要高端引领。培养造就一批善于治国理政的领导人才，一批经营管理水平高、市场开拓能力强的优秀企业家，一批世界水平的科学家、科技领军人才、工程师和高水平的哲学社会科学专家、文学家、艺术家、教育家，一大批技艺精湛的高技能人才，一大批社会主义新农村建设带头人，一大批职业化、专业化的高级社会工作人才，充分发挥高层次人才在经济社会发展和人才队伍建设中的引领作用。

三是整体开发。加强人才培养，注重理想信念教育和职业道德建设，培育拼搏奉献、艰苦创业、诚实守信、团结协作精神，促进人的全面发展。关心人才成长，鼓励和支持人人都做贡献、人人都能成才、行行出状元。统筹国内国际两个市场，推进城乡、区域、产业、行业和不同所有制人才资源开发，实现各类人才队伍协调发展。

4. 要创新人才工作机制，保护人才

一是要把深化改革作为推动人才发展的根本动力，坚决破除束缚人才发展的思想观念和制度障碍，构建与社会主义市场经济体制相适应、有利于科学发展的人才发展体制机制，最大限度地激发人才的创造活力。

二是保护人才包括领导保护、组织保护、法律保护和社会保护等多种方式，其中法律保护是人才权益保障的根本方式。长期以来，我国人才管理主要以内部规章、文件为调整依据，在人才培养、使用、评价、奖惩、待遇、纠纷处理等各个环节缺乏稳定、系统的法制保障，导致人才市场信用体系不健全，人才市场主体特别是人才个人权益得不到有效保护。在21世纪人才工作中，政府应制定和完善与国际接轨的人事人才法规体系，在人才管理的各个环节，加强对人才权利的保护，包括经济权利、政治权利以及人身安全、受尊重等精神权利，特别是知识产权的保护，促进形成公平竞争、保护创新的社会环境。[①]

三是要打破用人上的陈腐观念，不拘一格选用人才，对于德才兼备的优秀人才要敢于破格使用，对于有特殊个性的人才不能求全责备。建立并完善科学的选拔任用机制，贯彻公开、公平、公正、竞争、择优的原则来

---

① 艾医卫：《牢固树立科学的人才观》，《光明日报》2004年3月17日。

选人用人，使被选拔上来的人心里坦然，没有被选拔的人心里服气。

二 人才强国战略

人才资源是社会主义现代化建设的基础。我国提出 2020 年全面建设小康社会的发展目标，没有高素质的人才资源，社会主义现代化建设就不可能顺利完成。

（一）人才强国战略的提出

从关注人才问题，到提出人才战略，再到实施人才强国战略。人才强国战略伴随着新中国成立后的恢复建设、社会主义改造、改革开放和现代化建设实践的过程逐步发展和完善，经历了孕育挫折、萌芽、确立、全面实施四个阶段。

1. 人才强国战略的孕育、挫折期

这一阶段大致从新中国成立到"文化大革命"结束。新中国成立伊始，毛泽东就高瞻远瞩，强调"应该有一个远大的规划，要在几十年内改变我国在经济上和科学文化上的落后状况，迅速达到世界上的先进水平。为了实现这个伟大的目标，决定一切的是要有干部，要有数量足够的、优秀的科学技术专家"。[①]

新中国成立以后，党的工作重心发生转移，主要任务是加快社会主义建设，这就需要党的领导干部"既要红又要专"，"学习新本领，真正懂得业务，懂得科学和技术"[②]。与此同时，新中国的建设需要大量的人才发挥积极的作用，有必要充分团结和利用广大知识分子。因此，中国共产党采取一系列方针、步骤，加紧对知识分子的团结、改造和教育工作，使其转变思想，破除束缚，最终成为社会主义事业的劳动者和建设者。周恩来在1956 年的《关于知识分子问题的报告》中指出，我国知识分子属性和面貌经过社会主义改造以后已经发生了根本性的变化，他们中的绝大多数已经成为新中国的工作人员，正在为社会主义建设服务，他们已经成为工人阶级的一分子。社会主义各项事业的建设，需要越来越多的知识分子的踊跃参与和积极贡献。我们党的任务就是采取积极有效的措施，充分调动和发挥知识分子的创造性，提高其政治觉悟和业务能力，加快培养更多的新生

---

① 毛泽东：《毛泽东文集》（第七卷），人民出版社，1999，第 2 页。
② 毛泽东：《毛泽东文集》（第七卷），人民出版社，1999，第 350 页。

力量，满足社会经济建设对人才的需求。这一时期，党制定了一系列卓有成效的人才政策和方针，培养了大量的知识分子和技术人才，吸引了一大批留学国外的人才踊跃投身于新中国的建设，为实施大规模的社会主义建设事业提供了广泛的人才支持。

遗憾的是，党中央有关知识分子的阶级属性和作用的正确认识没有得到始终如一的贯彻。从 20 世纪 50 年代中后期开始，出现了"左"倾错误和"反右"扩大化，党和国家在知识分子问题上逐渐偏离了正确的轨道。对知识分子的错误定性，认为广大知识分子属于资产阶级，不承认他们是劳动人民，将其排除在工人阶级队伍之外。忽视知识分子及其作用，歧视、排挤甚至打击知识分子，将他们划成"臭老九"，并使其从肩负社会主义建设的重要岗位上退出，疯狂迫害知识分子，对其进行劳动改造。对知识分子的错误打击给新中国的建设事业造成了不可挽回的损失，使我国的人才队伍建设处于萧条和停顿状态，严重制约了我国的科技、文化、教育事业的发展和社会主义建设的推进，人才强国之路尚未启程就遭遇了严重的挫折。

2. 人才强国战略的萌芽期

这一阶段从 1978 年全国科学大会到党的十三届四中全会。十一届三中全会以后，党和国家工作的重心重新回到经济建设上来。改革开放和社会主义现代化建设开始实施，各项事业的展开需要大量专业技术人才，人才匮乏问题日渐突出。以邓小平为核心的中国共产党第二代领导集体高度重视人才问题，对人才建设进行了深入的思考，在理论和实践中进行了探索与创新，并把人才思想和理论上升为党的方针和政策，由此我国的人才强国战略进入萌芽阶段。

邓小平指出："中国的事情能否办好，社会主义和改革开放能否坚持，经济能否快一点发展起来，国家能否长治久安，从一定意义上说，关键在人。"[①] 没有大批优秀的人才，我们的现代化事业就无法取得成功，因此，当务之急就是培养和选拔一大批合格的人才。1978 年的全国科技大会，知识分子迎来了"科学的春天"。邓小平在会上提出了"科学技术是生产力"、"知识分子是工人阶级的一部分"等著名论断，打破了长期束缚科学发展的思想禁锢，纠正了之前对知识分子的错误认识，恢复了党在知识分子问题

---

① 邓小平：《邓小平文选》（第三卷），人民出版社，1994，第 380 页。

上的马克思主义观点，重新肯定了知识分子作为工人阶级的一部分，是社会主义的劳动者。此后，党和国家落实知识分子政策，提升知识分子地位，极大焕发了广大知识分子的创造热情。从 1978 年到 1989 年党的十三届四中全会这 11 年，我们党深入落实知识分子政策，重视人才培养，积极引导广大人才进入经济建设主战场。一是大力选拔和使用优秀的人才，按照干部"四化"方针选拔了一批知识分子进入各级领导岗位。二是积极发展教育，大力培养人才。邓小平指出："教育是一个民族最根本的事业。"① 强调党的领导干部要高度重视、切实抓好教育工作。国家恢复了高考制度、学位制度，1986 年颁布了《义务教育法》，不久又恢复了向国外派遣留学生和访问学者工作。三是完善科技和人事制度，中国科学院学部恢复活动，批准成立了中国社会科学院，恢复了职称评定、院士制度，建立了博士后培养制度等工作，实施了著名的"863"计划，等等。其间，邓小平还提出了"大人才"概念，他指出："我们党领导的中国特色社会主义建设要取得胜利，必须把各类各级人才包括在宏大的人才队伍之中，既包括有一技之长的人才，又包括杰出的、优秀的、拔尖的人才；既包括科学、教育、文化、卫生等各类专门人才，又包括懂经营、会管理的人才；既包括工人、农民中的人才，又包括干部、知识分子和军队中的人才；既包括各类各级专业技术人才，又包括党政领导人才。"②

这一时期，党和政府针对人才问题制定和实施的一系列政策措施，逐步形成了尊重知识、尊重人才的社会氛围，极大地激发了广大人才的积极性和创造性，我国的人才战略初现端倪，为改革开放和经济社会的顺利发展奠定了坚实的基础，人才工作开始步入正轨。但由于体制和机制的原因，当时的人才主要是在体制内，人才政策主要适用于国家机关、事业单位和国有企业。

3. 人才强国战略的确立期

这一阶段从党的十三届四中全会到党的十六大。十三届四中全会以后，改革开放和现代化建设进入新的历史时期，以江泽民为核心的中国共产党第三代领导集体，把人才作为国家发展最重要的资源，提出了"人才资源是第一资源"的科学论断，确立了"尊重劳动、尊重知识、尊重人才、尊重创造"

---

① 中央文献研究室编《邓小平建设有中国特色社会主义论述专题摘编》（新编本），中央文献出版社，1995，第 140 页。

② 邓小平：《邓小平文选》（第三卷），人民出版社，1994，第 382～386 页。

的重大方针，实施科教兴国战略关键在人才等重要思想，进一步突出了人才在国家现代化建设中的关键作用，推动了我国人才事业的大发展。

党的十四大报告指出，将教育放在优先发展的战略地位，是实现现代化建设的根本大计，知识分子的才能和创造性能否得到充分发挥关系到现代化建设的成败。1993 年 11 月，党的十四届三中全会通过的《中共中央关于建立社会主义市场经济体制若干问题的决定》指出："建立、完善社会主义市场经济体制，实现现代化，最终将取决于我国国民素质的提高和人才的培养。"1995 年，中央提出实施科教兴国战略。1998 年，国家成立科技教育领导小组，启动了"211"工程、"985"工程。2000 年 11 月在北京召开的中央经济工作会议上，江泽民第一次明确地提出了要制定和实施人才战略。2001 年发布的《中华人民共和国国民经济和社会发展第十个五年计划纲要》则专章提出"实施人才战略，壮大人才队伍"。这是我国首次将人才战略确立为国家战略，将其纳入经济社会发展的总体规划和布局之中，使之成为其中一个重要组成部分。① 2002 年 5 月 7 日，中共中央、国务院印发的《关于印发〈2002～2005年全国人才队伍建设规划纲要〉的通知》中明确提出了"人才强国"战略，指出："抓住机遇，迎接挑战，走人才强国之路，是增强综合国力和国际竞争力，实现中华民族伟大复兴的战略选择。"从党的十三届四中全会到 2002 年党的十六大这 13 年，中央把人才问题作为执政兴国的重大问题提升到国家战略高度，大力加强人才队伍建设，人才强国战略正式确立。

4. 人才强国战略的全面实施期

这一时期发端于党的十六大。十六大以来，以胡锦涛为总书记的党中央，坚持以科学发展观为指导，紧紧围绕推进经济建设、政治建设、文化建设、社会建设和生态文明建设"五位一体"对人才资源的迫切需求，鲜明地提出了科学人才观，全面制定并大力实施人才强国战略。

2002 年 11 月，党的十六大提出了在新的历史时期全面建设小康社会的奋斗目标，并进一步明确了"尊重劳动、尊重知识、尊重人才、尊重创造"的人才指导方针。同年 12 月，全国组织工作会议强调要"大力实施人才强国战略，努力开创人才辈出、人尽其才的良好局面"②。2003 年 5 月，中央政治局召开会议研究实施人才强国战略，提出了党管人才原则，中央成立

---

① 中央文献研究室编《十五大以来重要文献选编》（中），人民出版社，2001，第 694 页。
② 中央文献研究室编《十六大以来重要文献选编》（上），中央文献出版社，2005，第 98 页。

了人才工作协调小组。2003 年 12 月，中央召开了全国第一次人才工作会议，胡锦涛在会上提出并深刻阐述了科学人才观的内涵，对全面实施人才强国战略作出全面部署，会后印发的《中共中央、国务院关于进一步加强人才工作的决定》，对人才强国战略的必要性、科学内涵、指导思想、重大意义、主要任务以及方针政策做出了明确而具体的规定，人才强国战略形成了一个完整的思想理论体系和行动纲领。"十一五"规划又进一步提出了加快推进人才强国战略，为我国政治、经济、社会的发展提供智力支持。2007 年 10 月，党的十七大第一次将人才强国战略写入党的代表大会报告和党章，使人才强国战略与科教兴国战略和可持续发展战略并列成为国家发展的三大战略，极大提升了人才强国战略的地位和作用。2010 年 5 月，中共中央、国务院再次在北京召开全国人才工作会议，同年 6 月《国家中长期人才发展规划纲要（2010～2020 年)》正式颁布。2011 年 3 月，第一个国家级人才特区——中关村人才特区启动。目前已有北京、上海、江苏、湖北、山东、广东等省区市都在开展人才特区建设试点。① 2012 年 11 月党的十八大报告再次明确提出"广开进贤之路，广纳天下英才，是保证党和人民事业发展的根本之举"，进一步促进了人才思想新的解放，我国进入了从人力资源大国向人才强国发展的新阶段。②

回顾人才强国战略的形成过程，解放思想是先导，解放人才是关键，解放科技生产力是核心。没有思想观念的大解放，就没有人才事业的大发展。要落实人才强国战略，加快建设人才强国，在日益激烈的国际人才竞争中赢得主动，必须不断推进思想解放、理念创新，以人才发展的新思想新理念引领人才事业的新发展。科教兴国和可持续发展都要靠人才来支撑，当前最重要的任务就是在党的旗帜下团结全社会各类人才，调动最大多数人才建设中国特色社会主义的积极性，全力推进人才强国战略的实施。③

（二）实施人才强国战略的要求

《国家中长期人才发展规划纲要（2010～2020 年)》和党的十八大着眼

---

① 人才特区的概念最早由深圳 2001 年提出；2004 年江苏省在省内多个地方建设人才特区；2011 年中关村人才特区启动，标志着人才特区建设进入一个全面发展的新阶段。

② 我国现代化建设的总体目标是，到 2020 年实现全面小康，到 21 世纪中叶基本实现现代化，把中国建设成为富强民主文明和谐的社会主义国家。在这个意义上，建设全面小康社会和现代化强国，也是我国到 2020 年和到 21 世纪中叶实施人才强国战略的目标。

③ 李源潮：《在加强党管人才工作会议上的讲话》，《人民日报》2012 年 10 月 8 日。

实现全面建成小康社会奋斗目标，准确判断我国发展重要战略机遇期内涵和条件的变化，作出了深入实施人才强国战略，加快确立人才优先发展战略布局，推动我国由人才大国迈向人才强国的重大部署。① 实施人才强国战略的工作重心是"人才资源强国"的建设和充分发挥人才的作用，为实现21 世纪我国经济社会发展的宏伟目标提供坚强有力的人才保证。实施人才强国战略需要从以下方面加快推进。

1. 加快各类人才队伍建设，推进人才资源整体开发

推进人才资源协调开发，需要地区协调，东部人才开发要与中西部人才开发协调；需要产业、行业协调，要求合理配置三大产业和各个行业的人才，把人才优势真正体现到产业和行业优势中去；需要所有制协调，要求公有制组织人才开发与非公有制组织人才开发协调；需要城乡协调，城市人才开发与农村人才开发协调；需要国际国内协调，国内人才开发与国际人才开发协调，真正用好国际国内两种人才资源。②

2. 加快人事制度改革，促进人才合理流动

经过多年的努力，我国在人事制度改革方面取得了极大的进展，但仍然存在一些不利于人才合理流动、实现最优化配置的制度障碍。一方面要积极推进事业单位人事制度改革，继续深化机关事业单位工资收入分配制度改革，进一步健全和完善人才激励保障机制；另一方面还要加快推进市场配置人才资源，健全完善人才市场服务体系，引导各类人才向农村、基层、边远地区和艰苦行业流动，促进人才在城乡、区域、行业间的合理流动和优化配置，促进人才服务业的健康发展。

3. 进一步做好吸引、聘用境外高级专门人才工作

在充分认识出国留学工作取得的成绩基础上，着眼国家发展需要，要继续坚持"支持留学、鼓励回国、来去自由"的出国留学工作方针，为公民出国留学提供便利的服务。但同时更要深刻认识出国留学人员是国家宝贵的人才资源，要积极吸引留学人员回国工作，鼓励留学人员以多种方式为国服务。要探索建立有效的吸引留学人才工作机制和工作载体，加快构建留学人员回国服务体系，加大留学人员创业园建设力度。继续推进"春晖计划"等吸引留学人员回国、为国服务的工作。要进一步重视做好引进

---

① 吴江：《发挥党管人才的制度优势》，《中国组织人事报》2012 年 12 月 14 日。
② 李维平：《人才强国战略的提出与实施》，《中国人事报》2008 年 10 月 17 日。

国外智力工作，充分发挥高等学校、国家科研院所等在集聚高层次人才方面的战略高地作用，努力吸引、聘用更多的境外高级专门人才。

4. 在全社会弘扬尊重人才、尊重创造的良好风气

实施人才强国战略，加强各类人才队伍建设的一个重要方面，就是要在全社会形成尊重人才的社会风气。这不仅需要对人才的尊重，尤其重要的是要尊重生产劳动第一线的技能型人才，真正形成科学的人才观，尊重一切有一技之长人才的劳动、知识、创造。只有这样，才能够在全社会形成学习光荣、劳动光荣、创造光荣的观念，引导社会各界人士共同形成有利于人才发挥聪明才智的社会氛围。

第三节　我国人才资源建设及存在的主要问题

确立"造就规模宏大、素质优良的人才队伍，进入人才强国和人力资源强国行列"目标任务，基点是对我国人才资源发展现状的清醒认识。改革开放30多年来，我国人才队伍建设取得很大成绩，同时也要看到，与党和国家事业发展要求相比，与发达国家相比，我国高层次创新型人才还比较少，人才创新创业能力还不够强。只有加快确立人才优先发展战略布局，推进人才资源总量稳步增长、质量大幅提升、结构不断优化，才能实现由人口大国向人才强国的转变，实现全面建成小康社会宏伟目标。

一　我国人才资源建设现状

党和国家历来高度重视人才工作，新中国成立以来特别是改革开放以来，提出了一系列加强人才工作的政策措施，培养造就了各个领域的大批人才。进入新世纪新阶段，党中央、国务院作出了实施人才强国战略的重大决策，人才强国战略已成为我国经济社会发展的一项基本战略，人才发展取得了显著成就，科学人才观逐步确立，以高层次人才、高技能人才为重点的各类人才队伍不断壮大，有利于人才发展的政策体系进一步完善，市场配置人才资源的基础性作用初步发挥，人才效能明显提高，党管人才工作新格局基本形成。[①]

---

① 吴江、田小宝编《中国人力资源发展报告（2011~2012）》，社会科学文献出版社，2012，第7~8页。

（一）人才资源总量稳步增长

改革开放以来，我国在人才总量上有了较大飞跃。2005 年，我国人才总量为 9408.9 万人，其中党政人才 625 万人，企业经营管理人才 1770.3 万人，专业技术人才 4195.6 万人，高技能人才 2239 万人，农村实用人才 579 万人。根据中央组织部、人力资源社会保障部、国家统计局共同组织开展的 2010 年度我国首次全口径人才资源统计，截至 2010 年年底，我国人才资源总量达到 1.2 亿人，人才资源总量占人力资源总量的比重达到 11.1%。其中，企业经营管理人才资源 2979.8 万人，专业技术人才资源 5550.4 万人（具有专业技术职称的企业经营管理人才资源交叉统计在其中，其中双肩挑 977.7 万人），高技能人才资源 2863.3 万人，农村实用人才资源 1048.6 万人（见表 1-2）。

表 1-2　我国部分年份的人才总量及结构情况

单位：万人

年份	2000	2003	2005	2010
人才资源总量	6360	8914.8	9408.9	12000
其中：1. 党政人才	585.7	771.9	625	701.0
2. 专业技术人才	4100	3268.7	4195.6	5550.4
3. 企业经营管理人才	780.1	254.2	1770.3	2979.8
4. 高技能人才	—	4500	2239	2863.3
5. 农村实用人才	—	120	579	1048.6
6. 社会工作人才	—	—	—	—

资料来源：《2002~2005 年全国人才队伍建设规划纲要》；《2010 年度我国首次全口径人才资源统计公报》；中国人事科学研究院：《2005 年中国人才报告——构建和谐社会历史进程中的人才开发》，人民出版社，2005。其中：2000 年、2003 年和 2007 年企业经营管理人才数据口径为国有企业经营管理人才；2000 年专业技术人才包括高技能人才；2003 年高技能人才口径为技能人才。

（二）人才素质明显提升

2008 年我国每万劳动力中研发人员达到 24.8 人年，2010 年达到 33.6 人年；高技能人才占技能劳动者比例 2008 年为 24.4%，2010 年达到 25.6%；主要劳动年龄人口受过高等教育的比例 2008 年为 9.2%，2010 年达到 12.5%。[①]

---

① 中共中央组织部编《2010 中国人才资源统计报告》，中国统计出版社，2012，第 3 页。

（三）人才效能进一步提高

2008 年我国人力资本投资占国内生产总值比例为 10.8%，2010 年达到 12.0%；2008 年人才对经济增长的贡献率为 18.9%，2010 年达到 26.6%，人才对我国经济增长的促进作用进一步提升。

二 我国人才资源建设面临的主要问题及原因

尽管我国人才工作取得了很大的成绩，但同时也必须清醒地看到，当前我国人才发展的总体水平同世界先进国家相比仍存在较大差距，与我国经济社会发展需要相比还有许多不适应的地方，主要表现在：高层次创新型人才匮乏，人才创新创业能力不强，人才结构和布局不尽合理，人才发展体制机制障碍尚未消除，人才资源开发投入不足，等等。[①]

（一）人才资源总量不足

2010 年我国拥有 13.4 亿人口，人力资源总量庞大，但是人才资源却只有 1.2 亿人，与经济社会发展的客观需求相比，总量仍然不足，人才密度较低，人才占全部劳动力的比重远远低于发达国家的一般水平。2010 年第六次全国人口普查的统计显示，2010 年我国具有大学文化程度所占比重为 8.9%，高中文化程度占比 14%，初中文化程度占比 38.8%。2010 年我国高等教育毛入学率达到 26.5%，15 岁以上国民平均受教育年限达到 9 年，新增劳动力平均受教育年限达到 12.4 年。尽管这样，我国教育普及程度仍然较低，人均受教育年限远远低于发达国家 12 年左右的平均水平。[②] 如 2009 年美国为 13.4 年，爱尔兰为 11.7 年，韩国为 12.3 年。[③] 劳动力的知识结构重心明显偏低，导致我国人才资源建设和开发的水平相对落后。[④]

造成人才总量相对不足的原因主要在于：一是我国正处于经济社会的快速发展期，经济增长和社会发展所需的人才数量远远超过人才的正常供给量。二是人才成长需要一定的周期和时间，不可能一蹴而就，这是由人

---

① 中央人才工作协调小组办公室、中共中央组织部人才局编《国家中长期人才发展规划纲要（2010～2020 年）学习辅导百问》，党建读物出版社，2010，第 73～75 页。

② 截至 2010 年年底，我国 15 岁以上人口平均受教育年限接近 9.0 年；主要劳动年龄人口平均受教育年限为 9.6 年，其中受过高等教育的比例为 10.5%；新增劳动力平均受教育年限达到 12.7 年。

③ 胡鞍钢、才利民：《从"六普"看中国人力资源变化：从人口红利到人力资源红利》，《清华大学教育研究》2011 年第 4 期。

④ 李昆明编《大国策——通往大国之路的中国人才发展战略》，华文出版社，2009，第 77 页。

才成长的客观规律决定的。三是我国的教育事业虽然取得了长足进步，为经济社会建设输送了大量人才，但从国际比较来看，我国的公共教育支出长期达不到 GDP 的 4%。①

（二）人才素质和创新能力偏低

一是人才的整体素质不高，即接受过高等教育的人才数量相对较低，无法满足经济发展的需要。二是高层次的创新型人才匮乏。根据《中国科技统计年鉴（2012）》的数据，2011 年，我国科技人力资源总量达到 5700 万人，居世界第一位；研发人员总量 288.29 万人年，居世界第二位。从规模看，我国已经是世界人力资源大国。但我国科研人员的发明创造和技术创新能力仍然较弱，在 57 个主要国家中仅居第 27 位。我国在国际的专利申请水平仍然较低，只有 5.6% 的发明通过在国际提交全球专利申请中实现了保护，远不及美国（48.8%）和日本（38.7%）。此外，我国尽管申请的发明总量较多，但含金量较低，表现在：近年来我国科研专利的申请多集中在中药（占 98%）、软饮料（占 96%）、食品（占 90%）、中文输入法（占 79%）等领域，而西方国家的专利申请多集中在高科技领域，诸如无线电传输（占 93%）、移动通信（占 91%）、电视系统（占 90%）、半导体（占 85%）、西药（占 69%）、计算机应用（占 60%）。三是我国科研成果的市场转化率较低。按照全国平均水平统计，当前我国的科学研究成果的市场转化率还不足 20%，而最终能够形成产业的也仅仅有 5% 左右。我国的科研成果市场转化率不仅远远低于西方国家 70%～80% 的水平，也远低于印度 50% 的水平。② 人才创新能力欠缺主要体现在科研成果质量不高和科研人才对科技成果的市场重视不够，科研成果与市场需求脱节。

造成人才创新能力欠缺的原因主要有四个方面：一是应试教育导致科技人才的创新能力培养不足，应试教育重视理论知识而忽视创新能力，社会上普遍存在的浮躁思想也有一定负面影响；二是长期存在的官本位意识不利于激励科技领军人物的发展，当前普遍采用"当官"来刺激科技领军人物，但"当官"和做好科研工作往往难以同时兼顾，结果事与愿违；三是人才评价标准不完善，过于强调学历、资历、论文、外语、计算机等因素，论资排辈现象普遍存在，导致科技人才为科研而做科研，对科技成果

---

① 2012 年我国财政性教育经费占 GDP 的比重刚刚达到 4%。

② 娄伟：《我国科技人才创新能力不足的因素》，《党政干部文摘》2006 年第 11 期。

的市场转化率关注不够；四是科研的监督机制不完善，由于缺乏有效的监督机制和学术道德约束机制，科技人才容易陷入各种腐败现象的魔圈。

（三）人才资源结构不合理

人才结构不合理主要体现在产业结构、行业结构、专业结构、区域结构和能级结构等方面，人才比例严重失衡。有学者归纳为人才队伍的结构的"五多五少"（一般性人才多，高层次人才少；继承型人才多，创新型人才少；传统学科与产业人才多，新兴学科与产业人才少；学术型人才多，应用型或产业化人才少；单一领域行业学科人才多，跨领域、跨行业、跨学科的复合型人才少）①。从产业结构上看，第一、第二、第三产业的人才比例失调，农村实用人才严重匮乏。从行业结构上看，人才主要集中在党政机关和事业单位，高新技术、电子信息、物流商贸、金融保险、旅游等行业的人才在数量和整体素质等方面都远远落后于行业发展需求。从专业结构上看，自然科学类人才较多，社会科学类人才较少；传统型人才较多，创新型、复合型人才较少；教育、卫生等领域的专业技术人才较多，新材料、新能源、生物技术和环保等领域的专业技术人才较少；熟练掌握国际规则、国际政治以及国际惯例的国际化人才较少。长期缺乏高精尖型的人才、领军人才，缺少大师级人才，与当前我国全球第二大经济体的国际地位极不相称。举例来说，诺贝尔奖设立至今已经进行了 90 多次评选，1000多人获奖，也只有在 2012 年莫言一位本土学者获得了诺贝尔文学奖。从区域结构上看，许多人才主要集中在东部和中部，而急需开发和建设的广大西部却不愿去、不想去，地区间的人才分布形成鲜明的对比。我国现有科技工作者和高校在校学生的 75% 分布在沿海发达地区，21% 在内陆中部地区，而西部边远民族地区则不足 4%。高等院校多集中在东部和中部地区，所培养的大量的各种类型人才，大中城市难以完全接收和完全容纳，而急需人才的西部地区、大量的小城镇和农村因条件所限又难以吸引人才。当前城市人力资本积累基本上处于中等和高等教育阶段，而农村尚处于普及初中和小学教育阶段，我国现有文盲的 3/4 分布在农村。国内各地区、各城市之间频繁上演人才争夺战，赢家当然是那些地处经济发达地区的大城市和国家重点开发城市。对于欠发达地区和城市来说，合理的人才流动变成了残酷的人才流失。人才的"马太效应"在各地区之间日益明显，人才资

---

① 金莉萍：《转型中的人才思考》，上海社会科学出版社，2007，第 7 页。

源的"贫富差距"在不断拉大。

（四）人才流失严重，人才引进困难

所有国家都开始意识到人才在流失，站在各自的立场上，似乎每个国家都是人才外流的受害者，可现实是，人才全球流动的趋势已经不可逆转。① 但世界上没有哪一个国家像中国这样经历持续性、大规模的人才流失。联合国教科文组织的统计数字显示，中国在 2006 年就已经成为世界上出国留学生人数最多的国家②，全世界几乎每 7 个外国留学生中就有 1 位是中国学生。按照美国政府有关机构的统计，中国内地在美国理工科博士毕业生滞留率最高，达到了 92%，大大超过印度（81%）、日本（33%）、韩国（41%）、巴西（31%）和我国台湾地区（43%）。③ 根据教育部的统计数据，2010 年度中国出国留学人员总数为 28.5 万人。教育部公布的 2009 年我国出国留学人员及回国情况统计数据显示：从 1978 年到 2008 年年底，各类出国留学人员总数达 139.15 万人，留学回国人员总数达 38.91 万人。以留学身份出国，目前在外的留学人员有 100.24 万人，回国人员只占 27.9%，超过 72% 的留学人员尚未回国。④

---

① 王辉耀：《人才战争》，中信出版社，2009，第 29～31 页。

② 海外中国留学生大致可以分成三类：第一类是尖子人才，他们在专业和学术上有所建树或掌握关键技术并有所创新，有较高学术知名度，能带领一支团队，有较大的社会影响。他们通常是国外较高水平大学具有永久性职位的教授、副教授，在国外科研单位的主任研究员（PI），在国外大公司企业任部门经理以上职务。他们获得了创造性的科研成果或在有影响的国际学术刊物上发表了具有重要意义的学术论文或者获得了重要奖励，或任职于国外政府和非政府机构。第二类是优秀人才，他们和尖子人才的差别在于他们在国外尚未取得永久性职位但正为此努力。这一类也包括一部分成果出色、产出颇丰的博士后研究员。第三类是特殊人才，即目前中国发展所需要的人才，他们可以是专家、教授，也可以是访问学者、在读研究生；可以是某一方面的专家，也可以是某项实用技术掌握者。他们并不完全以学术地位和职位划分，更强调他们的才能为国家所"需要"。

③ 欧美同学会课题组：《国际人才竞争战略专题研究报告》，《国家人才发展规划专题研究报告》，党建读物出版社，2011，第 79 页。

④ 根据华侨大学 2011 年 8 月 15 日发布的《华侨华人研究报告（2011）》，从 1978 年改革开放至 2009 年年底，各类出国留学人员（包括国家公派、单位公派和自费留学）总数为162.07 万人，而学成归国人员总数仅为 49.74 万人，约占总数的 31%。该报告还指出，目前仍在国外的留学人员有 112.34 万人，其中 89.29 万人正在国外进行本科、硕士、博士阶段的学习或从事博士后研究、学术访问等，并且主要集中在发达国家。如果按照 2009 年底以前的归国比例计算，那么这 112.34 万人中只有约 35 万人或将学成后归国。来自美国科学基金会（NSF）的统计也证明了这一点，中国学生是从美国大学获得科学和工程博士学位数最多的外国学生。他们中很多人在获得博士学位时明确表示有计划留在美国；事实上，他们的确设法留在了美国，近年的滞留率更在 90% 以上。

相对于有形的人才流失，无形的人才资源流失也应该引起我们的重视，近些年来西方发达国家的跨国公司陆续在我国设立科研机构，大举招揽、利用我国的优秀人才、拔尖人才，无形中加剧了我国的人才流失。据统计，目前，美国的大型跨国公司如微软、英特尔、朗讯等已经在我国建立了100多家科研机构。①

大量的人才流失，不仅使我国花费在人才身上的大量教育投入无法产生效益，更为严重的是，一旦掌握我国先进技术、经济、国防信息的人才流失国外，有可能导致意想不到的损失和安全问题。另外，由于各种原因，例如科研条件欠缺、福利待遇不高、人才管理落后等，我国在引入国外优秀人才方面尚存在很大困难。

（五）人才工作机制不完善，评价体系不科学

近年来，按照人才规划纲要精神，各级党委和政府在建立和健全人才工作机制上出台了很多政策措施，但由于受诸多因素的影响和限制，在人才的选拔、引进、培养、评价、激励和监督等具体工作机制上仍存在措施不配套、制度不健全、政策难落实和机制不灵活等问题。一方面大学毕业生无业可就；另一方面急需人才的用人单位却满员超编而无法录用，甚至出现严重的人才断档现象。在人才教育培训上，存在重视党政人才和公务员队伍的培养，而忽视其他各类人才尤其是基层管理人才和农村实用人才的培训开发。以市场需求为导向、以能力培养为核心的培养机制还没有完全建立，人才教育和培训的内容与人才岗位需求、人才能力提升的需要仍存在脱节现象，手段和工具比较陈旧，师资队伍和教材建设比较落伍，缺乏科学的考核机制，成果评估体系还没有建立起来。

当前我国的人才评价体系存在着人才概念不清晰、人才评价标准不科学、评价过程重形式走过场、拉关系重人情等不良现象，造成严重的人才流失和人才浪费。在传统行业和国有大中型企业，论资排辈现象依然严重，职务晋升、职称评级、薪酬增加等都与学历、资历和关系挂钩，人才评价缺乏客观公正。在专业技术人员评价体系中，论文数量、外语和学历成为主要衡量指标，结果导致科技人才一味追求论文数量甚至出现学术腐败，各类人才苦修外语却可能成为摆设，过分强调学历而使得注水文凭泛滥，人才评价体系的制度导向出现扭曲。

---

① 李昆明编《大国策——通向大国之路的中国人才发展战略》，华文出版社，2009，第23页。

（六）人才市场体系不健全，法律法规滞后

人才市场体系不健全直接表现为人才市场中的各种歧视现象，身高、性别、户籍、年龄和婚姻状况等成为用人单位招聘人才的潜在标准，并对学历、技能证书产生盲目崇拜，忽视人才的综合素质和实际能力。同时旧有的人事档案管理制度难以适应人才从单位人向社会人转变的需要，统一的人才资源服务平台尚未形成，加上人才市场的管理不规范，使得假学历、假履历和假职称等现象时有发生，影响到人才市场的规范有序发展，客观上导致用人单位对人才市场的不信任。当前人才市场的能力评价体系尚未建立，通常采用的受教育程度、年龄、工作年限等信息难以全面反映人才的实际水平和能力。部分地方政府为保护地方利益，出台一些优先考虑本地人才就业的歧视性政策，不利于全国统一人力资源市场的建立。

此外，我国人才管理的法律法规比较滞后，法制化水平还比较低。首先，全局性的人才法律尚未制定，缺乏全国性的基础法律。其次，现有人才的法制化水平参差不齐，教师法、公务员法等法律已经出台，而高技能人才、农村实用人才和社会工作人才等的法制化程度却比较低。最后，现有人才法律法规的配套措施不完善，使得人才政策在操作层面上仍缺乏足够的法律支撑，一些行之有效的人才政策亟待进行梳理、整合和加工，以上升到更高的法律法规层面。

三　我国人才资源建设目标展望

根据《国家中长期人才发展规划纲要（2010～2020年）》，到2020年，我国人才发展的总体目标是：培养和造就规模宏大、结构优化、布局合理、素质优良的人才队伍，确立国家人才竞争比较优势，进入世界人才强国行列，为在21世纪中叶基本实现社会主义现代化奠定人才基础。

（一）人才资源总量稳步增长，队伍规模不断壮大

人才资源总量在2015年达到15625万人，2020年达到18025万人，人才资源占人力资源总量的比重提高到16%，基本满足经济社会发展需要。围绕提高自主创新能力、建设创新型国家，以高层次创新型科技人才为重点，努力造就一批世界水平的科学家、科技领军人才、工程师和高水平创新团队，注重培养一线创新人才和青年科技人才，建设宏大的创新型科技人才队伍。到2020年，研发人员总量达到380万人年，高层次创新型科技人才总量达到4万人左右。

（二）人才素质大幅度提高，结构进一步优化

主要劳动年龄人口受过高等教育的比例 2015 年达到 15%，2020 年达到 20%，接近部分经合组织（OECD）国家水平；每万劳动力中研发人员 2015 年达到 33 人年/万人，2020 年达到 43 人年/万人；高技能人才占技能劳动者的比例 2015 年达到 27%，2020 年达到 28%。人才的分布和层次、类型、性别等结构趋于合理。

（三）人才竞争比较优势明显增强，竞争力不断提升

人才规模效益显著提高。在装备制造、信息、生物技术、新材料、航空航天、海洋、金融财会、生态环境保护、新能源、农业科技、宣传思想文化等经济社会发展重点领域，建成一批人才高地。

（四）人才环境进一步优化，人才使用效能明显提高

人才发展体制机制创新取得突破性进展，人才辈出、人尽其才的环境基本形成。人力资本投资占国内生产总值比例 2015 年达到 13%，2020 年达到 15%；人力资本对经济增长贡献率 2020 年达到 33%，人才贡献率 2015 年达到 32%，位居发展中国家前列，2020 年达到 35%。

第四节　发达国家吸引人才的主要做法及启示

进入新世纪新阶段，党中央国务院作出了实施人才强国战略的重大决策，人才强国战略已成为我国经济社会发展的一项基本战略，以高层次人才、高技能人才为重点的各类人才队伍不断壮大。但我国人才发展的总体水平同发达国家相比仍存在较大差距，与经济社会发展需要相比还有许多不适应的地方。发达国家的人才引进经验值得我们借鉴。

一　发达国家吸引人才的主要做法

人类社会发展的历史表明，经济社会活动中的一切竞争归根结底是人才的竞争。在人才竞争方面，存在着"马太效应"。发达国家凭借经济实力和物质基础的优势，将继续长期位于竞争链的高端。发展中国家尽管积极投入全球人才竞争，但其弱势地位难以在一定时期发生实质性转变，人才回流与人才流失将长期并存。国外主要通过以下渠道吸引人才。①

---

① 鄢圣文：《国外人才引进政策的主要做法与经验借鉴》，《中国证券期货》2012 年第 9 期。

（一）移民政策吸引人才

移民制度在国际人才竞争中起着举足轻重的作用，是发达国家争夺发展中国家人才最常用、最普遍、最有效的手段，极富包容性的文化是这些国家在吸引人才方面的天然优势。在全球人才资源短缺和人才资本激烈争夺的形势下，发达国家纷纷修改移民法规，放宽移民政策，大力吸引国外优秀人才。根据联合国统计，到 20 世纪末，世界上大约有 30 多个国家制定了吸引高层次人才的移民政策。[①] 可以认为，第二次世界大战之后的 50 年，对整个欧洲来说，是人才大量向美国流失的 50 年。美国是通过移民政策吸引他国人才最多的国家，每年的高新技术移民十余万人。形象地讲，美国实施的是知识移民的收割机政策，美国《移民法》明确规定国家每年留出数万个移民名额专门用于引进国外高层次人才，并特别规定凡是著名学者、高级人才和有某种专长的科技人员，不考虑国籍、资历和年龄，一律优先入境。美国目前的《移民法》规定，每年以职业移民方式进入美国的总配额为 14 万个。[②] 这些配额又根据不同的职业和个人具备的条件划分为五大优先类别，其中前三类职业移民均对提高美国的科技、文化、经济竞争实力具有很大的促进作用。

（二）签发居留许可为人才提供便利

1. 欧盟的"蓝卡"计划

2009 年 5 月，欧盟成员国代表正式通过了旨在吸引外国高技术人才的"蓝卡"计划。实施"蓝卡"计划目的是填补欧盟国家专业人才不足，提升欧洲的竞争力，特别是相对于美国的竞争力。欧盟"蓝卡"实际是一种工作和居留许可证，欧盟的"蓝卡"与美国的"绿卡"形成竞争，而且"蓝卡"相当于无限期的居留许可。持"蓝卡"移民的工资必须明显高于欧盟各国的最低工资标准，几年后"蓝卡"持有者可以得到整个欧盟地区通用的无限期居留许可。在欧盟国家求学的留学生毕业后留在欧盟工作，也可以申请"蓝卡"。

2. 日本的第三次出入境管理基本计划和"在留卡"

积极引进外国高级人才和专业人才是日本的首要目标，在自然资源极度贫乏的条件下，日本向世人展示了真正的人才优势是何等重要。2005 年，

① 胡雪梅：《大国崛起制高点——科学人才观的理论与实践》，人民出版社，2011，第127页。
② 毛黎：《美国：成功的人才引进政策》，《国际人才交流》2009年第3期。

日本法务省入国管理局公布《第三次出入境管理基本计划》，主要措施有：增设居留资格，增加研究活动、特定研究事业活动、特定信息处理活动、外国人教授教育活动等居留资格；延长签证滞留期限，将海外高级研究人才和外国教授的一次签证期限延长至 5 年；对专业技术人才发放特设的"长期出差签证"；推进日本与国外信息技术领域技术资格和考试成绩相互认证制度；简化办理居留资格发放手续，缩短审查时间，放宽多次有效短期签证的发放条件，为研究人员发放亚太经济合作组织商务旅行卡等。2009年通过的《新居民基本台账法》规定在日逗留期间超过 3 个月的外国人，可与日本人一样向地方政府申请获得居民证，日本将向其发行居民基本卡，即"在留卡"。① 在日本，有很多外国科研人员与日本导师合作搞研究，在筑波市就有近千名中国学者，有的是访问学者，有的已在当地就职。在最先进的信息和生物技术领域也有很多研究者是中国人。

（三）吸引和留住外国留学生作为本国人才后备

吸引留学生是发达国家挖掘他国人才资源的主要途径。近年来，国际教育市场竞争日趋激烈。招收外国留学生既为教育国增加了可观的收入，又给它们提供了大量的人才资源储备。据统计，1985～1995 年，世界发达国家接受留学生的平均增长率超过每年 10% 的就有日本（15.5%）、美国（13.9%）和澳大利亚（11.5%）。20 世纪末，全世界留学生达 150 万人，超过 1/3 的留学生去了美国。② 美国、日本、德国、法国、澳大利亚等西方发达国家，纷纷利用别国尤其是发展中国家青年渴望出国深造的心理，通过设立各种奖学金、发放留学签证、放宽招生条件、简化入学手续、降低收费标准、改进考试制度、允许学余打工等手段，积极吸引外国优秀学生前去留学，并允许他们学成之后在当地就业，以此留住人才。③ 中美学术交流委员会曾向一些美国院校调查对中国留美研究生的反映，44% 的学校认为中国学生的成绩比其他所有研究生的成绩都好，97% 认为中国学生的成绩优于或者不低于其他研究生。④ 我国留学人员主要集中在理工科方面，其中

① 葛进：《日本：向外力要实力》，《国际人才交流》2009 年第 3 期。
② 胡雪梅：《大国崛起制高点——科学人才观的理论与实践》，人民出版社，2011，第 128～129 页。
③ 李钊：《法国：让人才成就新世纪里的新突破》，《国际人才交流》2009 年第 3 期。
④ 中共中央组织部干部一局编《人才规划战略研究报告》，党建读物出版社，2002，第 194～196 页。

50%以上集中于发达国家发展战略的重点领域，这就使我国留学人员能够比较容易地在这些国家得到职位，也成为部分留学人员滞留国外的重要原因。

（四）以优厚的待遇聘请国外人才

发达国家凭借优越的经济条件和先进的科研设备，通过高薪聘用等优厚的待遇引进外国人才到本国从事研究工作。

1. 美国的高薪和股票期权

美国经济发达，人民的生活水平高，美国科学家的月收入即可达到 1 万美元，美国很多高技术公司除了给予高薪外，还视高技术人才工作的重要程度额外配给股票期权。由于高科技产品附加值看涨，许多公司的股票成倍甚至几十倍地涨，每天都有专家、工程师成为百万富翁。美国的企业是国外专家最多的地方，电子行业聘用的外籍科技人才占企业科技人员的16%，在59%的高技术公司里，外籍专家占了90%（其中绝大部分是华人和印度人），计算机产业领域的博士中50%以上是外国人，在硅谷企业工作的外籍高级工程师占 1/3 以上。

2. 英国的国家科技发展白皮书和高级人才招聘计划

英国政府通过发布国家科技发展白皮书，制定调整吸引人才策略。对高科技、基础研究和高等教育领域中优秀人才实行倾斜政策，国家拨专款大幅度提高他们的工资待遇，其中由英国政府锁定的几百个杰出人才，年薪达到 10 万英镑以上。另外，英国政府对人才的定义也更加宽泛和有弹性，包括金融、科技、教育、信息、法律、医学等各个领域。辨别人才的标准也下放到全英的著名大公司和研究机构，它们拥有自己签发工作许可证的特殊权利，而不再看他们是否已获得文凭。政府认为，花很长时间和大量金钱培养急需的高技术人才不如购买高技术人才和他们所创造出的成果。因此，英国对这类人才一直以重金雇用，并花巨资购买其高科技成果。政府还与沃尔森基金会、英国皇家学会合作，每年出资 400 万英镑作为启动资金，高薪聘请 50 名世界顶级科学家，以保持英国在世界研究领域中的前沿地位。

（五）通过跨国公司吸引人才

在全球人才争夺中，大型跨国公司一般能面向世界招聘高级人才。跨国公司的国际化生产经营活动为它们从世界各地猎选人才提供了良好的机会与渠道，已经成为吸引海外高级人才的重要基地。近年来，跨国公司大规模地向海外扩展生产与科研业务，在海外建立生产基地和研发中心，大力推行人才本土化战略。这种就地取材的战略提高了夺才的效率，降低了猎才的成本，越来越成为国际人才市场争夺战的重要形式。

（六）利用学术交流和科技合作使用人才

随着全球人才争夺的白热化，发达国家不仅直接引进国外人才，而且还巧妙地通过国际的学术交流和科技合作，吸引和利用国外人才。[①] 如苏联解体之后，美国国防部即派官员到圣彼得堡电子物理研究院常驻，研制生产大功率的军用固体激光器。俄罗斯科学院物理化学研究所与美国一家公司研究的纳米级超微细粉末，实际上也是服务于美国。日本也非常重视国际的科技交流，在日本近年来实施的新的科研计划中，有1/3的人才是从国外引进的。发达国家在国际科技合作中经常能够成功吸引和利用外国人才的主要原因在于它们有雄厚的科研资金投入。此外，发达国家凭借自己优越的生活条件和科研条件，还以民间基金会的高额奖学金等方式，在世界范围内招收访问学者，促使其移民该国。

二　发达国家引进人才的经验及启示

发达国家的人才引进经验表明，吸引人才是一项复杂的社会系统工程，只有调动各方面力量，密切配合，通力合作，才能取得较好的成效。

（一）法律法规体系完备，引才程序清晰

发达国家多以移民法为主体，建立完善的吸引外国人才的法规体系。完备、规范、可操作性强的移民法律和法规对移民工作从理念、制度、机构、职能以及操作程序方面作了详细的规定，从人员资格的确定条件到审批中的认定标准和程序，从临时性工作管理到移民管理，对每一个办理程序、每一张表格和申请时准备的材料都有详细清楚的规定，同时这些规定都面向公众公开。这些既有利于实现管理部门的规范化，提高管理者水平，又有利于公众办理有关手续，也是对法律规定中的公众知情权的最好体现。

（二）移民部门主导，多部门分工协作

发达国家吸引外国人才一般以移民局为核心部门，涉及移民、外交、劳工、安全等多个部门。如美国成立国土安全部以前，主要有移民局、劳工部和国务院。加拿大有移民部、人力资源部和皇家骑警。移民部和人力资源部的主要职能与美国移民局、劳工部类似。区别在于，在加拿大，签

---

① 费英秋、张杰军编《引进智力与自主创新》，经济管理出版社，2008，第54~64页。

证的发放工作由移民部负责，入境后的监管由皇家骑警负责，但整个管理机制也是以移民部门为核心的。澳大利亚涉及外国人才工作的部门有移民部、社会保障部、劳工部、教育科学培训部等多个政府部门，其中起主导作用的还是移民部。

（三）引进高技术紧缺人才，限制一般劳务人员

发达国家移民管理的基本目的就是对人才进行甄别，只有急需的专业人员才可以申请移民，国家限制一般性的劳务人员入境。大部分发达国家都对外国人才进行了详细、科学的分类，并建立量化评估体系。通过对人才的科学分类和有效评估，强化对不同人员资格的审查和管理力度，确保国家只引进需要的人才。同时通过对不同类别人员实行不同的审批标准，为国家调控人力资源的引进结构、吸引高技术人才提供了有力支撑。如加拿大技术移民甄选标准为 100 分评分机制，从教育、语言、工作经验、年龄、适应能力等方面对申请人打分，达到 75 分的才可申请移民。另一方面，一般劳务人员若要进入发达国家，难度则很大。如在澳大利亚，虽然可以通过雇主提名移民的途径，但申请条件相当苛刻，要通过严格的劳动力市场测试，由权威机构认定该空缺职位确有需要到国外招聘人员，还要在全国性和地区性的报纸上同时刊登招聘广告，无人应聘后才可以提出申请。

（四）引才分工明确，注重发挥中介机构的作用

发达国家政府部门、中介机构和用人单位在引进外国人才工作中的分工非常明确，同时相互之间的配合也很有效。如在澳大利亚，移民部独家负责移民审核，垂直管理、职责明晰。同时，移民部又会经常主动与各行业协会、社会组织、用人单位进行沟通，了解相关业务范围内出现的新问题、新情况，从而为进一步调整、完善相关政策及时提供依据。中介机构分为两类：一是政府认定的各类行业协会，在为政府机构提供专业化服务方面发挥重要作用，每年各行业协会都会向移民部提供所需外国专业人才的条件、数量，作为移民部确定技术移民优先职业、配额和评分标准调整的主要依据；二是职业介绍机构，也就是猎头公司，除了为技术移民介绍工作外，也是移民部调查国内人才供求、了解对国外人才需求的重要渠道。

（五）市场调节人才资源，政府进行宏观调控

发达国家主要根据市场需求决定引进人才的重点领域，对引进的外国人才依法管理，享受"国民待遇"，在管理上与本地居民没有区别，政府一般也不给予特殊照顾。如在澳洲，国家对外国人才的需求几乎完全由市场决定。政府仅从总体上把握技术移民的数量和优先顺序，规定申请移民的办法和程序，而数量和优先顺序是根据用人单位、行业协会提供的需求汇总出来的。外国技术人才引进后，政府不提供特殊的优惠政策，也没有专门的机构负责相应的管理工作，所有在澳人员均依据法律工作和生活，享受何种待遇，如工资水平，由雇主和雇员协商决定，所有人员都必须照章纳税。

（六）基本公共服务均等化水平高，人才流动便利

发达国家大都采用数码化的方法管理流动人口，靠身份证或社保卡登记。由于发达国家的服务已经实现了均等化的水平，完全可以采用单一的身份证来管理流动人口，而不需要用户籍、暂住证或居住证等来限制人口流动。除了身份证外，美国政府了解公民信息的另一个渠道就是居民的社会保障记录。在美国的所有合法居民都有一个社会保障卡，号码是唯一的，个人就业、工资、缴纳保险、缴税和获得所有的社会保障都依据这个号码。美国居民每到一个新地方，都要到社会保障机构办理住所变更手续，以使社会保障部门与自己的联系保持畅通。

三　我国参与人才国际竞争的对策建议

（一）完善人才战略，积极主动参与国际竞争

人才战略作为国家发展长远性和基础性的重要谋划，应与经济社会发展战略相协调，形成彼此兼容促进的一体化战略格局。人才战略应具有多维开放的视野，把国内外两个人才市场的相关因素联系起来，坚持培养与引进双管齐下的方针，形成两方面资源优势互补的局面。此外，人才战略应具有与时俱进的特征，符合时代发展的方向。

（二）加大人力资本投资，大力开发人才资源

作为一个人口大国，我国的人力资源是最具国际竞争力的自然资源。应加大人力资本投资力度，大力开发人才资源。一是要采取制度化、法制化的政策手段切实保证教育、在职培训、卫生保健支出要随国家经济发展水平的提高而不断提高，同时调整政府公共支出的分配方向和结构，强化财政性经费作为投资主渠道的职能。二是加大社会多元化投资力度，建立激励机制和政策环境，使那些进行人力资本投资的人可以得到更多的回报，这样可以充分调动企业、家庭和个人投资的自主积极性。三是切实推进一体化人力资源市场建设，彻底消除影响人才流动的制约性因素。

（三）鼓励和引导出国留学，开创人才回流新局面

为广泛吸收国外教育发展成果，应继续增加公派留学人员数量，对以其他形式的出国留学人员予以引导。在规范自费出国留学的同时，尝试建立教育成本追缴制度，按在国内所接受教育的不同核算成本，依法收取出国人员国内培养费。对于回国服务的人员则加强正面激励，退还全部培养费，并按在国外接受教育的程度给予补贴。鼓励海外留学人员专业团体、学术技术协会、联谊会等社团组织发挥集体优势，开展为国服务的各种活动。建立人才移民制度，探索试行双重国籍制度，改革绿卡制度，鼓励滞外人员回国服务，并实行来去自由。

（四）加强爱国主义教育和法制建设，减少人才流失

应把强化爱国主义教育，提高人才的爱国热忱和爱国精神，抵制利己主义和个人主义的负面影响，作为防止人才流失的重要手段。应切实注重人才使用，并在待遇上对人才有足够的重视。站在国际人才竞争的平台上，坚持使用人才优质优价。同时不仅以待遇留人，还以事业和感情留人。应进一步完善法制体系，为人才立法，用法律法规来保护人才。

（五）努力创造条件，吸引使用全球优秀人才

世界各国优秀人才很多是我国目前在一些领域紧缺的人才。应制定和实施紧缺人才引进计划，在国际合理竞争的条件下，吸引别国人才，以较小的成本来弥补我国的人才缺失。抓紧建立海外人才信息网，发展和规范引进国外人才中介组织，对引进的高级专业人才可实行长期居留或永久居留制度，研究制定投资移民和技术移民法，努力创造条件，吸引更多的国外人才来我国创业和发展，充分利用国际人才资源。

（六）积极创造条件，改善人才环境

营造良好的人才环境，着重改善人才科技环境、人才创业环境、人才法制环境和人才文化环境。大幅度增加对人才资本的投入，提高 R&D 经费投入强度，保证重点科研条件，提供吸引人才的物质基础。建立吸引人才的机制，提供人才充分施展才干的舞台和发展自我、实现自我的机会。创造上升空间，激励人才进一步发挥自己的才能，同时，改进我国科研体制，努力创建人才使用的良好软件和硬件环境。

第二章　人才测评与我国的
人才测评事业

人才工作包括人才的培养、开发、使用和评价等环节。要做到正确地使用人才、吸引人才和开发人才，首先必须做到能科学准确地评价人才、鉴别人才，这样才能做到人尽其才、才尽其用。引入和使用科学的人才评价方法，能有效保证我们正确地选拔人才、鉴别人才，使人才能在一个良好、健康、和谐的环境中安心工作，充分发挥他们的积极性和创造性，通过这种良好的人才使用机制，来为党和国家事业的发展，为全面建设小康社会提供强大的智力支持。

第一节　人才测评的特点及作用

人才测评实际上就是对人才的素质、工作业绩和贡献进行一个价值性的衡量，从人才内在的规律来说，人才测评主要是对素质和业绩的评价。素质意味着发展的潜力、能力与实力，业绩意味着成果、价值与贡献，因此，人才测评包括人才工作的潜力评价、工作实力的评价、工作过程的评价等，这些评价可以归结为人才素质测评、行为测评、价值测评和绩效测评与人才贡献测评。

一　人才测评的含义

德国数学家、哲学家莱布尼茨（G. W. Leibniz）有一句名言："世界上没有两片相同的绿叶。"同样，在人类世界里也不存在完全相同的两个人，哪怕是长得一模一样的孪生兄弟，事实上也存在着差异。中国有句古话"一母生九子，九子各不同"，说的也是这个道理。正因为这种差异的存在，才使得人才测评工作变得十分必要。

关于人才测评近年来有很多流行的说法，有人事测评、人才测评和人员功能测评等。这些称谓大同小异，表达的内容也基本一致。^① 通常认为，人才测评是通过一系列建立在心理学、行为科学、教育学、管理学、数学、计算机科学等基础理论上的科学手段和方法，对测评对象的基本素质、绩效状况进行测量和评价的过程。^② 要准确理解人才测评的内涵，需要理清素质、绩效、测量以及评价的含义。

（一）素质的含义

人才测评既然是对素质和绩效进行测评，特别是现代人才测评主要是以挖掘一个人的素质水平作为主要使命。"素质" 英文为 competency，被认为是在 1973 年由哈佛大学麦克利兰（McCLelland）教授根据大量的实证研究结果整理后提出的。麦克利兰认为素质的含义是指 "和有效的绩效或优秀的绩效有因果关联的个体的潜在特征，就是指能够将某一工作（或组织、文化）中表现优秀者和表现一般者区分开来的个体潜在的深层次特征"，这也是西方目前的主流观点。

在我国，素质一词古已有之。《文选·张华〈励志诗〉》中即有 "虽劳朴质，终负素质"，这里的素质即指本质。也就是说，事物现象是由其本质所决定的，而人的行为则由素质决定。^③ 其后，不同学者、不同学科对素质又有不同的解释。研究中一般把素质界定在个体范围内，即素质是指个体在完成一定活动与任务时所具备的基本条件和基本特点，是行为的基础与根本特点，它包括生理因素、心理因素两方面。^④ 由于素质是在人的先天生理基础上，经过后天教育和社会环境的影响，由知识内化而形成的相对稳定的身体和心理品质。因此，通常素质具有基础作用性、稳定性、可塑性、内在性、表出性、差异性、综合性、可分解性、层次性与相对性等特征。

（二）绩效的含义

从字面上理解，绩效就是业绩与效能。"绩效" 的英文称谓是 performance，翻译成中文有履行、执行、成绩、性能、表演、演奏等含义。Bates 和 Holton（1995）认为 "绩效是一个多维建构，观察和测量的角度不同，

---

① 马欣川编《人才测评——基于胜任力的探索》，北京邮电大学出版社，2008，第 2 页。
② 刘民主：《人才概念的发展及科学的人才观》，《人才开发》2008 年第 8 期。
③ 《简明心理学辞典》对素质的解释是："素质，又称天赋，是个人生来所具有的解剖生理特点。这些特点是通过遗传获得的，所以也叫遗传素质。主要指神经系统、感觉器官、运动器官的特性，其中脑的特性尤为重要。"这是从心理学角度对素质的解释。
④ 萧鸣政编《人员素质测评理论与方法》，北京大学出版社，2011，第 3 页。

其结果也会不同"，因此，不同学者对绩效的理解也不尽一致，归纳起来对绩效通常有以下四种理解：① 绩效就是结果（Bemardin，1995）；绩效的目标是行为，而不是结果（Murphy，1991）；个体特征可以反映绩效水平（Spencer，1993）；绩效管理的对象是战略的实施过程。

素质与绩效之间既有联系又有区别，主要体现在：（1）素质是个体完成任务、形成绩效及继续发展的前提，任何一个有成就、有发展的个体，都必须以良好的素质作为基础；（2）素质只是个体成功与事业发展的一种可能性、一种静止条件。事业的成功、发展顺利还需要动态条件的保证，这就是素质功能发挥的过程及其制约因素的影响。因此，素质与绩效、素质与发展是互为表里的关系，素质是绩效与发展的内在条件，而绩效与发展则是素质的外在表现。

（三）测量和评价的含义

人才测评既然是对素质和绩效的测量和评价过程，显然包含两部分内容，即测量和评价。

测量通常是指根据一定的法则对人的各项素质要素指派数字，使其有类似"数"的性质和形式，从而用数字的方法对人的素质进行描述。马克思在现代科学刚开始发展的时候就指出："一种科学只有成功地运用数学时，才能达到真正完善的地步。"② 这就是说，定量分析是人才测评科学化的重要保证。

评价（评定）则是测评主体采用科学的方法针对某一素质测评目标体系做出量值与价值判断，或者直接从表征信息中引发与推断某些素质特征的过程。其与测量既有区别，又有联系。区别在于，一般来讲测量为定量分析，评定是定性分析；测量是客观描述，评定是主观判断。二者的联系在于，测量和评定的对象是同一事物（个体的素质及绩效）质和量的两个方面，即量值和价值。两者相辅相成，互为一体，测量是评定的基础和前提，评定是测量的归宿和目的。③

二 人才测评的理论基础

人才素质是构成独特个体的内部条件和属性，是一种隐蔽的客观存在，

---

① 仲理峰、时勘：《绩效管理的几个基本问题》，《南开管理评论》2002年第3期。

② 〔法〕保尔·拉法格著《回忆马克思恩格斯》，马集译，人民出版社，1973，第7页。

③ 李永鑫、王明辉编《人才测评》，中国轻工业出版社，2010，第6页。

具体表现为内隐的心理现象和外显的行为方式。由于人的心理活动离不开环境刺激，通过环境的刺激，个体内隐的心理现象会通过外部行为方式而间接表现出来。因此，个体素质的内隐性与外显性决定了人才测评的间接性和可能性，而人才测评就是探测这种内隐性的基本途径之一。此外，计算机及网络技术为人才测评的数据处理和分析提供了软性支撑。这样，人才测评从研究对象到研究工具均具备了科学性和可操作性，人的素质也由"可测评"变成了"能测评"。

（一）人本理论及人性假说

人性假说及人的本质理论不仅是管理学中的重要问题，也是人才测评的逻辑起点。

1. 马克思对于人本质的阐述

马克思认为，在生产活动中，人是生产力要素中的决定因素，并且起主导作用。为此，马克思指出："人的本质并不是单个人所固有的抽象物。在其现实性上，它是一切社会关系的总和。"[①] 也就是说，人是自然实体和社会实体的统一，人的本性是在社会实践、社会生活中形成和发展变化的。

2. 西方人性假说

（1）"经济人"假说。"经济人"也被称为"唯利人"或"实利人"，该假说起源于亚当·斯密（Adam Smith）的劳动交换的经济理论，而代表人物是泰勒（F. W. Taylor）。该假说认为，人的行为是为了追求本身的最大利益，工作就是为了取得经济报酬。

（2）"社会人"假说。"社会人"又称为"社交人"，该假说由梅奥（G. E. Mayo）在 20 世纪 20 年代末至 30 年代初经霍桑实验提出的。梅奥在《工业文明中的问题》一书中认为，人们在工作中得到的物质利益只是次要的，更重要的是人际关系。人们的工作动机不仅仅是经济利益，更重要的是在社会关系中寻求满足，并认为良好的人际关系是调动人工作积极性的决定因素。

（3）"自我实现人"假说。该假说是建立在马斯洛（A. H. Maslow）的"需要层次理论"和阿基里斯（C. Argyris）的"从不成熟到成熟"的理论基础之上的。该理论认为人有发挥自己潜力和表现自己才能的需要，只有

---

① 中共中央马克思恩格斯列宁斯大林著作编译局：《马克思恩格斯选集》第 1 卷，人民出版社，1995，第 56 页。

使人的才能和潜力充分发挥出来，人才能感到最大的满足。

（4）"复杂人"假说。该假说是由沙因（E. H. Schein）等人在20世纪60年代末至70年代初提出来的。该假说认为"经济人""社会人""自我实现人"三种假说，虽然各有其合理的一面，但并不适用于一切人。由此，沙因等人认为人的需要和动机不仅因人而异，而且一个人在不同时间、不同年龄、不同地点都会有不同的表现，即随着年龄的增长、知识的增加、环境的变化而变化，因此人的本性是复杂的、可变的，并不仅仅是由一些特定的因素决定的。[①]

（二）组织行为学理论

人才测评在组织行为学方面的学科基础主要体现在以下方面：

1. 职位差异理论

职位差异理论认为任何组织都会依据组织结构和组织战略目标来设置工作岗位，而不同类别的职位则构成了组织存在的结构框架。每个职位都有自己的工作任务、工作职责、难易程度、所需资格条件和工作环境。因此，不同工作岗位对人的素质要求也不尽相同。职位类别虽然存在很大差异，但是岗位本身是稳定的，这就需要因岗设人，而非因人置岗。基于职位差异的客观性，组织就需要对不同岗位的员工做出能力和素质的甄别和分类，从而满足不同工作岗位胜任力和组织特性的要求。这种分类主要采用职务特征模型（技能多样性、任务同一性、任务重要性、自主性和反馈）和职务差异评价指标（劳动责任、劳动技能、劳动环境和劳动心理）来进行。[②]

2. 个体差异理论

人才测评的本质是对人才素质和功能做出定量的评价和定性的分析。人才素质是个体在遗传、环境与个体主观能动性等因素交互作用下形成的整体品质。不同个体掌握的知识结构不同，心理特点各异，身体素质也千差万别。这些差异性体现在个体素质结构、表现程度和效能的差异上。

个体差异理论认为，个体差异是指人与人之间的个性特征上存在的差异。这种差异在性别和外貌上显而易见、最为显性。但个体在心理上的差异不容易识别出来，很难衡量个体之间在心理上的差异。这种差异大致有

---

① 王丹、吕英：《浅谈人才测评的理论渊源》，《管理科学文摘》2007年第6期。
② 付海宾、陈英：《浅析人才测评体系的理论基础》，《管理》2007年第7期。

两方面：个性心理倾向性的差异（需要、动机、兴趣、爱好、信念和价值）和个性心理特征差异（能力、气质和性格）。个性差异本身就是丰富的资源，它赋予个体以独特的个性色彩，这些不同的特征表现了不同生物因素与社会因素交互作用的丰富性，使每一个人具有自己的思维方式、知识结构、阅历经验、情绪情感等。这其中所蕴涵的巨大的智力能力资源，对于认识人才、开发人才极为重要。正是由于这种心理差异的存在，决定了必须对不同的人才进行识别，以发现各人的优势与缺陷，从而施以更为合理的管理。

例如性格因素，它是指人对现实的态度和行为方式中比较稳定的心理特征的总和，性格有好坏之分，有些是积极的，有些是消极的。性格差异主要指的是人格上的差异，性格的形成有先天的因素，也有后天客观因素的影响，因此它具有一定的稳定性，但是也有一定的可塑性。有人根据人们在生活以及与人交往中的不同表现将性格大体分为四类：敏感型、感情型、思考型和想象型。表明了不同性格类型及其所适应的职业范围。在实际生活中，大部分人并不是单纯属于某个类型的而是属于混合型的，这就需要在具体的实践活动中，具体问题具体分析。

3. 人职匹配理论

人职匹配理论是关于人的个性特征与职业岗位性质一致的理论。人职匹配基本思想是：个体之间普遍存在差异，每一个个体都有自己的个性特征，而每一个职位由于其工作性质、环境、条件等的不同，其对个体能力、知识、性格及心理素质等要求是不一样的。因此，在进行职业决策时，就要根据一个人的个性特征来选择与之相对应的职业种类，即进行人职匹配。

人职匹配理论是现代人才测评的理论基础。人的个体差异是普遍存在的，每个个体都有其独特的个性特征，同时，每一种职业都具有特有的工作性质、环境、条件、方式，对工作人员的能力、知识结构、技能、个人性格以及心理素质和气质等都有不同的需求。所以，在进行职业规划和决策的时候，必须依据个体的特征来进行选择，与之所选职业环境能够一致协调，这样就使工作效率和职业成功的可能性提高，反之亦然。根据对人职匹配的理解不同，又分为以下两种理论：

（1）特质-因素论。特质-因素论（Trait-Factor Theory）源于 19 世纪心理学的研究，它是建立在帕森斯（F. Parsons）关于职业指导三要素思想之上，由美国职业心理学家威廉逊（E. G. Williamson）发展而形成的。其理论基础是差异心理学的思想。特质－因素论认为个别差异现象普遍地存在于个人心理与行为中，每个人都具有自己独特的能力模式和人格特质，而某种能力模式及人格模式又与某些特定职业存在着相关关系。每种人格模式的个人都有与其相适应的职业，人人都有选择职业的机会，人的特性又是可以客观测量的。[①]

（2）人格类型论。人格类型论是在由美国职业指导专家约翰·霍兰德（John Holland）于1971年提出的具有广泛社会影响的职业个性理论（Career Orientation）基础上发展起来的。在人格和职业的关系方面，霍兰德提出了一系列假设：①在现实的文化中，可以将人的人格分为六种类型：实际型、研究型、艺术型、社会型、企业型与传统型，每一特定类型人格的人，便会对相应职业类型中的工作或学习感兴趣；②环境也可区分为上述六种类型；③人们寻求能充分施展其能力与价值观的职业环境；④个人的行为取决于个体的人格和所处的环境特征之间的相互作用。

在上述理论假设的基础上，霍兰德提出了人格类型与职业类型模式。不同人格类型的人需要不同的生活或工作环境。例如"实际型"的人需要实际型的环境或职业，因为这种环境或职业才能给予其所需要的机会与奖励，这种情况即称为"和谐"；如果类型与环境不和谐，则该环境或职业无法提供个人的能力与兴趣所需的机会和奖励。霍兰德认为劳动者和职业相互适应才能达到最佳状态，劳动者的才能与积极性才可以很好地发挥。而对组织和个人都适宜的职业可以通过寻求个性与组织环境要求之间的最佳配置方式而推测出来。如表2－1所示。

表2－1　霍兰德的六种个性类型与适合的职业

个性类型	个性特征	兴 趣	适合的职业
现实主义型	真诚坦率，有攻击性，讲求实利，有坚持性、稳定性、可操作性	需要技术力量与协调的活动	体力劳动者、农民、机械操作者、飞行员、司机、木工等
钻研型	好奇、理智、内向、专注、创新，有分析、批判、推理能力	喜欢思考的、抽象的活动（知识科学等）	生物学家、数学家、化学家、海洋地理学家等

---

① 宋荣、谷向东、宇长春编《人才测评技术》（修订版），中国发展出版社，2012，第6~7页。

个性类型	个性特征	兴　趣	适合的职业
艺术型	自我表现欲强，感情丰富，富有想象力，理想主义，爱走极端，易于冲动，善表达	艺术的、自我表现强的、个性强的活动	诗人、画家、小说家、音乐家、剧作家、导演、演员等
社交型	爱好人际交往，富有合作精神，友好、热情，肯帮助人，和善	与人有关的、与感情有关的活动	咨询者、传教士、教师、社会活动家、外交家等
创新型	有雄心壮志，喜欢冒险，乐观、自信、健谈，预测性强，爱好对别人指手画脚	与权力与地位的获得有关的活动，与说服、领导有关的活动	经理、律师、公共部门任职者、政府官员等
传统型	谨慎、守秩序、服从，能自我控制，注意细节，关心小事	与细节和计划有关的	出纳员、会计、统计员、图书管理员、秘书、邮局职员等

资料来源：谭永生等编《执行职业生涯管理》，中国发展出版社，2008，第24~25页。

（三）人才测评的心理测量学基础

心理学是人才测评理论与实践最重要的基础。人才测评的起步得益于心理测验运动的兴起，心理测验理论为人才测评提供了科学的理论指导和技术支持，使人才测评从传统的经验测评走向规范化的科学测评。在心理测量发展史上，经典测验论、项目反应论和概化理论是具有重要影响的三种测量理论。项目反应理论和概化理论的出现进一步提升了心理测量理论的真正价值，其中概化理论是将因素实验设计及其分析、方差分量模型等统计工具应用到测量学，拓宽了经典测量理论的信度。

1. 素质可测原理

数学一直都被认为是科学的皇冠。兰达尔（J. H. Randall）在自然科学领域说过"科学产生于数学解释自然这一信念"。历史与实践证明，世界上的任何一种现象，只要它有质的存在，那么就一定会有量的内涵，没有一种质是不能够被测量出来的（McCall，1939）。事物的行为、测量的方法、数学的计算一起构成事物具有可测量性的三个要素。任何一种事物，只要它有质的存在，那么它就会有行为的表现形式，不管人们是不是已经能够感知。人不但有显性的行为，而且还有隐性的行为，行为的同一性、区分性、存在性和等距性决定了人的行为是可以被测量出来的。

个体内在的素质通过外部行为表现出来，同时外部表现行为又受到个体自身内在素质的制约，它们互为一个动态整体系统存在于个体之中，不仅具有特定性、差异性而且也是可比较的。通过外在行为的表现形式能够在一定程度上反映个体的内在素质，体现个体之间的差异，这为测评素质提供了一个入口。但是，个体素质的稳定性也是相对而言的，个体的素质会因为时间的推移而变化，这种变化的时间往往是很长的。正是这种稳定性，个体的素质才为人们所把握，人才测评活动才能够得以实施。

2. 冰山模型理论

美国心理学家麦克利兰（D. C. McClelland）于 1973 年提出"冰山模型"（Iceberg Model）理论，他把人的胜任特征模型形象地用一座冰山来描绘。冰山分为水上和水下两部分，水上部分是容易被感知的，代表表层的特征，如知识、技能；水下部分代表个体潜在特质，如品质、动机和自我概念，这些是决定个体行为和表现得比较稳定的关键因素，是不易改变的胜任特征，它们是个人驱动力的主要部分，也是人格的中心能力，可以预测个人工作上的长期表现。从这里我们可以直观地看到，如果是靠感官、直觉来评价人才，很容易忽略人才素质体系中最重要的核心因素，通常就是这些核心因素决定着人才发展的稳定性。

综上所述，对于人才测评理论基础的渊源，我们不难发现其明显受到组织行为学和心理学的影响。对于目前注重定性与定量、静态与动态的多元化趋向的人才测评，我们应该明确人才测评的理论渊源，使之建立在坚实的基础之上，并保持与时俱进，以促进测评事业向纵深发展。

三 人才测评的特点

人才测评是一种特殊复杂的社会认知活动，其主体包括测评者和测评对象，都是现实生活中的人，这就决定了人才测评不同于其他形式的测评活动。归纳起来，它主要有以下几方面的特点。[①]

（一）人才测评方式的抽样性和规范性

从本质上讲，人才测评的具体对象是作为个体存在的人及其内在素质和在整体活动中表现出来的绩效，但素质及其绩效不是在某一孤立时空内抽象存在的，而是表现或弥漫于个体活动的全部时空中。因此，从理论上讲，人才测评实施时，涉猎的范围越广，收集的相关信息就越充分、越全

---

① 张秀云、权良柱、李梅：《人才测评的特点、作用及发展趋势》，《河北理工学院学报（社会科学版）》2005 年第 1 期。

面，测评结果也就越有效、越具体、越客观。但在实际操作中，上述理想状态不可能存在也不可能做到。这是因为，财力的限制、物力的限制和人力的限制，任何一项测评的主持者，在有限时间内都不可能掌握被测评者素质的全部表征信息，只能本着"部分能够反映总体"的统计原理，对测评要素进行抽样，并努力保证样本的足够多及其足够的代表性，并从样本的测量结果来推断全部待测评内容的特征。那种企图对测评内容一应俱全，全面进行测评的想法在实践中行不通，而且也没有必要。因此，从统计学上来说，人才测评是一种抽样性测量方式。

现代人才测评的规范性主要体现在两个方面。一是现代人才测评通过建立一整套测评的计量体系和统计分析方法，从而大大提高了测评结果的客观性、有效性和权威性。这与传统人才测评的"重性轻量"形成了鲜明对比。现代人才测评注重定量方法的运用，并不是排除或否定定性的测评方法，其实际是更注重定性的科学性，注重定量与定性的有机统一。二是现在人才测评程序更加规范、严密。传统人才测评方法较少有严密、规范的程序，故测评结果主观性较大。随着社会需求的日益增长，测评的复杂性、专业性、技术性程度越来越高，建立一套从确立测评目的、制定测评计划、选择或研制测评工具到组织实施、处理结果、反馈信息等一系列严密、有序、规范的测评程序，不仅是现代人才测评发展的需要，也是现代人才测评走向成熟并与传统人才测评形成显著区别的标志之一。

（二）人才测评的相对性而非绝对性

测量中计算事物量的起点叫参照点，现有测量中存在绝对零点和相对零点两种参照点。[①] 从人才测评实施者的主观愿望来讲，力求任何测评都能尽量地客观反映被测者的实际状况。但再严格的一项测评也不会不存在误差，这是由测评的主观性所决定的，对于测评对象来说，主要是对心理现象的测量和评价，这种心理现象具有一种内在性、无形性和隐蔽性，所以测量和评价出来的结果可能会与测评对象的真实情况有差距。一方面，测评方案的设计及测评活动的实施都是凭借施测人的个人经验进行的，而不同的施测人对测评目标的理解、测评工具的使用及测评结果解释，都难免带有个人色彩，不可能完全一致。另一方面，作为测评对象的人，由于其素质是抽象模糊的，其构成是极其复杂的，且测评工具有一定的局限性，

① 李永鑫、王明辉编《人才测评》，中国轻工业出版社，2010，第10页。

诚如苏东坡言"人难知也，江海不足以喻其深，山谷不足以配其除险，浮云不足以比其变"。因此，人才测评既有精确的一面，又有模糊的一面。在人才测评实践中，应强调测评的精确性、科学化，但由于人才测评的复杂性，在测评技术尚不十分发达的情况下，片面追求精确性，反而违背了客观规律。

（三）人才测评手段间接性而非直接性

人才测评是通过测量测评对象的行为和外在表现来评价其心理特征和人格特征的，所以说人才测评具有间接性而不是直接性。这一特点主要是因为人的素质所导致的。素质的突出特点之一是抽象性，人的素质是隐蔽在个体身上的客观存在，是一种内在抽象的东西，是看不见、摸不着的，但素质并不神秘，它有一定的表现性，即素质可以通过人的行为表现出来，也就是说素质和行为之间存在一系列中介物，尽管我们不能对素质本身进行直接测量，但可以通过表现的行为特征进行间接的推测和判断。因此，人才测评是一种间接性的测量手段而不是直接性的测量。

（四）人才测评的心理性和主观性

一般来讲，人才测评主要是对个体心理现象的测量，包括能力、兴趣、性格、气质及价值观等。在一定意义上，人才测评主要是心理测量，这是由心理素质在个体发展事业成功过程的关键性作用所决定的。心理测量测评的对象具有内在性、隐蔽性和无形性等特点，相对于物理测量，心理测量就复杂艰巨得多。

人才测评的主体和客体都是人，在进行测量和评价的时候，测评结果往往就会受到测评者的个人经验和评价标准的左右和影响，难免会出现个人的主观色彩。例如，在面试测评中，测量和评价的结果往往与考官的知识结构水平、认知标准及识人本领密不可分。

四 人才测评的功能和作用

人才测评的功能和作用是两个既相互联系又相互区别的概念。功能是事物内部固有的效能，它是由事物内部要素结构所决定的，是一种内在于事物内部相对稳定独立的机制。而作用则不同，它是事物与外部环境发生关系时所产生的外部效应。同样的功能对外界的作用，既可能是正面作用，又可能是负面作用，这要看功能与外部环境的互动方式。一般来说，功能是作用产生的内部根据和前提基础，客观需要是测评产生作用的外部条件，作用则是测评的功能与客观需要相结合而产生的实际效能。

（一）人才测评的功能

人才测评具有多方面的功能，归纳起来主要有三个方面。

1. 甄别和评定功能

这是人才测评最直接、最基础的功能，也是人才测评中使用最多的一种功能。所谓甄别评定，是指对人才素质、绩效等状况优劣，水平高低的鉴别和评定。甄别是测量个体之间的素质、绩效差异。评定是衡量受测者素质的构成及绩效的达标程度，看其是否具有规定的资格条件和常规标准。用来比较的标准一般有两种，一种是存在于测评对象之外的客观要求，如任职资格标准；另一种是根据测评对象的特征实际分布的"常模"标准。人才测评的鉴别评定功能主要表现在激励和强化的作用，个体在测评中都期望自己能够表现出色，如果个体行为得到了肯定性的评价，在以后的工作中这种行为就会高频率出现，反之亦然。

2. 诊断和反馈功能

诊断与反馈二者是相互联系、相辅相成的功能。诊断是指通过测评技术，找出被测者素质等构成及发展上的问题及不足。反馈是指根据测评结果，提供调整和改进测评对象素质缺点的信息，分析缺点和不足及其产生的原因，提出诊断意见和素质优化开发方案，帮助个体克服自己的缺点，发扬优点，促使个体素质能够得到全面的发展。通过人才测评技术，对岗位任职者进行测试评估，来发现员工现有的素质水平与岗位所要求的素质标准之间存在的差异，进一步诊断出员工绩效水平不尽如人意的原因，因此，人才测评技术在绩效管理中的应用就是发挥其诊断功能的过程。[①]。

3. 预测和导向功能

预测功能，是指通过对个体内在和外在特征进行鉴别和评定后，可以预知和推测出个体以后的发展趋势，以"因材施教"。人才测评不是对单个的行为特征进行测评，而是通过大量的特征行为进行素质测评的，这些特征行为对个体的素质具有一定的揭示性，而个体的素质特征具有相对稳定性，因此就可以通过素质表象行为发展的历史轨迹和趋向，对个体的素质发展进行预测。这就是人才测评所具有的预测功能。[②]

---

① 马欣川等编《人才测评——基于胜任力的探索》，北京邮电大学出版社，2008，第16页。
② 苏永华编《人才测评案例集》，中国人民大学出版社，2011，第5页。

所有的人才测评都是有目的性的，不是为了测评而测评，而是要根据测评结果来做出决策，测评结果同人们的某种利益或者是个人发展息息相关。个体通常情况下都会根据测评的内容标准和人才的需求标准，通过不同的方式方法来培养和提高自己。从这个意义上来说，人才测评具有导向功能。

（二）人才测评的作用

人才测评最主要的作用，是为人事决策提供可靠、客观的依据和参考性建议，它是人事决策的基本工具。[①] 其作用大致有五个方面。

1. 人才测评是进行人力资源管理的基础

人才测评丰富和深化了人力资源管理的内容，它运用测量学、心理学、行为科学等相关科学的研究成果，并结合先进的科学技术，对个体的品德、能力、知识、发展潜力及人格特征同岗位的适应性进行准确的测评定位，为人才合理的利用和人才的职业生涯规划提供科学的指导。现代人力资源开发与管理的目的就是"人"与"事"的最佳匹配，调整人事之间的相互关系，从而做到人适其事、事得其人、人尽其才、才尽其用。人才测评就可以做到有效地甄别人才，在测评的基础上将最适合的人员安排到最适合的岗位上。

2. 人才测评是科学配置人力资源的根本保障

人才测评的这一作用是由测评的功能派生的。没有无用的人，只有安置错误的人。人才资源的配置包括人与事的配置及人与人的配置，传统的人事管理由于缺乏人才测评技术，人才资源没有得到科学合理的配置，造成人才资源的闲置、埋没和浪费，影响了经济社会和各项事业的发展。现代人力资源管理利用人才测评技术，可以测评人的素质状况、优点及缺点，了解其特长、兴趣和爱好。掌握了这些信息，可以为人力资源部门任用、安置人员提供客观依据，为领导进行人事决策提供科学根据。这一方面可以使人和事相互配置，做到人事相宜，人尽其才；另一方面可以使人与人优化组合，取长补短。

3. 人才测评能够为人力资源的开发提供可靠依据

人力资源管理的实质是一个不断开发人力资源的过程。无论是发现、选拔、任用新的人才，还是对已有人才根据新的工作任务和目标要求重新

---

① 宋荣、谷向东、宇长春编《人才测评技术》（修订版），中国发展出版社，2012，第30~34页。

进行调整、优化组合，必须首先了解人，即"知人"。"知人"必须借助测评的科学技术和手段，才能对不同人的品德、知识、能力、业绩的实际水平有较为客观准确的了解，从而达到"人尽其才""才尽其用"的最佳人事管理状态。实施人才测评，不但能发现优秀人才和稀缺人才，而且有利于组织的人力资源开发，能明确各人的长短优劣，加强培训，扬长避短，最大限度地开发潜能，做到人尽其才、才尽其用。

4. 人才测评是人力资源市场良性运行的必备条件

在市场经济条件下，人才流动一方面靠政府宏观调控，另一方面靠市场机制来调节。这种调节除要有经济手段、国家政策、法规保障外，还要利用人才测评的信息咨询作用。这表现在三方面：一是人才测评能对一个国家、一个地区或一个产业（行业）部门的人才结构和职业分布结构进行调节；二是调节人才纵向、横向流动，促使社会人才资源合理布局；三是调节人才的智能结构和一定社会的人才供求标准，使配置需求与可能有机结合。

5. 人才测评可以激励个体能力和素质水平提升

人才测评的过程是按照某种标准，将个体的行为特征与标准进行比较，从而确定个体的素质构成和水平。每个人素质结构的优劣和水平高低都是通过相应的位置来确定的，被测评者的行为可以通过测评标准来进行调整和安排。人才测评可以帮助个体更了解自己，知道自己的能力水平和兴趣爱好，从而能够因势利导，明确自己的择业和发展方向。同时通过为各类人才市场提供专业化的第三方素质评价及为组织评价人才服务，可以在它们与个人之间建立桥梁，为人才提供能够真正体现其价值的应用场所。也就是使个人能够根据测评结果判断寻找真正适合自己的职业。此外，每个人从学习到择业的每一个阶段都需要对自己有一个清醒的认识。人才测评可以使每个人认清自己的素质，知道自己的长处和短处、优势和缺陷，从而能够有针对性地接受教育培训，更好地实现自我发展，激发个体的内部动机，促使个体处于一种积极向上的心态，从而提高个体的素质水平和能力水平。

第二节　人才测评的历史与发展

人才测评学不论对于西方还是我国来说都是一门既古老又年轻的科学。说古老，是因为人才考评的思想和实践从古代就有。在我国漫长的封建社会和近代半殖民地半封建社会，形成了我国历史上丰富的选人用人之道。

说年轻，是因为自20世纪初期开始，西方现代科学的人才测评理论和技术才开始形成和发展，并得到越来越广泛的应用。①

一　我国古代人才考评的思想和方法

人才测评一词虽在中国历史没有记载，但人才考评的思想却是实际存在于我国历史上各个时代的人才选拔实践中。统治阶级为了创立和维持其政权，总要煞费苦心地选才用人，并且形成了各具特色的人才考评之道。

（一）我国古代的人才考评思想及其发展

原始社会，生产资料的公有制决定了当时的首领人才是由公众推选的，评选的标准是勇敢、善战、公平、健康，能妥善处理部落事务和解决人际矛盾。随着生产力的发展，原始部落的联盟不断扩大，管理人才的能力要求也相应提高，于是出现了"选贤"与"让贤"。总体上讲，我国古代的人才考评思想可划分为三个阶段。②

1. 第一阶段：启蒙期（从三皇到春秋战国、秦朝）

这一阶段的人才考评没有形成固定的制度，以世袭制为主，对少数重要职位、重要人才则采取自荐、推荐加长期考核的办法。人才测评最早可以追溯到尧舜先古时代，那时帝王决定继承者就已萌芽让贤与能的思想火花。唐尧把帝位禅让给舜之前，对舜进行了长达28年的多次测试与考察，相传《尚书·舜典》上说"虞舜侧微，尧闻之聪明，将使嗣位，历试诸难，作《舜典》"，考验合格，虞舜才名正言顺地继承帝位。后来舜通过治水的考验让位于禹，而未传于其子——商均。

如果说这只是传说，并非信史，那么周代选拔、考评人才的选举制度则已明文载于经典之中。③西周皇帝用"试射"来选拔人才，测评项目包括其行为是否合乎礼仪、动作是否合乎乐律、射中的次数有多少，这是中国人才测评的雏形。到诸子百家时期更涌现了许多宝贵的人才考评的思想。如孔子提出考察人才要做到"视其所以，观其所由，查其所安"，并从德行、才智和气质等方面对人进行了简单的分类，影响深远。关于人才的选

---

① 张厚粲、刘远我：《我国人才测评事业的发展》，《心理学探新》1999年第1期。
② 杨东涛、朱武生、陈社育：《中国古代人才测评思想述评》，《南京社会科学》2004年第10期。
③ 尽管有尧舜禹的禅让，但当时"任人唯亲"依然是当时的用人观念，直到西周末年，"任人唯亲"才受到"任人唯贤"的挑战。

拔，孔子主张要"听其言"，"观其行"，即"观其所由，察其所举，视其所安"，进行全面、长期的考察，才能达到"知人"的目的。

孟子曾提出"权然后知轻重，度然后知长短，物皆然，心为甚"，他认为人心能如物体般使用定量的评定。庄子则认为"凡人心险于山川，难于知天。天犹有春夏秋冬，旦暮之期。人者，厚貌深情"，只有通过反复地观察、试探、考验，才能够辨明贤愚。庄子在《庄子·列御寇第三十二》中指出："故君子远使之而观其忠（忠诚），近使之而观其敬（礼节），烦使之而观其能（能力），猝然问焉而观其知（知识），急与之期而观其信（诚信），委之以财而观其仁（仁爱），告之以危而观其节（气节），醉之以酒而观其侧（行为），杂之以处而观其色（是否好色）。九徵至，不肖人得矣。"此说对后世影响甚大，许多思想家的人才考评思想皆由此发展而来。

鬼谷子在其著作《鬼谷子·揣篇第七》中专门提到了测探他人心理的方法："揣情者，必以其甚喜之时往，而极其欲也，其有欲也，不能隐其情；必以其甚惧之时往，而极其恶也，其有恶也，不能隐其情，情欲必失其变。感动而不知其变者，乃且错其人勿与语，而更问其所亲，知其所安。夫情变于内者，形见于外，故常必以其者而知其隐者，此所以谓测深探情。"这就是说，通过观察人在极高兴或极惧怕时的好恶表现，可以了解人的内心真情，故名"揣情"。

《吕氏春秋》的"八观六验"法则是直接从庄子学派的"九徵"发展而来的。《吕氏春秋·论人》中这样说道："凡论人，通则观其所礼，贵则观其所进，富则观其所养，听则观其所行，止则观其所好，习则观其所言，穷则观其所不受，贱则观其所不为。喜之以验其守，乐之以验其僻，怒之以验其节，惧之以验其特，哀之以验其仁，苦之以验其志。八观六验，此贤主之所以论人也。"这六大测验目标："守"，指操守；"僻"指邪念恶行；"节"指气节；"特"指突出的才能；"仁"指仁爱之心；"志"指远大的志向，基本包含了人才考评的各大要素。

2. 第二阶段：发展期（从汉朝到隋唐初）

这一阶段可归纳为察举、征辟与九品中正制。

自西汉、东汉起是我国封建社会的前期，统治稳固、历史长久，在人才考评方面有重要建树，主要表现在对人才考核的内容全面和细微上，考核从德行、才能、知识、功绩四个方面进行。考德行包括考廉、明经，考才能包括贤良方正、有道、武猛兵法，考知识包括文字、明法、杂科，考功绩包括尤异、治剧。

汉朝的选举主要有察举与征辟两类。察举源自先秦的"贡士"、秦代的"荐吏"，故又名贡举、荐举，是由下而上推荐人才的制度。简单地说，察举就是考察之后予以荐举的意思。察举又分制举与常举两类，制举即特举，是根据需要举行的临时性察举，往往在天地灾变、国家多事时进行。常举是制度性的察举，分为二科，即郡举孝廉，州举秀才（又称茂材）："孝廉"指孝子廉吏，看重的是德行；"茂才"的标准主要是淳厚、质朴、节俭及谦逊。征辟是征召和辟举的简称。征召，由皇帝下诏，直接委任要职。辟举，乃三公选用僚属，担任公府掾史，日后依政绩升迁，均是由上而下选拔人才的方式。

还有一种选士方法是从太学生中选举人才。汉武帝罢黜百家后，设立《诗》《书》《易》《礼》《春秋》五经博士，并建立太学，选取各地优秀人才入学随博士习五经一年，期满加以考核，能通一经以上成绩优异者，随即授以"郎官"，成绩中等者则派为地方官。

到魏晋南北朝，人才考评思想出现低潮，察举制也开始衰败。魏文帝曹丕对士族世袭特权进行了让步，人才考评实行"九品中正制"，考核内容包括家世、状（即行状，是对被考核者德才的评述）和品（即等第）。从道理上讲，品应由状体现，而九品中正制则以家世定品，于是考核内容实际上只有家世和行状两项，实际起作用的只有家世一项。因此，形成了"上品无寒门，下品无势族"，"出身高贵，不才也才；出身低下，虽才无才"的局面，在此制下，所有人员均由中央政府区分品级，作为任用及升迁的标准。这样九品中正制就成为巩固门阀政治、阻塞寒素人才入仕的工具，再加上官场和社会上裙带关系盛行，更促进九品中正制日益腐败，最终使其成为"慢主罔时，实为乱源、损政之道"。

三国时魏人刘劭所著《人物志》对人才测评作了较为系统完整的论述，是古代人才测评思想集大成之作，其思想宏富，内容深湛。刘劭在《人物志》中对如何鉴别人才、选拔人才、任用人才等问题都做了系统的研究和探讨。《人物志》共三卷，分《九征》《体别》《流业》《材理》《才能》《利害》《结识》《英雄》《八观》《七缪》《效难》《释争》十二篇。在书中，刘劭根据阴阳五行生成说，类推出五德：木骨（弘毅）、金筋（勇敢）、火气（文理）、土肌（贞固）、水血（通微），并在此基础上把人的性格分为十二种，对每一种性格的总体特征及其优缺点予以解说。从智勇关系出发，刘劭又将人分为英才型、雄才型和英雄兼备型。《人物志》写道："是故聪明秀出谓之英，胆力过人谓之雄。此其大体之别名也。""必聪能谋始，明能见机，胆能决之，然后可以为英，张良是也。气力过人，勇能行之，智足断事，乃可以为雄，韩信是也。""徒英而不雄，则雄材不服也；徒雄而不英，则智者不归往也。故雄能得雄，不能得英；英能得英，不能得雄。故一人之身兼有英雄，乃能役英与雄。能役英与雄，故能成大业也。"而关于"知人"法，刘劭也提出了"八观五视"。"八观者，一曰观其夺救，以明间杂。二曰观其感变，以审常度。三曰观其志质，以知其名。四曰观其所由，以辨依似。五曰观其爱敬，以知通寒。六曰观其情机，以辨恕惑。七曰观其所短，以知所长。八曰观其聪明，以知所达。""五视者，居，视其所安；达，视其所举；富，视其所与；穷，视其所为；贫，视其所取。然后乃能知贤否。"刘劭的《人物志》一书被明代人推崇为夏商周以来第一流的人才学著作，被后人称为心理学经典，20世纪初叶被译为《人类能力之研究》并在英国出版。

相比之下，诸葛亮在《心书·知人性》中提出了"知人七法"（知人之道有七焉。一曰问之以是非而观其志；二曰穷之以辞辨而观其变，三曰咨之以计谋而观其实，四曰告之以祸难而观其勇；五曰醉之以酒而观其性，六曰临之以利而观其廉，七曰期之以事而观其信），则是对庄子学派的"九徵"、《吕氏春秋》中的"八观六验"以及刘劭的"八观五视"的总结和发展。其中前四者（提问、诘问、询问、告诉）是以问答的方式来观察、测量人心，而后三者（醉之、临之、期之）则是通过情景模拟加以考察，以全面衡量人才的素质。

3. 第三阶段：科举制度的建立（隋唐之后）①

科举制是我国古代读书人所参加的人才选拔考试。可以认为，自隋始至清中叶推行的科举考试是世界上规模最宏大的人才测评实践。由于采用分科取士的方法，所以叫作科举。隋唐之后，科举制度逐步确立，从此成为我国古代选拔人才的主要方式。科举制源于隋，历经唐、宋、元、明、清，是中国古代历时最长的考选人才制度，它的进步之处是以才取人，为下层杰出人才进入仕途开辟了道路。这种考评的特点是考试与考核相结合；

---

① 李永鑫、杨涛杰、赵国祥：《中国古代人才测评思想初探》，《河南大学学报（社会科学版）》2006年第3期。

分级考试，层层挑选；制度齐全，方法完备。唐代科举分科较细，包括秀才、明经、进士、明法、明书、明算等，明法、明书、明算是关于律令、文字、数学的专门科目，选择专门人材，录取后只在与专业有关的机构任职。进士科在唐初时沿袭隋朝只考"时务策"，即对时事和政治的看法；唐太宗时加考以经书或史书内容拟出的策问题；高宗时又加考《老子》及其他"杂文"题，形成"三场考试"；玄宗时转为兼考诗赋，而且诗赋成为最主要的考试内容。明经科则注重考察儒家经义，内容以儒家经典为主，也分三场考试，第一场为帖经，第二场为口试，第三场为时务策。建立在公平考试基础上的选拔制度与以往的察举征辟相比显得更为全面客观。科举制度把读书、应考和任免官职紧密结合起来，为人才选拔提供了一个公开平等、竞争择优的环境，形式先进，影响深远。追本溯源，英国的考试制度也是从中国学过去的，所以中国的考试制度，一度是世界上最古最好的制度。[①] 但可惜的是，随着时代前进，科举制度却被条条框框所束缚，日趋僵化，最后反而成为统治者思想奴役的工具，极大地压抑了人才，阻碍了人才创造力的发挥，成为我国近代科技落后的重要原因之一，1905 年资产阶级维新运动中，清政府废止了历经 1300 多年的科举制。

（二）我国古代人才考评思想评析

回顾几千年中国古代人才考评思想的发展，可以深刻地感受到，人才测评是伴随着人类的历史而不断发展的，只要有人的存在就有人才测评的需要。我国的人才考评历经几千年，从早期的零星火花到后期逐渐形成制度，直至贯穿千年的科举制度，其发展历程包含着无数先人的智慧结晶，有许多正为今所用或演化成另一种形式。比如孟子提出的"权然后知轻重，度然后知长短；物皆然，心为甚"，明确指出了人的心理特征是可以用测量的方法来权衡的。以至于美国科学史学家墨菲（L. F. Murphy）在《历史的回顾》中称：早在纪元前 500 多年，中国在哲学和心理学方面就有惊人的兴起。早在《新论·专学》中，我国就提出注意力分配与集中的测量方法："使左手画方右手画园，无一时俱成"。西方称之为"分心试验"，而比奈在 1890 年才开始这一研究。我国从唐代开始就懂得分设专业分门别类地选拔人才，不同种类测试内容不同，设"秀才科""进士科""明法科""童子科"等，这应该是现行我国中学生分科教育的雏形。

---

① 张厚粲、龚耀先编《心理测量学》，浙江出版联合集团浙江教育出版社，2012，第 55 页。

至于我国所创的科举制度，尽管后来阻碍了社会进步，但其一些先进的形式和理念依然能在今天找到痕迹。世界心理测量年表中，中国的科举制列为首位。[1] 应该说几千年的文明酝酿而成的文化，不管是其发展历程，还是方法原则，对今天都具有重要的借鉴和启示。

人才考评是一面反射历史的镜子。我国古代积累了丰厚的人才测评思想，但严格来说，这些思想由于社会历史条件、经济发展水平和文化心理的局限，决定着它是零散的、经验性的且是以定性测评为主的。[2] 回顾几千年的人才考评史，看各个不同时期人才考评的发展，可以肯定的是，历史在不断向前发展，人才测评也在往前发展。从最早的唐尧对舜禹的简单言行考察，到今天各种令人眼花缭乱的分门别类的测评方式，人才测评已经发展到一个比较科学和全面的高度，已成为一面特殊的历史的镜子，反射着各个历史时期独特的政治和思想光芒。

二 西方人才测评的产生和发展

西方人才测评技术萌芽于19世纪末20世纪初，根据实践需要最早在教育和医疗两个方面对测量个体差异的手段和测评技术开展了研究，并且在智力落后者的鉴别和精神病人的诊断方面取得了很大成绩。智力落后是指智能发展方面有明显的缺陷，对这样的儿童需要鉴别出来进行单独教育或训练。1864年，法国医生舍加英（E. Sequin）出版了《白痴：用生理学方法来诊断和治疗》，系统地介绍了如何使用一些方法来辨别智力障碍的儿童。[3] 1879年，德国心理学家冯特（W. Wundt）设立了世界上第一个心理实验室，开始了对个体行为差异的研究，从而引发旷日持久的心理测验运动。在这样的背景下，更多的学者转向个别差异的研究，致力于通过不同的途径开发测量工具。1884年，高尔顿（F. Galton）设立了第一个人体测量研究室，测量人的身高、体重、拉力、手击速度、听力和视力等。1890年，美国心理学家卡特尔（J. M. Cattell）最早将心理学研究结果进行统计量化。1905年，法国心理学家比奈（A. Binet）把智力看作人的一种高级复杂的心理活动，并采取通过观察多种简单的行为活动以检测构成智力的各个

---

[1] 刘海峰：《为科举制平反》，《书屋》2005年第1期。
[2] 胡振华、简丽云：《我国古代人才测评思想及其对现代的启示》，《科学·经济·社会》2003年第3期。
[3] 郑日昌编《心理测量》，湖南教育出版社，1987，第6页。

因素，从而了解一个人的智力水平时，成功地出现了世界上第一个智力测验——比奈－西蒙量表（Binet-Simon Scale）。在 1908 年和 1911 年，比奈又连续两次对此量表进行修正，被称为 1908 量表和 1911 量表。从此以后，心理测验被公认为测量个别差异的有效工具，西方的人才评价领域也从此更加蓬勃地开展起来。①

随着第一个心理测验的产生，人们更加努力地编制和运用心理测验。刚开始还主要是用于教育和临床诊断领域，后来心理测验进一步发展和扩大了应用范围，这在很大程度上是受惠于第一次世界大战。1917 年，随着美国宣告参战，许多心理学家参军并开始为战争服务。他们认为选拔和分派官兵的任务必须考虑他们的不同智力水平。不过军队有 100 多万人，实现这一想法，只能采取大规模的团体施测方法，为此编制出《陆军甲种测验量表》。但他们发现士兵的文化水平不同，影响到测验效果，于是后来又出现了非文字的《陆军乙种测验量表》。这样从 1917 年 3 月至 1919 年 1 月，共有 200 多万官兵参加了测试，并取得了令人满意的成效。在此基础上，第二次世界大战期间，美国军方还编制了专门的陆军智力心理测验 AGT 和海军智力心理测验 NGT。

战后不久，用于测量官兵一般智力的陆军甲种测验和陆军乙种测验被迅速应用于美国社会，心理测验由此名声大震。这样，在 20 世纪 20 年代，心理测验运动出现了狂热的势头，为各个阶层、各种人群设计的智力测验不断出现。同时，根据工业部门的人才选拔和安置工作需要及职业咨询兴起，心理学家又开始编制各种职业能力倾向测验，主要包括音乐、文书、机械和艺术等方面的特殊能力倾向测验。在把职业选择与个人特点相结合方面，美国学者斯特朗（Srong E. K.）做出了重要贡献，他于 1927 年编制出版的世界上第一职业兴趣测验"斯特朗男性职业兴趣量表"至今仍受到重视。

到了 20 世纪 40 年代和 50 年代，心理测量学家开始在实践中评价求职者的"岗位适合度"，也就是说，人们从此开始越来越重视人职匹配。通常为了达到这个目标，心理学家需要事先对求职者进行一次简单的诊断面谈，然后进行一系列纸笔测验，通常包括能力倾向测验、投射性测验等。

20 世纪 60 年代以后，评价中心技术发展并在许多大公司开始应用，使得

---

① 张厚粲、龚耀先编《心理测量学》，浙江出版联合集团浙江教育出版社，2012，第 40～42 页。

测评对象不仅仅以普通员工为主，而且扩展到中高层管理人员。由于评价中心技术综合运用了测验、面试和情景模拟技术，使测评效果比原来更加可靠和有效。比如有研究表明（费英秋，1994），用评价中心选拔出来的经理，工作出色的人数比用一般标准选拔出来的经理中的出色者多50%。在评价中心获得较高评价的人比获得较低评价的人更容易得到晋升。美国电话电报公司（AT&T）的管理发展研究堪称里程碑，该公司对几百名初级管理人员进行了评价，然后将评价结果封存起来，8年以后，将当时的情况与这8年里的实际升迁情况进行核对。结果证明，在被提升到中级管理职位的人员中，80%的评选鉴定是正确的；在未被提升的人中，有90%的人员就预测到了；以前预测会升迁的候选人中已经有近64%的人被提升为中层主管，以前预测不晋升的候选人中，只有32%的人上升为中层主管。[①] 由于评价中心的有效性较高，目前此技术已成为西方评价各层管理人员的主要技术工具。

目前，心理测验从早期的心理缺陷诊断，后来演变为心理评价，从教育领域拓展到社会管理的其他领域，在西方已成为一个重要的产业，出现了许多专门提供人才测评服务的公司，它们把人才测评技术应用于人力资源开发的各个领域。表2-2显示了测评技术在各方面应用的一项调查结果（Hansen 和 Conrad，1991）。

表2-2　人才测评技术的应用频率

人力资源开发的各个领域	人才测评技术的运用频率
最终的选拔决策	83%
提升	76%
职业发展	67%
职业咨询	66%
成功计划	47%
最初的应聘筛选	42%
人员安置咨询	30%

资料来源：刘远我：《人才测评——方法与应用》（第二版），电子工业出版社，2011，第9页。

综上所述，随着时代的发展，人才测评技术已得到越来越广泛的应用（见表2-3）。人才测评在西方目前已形成产业。以美国为例，每年仅人才

---

① 刘远我：《人才测评——方法与应用》（第二版），电子工业出版社，2011，第9页。

测评服务的直接收入已达到 10 多亿美元之多，如果包括与测评服务相关联的咨询和培训费用，则可达 100 多亿美元。对于个人来说，在整个生活历程中，不论是升学、就业，还是晋升、考核，几乎都要经历各种各样的测试。

表 2-3　人才测评发展演变

时代	应用范围	人才标准	测评制度	工具与方法
渔猎社会 原始社会	选拔部落首领	公德心，统领能力，武力	考察制	观察，试用
农耕社会 封建社会	国家治理人才，军队人才	政治观点，治国才能，军事才能，武力	试射制，军功制，察举制，科举制	口试，实操与演示，笔试
工业社会 资本主义社会	国家管理人才，企业管理人才，专业技术人才	文化、专业知识，工作能力	选拔制，考核制，职业资格制	面试，笔试，实操与演示，情景模拟
信息社会 现代社会	各类人才	专业知识，业务能力，综合素质，工作业绩，思想品德	多样化，细分的人才制度	面试，笔试，实操与演示，情景模拟，心理测试

资料来源：苏永华编《人才测评概论》，中国人民大学出版社，2011，第 5 页。

三　近代我国人才测评的发展

我国现代的人才测评工作在 20 世纪二三十年代就已经跟随西方起步，但后来由于战乱影响而中断。新中国成立后，在"左"倾思想的影响下，学术界关于心理测量和人才测评的研究被压制，得不到重视，导致人才测评工作基本上处于空白状态。直到 20 世纪 80 年代，我国现代人才测评工作才逐渐起步，最早开始于上海起重运输机械厂，用于企业人才选拔及后备干部考察，后来，在一批学者的辛勤努力下，人才测评工作在中国逐步推广开来。我国人才测评工作大致上可以划分为四个阶段。[1]

（一）萌芽起步与停滞时期（20 世纪 20~70 年代）

早在 20 世纪初，我国心理学界就引进了心理测量方法，并制定出自己的各种教育和智力测验，其中对中国心理测量领域影响最大的就是对比奈智力测验的引进和修订。1916 年，樊炳清首先介绍了比奈-西蒙量表。

---

[1]　萧鸣政编《人员测评与选拔》，复旦大学出版社，2010，第 50-52 页。

1922 年，费培杰将比奈－西蒙量表译成中文，并在江苏、浙江两省的一些中小学试测。1924 年，燕京大学的陆志韦发表了经修订的比奈－西蒙量表，这就是中国最早的标准化的比奈智力测验。我国最早的较为标准化的人才测评是 1916 年在清华大学内开展的职业指导活动。1917 年，北京大学建立了中国第一个心理学实验室。1921 年，中华职教社采用自制的职业心理测验对入学人员进行了测验。但当时因中国工业落后以及社会条件的限制，人才测评难以形成规模。

20 世纪 60 年代，中国因工业和军事发展的需要，人才测评有了一次长足的发展。如 20 世纪 70 年代，空军第四研究所曾编制了《学习飞行能力预测方法》，用以对招考新生进行集体心理测验，取得了良好的效果，使飞行员淘汰率大大降低。

需要说明的是，在我国心理测验 20 世纪二三十年代就已经开始应用了，但主要应用于教育领域。后来由于抗日战争而几近中断。新中国成立后由于种种原因，心理学有很长一段时间被视为"伪科学"，人才测评与心理测验更是无人敢于问津的领域。1949～1979 年，我国在人才测评技术的研究和应用方面基本处于停滞状态。

（二）复苏阶段（1980～1988 年）

1979 年以后，心理测验在我国开始恢复地位。此阶段的特点是恢复了心理测试，并开始学习和借鉴国外的测验编制技术和方法，但主要应用于教育领域，只有少数心理学工作者和测评专家在经济社会领域中初步开展人才测评的应用研究。1980 年 5 月，中国心理学会实验心理学专业委员会在武汉召开全国心理测验研究会议。此后，我国人才测评的发展开始以修订国外心理测验量表为主。就智力测验来说，1982 年，北京大学吴天敏修订出版"中国比奈测验"。龚耀先等主持修订了韦氏成人智力量表以及韦氏学前和学龄初期儿童智力量表。林传鼎、张厚粲等主持修订了韦氏儿童智力量表。在人格测验方面，宋维真等修订了明尼苏达多相人格问卷，陈仲庚、龚耀先等分别修订了艾森克人格问卷。[①] 当时只有少数心理学工作者和测评专家开始在经济社会领域开展人才测评的应用研究。如中国科学院心理所徐联仓修订了测量领域行为的 PM 量表，并在企业管理人员的测评中加

---

① 张厚粲、龚耀先编《心理测量学》，浙江出版联合集团浙江教育出版社，2012，第 35－51 页。

以应用，取得了较好的成效。这些研究与运用为我国人才测评事业的发展起了一定的推动作用。

但总体来说，此时人才测评事业仍处于萌芽阶段，这些测验主要是用于教育领域和临床诊断方面，在其他方面应用较少。究其原因，有以下三个方面。一是整个社会对人才测评的认识还很不够，人们大都还不知道现代人才测评是什么和有什么用途。就企事业单位的主管来说，由于长期以来习惯于传统的选人用人办法，他们认识到现代人才测评技术的作用并加以运用需要一个过程。二是我国以前存在着人才为部门所有的状况，人才很少流动，从而体会不到对人才测评的需要，自然也就没有迫切要求。三是由于从事人才测评研究与实践的学者较少，适用于企事业单位选人用人的测评手段和工具缺乏。就测评工具方面来说，尽管自评式的教育测验不少，但其中有许多在人员招聘中难以发挥作用。因为被试者清楚地知道应聘的条件，在回答问卷时可以有意地不表示自己的真实想法，从而按照有利于被录用的方式来回答问题。由于以上几个方面的原因，尽管20世纪80年代中期有少数测评专家和学者竭力推广人才测评技术的应用，但最终并未取得明显成效。

（三）初步应用阶段（1989~1992年）

此阶段的特点是人才测评的重要性逐步为社会所重视，并开始较广泛地应用人才测评技术，主要体现在国家公务员考试制度的建立。[1] 1982年，劳动人事部下发《关于吸收录用干部问题的若干规定的通知》的法规性文件，使招干考试有了基本规范。1987年11月，党的十三大决定建立国家公务员制度，并且明确提出，将来政府机关补充公务员都要通过法定考试。1989年1月，中组部、人事部联合下发了《关于国家行政机关补充工作人员实行考试办法的通知》，要求县以上国家行政机关补充非领导职务的工作人员时，要按照德才兼备的标准，公开考试，严格考核，择优录用。从此以后，所有想进入公务员行列的人必须经过客观化考试（包括笔试和结构化面试），这标志着国家公务员录用考试制度的建立[2]，从此现代人才测评技术开始进入国家机关的人才选拔。1992~1997年，全国大部分省市以及

[1] 刘远我：《人才测评——方法与应用》（第二版），电子工业出版社，2011，第11页。
[2] 1994年，我国政府正式颁布实施了《国家公务员暂行条例》《国家公务员录用暂行规定》，由此展开了从中央到地方的国家公务员录用考试。

国务院组成部门均不同程度采用了人才测评技术招募工作人员，取得了良好效果，这使得人才测评在社会上引起了广泛关注。与此同时，我国在高级官员的任用中也开始借用人才测评技术。北京、上海、四川、湖南等许多省市都开始用现代人才测评技术来选拔厅局级领导，测评手段包括纸笔测验、结构化面试、情景模拟等。由于这种选拔方式比较客观公正，选出来的领导大都能较好地胜任岗位，深受社会各界的欢迎。此外，许多企业也认识到选拔优秀人才对企业发展的重要性，纷纷引进人才测评技术，由于企业在人才测评工作中可以比国家机关拥有更大的自由度，故人才测评技术在我国企业中的发展更为迅速。

（四）繁荣发展阶段（1993 年至今）

此阶段的特点是紧紧跟随西方先进人才测评理论，同时广泛推进人才测评运用。20 世纪 90 年代以来，随着政治体制改革的推进，国有企业改革的深化，尤其是 1994 年国家公务员录用考试制度的建立，现代人才测评技术得到广泛应用。1994～1996 年，人事部成立了考试中心与公务员测评机构后，全国各地的人才服务中心与许多中介组织都纷纷建立了人才测评机构。与此同时，人才测评现已渐渐地被引入到党政机关的选人用人方式中。1998 年年底，中共中央组织部开始在全国范围内建立全国公开选拔领导干部考试题库，扶持开发用于企业的人员素质测评系统。1999 年，中共中央组织部专门成立了领导干部考试与测评中心，为中央直属的各部属机构与大型企事业单位的领导人选拔开展了大量卓越有效的测评活动，进一步推动了领导干部素质测评工作的开展。[①] 如 2004 年 10 月，受黑龙江省委组织部委托，人事部全国人才流动中心为新组建的黑龙江招商局面向国内外公开招聘两名副局长。这次招聘，既是各地党政机关在选拔招聘较高层级官员中首次引入第三方机构，也是全国人才流动中心首次将其开发的"全国人才测评系统"[②] 应用于政府部门的人才选拔工作，"人才测评"因此引起广泛关注。同样，2004 年 10 月成立的北京市领导人才考试评价中心也将其主要职能，定位为对各级党政领导人才个体素质能力和任职资格进行测试、

---

① 郑盛日：《人才测评理论发展概述》，《交通企业管理》2007 年第 11 期。

② 全国人才流动中心开发的"全国人才测评系统"以"使求职者理性就业，让用人单位挑选到更合适的人才"为目的，是全国规模最大的人才测评体系。该体系包括性向测评、职业适应性测评、专业技能测评、基本素质及潜能测评、绩效管理测评及评价中心 6 个子系统，共千余道选择题，可对人才的知识水平、能力倾向、发展潜能等方面进行测试和评价。

评价，研究并建立了规范化、专业化、科学化的党政领导人才考试评价体系和指标体系。该中心因此多次承担了北京市党政领导人才和企事业高级管理人才的公开选拔工作及后备干部测评工作。目前通过考试、考核、公开选拔各级领导干部的做法已在全国推开，"凡进必考"的公务员考录制度已从中央国家机关向省、地、县、乡推进，公务员竞争上岗也在全面实行。这一切都为人才测评的应用提供了广阔前景。

另一方面，随着我国对外开放程度越来越深，国际交流越来越频繁，大量的外资企业和合资企业带来了先进的技术和管理经验，其中也包括人才测评的理论和技术。随着市场经济的发展和企业经营机制的转换，企业之间的竞争日益激烈。企业间的竞争实际上是产品的竞争，而产品的竞争背后是技术和人才的竞争。在这种背景下，企事业单位也从观念上接受现代测评技术，开始运用现代测评技术方法为本组织的人员选拔提供支持。如1994年中国民航与德国汉莎航空公司携手合作，将德国较为成熟的飞行员选拔系统LH/DLR汉化，并按照中国文化进行修订，该测试系统包括人格、心理运动以及诸如航空知识、操作等能力因素的测量与评价，选择了346名中国飞行候选者接受本套系统的测试，以降低淘汰率，消除日后安全隐患，促进了中国飞行员选拔系统的进一步完善。根据人事部人事考试中心1995年4月对全国13个省市470家企业人才测评情况的调查表明，部分企业在考察应聘人员的素质时已经采用心理测试手段。对于"评价中心技术"，虽然当时在企业中还未推广应用，但调查结果表明，认为在选拔中、高级管理人员中采用这种技术适用且必要的企业高达59%。从另一项对企业选拔干部途径的调查结果来看（见表2-4），虽然现实中还有大多数企业把领导考察作为选拔干部的主要方法（91.7%），但在期望中，认为选拔干部要采用这种方法的企业比例下降到52.1%；与此形成鲜明对比的是，对于管理技能测评的应用却从现实中的40.1%提高到68.6%。这也反映出传统的用人办法正在逐渐地被科学的人才测评手段所代替。

表2-4 企业选拔干部的途径

选拔途径	现实途径		期望途径	
	企业数量	百分比	企业数量	百分比
领导考察	359	91.7%	199	52.1%
群众推选	175	45.0%	183	49.2%

选拔途径	现实途径		期望途径	
	企业数量	百分比	企业数量	百分比
专业考核	157	40.0%	206	56.2%
一般能力测评	75	19.3%	79	21.1%
管理技能测评	145	40.1%	254	68.6%
个性特征评定	39	10.6%	67	18.5%
其他	37	10.2%	37	10.7%

资料来源：刘远我：《人才测评——方法与应用》（第二版），电子工业出版社，2011，第12页。

　　与此同时，新的人才测评工具不断产生。[1] 除了新的人才测评工具开发外，各种人才测评研究和服务机构不断增加。在这些机构中，有政府扶持办的，如北京双高人才评价中心、广东人才评价中心等；也有民间社团组织办的；还有个人私营性质的，如上海诺姆四达测评咨询公司、广州智尊企业管理顾问有限公司等。从服务内容来看，有专门从事人才测评服务的，也有以人才测评服务为基础的管理咨询公司。从服务对象上看，有面向普通员工的，也有面向中高层管理人员的。[2] 目前仅在北京，为人才测评服务的公司及其他机构已经有几十家之多。此外，人才市场的形成及相关法律、法规制度的建立，人才的频繁流动，人事体制的改革，也都为人才测评提供了广阔的舞台。目前我国各地都普遍建立了人才市场（有的与劳动力市场合并为人力资源市场）。区域性的主要有上海人才市场、南方人才市场等大型人才服务市场。在许多地级以上的城市也都纷纷建立了人才市场。人才交流的日益普遍促进了现代人才测评技术的更快发展。与此相应，随着人才测评的应用需求不断扩大，新的人才测评手段也在不断发展，从事人才测评研究和服务的机构也在不断增多。在此背景下，人才测评技术开始全面应用到企业的人力资源管理中，人才测评研究和应用机构也不断增多，

---

[1] 自1994年开始，原人事部人事考试中心为满足企业管理人才的评价需要，组织国内心理学家、管理学家和企业咨询界人士开发了"企业管理人才测评系统"，借鉴了国内外先进的人才测评技术，该系统在评价标准的建立过程中，抽取了全国26个省市224家企业的3000多名管理人员进行充分调研，自行编制了一系列针对企业管理人员的测评工具，主要包括企业管理职业能力倾向测验、企业管理基本技能测验、管理者组织行为动机测验等。

[2] 刘远我：《人才测评——方法与应用》（第二版），电子工业出版社，2011，第13页。

人才测评进入了全面繁荣发展的时期。

第三节　我国的人才测评事业

我国的人才测评于 20 世纪 80 年代中期在政府部门首先开展，随着社会科技和经济的高速发展，人才测评也有了很大进步。人才测评技术已在人力资源管理中被越来越多地采用，人才测评的价值也被越来越多的人所接受，大量的人才测评机构亦相继出现。但由于我国的人才测评起步相对较晚，管理者对测评的现实意义和技术方法还缺乏足够的认识，专门的测评人才还不多，人才测评技术的应用相对还不够广泛，实践运用中还存在着很多误区，许多工作亟待完善。

一　我国人才测评机构的发展状况

目前在我国从事人才测评的机构大致可分为四个大类，即政府测评机构、科研院校下属的测评机构、商业化的测评机构和国外测评机构。这四大类测评机构的蓬勃发展为我国人才测评事业的发展起到了重要的推进作用。

（一）国外背景的测评机构

国外测评机构在国外已稳定成长多年，如光辉国际、华信惠悦、翰威特、麦肯锡以及美国教育考试服务中心（Educational Testing Service，ETS）、国际考试业协会（Association of Test Publishers，ATP）、英国 Saville 公司等国际咨询公司，它们凭借理念先进、技术成熟，工作人员曾受到过专业训练，能够正确和准确应用各种测评工具，但进入中国市场后，由于对中国经济社会环境和人文环境不适应和不了解，对中国企业运作模式不熟悉，发展受到一定制约。从这点看，国外测评机构还有一段较长的路要走，它们需要把技术优势与我国的实际情况相结合，逐步形成适合我国国情的人才测评模式。

（二）政府背景的测评机构

政府测评机构（如人事部全国人才流动中心测评办公室）的服务对象主要面向政府组织人事部门和国资委管理的大型、特大型央属企业及公务员的选拔工作等。这类人才测评机构起步较早，拥有大批国内的著名专家，在政府的支持下，地位比较特殊，能够借助各方面的力量，了解国家的相关政策和法规，根基扎实，从业人员专业技术成熟，了解国内的人才测评行业市场，能够在使用专业工具的同时，满足国内客户的需求。

（三） 商业化运作的人才测评机构

随着我国经济的市场化程度越来越高，越来越多的企业认识到人才的竞争是企业竞争的根本，人力资源引起了企业的高度重视，人才测评日渐成为人力资源管理的基础工具，企业都希望能够在选、用、育、留才的过程中得到科学化的支持。在这种背景下，商业化运作的人才测评机构应运而生，这些测评机构虽起步较晚，但其在人才测评的市场上已形成了一定的规模和影响。如北森测评技术有限公司、诺姆四达集团公司和中国国际技术智力合作公司等。

（四） 学术研究背景的测评机构

从理论上来说，学术研究机构才应该被称为人才测评行业里"最早吃螃蟹的人"，当人才测评还不被广泛了解的时候，由于研究工作的需要，学术研究机构已对人才测评进行了接触，并在理论研究的前提下，提前做了相当多的工作，无论是应用于教学，还是传播概念，或者是进行人才测评的初步尝试，以及其多角度的工具整合程度，它们都已经拥有了其他机构不可企及的先驱地位。如首都经济贸易大学的劳动经济学院和中国人民大学的劳动人事学院等。不足之处是，这部分机构真正的"临场"经验较少，研究和应用还停留在研究层面，因此其应对具体个案的能力较弱。

应说明的是，随着人才测评行业市场的进一步发展，这四类测评机构的分类界限也越来越不明显。政府测评机构开始走向市场化，商业化测评机构随着经验的积累越来越成熟，国外测评机构渐渐"入乡随俗"，在市场上形成了一定的竞争力和来源于其本土的一批在华客户群，学术研究机构为了更好地将理念与实践相结合，也迈出了可喜的步伐，人才测评机构的专业化程度正在逐步提高。从发展方向来说，产业化发展是人才测评市场发展的必然，人才测评已经从目前单纯依靠测评软件实施应用，发展到立足人才测评系统为企事业单位提供专业化的人力资源整体解决方案和咨询服务。从这个角度讲，我国人才测评市场前景广阔，并已开始呈现行业的产业化、管理机制的市场化、从业人员的专业化、服务功能的多样化、技术与方法的现代化等趋势。[①]

---

① 苏永华：《人才测评行业的发展趋势》，《中国人才》2010 年第 7 期。

二　我国人才测评面临的主要问题

总体上，我国的人才测评工作还比较落后，实践运用中还存在着很多误区，有许多工作亟待完善。我国的人才评价活动，还没有形成完备的制度体系，更没有形成完善的机制，人才评价体系内各部分连接不足，人才评价与培训、管理、使用、服务等环节存在脱节。[①]

（一）基础理论研究薄弱，应用技术落后

1. 中国特色人才测评理论体系远未形成

目前我国人才测评主要是引用国外人力资源评价的理论与方法，其本土化研究比较少，并没有形成自己完备的人才测评理论体系。自20世纪90年代以来，关于人才测评的文章和论著明显增多，但从相关文献检索的结果来看，文章和书籍基本上都是介绍和操作性的内容，关于理论的探讨则鲜见。人才评价是人力资源管理的两大基石之一，理论建设的薄弱使得人才评价显得中气不足，这在很大程度上制约了测评技术的进一步提高，也阻碍了测评事业的进一步发展。

从总体上看，现代测评理论主要是建立在差异理论之上。一方面，职位类别的差异对人才测评提出了客观要求，职业与职位的差异客观存在，人职匹配可以提高工作绩效；另一方面，个体差异是人才素质测评的前提条件，比如心理差异中的个性倾向差异、个性心理特征差异等。不难看出，以上测评理论基本上建构在偏重于心理测量的基础上，而仅仅以此作为整体性人才测评发展的理论基础似乎显得根基不牢，目前已引起有关学者的质疑。而即使是心理测量的测评观，也存在厚此薄彼现象。从心理测量发展史来看，有两种理论较有影响：经典测验理论和项目反应理论，我国大多数测验方法、技术是建立在经典测验理论基础之上的，而对项目反应理论研究则较少，水平还比较低，需要大力加强。

但需要说明的是，我国存在自己特殊的、深厚的人文环境和风俗习惯，如果照搬国外理论方法不仅会造成"淮南为橘、淮北为枳"的"水土不服"，甚至还会对人才评价的实际工作产生误导作用。[②] 因此，深化人才测

---

① 萧鸣政、李冷：《关于改进我国人才评价工作的建议》，《中国组织人事报》2011年9月16日。

② 朱铊华、张华初：《我国人才测评存在的问题及对策》，《中国人力资源开发》2004年第10期。

评的理论研究，特别是瞄准世界人才测评技术前沿、集中力量加强有中国特色的人才测评理论研究，才能使我国的人才测评事业能够建立在坚实的基础之上，进而推进人才测评向纵深发展。

　　2. 应用研究薄弱，存在测评技术落后的瓶颈

　　国外测评技术的应用促进了我国人才测评事业的发展，但由于较大的文化差异，也带来了一些问题。多年来，我们主要依赖对国外测评量表的修订，多数企业甚至是将国外的人才测评软件经过简单汉化处理就直接应用了，而对支持人才测评的环境未做适合企业自身情况的发展及延伸，更没有针对中国人特有的心理素质和能力建立适合中国人的"常模"和评价体系。由于应用研究也比较薄弱，在实践中往往出现对各种测评方法及测评模式的局限性、所隐含的价值预设、所包含的政治倾向缺乏充分的认识以至于滥用测评结果的情形。具体表现在以下三方面。

　　首先，老技术的新问题。量表测评是一门"老技术"，现代人才测评在我国的源起就是由编制修订量表开始的，也是当前使用最广泛、最为人们熟知的测评技术。但正因为如此，多年来，我们主要依赖对国外测评量表的修订，导致国外量表垄断了我国的人才测评技术市场。目前我国人才测评机构中使用的大多数软件都只是简单的"舶来品"，比较著名的测验量表，如16PI MBTI、CPI、MMPI、EPQ等，几乎都是从西方引进、修订的。量表热从20世纪80年代直到今日，并未冷却多少。然而，正是这种老技术，目前已经暴露了很多问题，并逐渐显现水土不服。

　　其次，西方心理测验的文化背景难以完全适合中国人。人是世界上最复杂且最难以评价的对象，不同时代、不同社会环境和不同的历史文化背景，对人的影响是不一样的，尤其是东西方人在心理特征、行为道德规范、智力因素和职业选择等方面差异更大。测评工具可以使用西方心理测验方法，但在测评结果的解释上如果仍采用西方的评价方法，不根据东方人特有的生活背景来解释，其结果的准确性自然就"差之毫厘，谬以千里"。譬如人格测验，如果完全是基于对中国人的研究，可以断定，所选择的人格变量肯定不会是卡特尔的16种因素。同时，已有研究表明，中国人不适合做西方人编制的心理测验，原因在于我们在做诸如16PF等问卷无法避免社会赞许心、默认心和"中庸"的取向。

　　再次，新技术相对薄弱。目前人才测评有两大趋向值得注意：其一，综合应用趋势。毋庸置疑，不同的素质特征有其相应的最佳评价技术，各

种技术的综合应用是人才测评的发展趋势。国外如今流行的评价中心技术就说明了这一点。评价中心是一种多个评价者采用多种评价技术进行的选拔人才过程。这些测评技术，国外已经形成相对成熟的流程、评价标准、题库信息，甚至测评场地。而在我国，这些新技术目前尚处于尝试和探索阶段，离繁荣发展还有很长一段路要走。其二，"经济"取向。测评结果应尽量追求准确，与此同时，也要考虑投入成本的多寡。目前在实际应用中，有相当一部分客户要求"短、平、快"的服务。因此，像笔迹分析等技术便很有市场。问题是这种技术该如何科学操作、准确评分，还没有形成定论，技术上还存在一定难点需要解决。

（二）人才测评存在认识误区，评价内外部环节联动不足

1. 对于人才测评认识存在两个极端倾向

尽管现代人才评价技术的应用越来越广，但仍有人持"人才评价无用论"，认为它并不比传统的选人用人办法高明多少，不用这些测评技术。同时，也有些人对人才评价存在片面认识，过分夸大了它的作用，持"人才评价夸大论"，他们往往对评价结果的准确性期望过高，并且认为用人才评价可以代替业绩评估，以人才评价代替人事决策。在应用方面，目前我国多数组织在人才评价的结果反馈和运用上同样存在两个极端。一种是将评价结果束之高阁，人才评价不过走了个过场；另一种是过于强调人才评价的作用，在激励、选拔和晋升中，不参考其他因素，由评价结果决定一切，容易造成被评价者对于人才评价的抵触。[1]

2. 评价内外部各个环节联动不足，评价体系化尚未体现

在市场经济条件下，人才工作的主题是为改革开放、经济建设服务，因此应当把人才评价与人才培训、管理、服务和经营等结合起来，促进整体性人力资源的开发和完善发展。这方面的不足之处尤其表现在技能人才的评价上。首先，技能人才评价与培养、使用、激励等环节没有形成有效联动，导致评价难以发挥应有的作用。技能人才评价应该作为岗位使用与待遇的依据，并能够引导劳动者参加培训，提高技能。但在实际工作中，评价工作还没有发挥应有的作用。其次，技能人才评价与使用、待遇相结合的激励机制没有形成氛围。国家提出的技能人才培训、考核与使用、待遇相结合的激励机制执行力不强，企业鼓励劳动者走技能成才、岗位成才

---

① 苏永华编《人才测评概论》，中国人民大学出版社，2011，第 212 页。

之路的相关制度和措施还不完善。

3. 对人才测评的准确性认识不够

许多不了解人才测评的人力资源从业者，片面地认为只有测评软件才是科学有效的评价工具，甚至还特别崇拜国外的测评软件。但任何一个测评软件都应有其内在的理论架构，并且带有浓厚的文化特殊性。很多测评软件只是便于各用人单位的实际操作，并不能提高测评技术的准确程度，对于没有经过本土化的国外测评软件，反而因其不适合东方文化可能准确程度会更低。[①] 这就容易导致人们更偏爱传统的选人用人办法，而对以量表测评为主的人才评价的认识往往不全面和不充分。调研显示，绩效考核和群众测评是获选率最高的两种人才评价方法，组织考察次之，而心理测评、面试、情景评价受欢迎的程度则均在 25% 以下，明显说明专业的人才测评技术应用不广、不受欢迎。此外，我国现阶段人才评价的技术手段比较落后，无纸化测评在我国的人才评价中所占比重非常小，还是以手工操作为主，实行的还是"人海战术"，效率低下，质量也得不到保证。加之一些人才评价机构受利益驱使，不负责任地推广一些粗制滥造的评价软件，使人们更加怀疑人才评价的量化方法的有效性。

4. 评价工具数量缺乏、质量不高

目前我国人才评价工具的研制缺乏系统性，并且评价内容简单，评价手段单一，灵活性和兼容性都不高。据统计，我国自主开发的人才评价工具只有少数几种，对品德、诚信度等这些难以量化的人才素质很少有评价工具涉及，而美国等发达国家则拥有 15000 种人才评价工具。[②] 此外，人才评价工具也缺乏规范和质量认证，真正适用性的评价软件非常少。[③]

（三）人才测评法规缺位，高素质人才缺乏

1. 人才测评市场管理不规范，测评法规不健全

从总体上看，我国人才测评市场的发展还不规范，主要表现在：受传统观念和条块分割的影响，地区间人才测评工作发展很不平衡；全国性的人才测评管理不健全；人才市场上供求双方接口不畅；企事业人才测评工作没有和市场真正挂钩，测评工作往往流于形式。

---

① 易经章：《我国人才测评的研究现状与问题分析》，《人才开发》2005 年第 2 期。
② 金晓燕、王圣：《国有企业人才测评中存在的问题及其对策研究》，《现代商业》2008 年第 3 期。
③ 丁刚：《人才测评的若干问题》，《中国人力资源开发》2002 年第 2 期。

一是人才评价市场化不足，社会化程度低。目前人才评价在欧美等发达国家已形成产业。相关调查表明，在西方发达国家，人才评价活动在人事决策领域运用频率为83%，在人才晋升领域运用频率为76%，在职业发展领域运用频率为67%，在职业咨询领域运用频率为66%，在人才成功计划领域运用频率为47%，在最初的应聘筛选中运用频率为42%，在人员安置咨询领域运用频率为30%。① 而在我国人才评价的市场定位尚不明确，以往对企业人才的评价主要是由政府主管部门或政府授权的机构直接进行，引入社会和市场上的专业中介力量参与不够，市场化程度还很低。在人才评价的实施过程中，在不同的行业和部门，既出现对人才评价过分排斥的现象，也出现过分依赖的现象，同时还存在随意评价的现象。② 长此下去，必然会损害现代人才测评技术的声誉，从而阻碍测评事业的发展。面对现状，人才测评必须规范管理，建立全国范围的规范的人才测评市场管理体系。③

二是部分人才评价机构缺乏独立性。我国政府性的人才评价机构大致有两类，一是由全额、差额拨款的事业单位来充当，如考试中心等；二是由临时成立的机构来承担。这两种机构在经费来源和人事安排上都依赖于某一行政部门，在很大程度上仍然有计划经济的烙印。由于独立性不强，使评价机构的权威性和公信度受到影响。这种与政府部门千丝万缕的联系，一方面使评价机构在运作的过程中，难以摆脱各种因素的干扰，自律性较差；另一方面，政府部门直接或间接管理评价机构的做法，也使得评价机构的服务意识难以跟上，并严重影响了人才评价机构的服务质量。

三是人才评价机构缺乏行业标准。人才测评在我国的应用虽然已经很多年了，但至今尚无人才评价方面的真正意义上的法律与法规，在人才测评领域，至今尚无"行业标准"。一方面，测评机构的注册、审批制度尚不完善，任何一种评价工具，无须批准与论证即可投入使用，但其效果却无人过问；另一方面，人才测评的从业人员没有资格认证制度，导致人才测评行业的门槛低、质量差，人才测评的信度和效度大打折扣。对于测评软件知识产权，也缺乏相关的法律法规予以保护，盗版猖獗。致使人才测评

---

① Barona R. A.，"Human Resource Management and Entrepreneurship：Some Reciprocal Benefits of Closer Links"，*Human Resource Management Review*，2003，13（2）.

② 王雁飞：《企业人才测评问题思考》，《人才开发》2004年第9期。

③ 龚建立、蔡平川：《现行人才测评体系存在的问题及建议》，《人才开发》2005年第4期。

市场中，未经科学论证和测试，没有通过严格评审和认定的测评工具鱼目混珠。这样就造成测评结果失真，从而加深人们对测评的误解。

2. 人才测评专业人员匮乏

现代人才测评是集心理学、管理学、统计学、行为科学、社会学、计算机科学为一体的跨学科体系[①]，它要求从业人员具备一定的知识结构、能力素质以及专业技能，尤其是具备心理测量相关学科知识。人才评价对评价者的知识结构、基本素质以及专业技能要求较高。在美国，对人才测评的操作必须由专业人士来执行，并对结果给予建设性的说明和解释。这种专业人员，一般是在取得心理学或管理学博士学位之后，经过专业考核才获得从业资格，任职期间还必须经过反复培训。[②] 我国目前虽然涌现了一大批优秀的人才评价从业人员，但从总体看，合格的专业性人才不足，硕士毕业的高层次专业性人才更少[③]，严重制约了人才评价工作的开展。

就我国目前正在从事测评工作的人才队伍来说，虽然涌现了一大批优秀的人才测评专家，但从总体看，人才测评队伍的整体素质不高。我国目前人才测评的从业人员主要可以分为三大类：一是科研院所和高等院校的测评研究与开发者；二是组织人事部门或社会力量开办的测评中介机构中的从业人员；三是用人单位人力资源管理部门中的从业人员。作为一个成熟的专业顾问不仅要有比较好的心理学、测评学、管理学等学科的专业理论素养，还需要对企业的经营、管理、市场、生产、研发等基本环节有一定的了解与理解，对岗位的性质与功能有较好的把握，还要有一定的人才测评经验，包括面试经验、工具的使用经验、系统的分析与判断决策经验。因此这种人才很难直接从学校中培养产生，也很难通过一个培训来生成，所以在现阶段，这类人才还很紧缺。[④]

[①] 萧鸣政：《人才品德测评的理论与方法》，中国劳动社会保障出版社，2008，第 60 - 65 页。

[②] 在世界上的许多国家，人才测评的应用率与该国的经济发展水平成正比，与企业的发展水平成正比。但北森公司 2009 年的调查表明，目前国内近一半的企业尚未使用测评工具的原因主要有：测评工具的成本太高（35.5%），对测评工具的价值还存有疑虑（31.6%），对测评工具缺乏了解（28.9%），担心测评工具所提供的结果不够准确（14.5%）。这些都和人才测评的专业人员缺乏有关。

[③] 田效勋：《人才测评应用中的误区》，《中国人力资源开发》2001 年第 12 期。

[④] 邢乃愈：《当前阻碍我国人才测评发展的几个因素及应对策略》，《中国人才》2010 年第 11 期。

（四）评价主体缺乏多样性与多元化，测评方法的使用相对单一

1. 评价主体缺乏多样性与多元化

目前我国人才评价主体单一，多样性缺乏。这一问题在国有企业高级经营管理人才的评价和选拔上表现尤为突出。国有企业经营者的选拔和管理，大多沿用党政人才选拔和管理模式，评价主体单一，带有明显的行政色彩和计划经济的烙印。中国企业家调查组 2003 年的调查表明①，90% 的国有企业经营者是由组织任命的，被调查者中有 73.9% 的人表示"不太满意"。对"企业经营者选拔任用制度改革"表示"很满意""比较满意"的分别占 2.3% 和 23.8%，而认为"不太满意""很不满意"的分别占 26.1% 和 4.9%；经营者对"职业经理人才市场培育"状况表示"不太满意""很不满意"的分别占 30.9% 和 4.7%，这表明职业经理人才市场还不发达，经营者市场化程度还较低。我国国有企业经营者的选拔制度目前仍以"行政配置"为主要方式，经营者选拔还没有体现竞争、公平和有效的原则，这远远不能适应市场经济和企业发展的需要。而对于非公企业管理人才及国有企业非领导人才的评价，虽然有部分企业采用了 360 度评价，但总体上占的比例不大。而且就是这部分企业中，最终评价结果多数仍是由上级主管决定的，普通评价主体所占权重非常小，很多仅是走个过场而已。

2. 人才测评方法的使用相对单一

常见的人才测评方法包括心理测验、面试、无领导小组讨论、公文筐测验、角色扮演、360 度反馈技术和评价中心等。这些方法各有长短：心理测验能够测量智商、人格、气质、认知能力、反应速度等，操作简便，记分和解释较为客观，反馈迅速，但是对测量人员的专业水平要求较高；面试分结构化面试和非结构化面试，使用灵活，但是效率较低，结果主观性较强；BEI 能够深入挖掘测评对象信息，但是要求将访谈人员本身作为测评工具，对其专业能力要求同样非常高；评价中心重情景模拟，主要方法有公文筐测验、口头表达测验、角色模拟、无领导小组讨论等。但目前大多数用人单位在招聘过程中还主要以面谈和参考以往工作经验两种方法为主，心理测验和素质测评虽有使用，但使用率较低。2009 年北森测评公司的调

---

① 中国企业家调查组：《中国企业经营者成长与发展专题调查报告》，《中国经济时报》2003 年 4 月 14 日。

查显示，目前在所有的招聘方法中，招聘面谈和参考以往工作经验的使用率高达89%和81%，心理测验占46%，素质测评只占14%，而目前被公认为效度最高的测评方法——评价中心技术，由于对使用者的专业水平要求较高，使用的就更少了。

3. 人才测评技术应用领域狭窄

在人力资源开发和管理中，人才测评起着承上启下的作用。一般情况下，人才测评常常有四种比较实际的用途：招聘时用人才测评技术来评价应聘者的岗位合适程度；晋升时用评价中心来预测候选人在目标职位上成功的可能性；发展与培训之前用人才测评技术了解培训对象的发展和培训需求；规划人力资源时用人才测评评价和诊断企业的人力资源状况。随着社会文化和经济的发展，人才测评还可以用于人力普查、绩效管理、甄别员工心理健康、评估团队领导力等多个方面。据2009年北森测评公司的调查显示，中国企业非常重视测评工具在人才选拔和培养中的应用，有66%的受访企业已经在应用人才测评工具，80%左右的人力资源经理认为测评工具提高了企业中的人岗匹配度。但与国外的调查研究结果相比，我国人才测评技术的运用领域狭窄，运用频率低。人才评价的方法单一，主观性较大。由于我国在评价数据方面缺乏积累与相关收集的机制，人才技术开发不够，人才评价工具短缺，目前，在各类人才评价过程中，主要是依赖平时的随意印象，依赖评价者的经验判断。而且人才评价的方式大多都采用"分离式指标评价法"，即制定出若干素质指标，采用专家评议等手段逐项评分，经过加权得出总分。这一模式的主要问题在于，仅进行了各评价指标的简单加和，割裂了各素质之间的有机联系，没有考虑它们之间相互作用所产生的综合效应。人才评价的上述问题在当前企业中是普遍存在的，在一定程度上造成了评价效度和信度偏低，乃至出现较大偏差，无法准确反映一个人的能力和素质状况。

（五）指标体系的设计存在偏差，测评效度和信度不高

人才测评的指标是人才测评质量高低的最重要的监控点，指标体系的设计既是理论问题，更是实践问题，它直接制约着测评的效度和信度。

1. 指标设计缺乏信度和效度

近年来，许多单位和个人为满足实际工作之需，纷纷尝试设计本单位的测评指标体系。这些努力对推动人才测评事业的发展本来是好事，但在

选择指标的过程中由于缺乏理论的有效指导及其他原因，却出现了偏差，例如出现了过于注重人的"IQ"指标而忽视了"EQ"指标的倾向，而在对不同类型人才测评的指标选择中也显得针对性不够，有的指标设计非常全面科学，但在实践中却难以推行。实践中的这些偏差直接影响到测评工作的效度和信度，使测评工作在很大程度上难以达到预期的目的。因而，设计一套科学全面而又行之有效的人才测评指标体系也是我们面临的一项紧迫而又艰巨的任务。

2. 人才评价指标缺乏操作性

目前人才评价指标基本停留在"德、能、勤、绩"四个方面，虽然许多组织也根据岗位评价的需要，增加或细分了一些指标，但总起来讲仍存在很大局限性。[①] 调研显示，实际业绩、素质以及群众反映是最常用的评价指标，这些都属于外显指标。而根据人才价值的冰山现象，内隐行为所产生的潜价值却占人才价值的80%之多。而且大多数指标都是静态指标，没有考虑人才素质的动态性。大量事实表明，目前岗位表现不错并不能保证他有能力胜任更高或更复杂的工作。如党政人才评价指标不够明晰，操作性不强。首先，党政人才评价的内容里关于"能"的评价不够明确，很多地方政府的部门没有明确的工作分析和职位说明书，每个岗位所要求的素质——胜任力不明确，因此在评价过程中笼统概括，缺乏针对性，最终产生人岗不匹配的情况。其次，"绩"的评价主要通过述职报告来反映，过于笼统主观。不同部门的职能是不一样的，绩效也是不可比较的，不同地区的经济社会发展程度是不一样的，政绩评价也不能一概而论。不同地区的发展能力不一样，如何平衡东西部地区的差异成为亟待解决的难题。再次，"廉"的考核大多实行离任审计，导致人走了，才查出了很多问题，本来晋升却变成了下马，造成了人才培养的浪费。最后，评价标准比较抽象，指标烦琐、不全面。在政策素质、道德素质、遵纪守法方面，过于笼统、抽象和主观化，缺乏客观的数据。

3. 人才评价指标体系的针对性较差

现代社会对人才素质的要求越来越精细化、多面化，并越来越强调组织自身特点对人才选拔的要求。过去那种一张评价量表包打天下的现象受到挑战，取而代之的是各组织纷纷要求根据不同岗位对人员素质的不同要

---

① 王胜利：《企业人才评价的系统性与模糊性》，《统计与决策》2007年第5期。

求量身定做适合于自己的特定的人才评价标准体系。但迄今为止，我国在此方面取得的研究成果仍很少。2009 年北森测评公司调查报告显示，70% 的受访者认为"对于工作能力的考核缺乏具体指标，往往以与领导群众关系好坏来确定"已成为制约我国人才评价活动的重要因素之一。例如，高层次创新科技人才评价标准不尽科学，影响评价结果。首先，评价标准的片面性与局限性。在选择评价指标的时候，重点需要评价的是科研人员的真正学术水平、从事研究工作的深度、开展研究创新的能力，这些信息才是科研管理中想要知道而又难以获取的；而非那些一眼就能看出的统计数字，如一年发表几篇文章、发表刊物的级别，出版几部专著、哪个出版社，争取多少课题经费、课题级别等。单纯的统计数字最多只能说明科研人员的勤勉程度，并不必然代表其学术造诣和工作实绩。其次，评价标准的模糊性与主观性。现有的评价标准定性多、定量少，评价指标不够具体明确，在实际工作中难以避免个人主观因素的影响，导致评价工作自由裁量的空间较大。并且在一定程度上存在重学历、重资历的现象，容易以学历代替实际水平，以资历代替领导能力，以数字代替工作成绩。

三　促进我国人才测评事业健康发展的对策建议

目前，社会对人才测评的了解度、接受度和认可度大大提高。中国的人才测评技术和产品也在逐渐趋于成熟，人才测评服务的模式和经验趋于稳定。据不完全统计，在我国围绕着人才的服务每年至少有 8000 亿元人民币的潜在市场。而目前我国人才测评市场尚处于萌芽和初步发展的阶段，人才测评的市场前景和发展潜力非常大。

（一）完善评价法规体系，强化评价机构的管理

要抓紧制定相关的法律法规[①]，对人才测评市场进行有效的监督和管理。

一是积极研究拟定人才评价机构的管理办法，对人才评价机构的宗旨、任务、程序、规则、监督、评审、收费方式、收费标准、服务范围及犯规处罚等要制定明确而统一的规定。

---

① 由上海市人才服务行业协会制定的《上海市人才测评行约行规》已于 2007 年 5 月 10 日正式试行；2008 年，由北京市人力资源服务业行业协会制定的《人才测评服务规范》被批准执行。2010 年，《人才测评服务标准》国家标准已制定出来。

二是建立人才评价机构注册、审批制度，并要加强管理，实行严格的资质认定与资格年检制度。

三是加强对人才评价中介机构的监督与管理。建立测评机构注册、审批制度，培育和发展人才测评市场。对测评结果准确率过低、弄虚作假、违法乱纪的，要严加查处，情况严重的，取消经营资格直至追究刑事责任。对被测评者的测评结果应予保密，保护被测评者权益。

四是加强人才评价行业自律，并引入竞争机制，淘汰不适应市场需要的人才评价机构，促进人才评价机构管理的科学性、规范性。

（二）加强评价主体队伍建设，推进评价职业化

建设人才测评队伍，加强人才的培养，是搞好人才测评工作的重要保证，也是人才测评事业持续发展的基础。

一是要建立完善的测评人员培训制度。一方面加快培养；另一方面充实人力资源管理人员以及人才测评人员相关人才测评知识，对现有人员加强测评理论、方法、技术等方面的培训，使之对人才测评理论和方法的掌握标准化、规范化。

二是建立和健全人力资源测评师资格认证制度。从业人员的素质在一定程度上影响着该行业的发展，因此，规范人才测评市场，必须要对从业人员进行资格认证。人才评价机构及其从业人员必须经过有关部门和专家鉴定，取得从业资格，并定期进行资格审定，同时还要健全相关法律以加强监督。一些发达国家在这方面有很严格的规定和要求，我们也要按照国际惯例，参照国际标准建立从业人员资格认证制度。

三是加强人才评价者的职业道德培养。一名合格的评价人员不仅自己要身体力行遵守保密原则，还应坚决阻止不合格的人员从事人才评价工作，以避免滥用和误用评价，对社会造成极坏的影响。

（三）借鉴和开发先进方法与技术，注重测评工具本土化

借鉴和充分利用所有与人才评价有关的方法与技术，形成人才评价多技术、多方法综合运用的格局。加强与国外人才评价机构的沟通和交流，借鉴国外的先进方法和技术，把握国际人才评价前沿的最新动态，提高人才评价技术水平。联合各方面的力量，加强对人才评价基础理论和应用技术的研究。还要注意开发先进的评价技术与体系，比如基于专家系统的人才评价系统等。

此外，人才测评的理论研究及实践专家应根据我国人文社会的具体情况，结合西方先进的人力资源管理经验和技术，开发和研究具有中国特色的测评系统和测评方法。通过不断实践，建立人才测评工具的常模，逐步形成适应我国人才测评的人才素质模型，实现测评工具"本土化"。①

---

① 朱鲍华、张华初：《我国人才测评存在的问题及对策》，《中国人力资源开发》2004 年第 6 期。

第三章 达论：人才测评新体系

人才资源是经济社会发展的第一资源，只有建立有效的人才评价新机制，才能高效选拔人才、合理配置人才、正确引导与开发人才，形成我国人才的新优势。科学人才观和人才强国战略的提出，需要人才测评工作经常化、制度化、规范化，客观上需要建立一套科学的评价方法、评价数据和评价标准，以供选拔和考核之用。

第一节 达系建设的目的及意义

《中共中央国务院关于进一步加强人才工作的决定》和《国家中长期人才发展规划纲要（2010～2020年)》中均明确提出要改革各类人才评价方式，积极探索主体明确、各具特色的评价方法，大力开发应用现代人才测评技术，努力提高人才评价的科学水平。显然，适应人才工作的新要求，与时俱进地探索研究人才测评的新方法、新途径具有重要的理论意义和实践意义。

一 实施人才强国战略是全面建设小康社会的必然要求

国以才立，政以才治，业以才兴。历史反复印证着这样一个道理：一个政党，一个民族，一个国家，能不能培养出优秀的人才，能不能呈现人才辈出、才尽其用的局面，在很大程度上，决定着这个政党、这个民族、这个国家的兴衰存亡。新中国成立以来，我们党和国家历来十分重视人才工作。新中国成立前后，毛泽东对于人才的培养、选拔、使用有过许多重要的指示和论述，如"才不胜今人，不足以为才"，"我们的革命依靠干部，干部决定一切"等，其人才思想一直蕴涵在党的干部政策、干部工作之中；邓小平提出要尊重知识，尊重人才，科技是第一生产力；江泽民提出了人才资源是第一资源的论断；胡锦涛多次强调人才工作的重要性，中共中央、国务院专门于 2003 年和 2010 年两度召开全国人才工作会议，充分体现了党中央、国务院对新世纪人才工作的重视。2003 发布的《中共中央国务院关于进一步加强人才工作的决定》以及 2010 年发布的《国家中长期人才发展规划纲要（2010～2020 年）》，明确提出了新世纪新阶段人才工作的指导方针、目标任务和政策措施，是大力实施人才强国战略、建设高素质人才队伍的纲领性文件。

人才资源是第一资源，人才发展是首要发展。我国已经提出到 2020 年要全面建设小康社会，到 2050 年要基本实现现代化，这就要求必须从"人口红利"转向"人才红利"，从"资本中国"转向"人才中国"，从主要依靠简单的劳动投入和资源环境投入，向主要依靠科技创新、产业创新、管理创新以及体制机制创新转变。当前，我国正处于全面建设小康社会的关键时期，实施人才强国战略，大力培养造就各类高素质人才，是全面建设小康社会、开创中国特色社会主义事业新局面的必然要求，是构建社会主义和谐社会的必然选择。

二 新时期人才工作研究的基本出发点是实施科学人才观

长期以来，我们对人才的认定，一直依照 1982 年提出的人才标准，即"具有中专以上学历和初级以上职称的人员"。实践证明这个标准存在很大的弊端，一方面使得大量有才之士因为学历和职称这两道"硬门槛"，被摒弃在人才大军之外；另一方面造成了在国内一切唯学历、唯职称的趋向，就必然出现很多人搞假学历、买职称的社会丑恶现象。在我国现实生活中，不乏有人具有很高的学历、职称、资历和身份，但能力和业绩平平，也不乏虽没有很高的学历、职称、资历和身份，但能力和业绩却很突出。不可否认，学历、职称、资历和身份有其存在的特定合理性，然而，如果不突破旧的人才标准观，就必然会影响那些能力和业绩很突出，但缺乏高学历、高职称的人才继续努力和再创辉煌业绩的积极性和主动性。因此，时代和实践的发展要求我们必须突破这种旧的人才标准观，要尽快从注重人才的外在名分走向注重人才的内在本质，即转向注重实践实干、实际能力和业绩效果上来。在这种时代和社会实践飞速变化的情况下，2010 年发布的《国家中长期人才发展规划纲要（2010～2020 年）》与时俱进地提出了一种新的科学的人才观："人才是指具有一定的专业知识或专门技能，进行创造性劳动并对社会作出贡献的人，是人力资源中能力和素质较高的劳动者。

人才是我国经济社会发展的第一资源。"（见表 3 - 1）

表 3 - 1　改革开放以来党和国家对人才定义的界定比较

文　件	人　才　定　义
1982 年《国务院批转国家计划委员会关于制定长远规划工作安排的通知》	专门人才包括两类人：一是具有中专或中专以上规定学历者；二是具有技术员或相当于技术员以上专业技术职务者
原人事部 1982 年的规定	具体指以下三类人：一是获得中专以上（含中专）学历的人；二是技术员（含技术员）或相当于技术员以上专业技术职称的拥有者；三是不具备以上条件，但是能胜任技术岗位工作的人
《中共中央国务院关于进一步加强人才工作的决定》（2003 年 12 月 26 日）	只要具有一定的知识或技能，能够进行创造性劳动，为推进社会主义物质文明、政治文明、精神文明建设，在建设中国特色社会主义伟大事业中作出积极贡献，都是党和国家需要的人才
《国家中长期人才发展规划纲要（2010 ~ 2020 年）》（2010 年 6 月 6 日）	人才是指具有一定的专业知识或专门技能，进行创造性劳动并对社会作出贡献的人，是人力资源中能力和素质较高的劳动者

《国家中长期人才发展规划纲要（2010 ~ 2020 年）》同时指出："建立以岗位职责要求为基础，以品德、能力和业绩为导向，科学化、社会化的人才评价发现机制。完善人才评价标准，克服唯学历、唯论文倾向，对人才不求全责备，注重靠实践和贡献评价人才。"这种"品德 + 能力 + 业绩"的"以品德、能力和业绩为导向"的"两不唯"人才标准观，一个重要的变化是突破了计划经济体制下单纯以学历、职称界定人才的局限，建立以岗位职责要求为基础，充分体现了市场经济体制下以能力和业绩为主导的人才标准，对人才不求全责备，注重靠实践和贡献评价人才，这是人才观的一大历史性突破，是一种历史进步。

三　新时期人才工作的根本任务是实施人才强国战略

实施人才强国战略是我们党和国家一项重大而紧迫的任务。大力实施人才强国战略，标志着我们党对无产阶级政党执政规律、社会主义建设规律和人类社会发展规律的认识有了新的深化和发展。站在完善社会主义市场经济体制、加快推进社会主义现代化建设的高度，党中央作出的人才强国战略，确立了我们新世纪人才工作的基本思路和宏观布局。未来十几年，是我国人才事业发展的重要战略机遇期。我们必须进一步增强责任感、使命感和危机感，积极应对日趋激烈的国际人才竞争，主动适应我国经济社会发展需要，坚定不移地走人才强国之路，科学规划，深化改革，重点突破，整体推进，不断开创人才辈出、人尽其才的新局面。

正如《国家中长期人才发展规划纲要（2010~2020年）》所指出的，当今世界正处在大发展大变革大调整时期。世界多极化、经济全球化深入发展，科技进步日新月异，知识经济方兴未艾，加快人才发展是在激烈的国际竞争中赢得主动的重大战略选择。我国正处在改革发展的关键阶段，深入贯彻落实科学发展观，全面推进经济建设、政治建设、文化建设、社会建设以及生态文明建设，推动中国特色新型工业化、信息化、城镇化、农业现代化深入发展，全面建设小康社会，实现中华民族伟大复兴，必须大力提高国民素质，在继续发挥我国人力资源优势的同时，加快形成我国人才竞争比较优势，逐步实现由人力资源大国向人才强国的转变。①

四 人才测评是人才工作的重要组成部分

人才工作包括人才培养、开发、使用和评价等环节。要做到正确地使用人才、吸引人才和开发人才，首先必须做到能科学准确地评价人才、鉴别人才，这样才能做到人尽其才、才尽其用，避免优秀的人才因为没有得到正确的评价而被长期闲置浪费，而不称职的庸才却长期占据着某些重要的职位。

引入和使用科学的人才测评方法，能有效保证我们正确地选拔人才、鉴别人才，使人才能在一个良好、健康、和谐的环境中安心工作，充分发挥他们的积极性和创造性，通过这种良好的人才使用机制，来为我们党和国家事业的发展，为我们全面建设小康社会提供强大的智力支持。

五 人才测评"达系"建设是对人才测评方法的有益探索

人才测评工作根据评价目的可以分为选拔评价和考核评价两大类型，选拔评价主要是指在选拔任用时对拟选人员的素质、能力等的预测性评价，而考核评价则是对现职人员在岗位上所表现出来的业绩和能力的评价。近年来，随着国家以及企事业单位用人制度改革，各级各类单位的人才选拔、

---

① 人才强国战略概念是在2002年5月7日印发的《2002~2005年全国人才队伍建设规划纲要》中首次正式提出的。

录用、考核工作都迫切需要一套科学的、操作性强的评价方法和手段来实现对评价对象的客观评价。特别是科学人才观和人才强国战略的提出，使得人才测评工作需要经常化、制度化、规范化，客观上需要建立一套科学的评价方法、评价数据和评价标准，以供选拔和考核之用（见表 3 - 2）。

表 3 - 2　人才评价发现机制重要文件精神比较

文　件	人才评价发现机制
《中共中央国务院关于进一步加强人才工作的决定》（2003 年 12 月 26 日）	坚持德才兼备原则，把品德、知识、能力和业绩作为衡量人才的主要标准，不唯学历，不唯职称，不唯资历，不唯身份，不拘一格选人才
《高举中国特色社会主义伟大旗帜　为夺取全面建设小康社会新胜利而奋斗——在中国共产党第十七次全国代表大会上的报告》（2007 年 10 月 15 日）	坚持德才兼备、以德为先，坚持注重实绩、群众公认
《国家中长期人才发展规划纲要（2010 ~ 2020 年）》（2010 年 6 月 6 日）	建立以岗位职责要求为基础，以品德、能力和业绩为导向，科学化、社会化的人才评价发现机制。完善人才评价标准，克服唯学历、唯论文倾向，对人才不求全责备，注重靠实践和贡献评价人才
《坚定不移沿着中国特色社会主义道路前进为全面建成小康社会而奋斗——在中国共产党第十八次全国代表大会上的报告》（2012 年 11 月 8 日）	坚持正确用人导向，按照德才兼备、注重实绩、群众公认原则选拔干部，提高选人用人公信度
《关于进一步加强党管人才工作的意见》（2012 年 9 月 26 日）	把握和遵循人才成长规律，加强人才工作分类指导。根据不同类型人才特点，有针对性地制定培养措施、评价标准和激励办法，促进人岗相适、才尽其用

《国家中长期人才发展规划纲要（2010 ~ 2020 年）》提出："建立以岗位职责要求为基础，以品德、能力和业绩为导向，对人才不求全责备，注重靠实践和贡献评价人才。"通过深入学习纲要精神，我们认为，构建科学的人才测评体系不仅可以适应人才强国战略对人才工作的要求，并在一定程度上可以有效地解决传统人才测评方法存在的不足。我们建立的是一种基于"达论"的"达系"，我们认为，如果一个人"达到了"其岗位职责的要求，就可以认为他是人才。这里的"达"可以简单理解为"达到"或

实现目标。因此，人才测评"达系"建设是对人才测评方法的有益探索。①

此外，人才测评的达系是一种综合测评方法。测评一般分为一般意义上的评价与综合评价。在日常生活中，一般意义上的评价是指人们参照一定的标准对某一个或某一些特定事物、行为、认识、态度（称为评价客体）进行各种各样的评判，通过评判其价值的高低或优劣状态，来达到对事物的认识，进而指导人们决策的一种行为。评价标准有客观的标准，也有主观的；有比较明确的，也有相对模糊的；有定性的，也有定量的标准。因此，评价就是人们参照一定标准对客体进行评判比较的一种认知过程，同时也是一种决策过程，它是人们认识事物的重要手段。评价分为单项评价和综合评价，综合评价是相对于单项评价而言的。一般而言，若评价标准比较单一、明确，则可称为单项评价；反之，若评价标准比较复杂、抽象，就属于综合评价。如我们对廉洁程度进行比较分析，就属于单项评价，而对品德进行比较分析则属于综合评价。单项评价和综合评价之间的区别不在于评价客体的多少，而在于评价标准的复杂性，当然，这里的所谓的复杂性最直观的表现是评价指标数目上的多与少，单项评价实质上就是单指标评价，而综合评价则表现为多指标评价，因此，综合评价也称为"多指标综合评价"。在我们的研究中，"达系"人才测评方法就是一种多指标综合评价方法。

第二节　达系的提出及研究方法

测评必须基于绩效。测评作为一种判断，需要有清楚的标准，缺乏清晰、明确的公开标准而作的判断是非理性和武断的。根据《国家中长期人才发展规划纲要（2010~2020年）》提出的"建立以岗位职责要求为基础，以品德、能力和业绩为导向，对人才不求全责备，注重靠实践和贡献评价人才"，我们认为，所谓人才就是能够恰当地确立或明确一个目标，并能以自己特定的素质和能力，克服各种困难，有效实现既定目标，或为一个更大组织、一项更大事业的总目标，有效完成自己分担的分目标或阶段目标的人。通俗地说，就是"想干事、会干事、能成事"的人。中文里的"达"

① 文魁、谭永生：《试论我国人才评价指标体系的构建》，《首都经济贸易大学学报》2005年第2期。

字可以生动表达出这样一个丰富的内涵。我们提出的"达论"测评观主要是源于彼得·德鲁克（Peter F. Drucker）的目标管理思想。[①]

一 目标管理概述

目标管理（Management By Objectives，MBO）就是运用行为科学理论，由企业主管与职员一起商讨，共同制定目标，目标将决定管理者要做什么事情，需要达到什么标准，以及如何实现这一标准，目标的实施过程由员工自我控制、自我评定。目标管理的特点是以"目标"作为各项管理活动的指南，并以实现"目标"的成果来评价其贡献大小。

（一）目标管理的提出及其核心理念

德鲁克在 1954 年所著的《管理实践》一书中提出了一个具有划时代意义的概念"目标管理"。所谓目标管理就是管理目标，也是依据目标进行管理。德鲁克认为："企业在本质上包含了三种误导管理者的重要因素——管理者的专业工作；管理的层级结构；以及因愿景和工作上的差异导致的各级管理者之间产生的隔阂。"因此，他指出："任何企业必须成为一个真正的整体，每个成员所做的贡献虽然各不相同，但是，他们都必须为一个共同的目标做贡献。他们的努力必须全都朝向同一方向，他们的贡献都必须融成一体，产生出一种整体的业绩——没有隔阂，没有冲突，没有不必要的重复劳动。一个企业的使命和任务，必须转化为目标。各级管理人员只有通过这些目标对下级进行领导，并以目标的实现程度来衡量每个人的贡献，才能保证一个组织的总目标的实现。"[②]

德鲁克对组织中的"目标"十分重视，他强调："任何一个其业绩和结果都对企业的生存和兴旺有着直接的和举足轻重影响的领域都需要有目标。"[③] 如果在一个组织中没有了目标，就如同轮船没有了罗盘。在组织中的各项管理活动都是围绕目标而展开的。组织中的目标在理论上能够解释很多组织现象，并在实践中能够检验工作成效，同时还能够预测未来，作为评价决策正确与否的一个标准，可以使管理者用来分析自己的执行情况，从而积累经验提高业绩。德鲁克把组织中的目标分为：战略性目标、策略

---

① 文魁：《达论——一种新的人才测评观》，《中国人力资源和社会保障发展研究报告（2008）》，中国劳动社会保障出版社，2008，第 1~13 页。

② 〔美〕彼得·德鲁克：《管理实践》，毛忠明译，上海译文出版社，1999，第 70 页。

③ 〔美〕彼得·德鲁克：《管理实践》，毛忠明译，上海译文出版社，1999，第 71 页。

性目标以及方案和任务。其中，战略性目标主要涉及一些对组织成功具有关键意义的问题，可以使组织中较低层次的工作人员了解组织成功的价值和意义，这种目标由组织中的高层管理人员来制定；策略性目标对组织战略性目标的实现起到重要的作用，它根据复杂程度和层次高低的不同，是由组织中的一般工作人员为其本身的工作而制定的。

德鲁克目标管理的核心理念就是以实现"目标"的成果来评价其贡献大小，这种基于客观绩效的评估结果，能让员工心服口服。与传统的领导根据个人好恶来对员工进行评判相比，更能彰显公平，对于员工也有更好的激励作用。此外，目标管理是一种结果导向的管理，可以从结果反推出能达到结果的过程，也就是目标管理赋予达到结果的手段的多样性。结果是第一位的，为了达到目标，员工可以有更灵活和自由的选择，这样无形中就激发了员工处理问题的创造性。

（二）成功实施目标管理的条件

德鲁克认为，目标管理要取得成功，必须要满足如下几个条件：

第一，组织全体成员的参与。在组织内部要形成浓厚的参与意识，每个人都必须参与制定组织的整体目标和个人目标。首先，高层管理人员要积极参与制定和执行组织的战略目标和高级策略目标；其次，要努力使各个层次的管理人员和工作人员参加组织和个人的目标制定工作，通过全体成员共同制定目标，可以激发全体人员的工作热情，形成良好的组织环境，同时，有利于提高工作效率，提出更好的工作方案。

第二，组织内部顺畅地交流和沟通。在组织内部，要使各个成员了解组织的共同目标、高层管理者的目标、各个部门的目标以及个人的目标，要保持良好的思想交流和共同的理解，否则的话，组织中个人是不可能把组织的目标同个人的目标相结合的。"在各个单位的全体管理人员中间必须有一种'思想交流'，只有当每个应当做贡献的管理人员明白单位的目标是什么时"[1]，才能够成功地实施目标管理。

第三，给予组织员工以最大的鼓励。目标管理要求组织中每个成员勇敢地承担自己的责任，只有在承担和完成各自责任的前提下才能够促进目标管理实施的成功。但在承担责任的同时，每个成员要承担很大的风险。所以，对于勇于承担风险的组织成员要给予支持和保护。

---

① 〔美〕彼得·德鲁克：《管理实践》，毛忠明译，上海译文出版社，1999，第146页。

第四，目标管理要求组织中的领导者相信广大组织成员的责任心和创造力，要对组织成员的工作业绩有信心。这也是实施目标管理成功的又一个前提条件。在组织内部，只有对组织成员的能力给予充分肯定，充分相信人的本性愿意承担责任、能够自治、愿意上进，以发展的观点来看待组织成员，才能够在态度上适应目标管理的要求，目标管理才能够取得成功。

第五，管理人员要对实现目标的手段保持一定的控制权。例如，要对人、财、物以及工作过程这样一些实现目标的手段具有控制权，确保目标管理取得成效。

（三）目标管理实施的过程及环节

如何实现目标是实施目标管理的重要阶段。目标管理的实施包括确立目标、实现目标和成果考评三个阶段。

1. 确立目标

"确立目标"是目标管理实施过程中非常重要，而且不易解决的一个问题，德鲁克对这个问题提出了一种有效的方法：分别确定每个领域内要衡量的是什么以及衡量的标准。组织总目标是组织共同愿景、宗旨和使命的某一阶段欲达成的状态或结果，组织在有了共同愿景的条件下，重要的工作是要确定组织未来运作的一个总目标，这个总目标是共同愿景实现的阶段状态。事实上，共同愿景的塑造规定了组织行进的方向和使命，这样也就大致决定了组织总目标设定的基本方面。组织要做的事是如何在判定自己的资源实力（内部条件）、外部环境条件下，设定一个符合共同愿景方向又切合实际的在组织发展方向方面推进的具体要求，以作为组织和全体成员在未来一段时间内努力的具体方向和既定的责任。

在组织总目标设定过程中需要注意以下事项：

（1）客观分析判断组织所拥有的资源实力、可调动资源的多寡、组织存在的问题和相对优势所在，从而判断自己有无核心专长。表面上组织目标的设定与组织发展方向相关，实际上组织目标设定过程中更重要的是与组织核心专长的建立与发展相关。

（2）透彻地分析组织外部环境以及这些构成环境因素的未来变化。如组织面临的政治环境、文化环境、经济环境、社会环境等都会对组织目标的实现有影响，有时甚至是重大约束；更重要的是还存在一些因素目前尚不成为目标实现的重要约束而有可能在后来某一时间成为重要约束。需要说明的是，组织总目标设定后一定要能够努力实现，否则目标设定就失去了价值。

（3）组织总目标一旦设定就成了组织计划工作的前提或依据，也成了组织未来行为获得成果的标志，为此，组织总目标设定的另一个重要方面就是组织总目标是可以度量的，即可以用一系列相应指标来计量。

2. 实现目标

将已设定的组织总目标按照组织架构进行纵向与横向的分解是目标管理过程中最为关键的一步。具体来说，实现目标包括以下内容。

（1）将组织总目标按组织体系层次和部门逐步展开，直至每一个组织成员。这一个展开的过程是所谓的自上而下过程，但这一过程只是上级给下级的一个初步的推荐目标，并不是最后的确定目标。

（2）组织体系中的每个层次、每个部门、每个成员可以根据自己的部门、层次、岗位分工和职责要求结合初步下达的目标进行思考分析，最终提出自己的目标。显然这一目标是上级下达初目标的一种修订。自己目标提出后必须按层次上报，这就是所谓的自下而上的过程。

（3）组织通过将自下而上的目标与下达目标比较，分析差异，征询下级意见，再进行修订然后再下达，下级各方仍可以修正再次上报。经过这么一个上下多次反复，最终将组织总目标分解成为一个目标体系，下达给组织相应的层次、部门和组织成员。组织目标下达给每个部门、每个层次、每个组织成员时，要求有下达目标的具体说明、具体要求、自主权限、完成后的激励等，使接受目标的每个层次、每个部门和每个组织成员可以有明确的工作努力方向，有明确的责任和行为激励。[1]

3. 业绩考评

目标管理全过程中最后一个重要工作就是根据期初下达的目标对各方工作和业绩进行检查和考评。目标完成检查与业绩考评并不是同一项工作，因为目标完成检查在整个目标工作期间可以进行多次，也就是说目标下达，并不是上级就可以放任不管，但上级也不是时不时下命令，而是经常检查指导，采取帮助的态度，甚至给予必要的资源支持来使得下级部门、组织成员达成他们的目标。

目标管理过程中的业绩考评可以有两种方式：一种是组织各层次、各部门、各个成员的自我考评，即自己对照目标和自己所取得的工作业绩来

---

① 周尤青：《浅析目标管理》，《商业文化（学术版）》2008 年第 1 期。

判断自己做得如何。另一种是组织的上级部门对下级部门及组织成员进行考评，考评过程也是对照工作业绩与下达的目标进行分析评判。实际上这两种方式各有利弊，在组织成员自觉性高、自我管理能力强时可采取第一种方式，否则只能采取第二种方式。有时可以两种方式同时采用，即先由组织成员自我评价，然后由上级部门复评，以切实做到公开、公平、公正、实事求是。

（四）目标管理的优缺点

目标管理作为一种管理方式与其他管理方式一样也有其优点与不足，对此在运用目标管理方式时必须应该明确。

1. 目标管理的优点

目标管理的优点主要体现在以下五个方面：

（1）形成激励。当目标成为组织的每个层次、每个部门和每个成员自己未来时期内欲达到的一种结果，且实现的可能性相当大时，目标就成为组织成员的内在激励。特别当这种结果实现后组织还有相应的报酬时，目标的激励效用就会更大。从目标成为激励的因素来看，这种目标最好是组织每个层次、每个部门及组织每个成员自己制订的目标。

（2）提高效率。目标管理方式的实施可以提高组织管理的效率。目标管理方式比计划管理方式在推进组织工作进展、保证组织最终目标完成方面更有效。因为目标管理是一种结果式管理，不仅仅是一种计划的活动式工作。这种管理迫使组织的每一层次、每个部门及每个成员首先考虑目标的实现，尽力完成任务，因为这些目标是组织总目标的分解，故当组织的每个层次、每个部门及每个成员的目标完成时，也意味着组织总目标的实现。在目标管理方式中，一旦分解目标确定，且不规定各个层次、各个部门及各个组织成员完成各自目标的方式、手段，反而给了组织成员在完成任务方面一个创新的空间，这就有效地提高了组织管理的效率。①

（3）明确任务。目标管理的另一个优点就是使组织各级主管及成员都明确了组织的总目标、组织的结构体系、组织的分工与合作及各自的任务。这些方面职责的明确，使得主管人员也知道，为了完成任务必须给予下级相应的权力，而不是大权独揽，小权也不分散。另一方面，许多着手实施

---

① 〔美〕彼得·德鲁克：《管理使命、责任、实务（责任篇）》，王永贵译，上海人民出版社，2002，第178~180页。

目标管理方式的组织，通常在目标管理实施过程中会发现组织体系存在的缺陷，从而帮助组织对自己的体系进行改造。

（4）自我管理。目标管理实际上也是一种自我管理的方式，或者说是一种引导组织成员自我管理的方式。在实施目标管理过程中，组织成员不再只是做工作，执行指示，等待指导和决策，组织成员此时已成为有明确规定目标的单位或个人。一方面组织成员已参与了目标的制订，并取得了组织的认可；另一方面，组织成员在努力工作实现自己的目标过程中，除目标已定以外，如何实现目标则是他们自己决定的事情，从这个意义上讲，目标管理至少可以算作是自我管理的方式，是以人为本的管理的一种过渡性试验。因此，目标管理可以自觉"调动个人的主动性、积极性、创造性"，可以将个人利益和企业利益紧密联系起来"因而提高了士气"，促进了意见交流和相互了解，"改善了人际关系"。

（5）有效控制。目标管理方式本身也是一种控制，通过目标分解后的实现最终保证组织总目标实现的过程就是一种结果控制的方式。目标管理并不是目标分解下去便万事大吉，事实上组织高层在目标管理过程中要经常检查，对比目标进行评比，如果有偏差就及时纠正。从另一方面看，一个组织如果有一套明确的可考核的目标体系，那么其本身就是进行监督控制的最好依据。

2. 目标管理的不足

目标管理尽管有许多优点，但也存在不足，对其不足如果认识不清楚，就会导致目标管理的不成功。目标管理的不足主要体现在：[①]

（1）强调短期目标。大多数的目标管理中的目标通常是一些短期的目标，很少多于一年，往往是一季或更短。这是因为短期目标比较具体且易于分解，而长期目标比较抽象难以分解；另一方面，短期目标易迅速见效，长期目标则不然。所以，在目标管理方式的实施中，组织似乎常常强调短期目标的实现而对长期目标不关心。这样一种概念若深入到组织员工的脑海和行为中，将对组织发展不利。强调短期目标会以组织的长远健康发展为代价。

（2）目标设置困难。组织内的许多目标有时难以设置和定量化、具体

---

① 〔美〕哈罗德·孔茨、海因茨·韦里克：《管理学精要》（第六版），韦福祥等译，机械工业出版社，2005，第53～54页。

化，许多团队工作在技术上不可分解（即目标的实现是大家共同合作的结果，这种合作中很难确定你做多少、他做多少，因此可度量目标的确定也就十分困难）。此外，组织环境的可变因素越来越多，变化越来越快，组织的内部活动日益复杂，使得组织活动的不确定性越来越大，这些都会使组织的许多活动设置目标变得很困难。

（3）无法权变。目标管理执行过程中目标的改变通常是不可以的，因为这样做会导致组织的混乱。事实上组织目标一旦确定就不能轻易改变，也正是如此就使得组织运作缺乏弹性（会使管理者在改变目标时犹豫不决），无法通过权变来适应变化多端的外部环境。中国有句古话叫作"以不变应万变"，许多人认为这是僵化的观点、非权变的观点，实际上所谓不变的不是组织本身，而是客观规律，掌握了客观规律就能应万变，这实际上是真正的更高层次上的权变。

（五）目标管理成功实施的条件

目标管理成功的实施取决于以下几个方面的前提条件，如果这些前提条件不具备，那么目标管理方式本身的不足就难以克服，优点就难以发挥。

1. 组织成员自我管理能力较强

如果组织的成员自我管理意识和能力比较差，尽管已规定了其工作努力的方向和目标，他仍然有可能在工作过程中不能按照目标的要求选择合适的工作方法和手段，自觉地向目标方向努力。换句话说，目标管理方式是建立在Y理论基础之上的，即组织成员能够自觉地工作、积极地努力，当他们有失误时只要点拨一下便可。自我管理能力较强除了表现在能够根据目标要求自觉努力完成之外，还应表现在能够自觉主动地了解合作者，主动配合合作者或其他各方共同把各自分内的、本部门的、本层次的目标完成。

2. 组织的价值理念

组织的价值理念是一个组织的处事准则、行为准则，是组织生命的核心。不同的组织有其各自的价值理念。组织的价值理念会渗透到组织目标和具体分解的目标之中，从而决定了这些目标的特性，决定了这些目标对组织成员行为的影响。因此，在实施目标管理之前应反思组织的价值理念，反思组织存在的目的和追求，以免因此方面的思考不周，导致后来问题难以纠正。

3. 组织高层领导重视

组织高层领导的重视并不是说他们只要认识到目标管理的重要性，下令推行就可以了。我们所说组织高层领导的重视是指组织高层领导本身对目标管理有深刻的认识，并且能够向下属及员工非常清楚地阐述目标管理是什么？它怎样起作用？为什么要目标管理？目标管理与组织共同意愿有什么关系？它在评价业绩时起什么作用？等等。日本管理学家猿谷雅治曾指出在目标管理中"最高领导必须根据自己对这种管理方式的深刻理解，考虑并制定出有效目标，在公司内公布于众并执行。然后调整所属成员的目标，决定后还必须帮助所属成员完成任务，最后还必须评价完成的成果。这一切事项都应由最高领导自己来做"[1]。

二 "达系"的提出

从德鲁克的目标管理概念得到启发，我们认为对于人才的评价或者考核也可以测量他们（组织）的目标完成情况。因为人才的作用就是实现和超越组织的目标，即目标的达成。而目标是在资源约束条件下按照组织的性质、本质、使命、宗旨确定的[2]，确保组织动态目标实现的能力就是"达力"，所有的"达力"便构成一个"达系"。因此，组织的行为要以目标为导向，组织的成果是目标的达成，这是评价"达力"水平的基准。按照这种思路，我们可以首先找出能够体现人才标准的基本要素，然后对这些要素分别进行衡量，最后进行综合。如果一个人"达到了"人才标准的要求，我们就可以认为他是人才或者考核合格。

我们提出的"达力"还有另外两个作用：一是可以通过计算其"完成或达到"任务（目标）的情况并与其初期定的目标进行对比，也就是用一个人的输出与输入的比值来反映人才贡献的大小，也可以称为广义的人才效率指数。二是可以通过测评实现自我控制。正是通过对"达"的测评，可以对人才进行全面衡量，从而对人才行为做出最佳调整和自我控制。这种控制不再是传统的上级对下级的控制，而是通过回馈信息不断加强个人能力和业绩的一种化被动为主动的控制。它使个人能够及时获知执行结果，

---

① 〔日〕猿谷雅治：《9个月扭亏为盈》，陈昭译，机械工业出版社，2009，第189~190页。

② 但由于目标执行中的偏差和本身的动态性，组织中各部门产生了绩效，甚至实现了部门目标，也并不意味着一定能够实现组织的目标。

因而能非常清楚和自觉地对自己进行调整。

（一）人才测评"达系"建设的可行性

人才测评"达系"建设是完全可行的：

首先，《中共中央国务院关于进一步加强人才工作的决定》和《国家中长期人才发展规划纲要（2010～2020年)》的提出为我们建立人才测评"达系"指出了明确的理论方向。上述文件明确指出：要根据德才兼备的要求，从规范职位分类与职业标准入手，建立以岗位职责要求为基础，以品德、能力和业绩等要素为导向，科学化、社会化的人才评价发现机制。完善人才评价标准，克服唯学历、唯论文倾向，对人才不求全责备，注重靠实践和贡献评价人才。改进人才评价方式，拓宽人才评价渠道。把评价人才和发现人才结合起来，坚持在实践和群众中识别人才、发现人才。这一方面说明了实施人才战略必须要对人才进行科学评价，另一方面又对评价体系的建立指出了方向。

其次，在实际工作中，长期以来党和政府及有关部门制定的有关人才选拔任用规定为我们设计人才测评"达系"提供了参考依据。《党政领导干部选拔任用工作条例》《国家公务员法》以及其他人才的任职资格及考核办法规定为我们建立人才测评指标体系提供了基础平台，使得人才测评"达系"的建立没必要另辟蹊径，另起炉灶。①

最后，统计学是研究客观现象数量方面方法论的科学。大量的统计定量研究方法是我们进行人才测评"达系"研究的有力武器。如统计调查对象的计量方法使得我们对人才的品德、能力、素质等描述性指标进行量化是完全可能的，统计学的指标体系的建立方法、数据的多元处理方法以及统计结果的分析控制方法等都可以为人才测评"达系"的建立提供强大的技术支持。

需要说明的是，现代人才测评理论虽然主要是建立在心理学的个体行为差异理论之上的，但应该认识到，由于人类行为的复杂性，不可能用一种方法或技术来全部涵盖人类行为的全部特点，因此仅仅从心理学角度来对人才进行评价肯定是不全面和不够的。人才测评应该集管理学、社会学、心理学、行为学以及统计学等多门学科方法来评价，在此我们并不是弱化

---

① 相关文件及规定参见书后附录：《重要人才文件人才评价内容摘编》。

心理学在人才测评中的作用，相反，在人才测评时，我们应该以心理测量理论为基础，综合利用社会学、管理学、统计学等理论方法来多角度对人才进行综合评价，从而形成人才测评多学科、多方法综合运用的格局，运用这种综合方法来对评价对象从不同角度和不同层面去评价，得出的结论肯定会比单一方法要更科学，我们建立人才测评"达系"也正是基于这样的考虑。

（二）人才测评"达系"研究的对象及思路

人才测评是人才考核和选拔的基础和依据。《国家中长期人才发展规划纲要（2010～2020年)》中科学人才观的提出，使我们不难看出，人才测评研究的对象不仅应该包括那些"显现"的人才，还应该包括那些"潜在"的人才；不仅要涵盖那些有学历、有职称的人才，也要涵盖那些没有学历和职称但有专门技能的人才以及那些为社会创造价值的人才，因此，我们的人才测评"达系"研究对象可以概括为一句话："不同行业里的三个层次的六类人才"。不同行业即指各行各业，通过健全科学的职业分类体系，建立各类人才能力素质标准；三个层次即指：高级层次人员、中级层次人员和一般工作人员；六类人才即指：党政人才、企业经营管理人才、专业技术人才、高技能人才、农村实用人才和社会工作人才。

科学、明晰的研究思路，是完成研究的前提。从研究对象考虑，我们的研究思路如图3-1所示。

图3-1反映了在向实践、向专家进行有关人才测评情况调查的同时，我们全面系统地学习了国内外人才测评的原理和方法及党和国家在不同时期制定的有关人才工作的政策和制度文件，特别是认真学习了2003年和2010年两次全国人才工作会议的纲领性文件《中共中央国务院关于进一步加强人才工作的决定》《国家中长期人才发展规划纲要（2010～2020年)》以及十七大和十八大报告；在此基础上我们对人才测评问题进行了理论探讨；根据学习和探讨的研究成果，初步设置和建立了人才测评"达系"建设的框架和综合评价方法；然后组织专家学者对指标体系和评价方法进行论证；利用论证后的指标评价方法实施试点；通过对试点情况进行总结，然后对"达系"和评价方法作进一步修订总结，使其更加完善；最后形成成果，接受实践检验并应用推广。

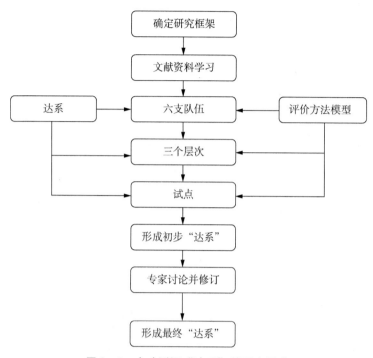

图 3-1　人才测评"达系"的研究思路

（三）人才测评"达系"研究的内容

评价对象一旦确定，就可以进一步确定评价内容。人才测评的内容既要反映工作分析的客观要求，又要能够反映被评价者的实际情况。在我们的研究中，依据统计学指标体系建立的方法，对"达系"的研究内容概括为：建立以能力和业绩为导向、科学的社会化的人才测评"达系"，坚持走群众路线，注重通过实践检验人才，完善人才测评指标体系，克服人才测评中重学历、资历，轻能力、业绩的倾向，根据德才兼备的要求，从规范职位分类与职业标准入手，针对不同的行业特点、不同的职位和职业要求，按照规范性、科学性、国际性、前瞻性和可操作性的要求，建立由德达、能达、绩达、体达和识达等要素构成的分类分层的人才测评"达系"。①

---

① 《中共中央国务院关于进一步加强人才工作的决定》提出，把品德、知识、能力和业绩作为衡量人才的主要标准。《国家中长期人才发展规划纲要（2010~2020年）》提出，建立以岗位职责要求为基础，以品德、能力和业绩为导向，科学化、社会化的人才评价发现机制。研究中，考虑到身体素质对于人才的重要性，我们加入"体达"一级指标，从而形成了"德达、能达、绩达、体达和识达"五个一级指标。

三　"达系"的研究方法

采用科学的研究方法，是提高研究质量的保证。在研究中，我们主要运用以下研究方法。

（一）分类、分层研究法

人才测评"达系"首先要有明确的评价要素，评价要素是指对不同行业、不同层次、不同类型的人才进行评价的指标。这种要素要能严格地、全面地体现被评价人才的情况，搞好评价要素的设计是建立人才测评"达系"的关键。在确定评价要素中，我们主要采用分类、分层研究法，在分类时我们坚持以下原则。

第一，实践性原则。要素的确定要建立在借鉴国外理论和总结我国人才测评工作的经验基础上，首先通过岗位分析，并在大面积征求群众意见、小范围征求专家意见以及在试点单位进行试点的基础上确定，以充分体现从实践中来到实践中去的原则。

第二，目的性原则。在确定每一个要素或指标时，首先要考虑该要素指标在整个指标体系中的地位和作用，然后再根据它所反映的研究对象性质和特征，确定该要素指标的名称、含义及测量方法。

第三，可操作、少而精原则。评价指标体系设计的过简、过繁都会造成评价流于形式，达不到评价的目的，因此指标的设置不应追求尽善尽美，而应该追求可行有效，易于操作。要素设计少而精可以使评价工作变得可靠易行，可以使尽量少的要素反映尽量多的信息，以抓着主要矛盾，因此，在建立指标体系时需要我们从众多的指标要素中把那些具有因果关系、相关性强的指标要素合并，把那些非关键、非本质的指标要素压掉，从而使评价工作更加有效率。

第四，可量化、可比性原则。研究中，指标要素的设计要充分体现以定量研究为主、定性研究为辅的特点，能量化的指标要素尽量做到量化。同时在要素设计时，要注意不同行业、不同类型的人才测评"达系"要素要尽量具有可比性，以使评价结果便于比较。

通过分类、分层，可以将研究对象分为不同行业、不同类型、不同层次的人才类型。如通过分类，我们将人才分为党政人才、企业经营管理人才、专业技术人才、高技能人才、农村实用人才和社会工作人才六种不同类型的人才；通过分层，我们将人才分为三层：高级层次人员，中级层次人员和一般工作人员。这样在选择指标时就可以有所侧重，避免指标选择时千篇一律。如在指标选择时，党政人员反映品德、科学发展观和政绩观方面的指标要全面一些；企业经营管理人员反映经营业绩的财务指标和管理能力的非财务指标要全面一些；专业技术人员反映专业资格、技术创新方面的指标要全面一些；高技能人才结合生产和服务岗位的要求在职业能力和职业知识水平等方面的指标要全面一些；农村实用人才要结合农村工作实际情况在能力、业绩和贡献等方面的指标全面一些；社会工作人才要在职业道德、能力和业绩等方面的指标要全面一些等。高级层次人员重在评价决策指挥情况，中级层次人员重在评价组织监督情况，一般工作人员重在评价执行操作情况等。

（二）职务分析法

职务分析也叫岗位分析，就是针对不同岗位的性质、任务、责任以及环境等情况对工作人员应具备的条件进行系统分析。尽管人才测评"达系"是对人才重点从品德、能力、业绩、体质、知识五个方面分一般指标和特殊指标进行研究，但由于人才所处的行业不同、类型不同、层次不同，对这些不同的被评价者各方面的评价要素要求也应该不同，因此，在具体设计评价指标时，我们首先从规范职位分类与职业标准入手，根据职务分析方法来设计人才测评"达系"评价指标，以实现区别对待，具体问题具体分析。

（三）综合运用多种调查法

在研究中，通过实施灵活多样的调查方法，可以实现对我们初步设计的人才测评"达系"框架进行删补及指标要素重要性的评价，从而有利于我们再从理论上对"达系"进行反复推敲和简化。特别是，在研究中，我们多次用到访谈法、问卷调查法、比较分析法等进行收集和分析资料，以期从多角度保证得出的结论的科学性。

（四）专家分析法

任何岗位指标要素的设计，都希望以最少的指标要素反映最多的信息，从而节省工作量。若不严重影响评价的目的和准确性，我们尽量避免那些花费很大气力才能观测到的指标要素，或者放弃那些测量时间过长过繁的指标要素。在方法论上，即使以牺牲一些信息为代价，我们还是愿意降低维数，或者希望通过变换而舍弃一些变量要素，指标体系的建立更是如此，解决这一问题我们常用专家分析法或者专家访谈法。

专家分析法是以专家为获取信息的来源，请专家运用自己的知识和实践经验及人们普遍接受的规范进行定性的推理，从中找出规律性。然后，在此基础上对专家的意见进行归纳整理，以得出有益的结论。专家分析法具有简单、易行、研究内容集中、便于迅速取得第一手资料等优点，因而在实践中被广泛运用。专家分析法包括专家个人判断法、专家会议法等形式，在具体应用时，可以视具体情况选择采用。

（五）统计学定量分析法

1. 统计指标的建立方法

人才测评"达系"的建立是一项基础性、系统性的工程，在研究中我们通过建立三级评价指标体系来实现对人才的评价。根据《中共中央国务院关于进一步加强人才工作的决定》和《国家中长期人才发展规划纲要（2010～2020年）》精神，我们把品德、能力、业绩、体质和知识作为衡量人才的主要标准，也就是一级指标，从而建立德达、能达、绩达、体达和识达五个一级指标。一级指标建立后，我们通过规范行业与职位分类，分别分解一级指标形成二级指标评价要素。如"德达"可分解为德达、政达、廉达和诚达四大类二级指标。二级指标建立后，再分别对二级指标进行再分解形成更加详细的三级指标评价要素，如"德达"二级指标可分解为：世界观、职业道德、社会公德、同情心等三级指标，这样经过层层分解，就形成了三级评价指标体系。这样建立起来的三级指标体系，分类科学，层次清楚，便于进行统计分析处理。[①]

2. 指标的筛选和权重的确定方法

在评价过程中，往往会获得各方面的信息，而最终的结果是要给出一个综合的结论，这就需要对来自各方面的评价信息数据进行综合处理分析。一方面需要对人才测评"达系"指标进行筛选，在筛选中我们可以通过工作分析法、专家调查法、多元统计法（如理论推演、依赖性分析及模糊综合评判法）等方法来进行；另一方面我们需要根据评价目的，来确定各因素指标的重要程度即确定权重，权重的确定可以采用 AHP 方法、专家打分等方法来进行确定。

3. 人才测评数据信息的处理方法

指标和权重确定之后，就可以进行人才测评"达系"的数据处理，在

---

① 事实上，一些三级指标还可以进一步分解形成四级指标，分解以及处理方法与三级指标体系的建立类似。

数据处理时，可以采用统计分组、统计表比较、评分、排列、因素比较等统计学方法来进行，并对所取得的评价数据利用相关统计软件采用计算机技术进行统计处理和结果分析，这不但可以保证对评价数据统计的可靠、省时，而且可以减少人为统计所造成的误差。

统计方法在整个研究中得到了广泛的应用，上面我们仅从三个主要方面进行了阐述，事实上，在整个人才测评"达系"研究中统计学方法可以说一直贯穿始终。

第三节 达系的内容及层次框架

管理学认为，一个组织的存在总是为了实现某一任务。宗旨或使命说明了社会赋予组织的基本职能，或组织应履行的社会委托给它的任务。换言之，它说明了组织的追求及组织存在的理由。愿景则是组织的使命需要转化为组织各管理层次的具体目标（见图3-2）。将使命和愿景的内涵思想赋予人才测评，我们认为，人才都应该有明确的使命和目标，并负责实现

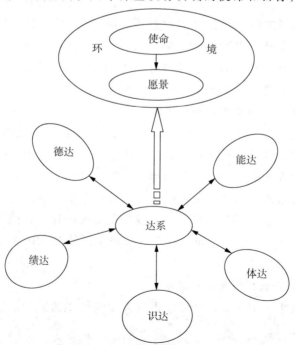

图3-2 "达系"包括的内容以及各要素之间的关系

这些使命和目标。因此，评价或考核一个人是否是人才，我们首先要明确其所在的内外部环境或者组织，进而研究其所在组织的使命和愿景。

基于上述考虑，我们提出了"达系"的层次结构：包含的两个环境、两个任务和五个要素。

两个环境：组织的内部环境和外部环境。

两个任务：使命和愿景。

五个要素：德（品德）达、能（能力）达、绩（业绩）达、体（体质）达、识（知识）达。

一　"达系"的两个环境：内部环境和外部环境

人才成长依赖于环境，人才竞争取决于环境。从个体的角度讲，由于人才都在一定的社会环境中生活和工作，其价值的发挥在一定程度上受到环境的影响和制约。因此，人才环境是人才测评工作中不容忽视的一个重要因素。

（一）国内外有代表性的人才与环境理论思想

人才与环境是相互影响的。关于人才与环境的关系，古今中外的专家学者进行了各种各样的论述。人才环境对人才的培养、成长与作用发挥有着十分重要的影响。

1. 马克思关于人才与环境的理论思想

马克思曾精辟地指出："人创造环境，同样，环境也创造人。"[1] 这里马克思所讲的不是普通的"人"，而是能够适应环境、改变环境的"人才"。这一充满辩证唯物主义思想的科学论断完全克服了机械唯物主义者只看到环境对人的制约，而看不到人的主观能动性的局限；同时也彻底否定了唯心主义者在解释人类历史过程中的唯意志倾向。[2]

人才的成长取决于环境条件，一个国家或地区，良好的环境是人才辈出的基础和前提。按照马克思关于人与环境的理论，从唯物主义角度讲，人才也是环境的产物。马克思认为人在改造环境的同时改造自身，"环境的改变和人的活动的一致，只能被看作并合理地理解为革命的实践"。马克思

---

[1] 中共中央马克思恩格斯列宁斯大林著作编译局：《马克思恩格斯选集》第1卷，人民出版社，1995，第92页。

[2] 文魁、吴冬梅：《激励创新——科技人才的激励与环境研究》，经济管理出版社，2008，第241页。

关于人才与环境的理论思想可以概括为：第一，人才应时代需要而生，不同时代，人才的定义和判断标准都会有较大差别，人才本身具有很强的时代性；第二，环境为人才个体的发展提供基础和条件；第三，环境决定人才发展的水平；第四，环境制约个体才能的形成和发挥。人具有能动性，人才的成长过程本身就是发挥其自身积极性、主动性和创造性对环境进行改造的过程。

因此，要营造人才辈出的局面，首先，应在思想上充分认识环境对个体的制约作用；其次，优化环境应以有利于人才才能的形成，有利于人才才能的发挥为目标；再次，要从整体上优化环境，不仅要关注法律和道德等上层建筑，更要分析影响人才成长的物质关系，只有全面而深刻地把握影响人才成长的种种物质关系，分清主次，整体推进，全面优化人才环境，才能促进社会人才辈出。

2. 美国心理学家勒温的人才与环境理论思想

美国心理学家勒温（K. I. Lewin）认为，个人能力与个人条件及其所处的环境直接影响个人的工作绩效，个人绩效与个人能力、条件、环境之间存在着一种类似物理学中的力场函数关系。人的行为活动是现实生活空间内在心理力场和外在心理力场相互作用影响的结果，是个体特征和环境特征的函数。由此他提出了如下的个人与环境关系的公式：

$$B = P \times E$$

式中 B 是人的行为，P 是个体特征（包括内在需求），E 是外界环境。P 和 E 密切相关，相互作用，产生不同的行为和结果。[1]

该函数表示，一个人所能创造的绩效，不仅与他的能力素质有关，而且与其所处的环境有密切关系。如果个人处于不利的环境之中（如专业不对口，人际关系恶劣，心情不舒畅，工资待遇不公平，领导作风专断，不尊重知识和人才），则很难发挥其聪明才智，也很难取得应有的成绩。人才对环境的这种依赖性使得那些既具有较好社会、经济、政治、科教环境，又具有良好生活、工作、领导和人际关系条件的地域和组织，成为人才的首选。实践证明，良好的环境有利于吸引人才，使集聚地获得先行发展的优势，促进生产和经济的高速发展，真正实现人才集聚的规模效应，产生

---

[1] 关培兰编《组织行为学》，武汉大学出版社，2001，第 187 页。

"1 + 1 > 2"的效果。[①]

一般而言，个人对于环境的抵御和影响力是十分有限的，而环境对于个人却有着很强的影响。所以，人才往往采取脱离较差环境、进入较好环境这一最简便、最经济的办法来与环境力量抗争，力图选择最适合自身特点与愿望的生活工作环境。

3. 邓小平的人才与环境理论思想

邓小平人才环境论是邓小平人才人事理论的核心内容，实践指导意义极强。[②] 邓小平提出"要努力创造优秀人才脱颖而出的环境"，其基本观点和论断包括六个方面：尊重知识，尊重人才；为人才的成长和发挥作用开一条路出来；坚持任人唯贤，拓宽选人视野；高度重视人才的培养使用和评价；积极为留学人员回国服务和引进外国智力创造条件；努力改善知识分子的工作和生活条件。[③] 这些基本论述涉及人才成长、人才培养、人才选拔、人才使用、人才评价、人才引进及其待遇等各个环节的社会人文环境、工作生活环境、政策法规环境等。邓小平的人才环境理论可概括为：营造开明的政策环境，创造良好的生活环境，创造宽松和谐的工作环境。

（二）人才环境与人才的辩证关系

特定人才环境状况是在社会发展、人的发展进程中形成的，是一个长期的过程。人创造并改善其活动的环境，而相应的环境也将创造人，特定的人才环境对人才的培养、聚集与活动有着显著的影响与作用，人才环境与人才之间的关系是一种相互促进、彼此推动的辩证关系，这种辩证关系体现两者的自由双向选择和相互推动制约。

1. 自由双向选择关系

在人才环境与人才的关系中，不仅存在人才对环境的选择，而且也存在环境对人才的选择。在人才对环境的选择上，首先是人才在考虑流动时，通过对各个地区的人才环境状况对比分析，选择人才环境较好的区域，或选择适合他的人才环境；其次，在处于其选择的人才环境时，人们根据这一区域的人才环境特点而选择与人才环境相适应的行为方式，以有效便捷地实现自我价值。在这种情况下，存在马太效应产生的条件：其一，人才

[①] 文魁、吴冬梅：《激励创新——科技人才的激励与环境研究》，经济管理出版社，2008，第243页。

[②] 张萍、吴斌：《浅析邓小平的人才环境思想》，《江西科技师范学院学报》2003年第3期。

[③] 梁宏：《邓小平思想与人才成长的社会环境》，《社会科学论坛》2001年第9期。

环境良好的区域必然获得越来越多的人才，人才环境差的区域内人才将越来越少；其二，人们对外部环境的积极性适应，可能使得这一区域人才环境的优良因素不断得到发扬光大，而其消极因素方面也将不断得以改良。

人才环境对人的选择主要表现在：在特定的人才环境中，各类组织对人才选拔任用的标准、方式都将具有该区域的显著特色，与该区域特色格格不入的人难以被接纳，也难以获得发展；特定的人才环境对人们的价值观念、行为方式的选择具有重要影响，不同人才环境对人才在价值观念、行为方式上的选择具有不同的意义。

2. 相互推动制约关系

"适者生存"是自然界的普遍规律，一切有机体都必须适应它们的环境，才能生存、繁衍，所谓"时势造英雄"，时代就是环境，是造就人才的摇篮。同时，人类具有主观能动性，在适应环境的同时积极创造便利条件营造有利环境，人才在社会环境中求生存，必然会努力地去创造有利于自身成长的社会环境。即人创造环境，环境又创造人，两者之间表现了较强的推动关系。

人们通过发展经济、制定实施相应政策法规、发展人文教育与精神文明建设等努力，可以极大改善和优化人才环境，而人才的大量培养聚集和开发利用，也是优化人才环境的重要途径。

（三）"达系"的内部环境和外部环境

内部环境是指组织内部影响和制约人才成长的组织结构、人际关系、学术带头人、工作条件、学术风气、专业个性等各种组织要素的总和，包括组织内部各成员的活动方式、思想信念和行为习惯等。而外部环境则是指组织以外的一切事物，即围绕人才成长管理活动，直接或间接地影响人才成长的组织外部各种因素的总和，主要包括自然、政治、文化、经济和信息等环境，它对组织内部的目标、价值、结构及管理过程的作用和影响尤其大，往往影响人才流向、创造力、学术气氛、人才结构等人才成长行为。此外，不同层次的人才考虑的环境不同，高层人才侧重于组织外部环境，中层人才则侧重部门外组织内环境。

（四）营造人才发展良性环境的要求

好的人才环境，不仅要靠好的制度来创设，而且要靠好的制度来维护。制度好与坏关键在于是否根据实践的发展做到与时俱进地创新。营造有利于人才发展的好环境需要：

1. 创建公正的人才法制环境

建立、健全、优化人才环境法规体系，是维护人才合法权益、促进社会和谐稳定的重要保障。创建公正的人才法制环境：一是要认真落实依法治国方略，加快推进优化人才环境工作的进程，切实把优化人才环境工作纳入法制化、规范化轨道，维护和实现社会公正；二是要加快人才资源开发的政策法规体系建设，建立健全人才培养引进、配置使用、工资奖励、社会保障、有序流动等政策法规体系，加大执法力度，创造人才脱颖而出的良好环境；三是要建立和完善人事争议仲裁制度，通过积极开展人事争议仲裁工作，切实维护用人单位和人才的合法权益。

2. 构筑配套的人才政策环境

借鉴国内外先进的人才工作经验与做法，制定出台一系列服务于人才培养、人才引进、人才使用、人才激励和人才保障的政策，积极构筑既具地方特色又与国际接轨的配套人才政策环境。当务之急是要遵循社会主义市场经济规律和无歧视原则，紧密结合地区实际，通过深化改革、大胆创新，坚决革除一切束缚人才创造活力的政策性壁垒，彻底打破人才的部门、身份、地域、户籍等限制，推动各类人才在"体制内"与"体制外"之间的无障碍流动，建立和完善既充满生机与活力、有利于各类人才成长和发挥作用，又能够促进人才有序流动、与社会主义市场经济相适应的人才管理新体制。

3. 打造"人尽其才"的人才创业环境

要遵循人才成长规律，出台鼓励各类人才创业的政策，广辟人才开发融资渠道，设立各类创业基金，不断改善优秀人才的工作与生活条件，着力创造鼓励创新、支持创业、崇尚成功、包容失败的用人环境，让各类人才干事有舞台、创业有机会、发展有空间、事业有成就。

4. 建设"好中择优"的人才制度环境

构建以人为本的和谐社会，迫切要求形成公开、平等、竞争、择优的制度环境，为实施人才战略提供人才制度保证。对党政人才而言，就是要落实《公务员法》，改进和完善党政机关公务员录用、竞争上岗、任免奖惩、职位聘任、交流回避、年度考核、辞职辞退等选人用人机制，加大公开选拔领导干部的力度，不断深化党政机关干部人事制度改革。对企业经营管理人才和专业技术人才而言，就是要建立健全人才评价、使用和保障机制，推行执业资格制度、兼职兼薪制度，完善劳动、技术、管理、资本等要素按贡献参与分配制度，进一步调动各类人才干事创业的积极性和创造性。

二 "达系"的两个目标：使命和愿景

（一）使命和愿景

德鲁克强调，凡是影响组织健康成长的所有方面，都必须建立目标。①组织总目标是组织的共同愿景、宗旨和使命的某一阶段欲达成的状态或结果。一个组织仅有共同愿景而没有具体实现达成共同愿景的阶段性目标，那么共同愿景始终只是一个空想。因此，组织应该有目标，并用目标来改进工作。但组织目标与组织共同愿景并不是一个层面上的概念。组织共同愿景是组织成员共同发自内心的愿望或意愿，表示组织成员共同的希望，这一希望中既包含了组织发展的方向，也包含了对自己的希望。共同愿景不一定包含具体的行动方案或行动策略，因此也可以说共同愿景是组织成员共同的希望方向。而组织目标则是面向这种希望过程中的一个又一个具体结果。如果组织目标的实现只要一个人的努力便可，那么组织就不需要了，实际上组织目标的实现有赖于组织全体成员的努力。

有了上述对组织目标的理解，我们可以进一步阐述使命和愿景的含义。可以简单认为，使命是宗旨，是组织的根本目标，一个组织的根本就是使命。愿景是在使命指导下，组织开发的可行性目标，是一幅生动描绘未来目的地和一路旅程的图画。愿景符合组织的价值观、实施者的能力和经验，符合组织的使命。一个个愿景的实现能够完成组织的使命。从这个角度上，"达力"就是实现组织愿景和使命的能力。

使命和愿景的特征说明：不同人才具有不同的使命和愿景；相同类型的人才，人生观、世界观不同，其使命和愿景也不同；同一类型的人才，由于其所处的环境、所拥有的组织资源、价值观念等不同，即使其使命和愿景指标体系相同，但其使命和愿景的具体数值也常表现出很大的差异；人才的使命和愿景会随着时间的延伸发生变化。

由于组织内部各个层次的人才目标是相互联系、制约的，从而会形成

---

① 目标管理的中心思想就是让具体化展开的组织目标成为组织中每个成员、每个层次、部门的行为的方向和激励，同时又使其成为评价组织每个成员、每个层次、部门等工作绩效的标准，从而使组织能够有效运作并能对组织每个成员进行评价。

一个目标体系。这些多层次的目标体系，则构建成为一个"相互支持的人才目标矩阵"。也就是说，在组织使命和愿景的指导下，可以分解成各个层次人才的使命和愿景，组织各个层次使命和愿景的实现就促成了整个组织目标的实现（见图3-3）。

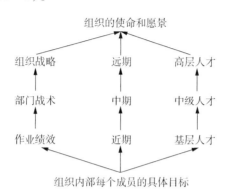

图3-3 不同层次人才的使命和愿景路线

根据"达系"目标的使命和愿景，人才不仅要知道自己的目标，而且要根据目标衡量自己的愿景。正是通过对执行成果的检测，才能对业绩进行衡量，对行为作出最佳的调整。对愿景进行检测和衡量是在目标管理过程中的重要环节。通过对愿景的测评和目标的考察，实现自我管理和自我控制。这种控制方式不再是传统的上级对下级的控制，而是通过回馈信息不断加强管理的一种化被动为主动的控制方式。它使人才能够及时获知执行结果，因而能非常清楚和自觉地对自己的工作进行调整。

（二）设定具体目标的基本准则

当用目标来改进工作时，首先必须具备四个条件：一是个体必须意识到目标存在，即目标要有信息价值；二是个体必须接受目标；三是目标要有难度；四是目标要具体化。为此，在"达系"的目标管理中具体目标设定需要坚持以下原则：

1. 定性目标向定量方面转化

组织有些目标是不可直接量化的，如管理效率、服务态度等，但这些又是非常重要的目标，在"达系"中这种定性目标应该设定，不能因为不能完全量化就放弃，如果不设定的话，组织的目标一定会有缺陷。但是定性目标往往难以计量，故难以考核评价。此时，必须发展一种对定性目标间接度量的办法，如对定性目标具体表述的执行进行主观打分，同时也考虑定性目标因素的权重。

2. 长期目标的相对短期化

所谓长期目标短期化是指由于目标管理中的短期目标通常比较明确，因此，极易使组织各部门、各层次及组织成员陷入一种短视、短期行为的状态，这不利于组织的生存与发展。实际上，组织通常都有自己的长期目标，因此，目标管理过程中目标的设置应是组织共同愿景约束下组织长期目标制订以后按各分阶段设定分段目标，这种分阶段目标就是一种相对短期的目标，即具体的目标。将分阶段的目标作为组织每一时期目标管理中要分解下达的目标，这样就可防范迷失组织长远目标的可能。长期目标的短期化从另一个方面来看，就是组织在下达目标时要让员工知道这仅是实现组织共同意愿、组织长远目标的"万里长征中的第一步"。

3. 制定目标要具体化

无论在哪个领域，目标都要尽可能制定得具体而明确，这样才能够保证对目标执行过程的有效指导及对其结果的准确检查。此外，制定目标还要注意目标之间的逻辑顺序。

4. 制定目标要具有平衡性

无论制定任何领域的目标，一方面要注意保持长期目标与短期目标之间的平衡，各个领域中目标之间的平衡和可以达到的利润率之间的平衡；另一方面，要注意目标也是不断变化的。在制定目标时，还要保持目标与变化的外界环境之间的平衡，在外部环境发生变化时也应做出相应的调整。[1]

5. 制定目标要具有超前性

目标不是预测未来，但能为组织未来指明方向。所以，任何一个组织都应该提前制定出各个领域的目标，提前为各个领域的发展指明方向。

6. 制定目标还要注意目标之间的逻辑顺序

在制定目标时一定要确定好优先次序，即使这个次序不合理或不正确，也比毫无顺序要好。确定优先次序要重视将来而不是过去；重视机会，不能只看到困难；自己选择，而不要盲从；目标要高，要有新意，不能只求安全和方便。

---

① 李睿炜：《德鲁克目标管理体系初探》，《北京大学学报（社会科学版）》2007 年第 2 期。

三 "达系"的五个要素：德达、能达、绩达、体达、识达

根据人才多层次和多结构的特点，适应人才强国战略的要求，结合2003年和2010年两次中央人才工作会议精神，我们认为正确评价人才应综合考虑被评价对象的品德、能力、业绩、体质和知识。综合以上分析，我们将从品德、能力、业绩、体质和知识五个方面建构"能绩型"人才测评"达系"。其中，品德是先决条件；知识、体质和能力是基础；业绩是人才价值的外在表现，能够反映人才的作用发挥的情况和能力大小。

（一）德（品德）达

品德标准在我国历代人才测评体系中都占有重要的地位，现代人才测评工作也是如此。事实证明，人有良好德行，才能敬业向上，积极进取，精益求精；人若无德，其才就如无本之木，难以丰茂。一支能干事、干成事的人才队伍，必定是一支德才兼备的人才队伍。"才者，德之资也；德者，才之帅也"，重才轻德，历来是用人的大忌。具备良好品德，才有忠于事业、为人民服务的恒久动力。

在"达系"测评体系中，我们同样十分重视对品德的评价与考量，将德作为一个重要的测评要素纳入我们的测评体系中。"德达"是指人才的价值观、对事业的态度、思想意识和工作作风以及个性、成就、动机等达到科学人才观对人才的要求。"德达"主要考核基本道德品质①、政治素质、诚信、廉洁等表现。

（二）能（能力）达

2003年和2010年召开的两次全国人才工作会议均明确提出人才测评要以"能力与业绩为导向"，将能力在人才测评工作中的地位提高到一个新的战略高度。新时期下，复杂多变的形势使得人才的能力对经济社会发展的作用更加凸显。能力是其他种类素质在行动层次上的综合表现，也是各类素质中所有能动成分的精华组合，用以评价考核对象的业务、技术、管理水平、工作效率等。"能达"主要是指人才解决具体问题、完成各类专业性

---

① 依据人们的行为是否具有评价意义，可将道德分为非道德——"既不善也不恶"、不道德——"不善"、道德底线——"初善"、一般道德——"善"和高尚道德——"至善"五个层次。依据道德内容，可将道德分为善、美、正义、光荣、公正等内容。根据不同的阶级标准来划分，可将道德分为：统治阶级的道德和被统治阶级的道德。就调整范围来说，可将道德分为经济道德、政治道德、社会公德、职业道德、家庭美德等。

活动所要具备的各种能力等达到科学人才观对人才的要求。"能达"主要考核一般能力和特殊能力，如预测能力、决策能力、智慧能力、包容能力、沟通能力、创新能力等。

（三）绩（业绩）达

业绩是人们工作一定时期后的成果和收获，是人才价值的显性化表现。使用人才的最根本的目的就是使其业绩最大化，因此对业绩的评价直接反映了人才使用的效果。如果说品德、知识和能力提供了人才价值的最大可能性，而业绩则反映了人才价值的实现程度。"绩达"反映了人才价值的实现程度以及人才所表现出来的业绩达到科学人才观对人才的要求。"绩达"主要考核履行职责情况，完成工作任务的数量、质量，经济效益和社会效益等。

（四）体（体质）达

健康的身体和充沛的精力是个人职业活动的必备条件之一，是个人诸项素质中的重要组成部分。它不仅是学习掌握和有效发挥其他素质优势、胜任本职工作的主要基础素质，更是人才作用充分发挥的保证。"体达"主要是指人体在活动中表现出来的形态、活力、精神、心理健康等。

（五）识（知识）达

"识达"主要是指人才所必须掌握的，并在实际工作中需要直接和间接运用的，关于自然、社会各种现象和规律的常识和理论认知等达到科学人才观对人才的要求。"识达"不仅包括一定的生活常识、工作经验，还包括其所学的专业知识及与人的发展相关的综合知识等。

具体德达、能达、绩达、体达、识达的内容我们将在第四章中详细论述。

第四章　人才测评达系的构建

人才评价是人才管理中的核心环节之一，怎么使用人才、激励人才、开发人才，都要基于对人的品德、能力、业绩、身体素质和知识进行科学、正确地评价。我们的测评技术就是建立对人才进行科学评价的人才测评"达系"。

第一节　人才环境达系的构建

一定的人才环境是在经济社会发展的历史进程中形成的，人创造了其活动的环境，而相应的环境也将改造人，一定的人才环境对人才的培养、聚集与活动有着显著的影响与作用。①

一　人才环境的重要性及作用

我国古代著名思想家王充认为："操行有常贤，仕臣无常遇。贤不贤，才也；遇不遇，时也。才高行洁，不可保以必尊贵；能薄操浊，不可保以必卑贱。或高才洁行，不遇退在下流；薄能浊操，遇在众上。"（《论衡·逢遇》）意思就是人才能否施展才干，发挥作用，把自己的才能转化为实在的业绩，还有个机遇和环境问题。良好的环境有利于吸引人才，使集聚地获得先行发展的优势，促进生产和经济的高速发展，真正实现人才集聚的规模效应。此外，良好的环境有利于集聚地在人才流动中掌握主导权，形成自身经济发展与人才集聚的良好循环，促进经济的可持续发展。

（一）良好的人才生态环境有利于提高区域人才竞争力

随着全球化进程的深入，人才流动将成为一种最大的资本流动。人才争夺正成为一场没有硝烟的战争，谁能在这个战场上取得胜利，谁就能在

---

① 陈京辉、赵志升：《人才环境论》，上海交通大学出版社，2010，第10页。

竞争中居于领先。人才往往采取脱离较差环境、加入较好环境这一最简便、最经济的办法来与环境力量抗争，力图选择最适合自身特点与愿望的生活工作环境，选择和营造最有利于自身价值实现的环境条件。人才吸引力的竞争，从本质上讲是人才环境的竞争。一些国家之所以能够吸引源源不断的外来高素质移民，通过教育培养大量创新型人才，归根结底是因为它为各类人才的发展提供了一个良性的人才环境。[①] 如何优化我国的人才生态环境，防止人才流失并进一步引进和用好人才，已成为我国现代化建设进程中的重大问题。

（二）良好的人才环境有利于人才的培养和开发

人才通过培养形成，环境对人才知识技能的积累、情感意志的培养和性格的形成影响极大。一个地区良好的教育基础和教育机制可以培养各类专业人才，有效提高人才各项智力素质。而良好的用人机制又可以确保人才才能的充分发挥，并在实践中不断学习，进一步积累、完善有关知识和能力，促进人才的进一步发展。此外，良好的人才环境不仅有助于高素质人才的培养与成长，还能够吸引外来人才，留住现有人才，实现人才的聚集，并为各类人才发挥其聪明才智提供广阔的空间。而在一个封闭落后的人才环境中，高素质人才培养发展、人才的引进与聚集都受到很大限制，现有人才的作用也难以发挥出来，更谈不上人才的培养和开发。

（三）良好的人才环境有利于人才更好地发挥对社会的推动作用

人才只有有效发挥才干，为社会做出贡献，才能实现价值。人才作用

---

① 彭剑锋认为一个良性的人才环境具有以下 10 个标志：（1）人才主权得到尊重，人才价值得到有效实现；（2）完善的知识产权保护法律制度，成熟的产权保护技术系统及全民知识产权意识的确立；（3）全球视野的人才标准与人才竞争条件；（4）整个社会建立了以信誉与职业道德为基础，以能力和贡献为准则的用人机制；（5）人才流动和人才配置的市场化与有序化；（6）人力资源真正成为企业经营的核心要素与竞争优势的来源；（7）教育资源的市场化、民营化和非垄断化；（8）既保证人力资源的强势阶层最大限度地创造价值并分享价值，又保护人力资源的弱势阶层免受伤害的公平就业环境；（9）廉洁、高效、规范的政府行为及吸引世界优秀人才的人力资源政策；（10）开放和开明的经济政策、持续的经济增长、良好的工作生活环境、富有活力的文化。见彭剑锋《WTO 与中国人力资源生态环境的改善与优化》，《中国人力资源开发》2002 年第 1 期。黄炳福认为评价良好人才环境的标准是：公正公平公开的竞争机制、催人奋进的激励机制、宽严适度的约束机制、规范有序的流动机制、尊重人才珍惜人才的保护机制、实施终身教育并不断更新知识的培训机制和周全高效的服务机制七个方面。见黄炳福《培育六大机制，优化人才环境》，《江南论坛》1999 年第 1 期。

的发挥需要环境支持。"海阔凭鱼跃，天高任鸟飞"，良好的人才环境能为各类人才施展才干搭建平台、创造条件，提供各项辅助政策和措施，使得人才能够真正充分展现才干，发挥作用。目前，世界各发达国家正大力调整人才政策，以改善人才环境，利用各种手段吸引人才。而国内一些地区也纷纷实施各自的人才战略，为本区域经济社会发展提供必要的人才保证。特别是近年来国内各发达地区都纷纷加大了人才环境建设的力度，努力构筑其"人才高地"，进一步加强人才管理，优化人才环境，为区域经济和社会发展聚集人才。

（四）良好的人才环境可以形成环境激励

环境激励就是通过环境的改变来激发需求，产生内驱力，实现组织目标的过程。一方面通过改变组织的内部环境，可以保证组织目标的实现和完成；另一方面可以通过改变组织的外部环境，以诱发产生新的更高层次的需要及内驱力。人才由于受到成长环境的激励，产生成长需要，驱使其采取某种行动去达到一定的目标。[①] 实践中，一般通过树立先进典型、发挥优秀人才导向作用等对人才成长及人才流动的行为加以引导，或者通过实行青年人才的职称破格、奖励基金、中期选拔等制度对人才成长及人才流动的过程附加强制性条件，以加速青年人才成长等形成人才环境激励。

二　人才环境的分类

基于不同的研究目的与管理要求，对人才环境的划分有不同的结果，其中比较有代表性的有以下四种。

（一）将人才环境分为硬环境和软环境

人才环境，是指人才赖以工作、生活、交往、学习和发展的环境总和，它是一个多维的、分层面的、互为关联的、层层推进的系统工程。人才环境既包括物质资本、基础设施等"硬环境"，也包括价值观念、文化氛围、人际关系、管理体制、用人机制、分配体系等"软环境"。[②] 人才环境的优劣，就是相互作用的各个环境层面对人才产生的保障力、吸引力、凝聚力等合力大小。只有把人才资源开置于经济社会发展的大系统中来思考，

---

① 文魁、吴冬梅：《科技创新人才环境研究报告》，《经济与管理研究》2006 年第 2 期。
② 叶忠海：《普通人才学》，复旦大学出版社，1990，第 151～152 页。

真正树立起"大环境"观，积极营造并不断优化人才环境，人才的智力才能得以提升，活力才能得以增强，创造力才能得以迸发。

由于人才环境是涉及政治、经济、文化、体制等多方面的一个综合的、系统的、多层次的环境体系，因此人才环境评价指标体系既要考虑"软环境"，又要考虑"硬环境"。国内人才环境评价主要集中于"软环境"方面。从"软环境"来分析人才环境，一般把人才环境分为体制环境、机制环境、活动环境、法制环境、战略环境等方面。① 从"硬环境"来看，一般把人才环境分为经济环境、政治环境、文化环境、思想环境、政策环境、制度环境、舆论环境，也包括竞争环境、工作环境、生活环境等，所有与人才成长有关的外部因素都应当是人才成长的"硬环境"。②

（二）将人才环境分为基础层面（物质环境）、主导层面（体制环境）、驱动层面（思想文化环境）

一是基础层面，又称"物质环境"。物质环境是基础，主要表现在地域的区位优势、经济实力、经济结构、基础设施、科技水平、教育投入、劳动力市场共享等外在形态；对于组织而言，主要体现在组织的规模、经济实力、基础设施等外部形象。它在组织人才环境中处于基础地位，起保障作用。③

二是主导层面，又称"体制环境"。体制环境是主导，主要体现在管理服务整合各类资源的内在功能，包括管理体制、人才工作机制、分配和保障机制、人际沟通渠道等制度因素。它在人才环境中处于主导地位，起协调、整合作用。没有好的管理，即使有好的人才也引不进来；没有好的服务，就是把人才引进来了也留不住。30 多年的改革开放实践证明，光靠经济实力、城市规模、基础设施等方面的优势还不够，还需要拥有高素质的公民群体、高品位的生活质量、良好的生态环境、鲜明的文化特色、完善的法律体系和规范的市场经济秩序来吸引和集聚关键人才，留住和整合核心人才，培育和配套骨干人才，形成科技振兴的人才链，构筑起区域经济可持续发展的坚实平台。

三是驱动层面，又称"思想文化环境"。思想文化环境是导向，主要反

---

① 吴德贵：《优化人才环境提升人才竞争力》，《中国人才》2004 年第 2 期。
② 齐秀生：《浅议社会环境与人才》，《中国行政管理》2005 年第 10 期。
③ 朱达明：《区域人才环境竞争力刍议》，《中国人力资源开发》2003 年第 7 期。

映一个地方的文化底蕴、文化观念形态以及公众的思想境界、精神品格和修养品位等内在潜力，在人才环境中处于统领地位，起驱动导向作用。思想文化环境集中体现在区域居民自身的素质水平和知识能力，其中最基本、最核心的是社会责任意识，最关键的是思维方式现代化和行为方式高素质化。

（三）将人才环境分为创业环境、生活环境、学习环境和成长环境

一是创业环境。创业环境包括组织的微观环境和社会的宏观创业环境两大方面，后者的建设主要依靠政府。政府以及组织的管理者关键是要建立切实可行的激励机制，激发人才能量的释放，以促进人才成就感最大限度地实现。创业环境具体细分为动力因素（激励政策和办法）和管理因素（高效管理，行政管理环境的改善主要是行政管理干部队伍整体素质和行政效率的提高）。

二是生活环境。生活环境具体包括子女入学的因素、生活环境的居住因素等。

三是学习环境。学习环境包括高层次人才间的交流，合作因素等。

四是成长环境。成长环境核心内容是给予科技人才更多的成长机会，尤其是给青年人才提供成长机会，这对青年科技人才尤其重要。

（四）将人才环境分为经济、文化、社会、工作、生活、自然环境六个方面。

一是经济环境。经济发展状况反映人才环境的最基本情况，即一个地区的经济发展状况是决定社会人才总体成长的最根本的因素，包括经济发展水平、经济收入和物质供应等。

二是文化环境。文化环境是城市发展的精神源泉，是影响人才集聚、开发和使用的重要因素，其为人才环境提供文化动力支撑。

三是社会（国际）环境。社会环境是人才发展的重要支撑，反映一个地区的社会发展和稳定情况，是稳定人才、吸引人才的重要因素。主要包括党政机关的办事效率、党风政风、社会风气、国家关系、域外文化和社会思潮等。

四是工作环境。主要包括办公条件、科研条件、写作条件、资料条件等。

五是生活（人居）环境。生活环境反映城市生活便利程度，向往生活便利、舒适的生活是人们的普遍心理，生活环境好有利于人才吸引。生活环境包括住房条件、服务设施、文化娱乐设施等。

六是自然（生态）环境。自然环境是人才环境建设不可或缺的部分。随着人们生活水平的提高，人们越来越多地关注自然环境。自然环境主要包括气候、河流山川、海滨绿地、城市建筑等自然条件和风景条件。

环境这六方面相互影响、相互渗透，共同构成了影响人才成长的内外因素和空间条件。

三 人才环境"达系"测评体系的构建

从组织的角度讲，任何组织的存在和发展都离不开环境。环境是指存在于组织内部与外部的影响人才绩效实施和管理效果的各种力量、条件和因素的总和。环境施加给组织约束，又给组织提供资源。组织在利用环境资源的同时又接受环境的约束，因此，组织的成员必须认清组织所处的环境，以及环境的变迁，在决策制定和执行时应充分考虑到资源的供给，想方设法开发和利用环境中的资源。当然，环境是一个相对的概念，单位是一个部门的环境，社会是一个单位的环境，其中，小环境受大环境的约束。环境的特征说明，在进行人才测评时，一定要考虑人才所处的环境。即使同类型人才由于所处的环境不同，其所表现出来的绩效也会存在很大的差异。

（一）人才环境"达系"测评指标体系

人才环境是一个复杂的系统，是由组织的内部环境和外部环境构成的一个有机整体。由于人才环境涉及人才所处的组织自身条件以及外部经济、文化、科技和地理等各个方面，因此，其评价体系也相当复杂。但是，评价一个国家（地区、组织）的人才环境不可能也没有必要建立面面俱到的指标体系，我们只要遵循综合性、动态性、可比性、全面性和可操作性原则，选择其中几个具有代表性但又不失全面性的指标即可。基于以上原则，我们根据人才环境的构成因素，将"达系"人才环境划分为以工作性质、组织背景为主的人才内部环境和以经济环境、社会环境、生活环境、自然环境、文化环境和市场环境为主的人才外部环境，其具体评价框架见表 4-1。

表 4-1 人才环境"达系"包含的主要评价内容

环境	两个环境	评价内容	主要指标
"达系"环境	内部环境	工作性质	工作难度
			工作责任
			工作地点
			工作时间
		组织环境	组织文化
			人际关系
			领导因素
			发展前景
	外部环境	经济环境	人均 GDP
			城镇化水平
			人均可支配收入
			恩格尔系数
			人均消费性支出
		社会环境	社会保险
			社会安全
			行政机构办事效率
			人才创业服务满意度
		生活环境	住房状况
			交通状况
			教育资源
			医疗设施
		自然环境	空气质量
			水资源质量
			城市绿化
			垃圾污染
		文化环境	社会价值观
			创新氛围
			文化设施
		市场环境	人才流动自由度
			人才市场健全度
			高层人才引进度

（二）各评价指标的选择侧重

1. 内部环境指标

内部环境指标是指组织内部因素对人才的影响。内部环境主要包括：工作性质和组织背景。

（1）工作性质。按照脑力和体力标准，工作可分为脑力工作和体力工作。前者主要是运用智力完成的工作，包括组织管理性工作和业务实施性工作。组织管理性工作具体包含组织、领导、管理单位人事、财务等内容，一般都是具有职权性质的工作；业务实施性工作则是不负责组织管理而是根据岗位职责要求，凭借专业技能或智力完成其岗位工作任务的工作。如科研人员的研究工作、教学人员的教学工作、医务工作人员的医疗诊断和治疗工作等都属于业务实施性的脑力工作。体力工作是以体力劳动为主，运用体力来完成工作内容的工作。在实践中主要是那些直接从事生产劳动和服务的工作。如从事生产线上的装配工等。当然，有些工作的特点可能表现得没有这么明显，而是脑力和体力兼具。

此外，以是否担任领导职务为标准，工作可分为领导工作和非领导工作。前者主要是指担任一定的官衔、官职的人员，在其领导职务的范围内享有管理、调配、处理、处置财产等职权，包括组织、管理、协调、指挥、决策以及主管等领导工作。后者是指没有领导职位或不处于领导岗位上的工作人员，由于其工作性质而享有对财产的管理、处理或处置权，包括具体保管、支取、领取和经手财产的工作。

反映在不同工作性质上，我们可以考虑评价诸如：工作难度、工作责任、工作的挑战性、工作周期、工作范围、工作地点、薪资报酬、工作时间等指标的情况。

（2）组织环境。组织工作环境是人才的基础和支撑，组织环境在很大程度上制约着人才的发展。组织环境包括组织的用人环境、竞争环境、人文环境等。具体体现在：组织规模、经济实力、组织生命周期、基础设施、科技水平、价值观和企业文化、管理理念、职业发展、人际关系、员工素质、领导因素、发展前景等。

2. 外部环境指标

（1）经济环境。经济发展状况是反映人才环境的最基本指标，也是决定人才成长的最根本因素。一般可以用人均 GDP、城镇居民人均可支配收入和城镇居民人均消费性支出等指标来评价经济环境。人均 GDP 具有可比性和动态性，同时也是经济发展中决定人才环境最直接、最根本的指标。居民可支配性收入是人才关心的最敏感问题，是吸引人才的主要指标。城镇居民人均可支配收入和城镇居民人均消费性支出反映城镇居民的经济生活水平，一般来说一个城镇居民收入越高，恩格尔系数越低，越有利于人才的培养和教育，有利于人才的吸引。

（2）社会环境。社会环境是人才发展的重要支撑，反映一个城市社会现代化水平，为人才发展和创业提供社会保障，是稳定人才、吸引人才的重要因素。一般可以用社会保险覆盖率、社会安全指数、行政机构办事效率等指标来评价社会环境。社会保险覆盖率是社会保障的重要指标，其影响和制约着人才流动。社会安全指数反映城市法治的稳定状况。

（3）生活环境。生活环境反映城市生活便利程度。人才安居方能乐业，生活环境历来是影响人才流向的重要因素之一。向往便利、舒适的生活是人们的普遍心理，生活环境好有利于人才吸引。可以用住房、交通、教育资源和医疗设施等指标来评价生活环境。住房指数可以衡量城市居民的居住水平。交通车辆指数反映城市交通情况。医疗设施指数反映城市医疗水平。社会教育指数反映一个城市未来发展潜力，是人才环境的前景指数，同时也是人才成长环境的重要依托。

（4）自然环境。自然环境是人才环境建设不可或缺的部分。随着人们生活水平的提高，人们越来越多地关注自然环境。自然环境对人才的影响是长期的，城市自然环境越差，越不利于人才的吸引。空气质量指数、噪声指数、城市绿化指数是城市环境保护的主要指标，可以衡量城市生活环境建设状况，反映居民的生活舒适程度。

（5）文化环境。文化环境是城市发展的精神源泉，是影响人才集聚、开发和使用的重要因素，其为人才环境提供文化动力支撑。人才资源的生成过程、开发过程、利用过程都具有鲜明的社会性，每个人主观能动性的发挥都依赖于社会文化环境的质量。一般可以用社会价值观、文化设施以及创新氛围指标来评价人才的文化环境。

（6）市场环境。统一规范、开放的人才市场，可以充分发挥供求关系、价格要素和竞争机制在优化人才资源配置中的基础性作用。政府的重要作用就是通过培育规范良好的市场环境，实现人才与市场需求的有效对接，通过发挥市场配置人才资源的基础性作用，提供人才流动、成果转化、专利交易、管理咨询、风险投资、科技金融等专业化、优质化的服务。一般可以用人才流动自由度、人才市场健全度、高层人才引进度来评价人才市场环境。

四　人才环境指数

在分析组织个体行为的成败得失时，人才环境因素可以作为一个对比分析因素。通过不同人才环境的对比分析，组织个体对自己所处环境的优劣做出相应的主观评判。这种对比分析得出的结果可以引导组织个体在某种特定的环境下，采取相对应的对策与行动。当组织个体认为所处环境良好，受到了公正待遇时，他们就会以积极奋发的态度去行动；当组织个体认为所处环境恶劣，受到了不公正待遇时，除了少数人仍能够积极努力以外，大部分人在工作投入时将持消极态度甚至离开所在组织。①

根据上面的人才环境"达系"，我们可以通过选择科学的权重计算人才环境指数。此外，还可以用报告期人才环境指数与基期的指数对比来计算一个国家、地区或组织人才环境状况的动态相对数，以反映一定时期人才环境的变化情况。因此，编制人才环境"达系"，对人才环境进行定期测评，可以衡量人才环境是否有利于人才的培养、是否有利于人才潜力的发挥、是否有利于吸引高层人才。

第二节　德达测评体系的构建

国以才立，才以德先。只有坚持德才兼备，提高人才素质，把树立正确的世界观、人生观、价值观，弘扬爱国主义、集体主义、社会主义思想融入人才工作全过程，才能形成一支德才兼备的人才队伍，为全面建设小康社会、坚持和发展中国特色社会主义提供坚强的人才保证和智力支持。

一　品德在人才测评中的地位及作用

一般认为，品德是一定社会关系所要求的社会规范个体化的产物，是人的思想品质、政治品质、道德品质和个性心理品质等方面的统一体。

---

① 查奇芬、张珍花、王瑛：《人才指数与人才环境指数相关性的实证研究——以江苏为例》，《软科学》2003 年第 5 期。

（一）古人对德的阐述

古语云："德才相比，德居首位"，品德标准在我国历代人才测评体系中都占有重要的地位。古来智者在用人上都主张"才德兼备，方可任用"，"百行以德为首"，"君子挟才以为善，小人挟才以为恶"。《周礼·地官司徒》中记载，殷周时对官员和人才的考察，主要是"考其德行。察其道艺"。[①] 孔子在"选贤与能，讲信，修睦"（《礼记·礼运》）的思想可谓中国古代选贤任能的依据。荀子在《荀子·正论》中也坚持"论德而定次，量能而授官"，反对"德不称位，能不称官"。墨子也认为，人才的具体标准是"厚乎德行，辨事言谈，博乎道术"，即包括品德、才能与学问三个方面，其中品德是首要的，是根本。[②] 唐太宗李世民在《贞观政要》中主张"今所任用，必须以德行、学识为本"，"才行兼备，始可任用"。宋代王安石《上仁宗皇帝言事书》中也说："德厚而才高者以为之长，德薄而才下者以为之佐属。"[③] 宋代司马光在《资治通鉴》中曾根据德才情况将人分成四类：第一种人，道德高，才能也高，德才兼备者是"圣人"，要重用；第二种人，道德高，才能低，德胜过才者是"君子"，可以用；第三种人，道德低，才能高，才胜过德者是"小人"，坚决不用；第四种人，道德低，才能也低，德才全无者是"愚人"。他还在《资治通鉴》卷二九《汉纪二十一》中提出"德必核其真，然后授其位；能必核其真，然后授其事"。他还指出："才者，德之资也；德者，才之帅也。"主张可用大德小才的"君子"，不用有才无德的"小人"。总之，司马光认为选人用人须重用"圣人""君子"，倘若无"圣人""君子"，宁可用"愚人"也不用"小人"。明代洪应明也主张"应以德御才，勿恃才败德"。曾国藩也指出："余谓德与才，不可偏重。譬之与水，德在润下，才即其载物溉田之用。"[④] 可见，在中国古代官吏的选拔上，不仅有德和才两个大的方面，而且二者在地位上是不同的，尤其是在社会稳定的时候，为安抚民众、德化风气、整顿吏治、企求久安，强调德重于才。历史经验证明，一个人如果有德有才，才由德驭，就会充分为善，造福社会，成就事业。这说明，把道德建设视为各类人才培养选拔的核心，是我国古代人才思想的重要内容。

---

① 毛礼锐等编《中国教育通史》（第一卷），山东教育出版社，1985，第89页。
② 程有为：《中国古代人才思想史》，中州古籍出版社，1996，第42页。
③ 常校珍：《中国古代人才思想论稿》，甘肃人民出版社，1986，第99页。
④ 曾国藩：《冰鉴》，内蒙古人民出版社，2008，第135页。

（二） 党的中央领导集体对德的阐述

坚持德才兼备、以德为先，是我党一贯的用人路线，重视品德是革命领导人的一贯用人思想。[①] 新中国成立初期，毛泽东提出了"又红又专"的用人思想。改革开放初期，邓小平曾经说过："挑选领导干部，不管老中青，都要看他是不是肯干，是不是能带头吃大苦耐大劳。这是第一条。当然还要有头脑"，也就是"德才兼备"的用人观。20世纪90年代，江泽民提出了"靠得住，有本事"的用人标准。进入新世纪、新阶段，胡锦涛多次强调，我们党的干部标准是"德才兼备、以德为先"，并进一步提出了"品德、能力、业绩"为主导的用人理念。在2010年全国人才工作会议上，胡锦涛再次强调，要坚持德才兼备原则，全面提高人才队伍素质。党的十七届四中全会通过的《中共中央关于加强和改进新形势下党的建设若干重大问题的决定》强调，要"坚持德才兼备、以德为先用人标准"。这是党对干部选拔任用工作历史经验的科学总结，是对党的组织路线和干部政策的丰富发展，是新时期党的干部工作的重要指导方针，对于建设善于推动科学发展、促进社会和谐的高素质干部队伍具有十分重要的现实意义。[②] 党的高层领导的用人观，一个共同特点，都把"德"放在第一位，也就是坚持德才兼备，以德为先。

（三） 新形势下品德在人才测评中的重要性

显然，德和才在理论上是两个范畴的概念，但在实际中又是辩证统一的。既要重德也要重才，要以"德"为前提，"德"为先决，但也绝不能忽视才，两者相辅相成、相得益彰。德是才的统帅，才是德的支撑。德与才是相互联系和制约的关系，犹如船的舵和桨。有德无才等于有舵无桨，船难以启动，航行不了；有才无德等于有桨无舵，船会迷失方向，甚至沉船。也就是说，离开德，才就失去了正确的方向；没有才，德就成为空洞的东西。所以，必须是德才兼备。

在德才兼备原则指导下，新中国培养造就选拔任用了一大批优秀人才，取得了国家建设、事业发展的巨大成就。改革开放30多年来，我们的人才队伍整体素质有了明显提升。但也要看到，经济体制深刻变革，社会结构

[①] 中共中央组织部、中共中央宣传部、中共中央文献研究室编《论人才——主要论述摘编》，党建读物出版社、中央文献出版社，2012，第209～226页。

[②] 孙达：《浅谈德才兼备、以德为先的用人标准》，《学习时报》2010年6月8日。

深刻变动，利益格局深刻调整，思想观念深刻变化，一些人放松了品德修养的要求，世界观、人生观、价值观发生偏移，人才队伍中责任缺失、信念动摇的现象，仍在一定程度上存在。紧紧抓住并用好我国进一步发展的重要战略机遇期，实现全面建设小康社会的宏伟目标，开创中国特色社会主义事业新局面，必须拥有一支具有坚定理想信念、坚定不移信仰马克思主义、坚定不移高举中国特色社会主义伟大旗帜、坚定不移贯彻执行党的路线方针政策的人才队伍。

二　品德测评指标的分类

传统的品德评价指标包括：被评价者的道德品质、理论素养、信念坚定性、政治敏锐性、形势洞察力、政策理解力、事业心、廉洁心、忠诚度、公正性等；有时也指特定的心理素质方面的情感和意志因素，如情绪、情感、坚定、果断、顽强等内容（见表 4 - 2）。王通讯认为"德"是人才的灵魂，并把德分为三个层次：①政治品德；②伦理道德；③个性心理品质。从重要性上讲，次序为①，②，③。因为①主要作用于社会；②主要作用于交往对象；③主要作用于其本人。但是，从生成过程上讲，次序就是③，②，①了。在德的三个层次中。③比较隐蔽，不大为人重视，但③又是②与①的基础。[①]

表 4 - 2　传统品德测评包括的主要内容

品德	（一）基本道德品质	1. 世界观、人生观和价值观；2. 求真务实；3. 公道正派；4. 诚实守信；5. 坦白正直；6. 同情心；7. 宽容心；8. 廉洁自律……
	（二）政治素质	1. 政治敏锐性；2. 政治立场；3. 政治判断力；4. 政治忠诚；5. 组织纪律观念；6. 原则性；7. 民主作风；8. 以身作则；9. 法制观念……
	（三）态度与人格	1. 事业心；2. 成就动机；3. 敬业精神；4. 主动性；5. 群众作风；6. 服务精神；7. 协作精神；8. 交际能力；9. 开拓创新性；10. 独立性；11. 荣誉感……
	（四）心理素质	1. 情绪稳定性；2. 自信心；3. 意志；4. 乐观；5. 角色知觉力；6. 心理调适力；7. 承受压力；8. 心理疲怠感……

[①]　王通讯：《宏观人才学》，中国社会科学出版社，2001，第329页。

三　德达测评体系的构建

经过对上述各指标进行初步分析，我们认为这些指标含义各不相同，考核侧重点也存在差异，但它们可以归纳为是从以下四个方面对人才的品德做出评价，即道德品质、政治素质、廉洁自律、诚信守法。新形势下，社会主义市场经济的建设和发展对各类人才的组织纪律观念、法制观念、公平和公正、群众观念以及进取心、意志力等方面的品质提出了新的要求。经济全球化的发展也使政治问题变得更加复杂、更有隐蔽性，要求各类人才要具备敏锐的政治判断力和坚定的政治立场，对工作有更强的责任心，对人要更加诚信、宽容等。而知识经济的发展进程除对人才的政治素质和思想素质提出要求外，进一步对人才的个人修养、价值观、用人观等方面的品质提出新的要求。

综合考虑，我们将"德达"这个一级指标细分为四个子指标（二级指标），即德达、政达、廉达、诚达；二级指标确定以后，首先对其分别作出定义，然后将实践中常用的或时代发展所重点要求的评价指标根据其含义及其在评价中的功能与作用进行分析和归纳，以三级指标的形式分别列入其所属的二级指标体系中（见图4－1）。

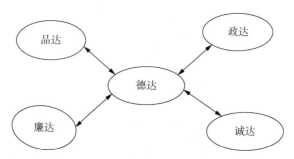

图4－1　"德达"包括的内容以及要素之间的关系

（一）德达：基本道德品质达到要求

"品"达指以高尚的思想情操处理人与人之间的关系。实际上，它是个人道德修养及其在社会关系中的表现。

道德是一定社会、一定阶级向人们提出的以善恶为标准，处理个人与个人、个人与社会之间各种关系的一种特殊行为规范。它以人们的自我评价和他人评价的方式为特点调整人们的内心意愿和行为，是靠社会舆论、生活习俗和人们的内心信念来保证实行的。[①] 基本道德品质指人才在工作、生活等各方面所表现出的思想意识和行为特征，反映了人们采取各种行动的最根本的思想和认识基础。"德达"指标，侧重于考评个人的基本道德品质素养，包括社会公德、社会道德责任感、家庭美德、扶贫帮困的言行，能否与坏人坏事、歪风邪气作斗争，对人对己的认识评价，日常生活中的文明礼貌水准及面临困难挫折时的言行等。"德达"主要评价下列指标：

1. 世界观、人生观和价值观

这三个概念共同反映了人们行为的认知基础。

世界观也称宇宙观，是指人们对世界总体（包括自然、社会、人的思维）"是什么样？"以及"为什么是这样？"等的基本看法。

人生观是人们对人生意义、人生目的、人生价值的根本看法和态度，主要回答三大问题，即人为什么要活着（追求理想）、人生态度怎样（乐观积极）和对人生价值的评价（追求意义和价值）。

价值观则是指一个人对周围的客观事物（包括人、事、物）的意义、重要性的总评价和总看法。

三者的关系是：世界观是人生观的理论基础，为人生观提供一般理论原则和方法指标，人生观则在人生问题上体现一个人的世界观，而一个人的人生观和世界观又直接决定了他的价值观。

2. 社会公德

是促进良好社会风气形成的首要条件，它具有共同性、群众性、继承性的特点，它不受阶级、职业、家庭生活的限制，是社会成员共同的道德。狭义的社会公德特指人类在长期社会生活实践中逐渐积累起来的、为社会公共生活所必需的、最简单的、最起码的公共生活准则。主要包括文明礼貌、助人为乐、爱护公物、保护环境及其他影响社会生活的行为规范。[②]

3. 职业道德

主要体现为对自己所从事的职业怀着一份热爱、珍惜和敬重，全身心投入，不惜为之付出和奉献，从而获得一种荣誉感和成就感。在职业活动

[①] 道德的内容不是来源于抽象的人性，而是来源于社会的物质生活条件（经济基础）和以此为基础的社会关系。它的作用是通过调整人们的内心意愿和外部行为，调整一定的利益关系，维护自己赖以存在的社会基础。

[②] 编写组编《思想道德修养与法律基础》，高等教育出版社，2012，第129页。

中，职业道德主要表现为不倚仗所掌管人、财、物的权力，以行业谋私，以职权谋私，以岗位谋私。

4. 家庭美德

亦称家庭伦理道德，是调整家庭内部成员和与家庭生活密切相关的人际交往关系的行为规范，是关于家庭成员之间关系的道德规范的总和，是家庭生活美满幸福的道德基础，是社会稳定、文明、健康发展的重要条件和标志。我国历代政治家、思想家都曾强调过"齐家"与"治国"的关系，提出了"家之不宁，国难得安""家内不和外人欺""家和万事兴"等论点。家庭美德的内容主要包括尊老爱幼、男女平等、夫妻和睦、勤俭持家及邻里团结等。

5. 成就动机

一般指希望把工作做得杰出或者能超出优秀标准，具有实现并超过既定目标的强烈愿望。

6. 主动性和积极性

是指在没有人监督或要求的情况下，能够积极努力去影响一些重大活动，以确保组织实现目标所需的物资供应、资源或信息。

7. 同情心

认同他人感受的能力，主要表现为与人为善，视民如亲，体恤他人疾苦。

（二）政达：政治素质达到要求

政治素质指人才具备从事某项工作所应有的政治素养，在工作中自觉遵守既定的政治规范的品质，为人才的活动提供了政治方面的思想基础和行为依据。高尚的政治素质有助于把握权力和自由。在政治活动中，不能没有权力，也不能没有服从，不能没有自由，也不能没有约束。正确对待权力和自由，是政治道德素质的内在要求。权力是人民给予的，必须以权为公。把权力看成私有财产，以权谋私的行为为社会主义政治道德所不容。具体来讲，"政达"主要评价下列指标：

1. 政治理论

主要考察学习政治理论的情况及运用马克思主义的立场、观点和方法解决实际问题的情况。

2. 政治判断

指在任何时候特别是关键时刻能正确认清形势，把握政治方向，并把政治原则贯彻到具体工作中去。

3. 政治敏锐

指思维活动迅速，能够对政治事件或政治形势、国家政策的变化做出快速反应。

4. 政治态度

主要是指对党的路线、方针、政策的认识态度、宣传响应程度等的考核。

5. 政治立场

指人才在政治上的方向和原则。随着我国融入全球经济的进程，政治形势更加复杂，政治问题更具有隐蔽性，在这样的形势下无论对于哪一类人才，从战略高度着眼，坚定自己的政治立场是保持政治敏锐性和政治判断力的保证。

6. 政治行为

主要考评对党的任务的执行情况以及在关键时刻的政治言行等。

（三）廉达：廉洁自律达到要求

廉者，民之表也；贪者，民之贼也。晏婴是我国历史上第一个提出"廉政"概念的人，他说"廉政可以长久"，好比"其行水也，美哉水乎清清，其浊无不雩途，其清无不洒除，是以长久也"（《晏子春秋·内篇问下第四》）。腐败是党之大敌、国之大敌、民之大敌。马克思曾指出"不可收买是最崇高的政治美德"。一个人，特别是掌握一定权力的人要做到"不可收买"，必须具有清正廉洁的政治道德境界。特别是党政人才，中国共产党是执政党，执政能力建设是党执政后的一项根本建设。历史反复证明，当一个政权缺乏或忽视了对各级官吏腐败的有效控制而造成各类矛盾的积累时，来自社会中下层民众的不满和反抗就必然以激烈的形式强迫统治者付出巨大的代价。[①] 因此，党越是长期执政，反腐倡廉的任务越艰巨，越要坚定不移地反对腐败，越要提高拒腐防变的能力。在经济社会快速发展、市场经济体制正在形成和完善时期，领导干部特别是拥有重权的领导干部，必然会成为一些人的追逐和公关对象，腐败风险很高，对个人的觉悟和自律能力要求也很高。[②] 不贪不沾谓之"清"，不邪不恶谓之"正"。清正就

---

① 褚家永：《中国古代廉政建设的若干经验》，《中国监察》2005 年第 2 期。

② 马志鹏：《领导干部要干干净净为国家和人民工作》，《前线》2008 年第 8 期。

是不贪赃枉法，不以权谋私。只有清正，才能廉洁、襟怀坦白、办事公道、为人正派，才能真正为人民谋福利、创业绩。"廉达"主要评价下列指标：

1. 廉政意识

主要是指洁身自好，不利用职权和职务上的影响谋取不正当利益；不假公济私、化公为私；不讲排场、比阔气、挥霍公款、铺张浪费等。

2. 遵纪守法

按照法律法规的规定进行各种活动的认识和自觉性。

3. 组织纪律观念

指服从上级的指挥，严格遵守组织和部门工作规则的自律程度，不违反规定选拔任用干部。

4. 作风情况

包括工作作风、群众作风、生活作风等情况。工作作风主要体现在：严格落实党风廉政建设，切实解决职工关心的热点和难点问题；坚持民主集中制，密切联系职工，维护组织稳定；工作求真务实，注重创新，业绩突出，不脱离实际，弄虚作假，损害职工利益等。群众作风主要体现在：尊重和积极听取群众意见，想群众所想，急群众所急，为群众办实事。生活作风主要体现在：生活是否有腐化堕落等问题。①

5. 经济情况

包括经济活动、直系亲属活动、个人收入上报等情况。经济活动主要包括：不私自从事营利性活动，不违规干预和插手工程招投标、建设、经营性土地使用权出让等微观经济活动项目。直系亲属活动主要包括：配偶子女和身边工作人员利用职权和职务上的影响谋取私利的问题以及其经商等活动的守法情况。个人收入申报主要包括：家庭收入与个人收入的比例，消费与正常收入的匹配情况等。

6. 公道正派

具有平等的观念，对待和处理各种问题尊重客观现实，以真理为标准，不受人为因素所左右。

7. 群众举报

接到群众的举报及查实情况等。

---

① 何增科：《构建中国特色廉政评价体系》，《检察日报》2008 年 11 月 25 日。

（四）诚达：诚信达到要求

诚信在《说文解字》中的解释是："诚，信也"，"信，诚也"。诚，即真诚、诚实；信，即守承诺、讲诚信。从道德范畴来讲，诚信即"内诚于心，外信于人"，待人处事真诚、老实、讲信誉，言必行、行必果，一言九鼎，一诺千金。其基本含义是守诺、践约、无欺。在我国的传统文化中，诚信是一种意识形态观念，是一种道德标准。古人曰"言必信，人无信而不立；信誉是金，信者令人推心置腹"，"人若无信，不知其可也"。诚信是做人的基本准则和起码的修养。为人以诚，待人以信，不但是人的内在品质和精神要求，也应该是社会的规范。

诚信作为一种经济、文化、社会理念，也同样属于市场经济社会中的核心理念。人生活在社会中，总要与他人和社会发生关系，处理这种关系必须遵从一定的规则，有章必循，有诺必践。否则，个人就失去立身之本，社会就失去运行之规。诺贝尔经济学奖得主布坎南（James Buchanan）曾经讲过："在传统农业社会里，道德世界的核心是忠诚；在商品社会里，道德尺度的基本准则是信任，即诚信。"作为生活在这个时代、这个整体中的每一个局部，包括个人、各类市场主体、各个行业、各个地方，都应该有诚信意识，并将对诚信的追求内化为坚定的信念，用它约束自己的行为。经济社会的发展推动着观念的更新，随着经济社会生活巨大而深刻的变化，诚信这一传统美德被赋予日益丰富的时代内容，也促使人们对诚信的理解从伦理道德的范畴提升到制度建设的层面。[①]"诚达"主要评价下列指标：

1. 科学发展观

树立科学发展观和正确的绩效观，杜绝工作考核中弄虚作假、欺上瞒下和政绩注水现象。杜绝为图个人的所谓政绩，急功近利的短期行为，工作成绩要经得起历史和社会实践的检验。

2. 求真务实

尊重规律和事实，勇于和客观面对社会现实中存在的各类问题，实事求是，以现实条件为基础，扎扎实实地解决工作中存在的问题。

3. 协作精神

在可能的情况下，配合别人的工作，使组织成员之间紧密关联，推进工作整体开展。

---

① 徐海亮：《诚信是当今中国最稀缺的资源》，2007 年 8 月 16 日中国管理传播网。

4. 有诚必有诺

公开、坦诚地表达自己的意图、观点和感觉，言行一致，对领导和群众信守承诺。

5. 个人信用

主要包括诸如银行贷款没有拖欠和不还行为，及时缴纳公共事业费、通信费及没有其他不诚信的记录等。

综上所述，根据"德达"内涵，可以把"德达"作为一级指标；选取德达、政达、廉达、诚达四个指标变量作为二级指标来对"德达"进行测度评价；最后将每个二级指标再进行分解形成三级指标从而形成一个完整的三级测评体系（见表4-3）。

表4-3 "德达"测评体系的基本框架

	一级指标	二级指标	三级指标
人才测评"达系"	德达	（一）德达	1. 世界观、人生观和价值观；2. 社会公德；3. 职业道德；4. 家庭美德；5. 成就动机；6. 主动性和积极性；7. 同情心……
		（二）政达	1. 政治理论；2. 政治判断；3. 政治敏锐；4. 政治态度；5. 政治立场；6. 政治行为……
		（三）廉达	1. 廉洁意识；2. 遵纪守法；3. 组织纪律；4. 作风情况；5. 经济情况；6. 公道正派；7. 群众举报……
		（四）诚达	1. 科学发展观；2. 求真务实；3. 协作精神；4. 有诚必有诺；5. 个人信用……

第三节 能达测评体系的构建

2003年和2010年召开的两次全国人才工作会议均明确提出人才测评要以"能力与业绩为导向"，将能力在人才测评工作中的地位提高到一个新的战略高度。新时期，复杂多变的国内外环境使得人才的能力对经济社会发展的作用更加凸显。基于以上背景，适应时代发展的需要，我们把对能力的研究和对能力指标的分解作为"达系"研究的一个重点，力争通过研究分解出体现时代特色的"能达"指标体系。

一　能力在人才测评中的地位及作用

（一）能力的内涵

"能力"一词最初源于心理学，对于什么是能力有不同的认识。心理学认为，能力，从广义上来看，是人们认识与改造客观世界与主观世界的本领；从狭义上看，是人们成功完成某种活动所必需的个性心理特征，包括外显能力与潜在能力。[①] 从词源学上看，《现代汉语词典》对"能力"作了解释："所谓能力，是指能胜任某项任务的主观条件。"目前普遍接受的观点是：能力是直接影响活动效率，使活动顺利进行的个体心理特征。[②] 如我们通常所说的一个人解决问题速度快、任务完成质量高，都是指这个人的能力强。能力作为其他种类素质在行动层次上的综合表现，也是各类素质中所有能动成分的精华组合，用以评价考核对象的业务、技术、管理水平、工作效率和文化程度，历来备受重视。

我们认为，把握能力的内涵应注意以下四个方面。一是能力是保证活动取得成功的基本条件和必要条件，但不是唯一的条件。活动能否顺利进行，能否取得成功，往往还与其他因素有关。任何活动能否成功，除能力外，还取决于操作技能、情感态度、人际关系等因素。二是能力直接影响活动的效率进而影响活动的效果。强的能力只是为完成活动提供了好的内部条件，它有助于达到相应活动的成功。在其他条件相同的情况下，能力强的人比能力弱的人，更能使活动顺利进行，更容易取得成功。三是能力总是和人的某种活动相联系并表现在活动中。只有从一个人所从事的某种活动中，才能看出他具有某种能力。倘若一个人不参加某种活动，就难以确定他具有什么能力。因此，只有在活动中才能比较和判断能力差异。四是能力是顺利完成某种活动所必须具备的心理特征，但活动中表现出来的心理特征并不都是能力。完成某种复杂活动，通常需要几种心理特征的综合运用。

能力与人的职业活动密不可分，每一类职业活动都是特定的能力组合。具备这种能力组合，就能更好地胜任这种职业，因此，能力测评是建立在能力差异基础之上的。能力差异一般分为三个方面：一般能力差异、特殊能力差异、能力表现的时间差异。一般能力差异主要表现在知觉、思维、

---

① 朱智贤编《心理学大词典》，北京师范大学出版社，1989，第456页。
② 姚本先：《心理学》，安徽大学出版社，2003，第239页。

语言和表象等方面的差异，这种差异是个体先天因素与后天因素共同作用的结果。如有的人善于概括，但是在具体分析方面比较弱；有的人对细节的感知比较清晰，但是对整体性却把握不够。特殊能力差异主要是由于后天因素所导致的能力差异。不同的个体可能拥有文艺才能、体育才能、军事才能等，它可以表现出个体的专长和特点，这种能力不但有属的区别也有层次的区别。能力表现的时间差异指的是人的能力在显现方面有时间早晚的差异。如气质是一个人的思想素质、精神境界，是美与丑、高尚和卑鄙等的综合显现，它的形成主要是受到后天因素的影响和个体主观意志的努力，一个人的气质能够决定他在人们心目中的地位、他拥有的凝聚力和他的说服力，有时候甚至会影响他的事业成就。

（二）能力与其他相关概念的关系

1. 能力与胜任力

胜任力是人力资源管理中提出的新概念，是指完成岗位或职位工作（活动）而展示出的能力。从本质上讲，胜任力属于能力的范畴，胜任力比能力具有较小的外延和内涵，只针对人的岗位或职位活动（工作），而并不泛指其所有活动，这是胜任力概念与能力概念的区别。迄今为止，国内外学者不仅尚未统一胜任力的中英文表述词，而且对胜任力的定义也多种多样。在英文中，对胜任力的表述词有 competence、competency 和 competencies，中文的翻译表述词有胜任力、胜任特征和素质等。1973 年，McClelland 最先提出胜任力的概念。他在《美国心理学家》（American Psychologist）杂志上发表了《测量胜任力而不是智力》的文章[①]，从此，胜任力的概念被美国心理学界引入。McClelland 的同事及合作者 Boyatizis 认为，胜任力是一个人所具有的内在的、稳定的特性，它可以是动机、特质、技能、自我印象、社会角色或是此人所能够运用的某项具体知识，并认为胜任力是一种潜在的特性，具有通用性，这种通用性可以出现在不同的工作活动中。

2. 能力与知识技能

能力与知识技能之间的关系表现为：能力是掌握知识技能的必要前提，能力的高低直接影响着掌握知识的难易、速度和程度，也决定着对知识技

---

① McClelland DC, "Testing for competence rather than for intelligence", *The American Psychologist*, 1973, 28（1），1 - 14；McClelland DC, "Identifying competencies with Behavioral Event Interviews", *Psychological Science*, 1998, 9（5）：331 - 339.

能的运用及解决问题的程度。知识和技能又是能力形成的基础，一个人掌握了一定的知识和技能，也会促进其能力的提高。具有同等水平知识技能的人，并不一定具有同等水平的能力。如文凭只反映了一个人具备了一定的一般知识和技能或某种专业知识和技能，并不能反映其具备从事特定专业的特殊能力。所以，在人才能力测评中，不能把文凭和能力画等号，否则就混淆了知识和能力的界限。

3. 能力与资历

资历是指个体接受某种专业知识教育以及从事某项工作（社会实践）的时间经历。由于教育和实践是形成能力的前提条件，所以资历的深浅和能力的大小有一定的关联。一般而言，接受教育和实践活动时间越长，人的能力就越强。所以选拔人才要讲一定的资历，要让人才有提高能力的机会，有获得新知识及能力的学习时间和实践年限。但资历并不等同于能力。如具有相同资历的人，有的能力强，有的能力弱；甚至有些资历较浅的人，其能力却比资历较深的人强。

二　能力测评指标的分类

能力作为完成一定活动的才能和本领，是综合性的、多方面的，职业不同、工作性质不同、所担负的任务不同，对能力的要求也不一样，能力具有内在性、潜在性、可塑性、实践性、时代性、层次性和高效性等特征。[①]

（一）能力的构成要素

能力是判断一个人能否胜任某项工作的起点，是决定并区别绩效差异的个人特征。[②] 能力的构成要素主要包括：

动机：是指推动个人为达到一定目标而采取行动的内驱力。动机推动并指导个人行为方式的选择朝着有利于目标实现的方向前进，并且防止偏离。动机的强烈与否往往决定行为过程的效率和结果。

品质：指个性、身体特征对环境与各种信息所表现出来的一贯反应。品质与动机可以预测个人在长期无人监督下的工作状态。

态度价值观与自我形象：指个人自我认知的结果，作为动机的反映，可以预测短期内有监督条件下人的行为方式。

---

① 傅兴国：《把握时代潮流全面推进公务员能力建设》，《中国人才》2007年第6期。
② 彭剑锋、荆小娟：《员工素质模型设计》，中国人民大学出版社，2003，第13页。

社会角色：指个体在社会中的地位、身份及和这种地位、身份相一致的行为规范。

技能：指一个人结构化地运用知识完成具体工作的能力。技能是否能够产生绩效，受动机、个性和价值观等能力要素的影响。

（二）能力的测评指标

能力一般可分为通用能力和专业能力两种。通用能力包括：分析能力、学习能力、沟通能力、持续能力、协作能力、指导能力、协调能力、解决问题能力和执行能力等。这些能力是个人发展、学习能力、职业适应能力以及与外界的交际能力和影响能力为主的能力，主要是用来衡量人才实现自身发展、提高基本素质和适应工作环境等方面的能力。专业能力主要包括：生产作业能力、知识储备能力、设备使用和维护能力、技术革新能力、事故处理能力、节能降耗能力、质量保证能力、安全生产能力等。这部分能力是以专业知识和技能，以及能够实现岗位职责的要求来设定的，主要用于衡量人才综合运用专业知识和技能，完成工作任务的能力。

三 能达测评体系的构建

在对国内外能力测评方面的主要研究成果进行整理、归纳和分析，并对各个指标的含义及相互联系、区别进行比较分析的基础上，我们认为可以将能力指标用"能达"来概括，并将"能达"指标分解为六个子指标（二级指标），即预达、策达、智达、容达、通达、创达。它们从不同的侧面对人才的能力进行评价，在评价工作中各自又以具有可操作性的三级指标为支撑（见图4-2）。

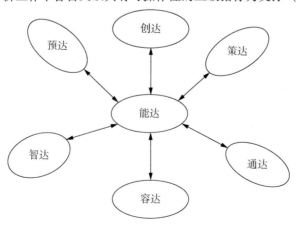

图4-2 "能达"包括的内容以及要素之间的关系

（一）预达：预测能力达到人才的要求

"预"是指预见未来的风险、收益，洞悉环境和资源的变化趋势，按照组织的使命、宗旨准确确立目标，并根据资源的动态变化及时修正目标。通常包括以下三级指标：

1. 信息获取能力

指运用各种手段和渠道，充分及时地获取工作任务或目标达成所需要的信息资源的能力。

2. 观察能力

指通过眼睛来看某事或某物，发现其与众不同之处，进而形成对事物深刻认识和理解的能力。

3. 信息处理能力

将获得的信息进行逻辑分析、加工，找出有价值的东西，从凌乱的信息中发现潜在内涵，作为判断的依据的能力。

4. 逻辑思维能力

有条理地分析事物的前因后果，按照事物前后变化的关联性分析问题的能力。

5. 预测能力

指从事物发展变化的轨迹中把握规律性，根据规律性和直觉感判断事物未来发展的方向或态势的能力。

（二）策达：决策能力达到人才的要求

"策"是指善于搜集和处理信息，把握信息，在环境约束条件下，集思广益，对组织的发展方向、任务、措施进行科学果断地决策。通常包括以下三级指标：

1. 推理能力

运用已有的信息资源，按照事物发展变化的规律性，判断事物未来的变化态势，或者用一事物的发展规律分析另一事物未来变化的能力。

2. 感悟能力

指从过去经历中的隐含细微之处挖掘事物发展、变化的规律性，并利用规律的认识指导未来实践活动的能力。

3. 机遇把握能力

分析完成一项工作或实现目标面临的资源和条件约束，一旦内外环境中资源条件出现，就会及时利用、达成目标或任务的能力。

4. 决断能力

是决心和智慧、决断和策划的结合，即在掌握全面信息的基础上，通过去粗取精、去伪存真找出影响事物发展的主流，抓住主要矛盾，运用控制论原理，迅速果断地下定决心，做出决断的能力。

（三）智达：智慧技巧能力达到人才的要求

"智"是指执行技巧，让合适的人去做合适的事，注重执行质量和效率。智能素质包括科学智能素质和社会智能素质。科学智能素质由专业能力和非专业能力组成，专业能力指完成各具体工作所要求的理论、科学、工程技术等专业知识，而非专业能力指人员的智力等能力。通常包括以下三级指标：

1. 情绪稳定性

指保持一种平静、轻松的状态，不轻易随外界环境的变化而产生较大的情绪波动。

2. 自我约束力

指能够有效地控制和调节自己的行为，以求在活动中取得预期成功的状态。自制力的强弱与自信和自我监控能力有关。一个自信的人，任何时候都对自己充满信心，具有很强的自我约束能力。同样，对自身有一定的监督和控制能力的人，自我约束的能力也不会差。

3. 智选能力

把收集的各种感觉、知觉等信息有效地综合在一起，抓住事物的本质，找出其中的规律，在任何时候特别是关键时刻能正确认清形势，判断把握方向，抓住本质内涵，从现象中发现规律，从若干难于取舍的方案中做出明智的选择或做出决定的能力。

4. 应对突发事件能力

面对复杂局面与紧急危机事件之时，能够保持高度的镇定，能够在复杂纷乱的局面之中抓住主要矛盾，并积极采取适当的措施和手段，最大限度地减少危机事件带来的损失的能力。

（四）容达：包容能力达到人才的要求

"容"是指以包容的胸怀看待利益纷争，将个人的利益置于组织利益之下，以宽容的心态对待下属的微小错误，鼓励下属树立信心，大胆开拓。通常包括以下三级指标：

1. 宽容心

指不斤斤计较，对别人的错误和缺点以及于己不利的环境或事物能够以平常心处之。

2. 倾听能力

指不打断别人，鼓励发表个人看法，让别人充分表述个人见解的能力。

3. 采纳别人意见能力

按照目标导向，分析别人意见对目标实现的贡献，将别人的建议运用到问题的决策和任务执行中的能力。

4. 矫正思想能力

指能够客观分析自己的思想见解，找出不利于目标实现的思想行为，不固执己见，及时加以修正的能力。

（五）通达：沟通能力达到人才的要求

"通"是指整合各种资源，协调各种利益关系，将各种资源高效配置和有机衔接，实现最优产出的要素组合。通常包括以下三级指标：

1. 语言表达能力

清楚地向别人表明自己的观点和意图而不产生歧义的能力。

2. 说服能力

言语和行为让人信服，能够使他人赞成并支持自己的建议，影响别人的观点，使他人的思想和行动符合自己意愿的能力。

3. 沟通协调能力

有效地理解他人的态度、兴趣、需要和观点及尚未说明的想法、感觉等，灵活运用多种沟通方式来表达自己的态度、兴趣、需要和观点，并能使用沟通技巧及时、准确地传递信息，求得共识的能力。

4. 人际关系能力

能与他人建立和保持友好、互惠互利的关系的能力。人际交往能力是决定管理效能的一个关键因素。美国著名教育学家戴尔·卡耐基（D. Garnegie）的调查结论显示：一个人事业上的成功，只有15%是由于他的专业技术，另外85%要靠人际关系、处事技巧。[1]

5. 合作（或协作）能力

指两个或两个以上的人或群体为了满足双方的利益需要，寻求双方受

---

① 〔美〕戴尔·卡耐基：《赢在影响力——人际交往的学问》，韩卉译，机械工业出版社，2003，第68页。

益的结果，自觉或不自觉地在行动上相互配合的一种组合式行为方式能力。① 经济社会发展的一大特点是向整体化、系统化趋势发展。许多问题从发现、提出到解决都是集体智慧的结晶，社会要求人才能够胜任各种需要高度合作和互相协调的工作，能够在独立研究的基础上与旁人沟通，相互学习，共同探讨。同时还要注意集体意见，虚心听取建议，主动与他人配合。

6. 组织指挥能力

建立精干有效的项目团队，实行科学的协作与管理，调动一切因素，促进冲突的有效解决，培养项目成员的合作精神与团队精神，给予其相应的引导和指导，使之与项目组织融合，顺利完成目标的能力。

（六）创达：创新能力达到人才的要求

当今世界经济正从传统工业经济时代转向以人力资本、信息化为基本特征的知识经济时代，新技术和新成果不断涌现，科技成果产业化的速度越来越快，人才尤其是高素质、创新型、复合型和国际化人才将日益受到重视，国际竞争的本质已经转变为对人才尤其是高精尖人才的竞争。全球化竞争的实质就是人才竞争的全球化，而人才竞争全球化的核心是创新人才、高层次科技人才和优秀管理人才的竞争。2012 年 7 月，胡锦涛在全国科技创新大会上强调指出："必须把创新驱动发展作为面向未来的一项重大战略，一以贯之，长期坚持，推动科技实力、经济实力、综合国力实现新的重大跨越。"十八大报告中明确提出"实施创新驱动发展战略"，"加快建设国家创新体系"。创新的关键在人才。人才是创新的主体，没有人才，创新无从产生。

1. 创新的内涵及创新能力的要求

"创新"是根据英文 Innovation 翻译过来的，意为内部的变化与更新，有革新与创造之义。因此两者结合起来，熊彼特（J. A. Schumpeter）认为可以将创新能力简单理解为：主体从事创造出符合社会意义的具有独创性和

---

① 在心理学上，合作有三种意义——相互帮助、相互鼓励、相互支持。具体来说，就是当一个成员无法完成某种行为，阻碍最终目标的实现时，其他成员表现出帮助其完成；当成员的行为能促使团队更加接近目标时，该成员的行为可以被其他人所接纳，并得到他们的喜欢和鼓励。

革新性的产品活动所具备的本领或技能。[①]

国内外学者对创新能力的概念作了不同的研究界定。国外主要代表性观点有：托兰斯（Torrance，1966）认为创新能力是由若干种能力组合而成的，应包括敏感力、流畅力、变通力、独创力和重新定义的能力；费德荷森（Feldhusen，1995）认为创新能力是由知识基础、认知技能和人格因素构成的。[②] 我国学者也对创新能力的内涵提出了一系列观点。如创新能力是组织在更新知识的过程中，表现于个人、团体、产出与结构等因素之总体知识更新能力，是组织在技术能力、管理能力及学习能力的综合呈现（黄佑安，1990）；创新能力指的是以创新精神（创新意识与人格）为动力，以实践能力为基础，以创新思维为核心的体现于社会实践的个体综合能力（黄华新，2000）；创新能力是指创新主体在对客观事物的感性或理性认识的基础上，借助于想象和联想、自觉与灵感，以渐进性或突发性飞跃的方式得到已有知识后，经过重新组合和升华跃迁，从而产生新的认识成果的能力（程连昌，2004）；创新能力是指主体从事创造出符合社会意义的具有独创性和革新性的产品、活动所具备的本领或技能（孙奎贞，2004）。[③]

2. 创达包含的内容

综合比较分析以上关于创新能力概念的各种表述，可以看出，对创新能力的研究主要体现在外显能力和内化能力两大方面，如创新的技术、本领、技能等属于外显能力，而创新的智力、个性、人格、素质、理念等则属于内化能力。具体而言，我们认为"创达"应包括以下方面的内容：

（1）创新信念：指创新主体内心深处始终牢记和遵守创新的原则、规范和行为要求，并在实践过程中不断追求和日趋坚定的，一种综合、稳定而持久的心理品质。

（2）创新思维：在提出问题和解决问题的过程中，运用自觉、想象、灵感、顿悟及多种逻辑思维形成的思维活动。

（3）创新技能：指在创新智能的指导和约束下形成的反映创新主体行为技巧的动手操作能力。

[①] 〔美〕约瑟夫·熊彼特：《财富增长论——经济发展理论》，李默译，陕西师范大学出版社，2007，第88页。

[②] 陈若松：《论人的创新能力的整合发展机制》，《湖南社会科学》2005年第4期。

[③] 邓小军、何智奇、韩惠莉：《论新世纪中国公务员创新能力评价指标体系的构建》，《开发研究》2007年第5期。

（4）创新素质：指敢于突破前人、突破自我、突破曾被实践证明的正确结论及不畏权威和传统的一种综合素质。

综上所述，根据我们确定的"能达"内涵，我们可以把"能达"作为一级指标；选取预达、策达、智达、容达、通达、创达六个指标变量作为二级指标来对"能达"进行测度评价；最后将每个二级指标再进行分解形成三级指标从而形成一个完整的三级测评体系（见表4－4）。

表4－4　"能达"测评体系的基本框架

	一级指标	二级指标	三级指标
人才测评"达系"	能达	（一）预达	1. 信息获取能力；2. 观察能力；3. 信息处理能力；4. 逻辑思维能力；5. 预测能力……
		（二）策达	1. 推理能力；2. 感悟能力；3. 机遇把握能力；4. 决断能力……
		（三）智达	1. 情绪稳定性；2. 自我约束力；3. 智选能力；4. 应对突发事件能力……
		（四）容达	1. 宽容心；2. 倾听能力；3. 采纳别人意见能力；4. 矫正思想能力……
		（五）通达	1. 语言表达能力；2. 说服能力；3. 沟通协调能力；4. 人际关系能力；5. 合作（协作）能力；6. 组织指挥能力……
		（六）创达	1. 创新信念；2. 创新思维；3. 创新技能；4. 创新素质……

第四节　绩达测评体系的构建

业绩是人们工作一定时期后的成果和收获，是人才价值的显性化表现。使用人才的最根本的目的就是使其业绩最大化，因此对业绩的评价直接反映了人才使用的效果。如果说品德、知识和能力提供了人才价值的最大可能性，而业绩则反映了人才价值的实现程度。

一　业绩在人才测评中的地位及作用

对于业绩，普遍认为业绩就是结果（Bemardin，1995），是指工作主体在一定时间与条件下完成任务所取得的绩效、成效、效果、效率和效益。

（一）业绩的含义

业绩有时也称为绩效（Performance），对业绩一般是从组织、团体、个人三个层次来定义的。就个体而言，目前形成的观点有：

1. **以结果或产出为导向的业绩**

以结果或产出为导向的业绩观认为，业绩是一个人在特定的时间范围里，在特定的工作职能中所能达到的工作结果的成绩记录，这个工作结果与目标相联系。

2. **以行为或过程为导向的业绩**

以行为或过程为导向的业绩观认为，许多工作结果可能会受到与工作无关的其他因素的影响，它并不一定是个体行为所致；而且员工在工作中的机会不平等，且每一项工作并非都与任务目标相关（Murphy，1986）。[①]另外，过分关注结果或不恰当地强调结果，可能会在工作要求上误导员工，导致忽视过程和人际因素的重要性。Campbell（1993）等也将业绩定义为：员工所控制的与组织目标有关的行为。[②]

3. **以结果和行为为导向的业绩**

以结果和行为为导向的业绩强调对于个体绩效来说，既要考虑行为投入，又要考虑结果产出。Borman 和 Motowdl（1993）在关系绩效 - 任务绩效的二维模型中指出，关系绩效是指一组在社会和动机关系中完成组织工作的人际和意志的行为。任务绩效则是指任务的完成情况，即职务说明书中所规定的绩效（结果）。[③]

（二）人才业绩的主要特点

业绩一般具有效果性、效率性、效益性、多因性、多维性和动态性等特征。

1. **业绩的"三效"性**

"三效"性是指效果性、效率性和效益性。[④] 效果性是指人才完成工作任务之后，取得了多少成果，取得了什么样的成果，也就是业绩的外观形式与外延形式。效率性是指在完成工作任务之后，成本和收益的对比情况。

---

① Murphy K. R. , Balzer W. K. , "System distortions in memory – based behavior rating andperformance evaluations for rating accuracy", *Journal of Psychology*, 1986：74，39 – 44。

② Campbell J. P. , McColy R. A. , Oppler S. H. , Sager C. E. , A Theory of Performance, *In*：*N. Schmitt, Borman W. C. , Personnel Selection in Organizations, San Francisco：Jossey Bass Publishers*, 1993：35 – 70。

③ Borman W. C. , Motowidlo S. J. , Expanding the criteria domain to include elementsof contextual performance. *In*：*N. Schmitt. , W. C. Borman , ed. , Personnel Selection inorganizations. , San Francisco. Jossey-Bass*, 1993：71 – 98.

④ 萧鸣政：《正确的政绩观与系统的考评观》，《中国行政管理》2004 年第 7 期。

效益性或者收益性，是指工作成果给自己、他人、组织和社会带来了多少物资利益、精神利益与政治利益。

2. 业绩的多因性

业绩的优劣不是由单一因素决定的，而要受制于主、客观的多种因素。通常来说，一个人工作业绩是其自身的激励、能力水平和环境因素相互作用的结果，这里的激励就是工作积极性。激励本身取决于个人的需要结构、个性、价值观等个人特点。能力是指工作技巧和能力水平。要把工作做好，光有积极性还不够，还得有干成事的本事。一个人的能力高低与个人天赋、智力、精力和教育等多种因素有关，但是组织通过适时的、有针对性的培训与开发，可以提高人才能力水平。

3. 业绩的多维性

业绩是工作结果的总称，对于工作业绩需要沿多种维度、多个方面去进行分析和考评，才能得到有关业绩的真实评价。而且在业绩考评中，要区分主观努力和客观条件的关系，要通过分析自然条件、原有工作基础等客观因素对工作业绩的影响，看他们的主观努力程度及其成效，尤其要注意把工作确实努力但因基础条件差、短期内难以打开工作局面者同领导能力差、水平低、不求进取者区别开来。

4. 业绩的动态性

工作业绩只是一段时间内工作情况的反映。由于激励状态、能力水平以及环境因素的变化，工作业绩也会相应发生变化。在考评中要注意定期考评和动态考评相结合。一方面要坚持日常考评与年终考评相结合，建立业绩档案，及时掌握动态信息；另一方面，对业绩考评，既要注重结果，也要注重过程，要从不同角度、不同渠道了解和掌握群众的评价意见。坚持结果考评与过程考评相结合，主管考评与群众考评相结合，深度考评与广度考评相结合。

二　业绩测评指标的分类

一个人的工作业绩可以在很大程度上反映其自身的各项素质，是个人素质与工作环境相互作用的结果。结果有长期、中期、短期之分。所以无论是长期、中期还是短期的结果都是业绩（绩效）管理关注的对象。一般来讲，长期结果无法在当期体现，只能通过组织倡导的行为方式来推动。[①]

---

① 仲理峰、时勘：《绩效管理的几个基本问题》，《南开管理评论》2002 年第 3 期。

但有时行为也并不能完全带来结果。比如很高的出勤率并不一定代表企业效率的提高，因此，仅以高出勤率来代表绩效对于企业而言并没有意义。

业绩的表现形式多种多样，从不同的角度可以对其进行分类：根据业绩的不同角度，可以分为上级下达任务完成的情况、工作的效率和工作的效益；根据业绩的不同主体，可以分为整体业绩和个体业绩；根据业绩的不同层次，可以分为显业绩和潜业绩。依据不同的分类标准，业绩有不同的表现形式，我们只有对业绩的各种表现形式有一定的理解，才能够全面把握业绩考评的基本内容。[①]

（一）任务完成情况、工作效率和工作效益

任务完成情况是指在一个特定时间内完成上级组织下达任务的状况，包括任务完成的质量和数量两个方面。工作效率是指在工作过程中，对组织及自身资源的利用效率。组织资源包括时间资源、物质资源（资金、设备）、信息（知识）资源及人力资源；自身资源包括自身的工作方式、工作能力及工作态度。工作效益是指工作给组织创造的经济价值与社会价值。经济价值包括直接经济价值和间接经济价值两类，间接经济价值包括对组织整体工作效率的改善、对组织未来发展的良性影响等。

（二）整体业绩和个体业绩

进行工作业绩考评时要注意区分整体业绩和个体业绩。整体业绩是整体的工作成果，个人业绩是个体的工作成果，不能把二者简单等同，要避免出现"千面红旗一人扛，一面红旗千人扛"的现象。相对于整体业绩而言，个体业绩具有明显的岗位特殊性。但相对于一个集体而言，其整体业绩并不是相互作用形成的结果，需要区分整体业绩中不同个体的作用和业绩。

（三）显业绩和潜业绩

业绩考评还要区分显业绩和潜业绩。显业绩是看得见、摸得着的业绩，易于考评。但对于党政人才尤其是党政领导干部而言，所决定的都是一定地域内的重大事项，必须考虑长远利益和短期利益的结合，不能为出业绩而抛弃长远利益。因此，在考评业绩时，要结合实际情况，考虑组织的长远发展，实事求是地对业绩做出评价。

[①]　萧鸣政：《我国党政领导人才的标准内容探讨》，《北京大学学报（哲学社会科学版）》2005年第3期。

三 绩达测评体系的构建

通过对近年来人才测评研究情况的调查和了解，我们发现，与对其他指标的研究发展情况相比，对业绩的研究显得比较薄弱。这是由于业绩本身存在的复杂性，给认识和评价带来了一定困难，并不同程度地导致部分人员过于追求业绩造成的。

在实际工作中，一般将业绩作为对人才进行考核的一类指标。就考核选用的指标与方法而言，在企业里受到较高的重视并从理论和实践两方面得到了很大的发展，而在行政事业单位，多年来考核指标变化不大。对于业绩考核，我们认为要坚持辩证法，用联系的、发展的、全面的眼光评价人才。坚持统筹兼顾的根本方法，注重综合分析局部与全局、效果与成本、主观努力与客观条件等各方面因素。既要看其工作中做出的成绩，又要看其工作的基础和起点；既要看其取得的眼前看得见的工作实绩，又要看其基础性、长期性的工作准备；既要看其工作环境和条件的优劣给工作带来的影响，又要看其在现有基础上的作为；既要看其平时的工作能力，又要看其在重要时期、重要工作、重大事件中的决断魄力和应对能力。要注意发现那些埋头苦干、任劳任怨、政绩突出而不事张扬的人，善于识别那些投机取巧、沽名钓誉、弄虚作假的人，切不可被表面现象所迷惑。

基于以上考虑，我们按照 2010 年全国人才工作会议上提出要建立"能力与业绩为导向"的人才测评指标体系，提出建立"绩达"指标并将其分解为：业绩数量、业绩质量、业绩经济效益、业绩社会效益，从而形成数达、质达、经达、社达四个二级指标。同样二级指标确定以后，首先对其分别作出定义，然后将实践中常用的或时代发展所重点要求的评价指标根据其含义及其在评价中的功能与作用进行分析和归纳，以三级指标的形式分别列入其所属的二级指标体系中（见图 4-3）。

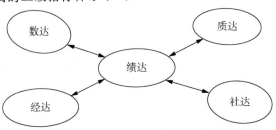

图 4-3 "绩达"包括的内容以及要素之间的关系

（一）数达：工作成果数量达到要求

"数达"指标直接反映人才在过去一段时间里通过自己的努力工作而实现的结果。具体可采用以下指标：

1. 完成工作数量

对工作成果可以用数量来衡量的职位，可以从量上来评价工作的成果，如完成工作的件数、研究出的新成果数目等。

2. 计划完成情况

可根据实现期初计划的情况来评价其工作成果。

3. 工作进步情况

本期实现的工作数量与上期相比的增长情况，评价其工作进步大小。

（二）质达：工作质量达到要求

仅从量上评价工作业绩还不全面，有量的同时还要保证质，因而工作质量也是评价业绩要重视的一类重要指标。

1. 工作差错率

工作中出现差错的比率。

2. 实际与计划偏差率

工作中实际情况与计划情况的偏差比率。

3. 受表扬（表彰、立功、获奖）次数

工作中受到表彰、立功、获奖等次数。

（三）经达：工作成果的经济效益达到要求

"经达"指人才完成工作的经济效益情况，具体可采用以下指标：

1. 经济效益

主要包括收入、利润、利润率、净资产收益率、增长率、资产保值增值率、经济价值、贡献率、市场占有率等财务类指标。

2. 投入产出率（工作效率）

完成某项工作所实现的价值与花费的成本的比例关系。一般可用工作价值与工作成本的比值来衡量其高低。工作价值可以是完成的工作数量、实现的收入、利润等经济效益；成本可以是花费的时间、支付的金钱等。投入产出率是一个相对指标，因此可用于排序，以评价出被评者在团队中的相对效率。

（四）社达：工作成果的社会效益达到要求

"社达"指人才完成工作的社会效益情况。社会效益是指工作对社会的科技、政治、文化、生态、环境等方面所做出或可能做出的贡献。具体可采用以下指标：

1. 群众认可度

所作工作被群众和社会认可的程度。

2. 行业认可度

所作工作被所在行业认可的程度。

3. 可持续发展

所作工作的可持续性及符合科学发展观（受社会称赞或批评）的情况等。

需要说明的是，"绩达"评价指标的选择会对评价工作的结果产生非常直接的影响，另外，指标也会对人们的工作产生导向作用，选择使用稍有不当就会产生与组织目标不完全相符甚至背离的结果，因此指标选择时需要非常谨慎。另外，与其他类指标的评价相比，业绩评价有着突出的个性，可模仿性与参照性较差，应用到实际工作中需要针对评价工作的目标及本单位的实际需要选择或设计适当的指标。

综上所述，根据确定的"绩达"内涵，可以把"绩达"作为一级指标；选取数达、质达、经达和社达四个指标变量作为二级指标来对"绩达"进行测度评价；最后将每个二级指标再进行分解形成三级指标，从而形成一个完整的三级测评体系（见表4-5）。

表4-5 "绩达"测评体系的基本框架

一级指标		二级指标	三级指标
人才测评"达系"	绩达	（一）数达	1. 完成工作数量；2. 计划完成情况；3. 工作进步情况……
		（二）质达	1. 工作差错率；2. 实际与计划偏差率；3. 受表扬（表彰、立功、获奖）次数……
		（三）经达	1. 经济效益；2. 投入产出率……
		（四）社达	1. 群众认可度；2. 行业认可度；3. 可持续发展……

第五节 体达测评体系的构建

体质是人类生产和生活的物质基础，良好的身体素质是其他一切素质发展与事业成功的生理基础，更是一个国家综合国力的重要组成部分，因此，体质既是个人健康问题，更是关系到一个国家前途和命运的战略性问题。

一 体质在人才测评中的地位及作用

身体是品德与才智的载体，是人才成长与实现价值的物质基础和保证。毛泽东在《体育之研究》中说："体者，为知识之载而为道德之寓者也。"

（一）从历史人物看体质健康的重要性

翻开一部人才史，可以看到很多令人惋惜的现象。挪威数学家阿贝尔 27 岁死于肺结核；罗马尼亚音乐家波隆贝斯库 23 岁死于肺炎；俄罗斯作家契诃夫活了 44 岁，果戈理活了 43 岁，别林斯基活了 37 岁；我国古代著名的政治家和军事家诸葛亮活了 54 岁。杜甫在怀念诸葛亮时写道："出师未捷身先死，长使英雄泪满襟。"诗人王勃 26 岁、杨炯 42 岁、卢照邻 40 岁、骆宾王 44 岁、李贺 26 岁、陈子昂 41 岁、李商隐 45 岁、杜牧 49 岁等，不可一一枚举。与此形成鲜明对比的是，一些身体健康，寿命较高的历史人物则充分发挥了他们的杰出才能。列夫·托尔斯泰活了 82 岁，《战争与和平》《安娜·卡列尼娜》《复活》等名著是其 36 岁之后的作品。才思敏捷的萧伯纳活到了 94 岁的高龄，爱迪生活了 84 岁，法国女钢琴家格丽玛沃 104 岁再度登台演奏。

两种现象说明了一个共同的问题，得出了一个共同的结论：健康是事业之母。有阿拉伯谚语"有两种东西丧失后才发现它们的价值——青春和健康。"居里夫人也认为"科学的基础是健康的身体"。

（二）从工作家庭看体质健康的重要性

从工作看身体健康的重要性。每个人都在社会中承担着一定的工作任务，有时工作任务还相当繁重。如果没有健康的身体，就不可能完成工作任务，还有可能被繁重的工作任务压垮。随着人们生活水平的提高和生活方式的影响，出现了如高血糖、高血脂、高血压等一些"富贵病"，严重危害着人们健康。30 多岁提前得 50 多岁的疾病，使疾病年轻化。最近，国家有关部门公布专项调查结果，我国知识分子平均寿命为 58 岁，低于全国平均寿命。[①] 这个现象应引起高度重视。

从家庭看身体健康的重要性。一个人如果身体不好，经常患病，特别

① 《卫生部副部长透露中国知识分子平均寿命 58 岁》，《新民晚报》2005 年 11 月 18 日。

是重症疾病，必然牵扯家人来照料，时间久了会把家人拖垮。"一人健康全家幸福"。有些人英年早逝，给家人带来精神上的巨大痛苦。

（三）人才是脑力与体力的平衡

在市场经济条件下，生活节奏加快，工作压力增大，这就对人才的体魄和体格及对艰苦环境的承受能力提出了更加严峻的挑战。目前，世界上还没有人怀疑身体健康的重要性。健康高于一切，没有一个强健的身体，一切无从谈起。

早在 2005 年，《中国青年报》的调查显示：在北京 1218 名调查样本中每天工作不足 8 小时的人占 34.4%，而工作时间在 8 小时以上的人占 65.6%。其中，每天工作 10 小时以上的人已经超过 20%。① 同年上海市的一项调查也显示：上海市 42% 的员工每周工作时间超过 50 小时（我国《劳动法》规定不超过 44 小时）。2006 年《韩国经济》有报道称中国已成为全球工作时间最长的国家之一，人均劳动时间已超过日本和韩国。我国《劳动法》规定每日工作不超过 8 小时，但超时工作、持续加班仍普遍存在，第六次人口普查数据表明，2010 年我国就业人员的周平均工作时间为 45.16 小时。

2006 年，中国社科院的人才发展报告指出："在北京、上海等大城市，七成知识分子面临过劳死威胁。"② 并把"强大的就业压力，工作回报过低与潜在价值观的矛盾"列为过劳死的三大主要原因。③ 据调查，我国"英年早逝"悲剧大都发生在 40～55 岁年龄段的中年知识分子。中国死亡率最集中的年龄段目前是 30～50 岁。中年知识分子死亡率超过老年人的两倍，英年早逝者 91% 是因为自身后天因素。

国家体育总局发布的国民素质监测公报也显示④，2010 年我国国民体质综合指数比 2005 年降低 0.36 个百分点，其中：幼儿增长 0.06 个百分点，20～39 岁成年人降低 0.39 个百分点，40～59 岁成年人增长 0.39 个百分点，60～69 岁老年人降低 0.84 个百分点。与 2005 年相比，全国有 13 个省（自治区、直辖市）的国民体质综合指数有所增长，18 个省份的国民体质综合指数有所降低。成年人、老年人超重与肥胖率持续增长。按照我国颁布的 BMI 各等级

---

① 成梅：《关注中青年过劳死现象：年轻时拿命换钱》，《中国青年报》2005 年 4 月 18 日。
② 潘晨光编《中国人才发展报告 No.3》，社会科学文献出版社，2006，第 399 页。
③ 陈大红：《浅议构建和谐社会中的过劳问题》，《中国党政干部论坛》2007 年第 6 期。
④ 国家体育总局：《2010 年国民体质监测公报》（2011 年 9 月 2 日）。

划分标准进行筛查显示，2010 年，成年人和老年人的超重率分别为 32.1% 和
39.8%，比 2005 年分别增长 3.0 个和 4.2 个百分点；成年人和老年人的肥胖
率分别为 9.9% 和 13.0%，比 2005 年分别增长 1.9 个和 1.7 个百分点。自
2000 年以来，我国成年人、老年人的体重增长幅度大于身高增长幅度，呈现
超重与肥胖率持续增长。2010 年，成年人的身体素质中的握力、背力、坐位
体前屈等指标平均数略低于 2005 年，更低于 2000 年，呈持续下降趋势；纵
跳、闭眼单脚站立、选择反应时等指标平均数则低于 2005 年，高于 2000 年。

　　如果健康是"第一状态"，疾病是"第二状态"，那么在这两个状态之
间是一个巨大的模糊空间，这个空间包括了虚弱，还包括了身体、心理和
社会适应的种种不完满状态，世界卫生组织称其为"第三状态"，国内常常
称之为"亚健康"① 状态。世界卫生组织指出，每个人的健康和寿命 60%
取决于自己。处于亚健康状态的人，既有坠入疾病深渊的可能，更有成为
健康人的希望。

　　通过对体质与健康基本概念的剖析，可以认为体质是社会存在中最为
基础的物质因素，是人的第一需要；健康依赖于体质，是个体在社会存在
中的一种状态呈现。体质与健康犹如物质与存在，正如车尔尼雪夫斯基曾
经说过的："生命是美丽的，对人来说，美丽不可能与人的健康分开。"可
见，健康的身体和充沛的精力是个人职业活动的必备条件之一，是个人诸
项素质中的重要组成部分，它既是学习掌握和有效发挥其他素质优势、胜
任本职工作的基础，又是人才作用充分发挥的保证。

二　体质（健康）测评指标的分类

　　在体育、教育和卫生系统，对体质的定义已基本达成共识，即"体质，
是指人体的质量，它是在遗传性和获得性的基础上表现出来的、相对稳定
的特征，是体质、体力和精力的总称"。具体来说，体质就是在遗传性和获
得性的基础上表现出来的人体形态结构、生理机制和调节功能，包括力量
素质、速度素质、耐力素质、柔韧性素质、灵敏性素质和对环境条件的适
应能力、应激能力与对疾病的抵抗能力等。

---

①　目前还没有关于亚健康定义的一致意见，一般认为，亚健康状态是指机体无明确疾病，却
　　呈现活力降低、适应能力减退的一种生理状态，是由于机体各系统的生理功能低下所致，
　　是介于健康与疾病之间的中间状态，也叫"灰色状态"或"第三状态"（健康是第一状态，
　　患病是第二状态）。

美国在体质研究上有很长的历史，学科发展完善。在美国比较普遍使用的健康体质测评指标，可以归纳为 4 个方面：①心肺功能；②肌肉力量与耐力；③身体柔韧性；④身体组成。良好的心肺功能可以预防心血管疾病，特别是冠心病的发生；强健的肌肉是完成人体各种运动的必需；柔韧性可以防止在活动中的损伤；适宜的身体组成可避免由肥胖导致的各种疾病。①

健康作为生命存在的最佳状态，同样有着丰富深蕴的内涵。长期以来，人们一直把"疾病"作为"健康"的对立面，认为健康就是没有疾病，无病则是健康。随着经济社会的进步，人们对健康的内涵也从生物医学模式转变到生物、心理、社会医学模式。② 1948 年世界卫生组织（WHO）认为："健康不仅是没有疾病或不虚弱，而是身体的、精神的健康和社会幸福的完美状态。健康包括躯体健康、心理健康、社会健康、社会适应良好和道德健康。"③ WHO 在 1978 年 9 月召开的国际初级卫生保健大会中，通过的《阿拉木图宣言》又重申："健康不仅仅是没有疾病或病痛，而且包括身体、心理和社会方面的完好状态。"1989 年，世界卫生组织根据现代社会人们的状况，提出将道德因素引进健康范畴，从而认为人的健康是"身体健康、心理健康、社会适应良好和道德健康"四个方面。④

在生理、心理和社会适应力三者之间，生理因素无疑是最重要的。从世界卫生组织对健康的 10 条具体标准来看：①有充沛的精力，能从容不迫地担负日常生活和繁重工作，而且不感到过分紧张和疲劳；②处事乐观、态度积极、乐于承担责任、事物大小不挑剔；③善于休息、睡眠好；④应变能力强，能适应外界环境的各种变化；⑤能够抵抗一般性感冒和传染病；⑥体重适当，身体均称站立时头、肩、臂的位置协调；⑦眼睛明亮、反应敏捷，眼、脸不易发炎；⑧牙齿清洁，无龋齿，不疼痛，牙龈颜色正常，无出血现象；⑨头发有光泽，无头屑；⑩肌肉丰满，皮肤有弹性。其中第①、⑤、⑥、⑦、⑧、⑨、⑩条都是关于生理因素的，第③条是关于生理

---

① 日本在 1998 年也对沿用了 30 多年的体力诊断和运动能力测试进行了修订，指标数量减少，包括耐久跑、握力、50 米跑、立定跳远、坐位体前屈、仰卧起坐等，指标更向健康评价靠近。

② 郑晓瑛：《中国老年人口健康评价指标研究》，《北京大学学报（哲学社会科学版）》2000 年第 4 期。

③ 戴霞、朱琳、谢红光：《国家学生体质健康标准评价效能的反思与优化——大学生体质健康预警机制的构建》，《中国体育科技》2012 年第 3 期。

④ 耿文秀：《走向 21 世纪的健康新概念》，《心理科学》1998 年第 3 期。

因素和心理因素共同作用的；[1] 第②条为心理因素，社会适应力因素为第④条。

世界卫生组织的具体健康标准无疑已经显示生理健康在总体健康评价中的重要地位。国内学者许军、王斌会等采用 Delphi 法，从生理、心理和社会三个方面确定自测健康评价的权重。通过 50 位专家对三个健康指标类的权重的评价得出生理健康指标的权重是最大的。[2] 同样需要指出的是，生理、心理和社会适应力三者之间也是相互联系的。生理健康是人类健康的物质基础，心理健康以生理健康为基础又与生理健康的发展互为表里、相辅相成。[3] 已经有研究指出，生理健康与心理健康之间有一定的相关性，生理的不健康会在一定程度上影响心理的健康。同时，心理的健康也会对生理疾病的康复和健康产生积极作用。心理生理学派近代的代表人物之一，美国的沃尔夫经过实验室研究及临床观察，发现在情绪愉快时，胃黏膜血管充盈，分泌增加；在愤怒、仇恨时，胃黏膜充血，分泌和运动大大增加和增强；而在忧郁、自责时，胃黏膜苍白，分泌减少，运动也受到抑制。这些生理变化如果持续下去，就会发生病理变化，导致心身疾病时的结构性改变。有意识的心理活动，对外界刺激的认知、评价，是机体生理机能的主动调节者，是导致疾病或促进健康的关键。[4] 因此，在定性上可以肯定健康的整体评价中生理因素的权重最大，心理次之，社会适应力最低。

三　体达测评体系的构建

体质评价应从以下几个方面综合考虑：身体的发育水平、机能水平、身体素质与运动能力水平、心理发育水平和适应能力。综合已有国际研究，我们认为要达到健康的标准，一般来说应具备以下几个条件。

一是生长发育良好。健康的人，身体发育比较好，表现为身材匀称，肌肉丰满，四肢有力。但身体发育的好坏和地区、遗传、种族、营养等有关系，不能单从某一方面来判断。

二是心肺功能好。心脏和肺脏是主要的内脏器官。健康的心脏，心肌

---

[1]　刘贤臣、唐茂芹等：《学生睡眠质量及其相关因素》，《中国心理卫生》1995 年第 4 期。

[2]　许军、陈和年、王斌会、胡敏燕：《自测健康评价的权重研究》，《中国行为医学科学》2000 年第 3 期。

[3]　耿文秀：《走向 21 世纪的健康新概念》，《心理科学》1998 年第 3 期。

[4]　杨华渝：《一些常见疾病的心理问题》，《中华医学杂志》1999 年第 3 期。

发达，心容量大。健康的肺脏，肺活量比一般人大，肺内气体交换良好，胸廓发达，呼吸肌强壮，呼吸缓慢而深沉，这种功效高、用力省的呼吸方法，能够防止呼吸器官过度劳累，发生呼吸道疾病。当心脏功能增强时，肝脏、胃肠等内脏器官的血液循环旺盛，营养供应充足，也处于健康状态。

三是身体素质好。人们的劳动、运动以及日常生活中的各种动作，都是由神经系统支配的不同形式的肌肉运动。肌肉所表现出来的力量、速度、耐力、灵敏、柔韧等素质的差别，能够反映人的神经系统和内脏的功能。因此它也是健康的重要标志。

四是神经系统的功能好。大脑是身体的主宰，指挥着身体的一切活动。不管是工作、学习、思考、判断，还是日常生活中的各个方面的行动都受大脑的支配。平时吃得香、睡得甜、不头痛、不失眠，工作效率高，无疑是一种健康的表现。

五是对外界环境的适应和抗病能力强。外界是不断变化的，人体必须适应外界环境的各种变化并具备一定的抗病能力和免疫能力。

六是心理健康。是指一种持续且积极发展的心理状态，在这种状态下，主体能作出良好的适应，并且充分发挥其身心潜能。

通过对以上健康体质的分析，我们对体质健康的评价主要包括以下三方面的内容：形态及心理健康、精气神、身体内脏器官功能。循着这个思路，我们将"体达"这个一级指标细分为四个子指标（二级指标），即形达、精达、内达、理达指标；二级指标确定以后，首先对其分别作出定义，然后将实践中常用的或时代发展所重点要求的评价指标根据其含义及其在评价中的功能与作用进行分析和归纳，以三级指标的形式分别列入其所属的二级指标体系中（见图4－4）。

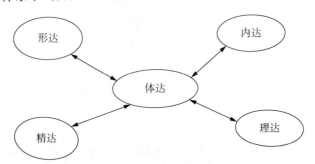

图4－4　"体达"包括的内容以及要素之间的关系

（一）形达：形态健康达到健康体质的要求

随着社会的发展，人们越来越认识到形态对人体健康的重要性，因为一定的形态结构，必然表现为一定的生理功能。因此形态可作为评价健康体质的一个方面。"形达"应包括以下几个方面：

1. 体型及行动

主要表现在站立时，头、肩、臂位置协调，走路轻松有弹性。身高是反映人体纵向发育的指标，也是最直接反映人体形态的指标。体重是直接反映人体的骨骼、肌肉、脂肪等及内脏器官发育状况的指标。体重的管理已成为现代人健康管理非常重要的方面，由于久坐、营养过剩、营养不均衡等生活方式所导致的身体肥胖与多种现代慢性疾病密切相关，将体重控制在合理范围内的管理意味着减少患现代病的风险。身高体重比可以衡量一个人的体型情况，可以用身体质量指数来衡量。身体质量指数（BMI）是国际上广泛应用于衡量整体肥胖程度的指标，该指标与身高、体重指标一样可以用于对营养不良、体重过轻、正常体重、超重、肥胖的筛选。

2. 特殊性要求

胜任特殊职位所要求体力及健康情况。如对力量、灵活性、协调性、平衡性、耐力等的特殊要求。

（二）精达：精气神达到健康体质的要求

1. 精力充沛

精力是指精神和体力，是人体在活动中表现出来的旺盛的活力、振作的精神及能够付出的体力。充沛的精气神在实际工作中表现为精神振作、判断迅速、反应灵敏。

2. 环境适应力

是指有机体通过自身的调节机构在一定范围内，不断调节机体的活动水平以适应环境变化的能力。

3. 疾病抵抗力

是指有机体对外界环境变化产生的自我防御能力。表现为有机体的免疫功能和对内部器官的主动调节，即对疾病的自我预防和伤病后的康复。

4. 亚健康情况

在研究中，一般将亚健康分为三个阶段："轻度身心失调"状态，以疲乏无力、失眠多梦、胃肠差、情绪不稳等为主要表现；"潜临床"状态，以活力减退、反应能力减退、适应能力减退为主要表现；"前临床"状态，指已患病但症状不明显、医生尚未明确诊断、未开始治疗的状态。如果参照上述标准，亚健康状况评价的就是是否有上述三个阶段的某一个阶段的症状。

（三）内达：身体内脏器官达到健康体质的要求

1. 常见疾病病史及发病情况

有无常见疾病史以及发病情况。

2. 心血管系统

主要表现在健康的心脏，心率、血压等情况。

3. 呼吸系统

主要表现在健康的肺脏，肺活量等情况。

4. 神经及分泌系统

主要表现在大脑以及内分泌等系统的情况。

一般来讲，内达基本可以通过血压、脉搏、肺活量、体温、心率、血脂、血糖、血钙、红细胞数、白细胞数、骨密度等指标来进行衡量。[1]

（四）理达：心理健康达到要求

近年来，心理健康逐渐成为评价体质时的一个因素并越来越受到人们的关注。[2]"理达"主要评价下列指标：

1. 心理乐观

指性格开朗大度，在各种形势和受到挫折状况下能保持良好的情绪和精神状态。

2. 心理自制力

指在活动中能够有效地控制和调节自己的行为，以求在活动中取得预期成功的心理状态。自制力包括两方面：自我激励，以提高活动效率；克服心理上的弱点和消极情绪，战胜自己，实现活动的目的。

3. 意志力

指人自觉地支配和调节自己的行为，并积极克服种种困难，直至实现既定目标的心理过程。坚定的意志表现为遇到困难和挫折能够迎难而上，困难越大，挫折越多，诱惑越多，斗志就越旺盛，干劲就越大，越能坚定

---

[1] 高红：《中国人个人健康评价指标体系研究》，华中科技大学硕士学位论文，2011，第22～24页。

[2] 1946年，第三届国际心理卫生大会给"心理健康"做出的定义是："心理健康是指在身体、智能，以及情感上能保持同他人的心理不相矛盾，并将个人心境发展成为最佳的状态。"

自己的目标。

4. 心理调适力

指人才在工作生活中遇到阻力或不顺心的事情时，能够及时进行自我调节，根据形势和环境变化适时调整自己的思维和行为，保持良好的心态、情绪，正确对待和处理顺境与逆境、成功与失败。

综上所述，根据确定的"体达"内涵，可以把"体达"作为一级指标；选取形达、精达、内达、理达四个指标变量作为二级指标来对"体达"进行测度评价；最后将每个二级指标再进行分解形成三级指标，从而形成一个完整的三级测评体系（见表4-6）。

表4-6 "体达"测评体系的基本框架

	一级指标	二级指标	三级指标
人才测评"达系"	体达	（一）形达	1. 身体质量指数；2. 特殊性要求……
		（二）精达	1. 精力充沛；2. 环境适应力；3. 疾病抵抗力；4. 亚健康情况……
		（三）内达	1. 常见疾病史及发病情况；2. 心血管系统；3. 呼吸系统；4. 神经及分泌系统……
		（四）理达	1. 心理乐观；2. 心理自制力；3. 意志力；4. 心理调适力……

第六节　识达测评体系的构建

人类社会发展到知识经济时代，面对科学技术的飞速发展、市场状况的瞬息万变，无论哪一类人才，没有良好的知识水平和知识结构的储备，都难以胜任其工作岗位。

一　知识在人才测评中的地位及作用

知识是指人们在生活、工作、学习等各种实践活动中所获得的对客观事物认识与经验的总和。[①] 一般地，知识可以看成人脑将已有知识与新刺激联合建立关联后对印象处理的结果，这一结果包括生动直观的感性认识结

---

① 萧鸣政编《人员测评与选拔》，复旦大学出版社，2010，第268页。

果和抽象的语言、概念、逻辑、公理、定理、定律等理性认识结果，其中，刺激包括与已有知识相关的存在的现象、关系、事件、问题等客观或主观的内容。

知识对经济社会发展的促进作用早已为人所知。邓小平提出"科学技术是第一生产力"，提示了知识的重要地位与作用。从经济社会发展宏观层面上看，知识的增长即科技进步促进了社会进步：一是知识的创新扩大了人类活动的客体，以前不被认识或不能被改造的世界成为可认识或可改造的客体；二是知识的创新更新了人类认识与改造世界的工具，进而提高了工作效率；三是知识的创新改善了人类自身的知识结构，提升了人们的智力水平，从而促进了社会的发展。由于知识的驱动，世界经济由物质经济驱动转向由知识经济驱动，知识在经济社会中的价值将支配整个社会生活和市场经济。

从人才自身的成长和发展来看，培根提出了"知识就是力量"，并进一步指出："读史使人明智，读诗使人聪慧，演算使人精密，哲理使人深刻，伦理学使人有修养，逻辑思维使人长于思辨。"正是因为如此，自古以来，掌握丰富知识者都受到国家与社会的认可与敬重。就其在人才测评指标体系中的地位与作用来看，知识既是能力的基础，又参与德的铸造，即所谓"非学无以广才，非学无以明识，非学无以立德"。因此，知识始终是评价人才时不可或缺的一类重要指标。[①]

二 知识测评指标的分类

知识简单地说就是见识，主要指业务领域的见识。具体可分为三个方面：①看得清本学科发展方向、发展趋势；②抓得住具有重大意义的攻关课题；③有比较清醒准确的自我认识和较高的审美能力。[②] 对人才知识的评价一般从知识水平和知识结构两个方面来进行，大家所熟知的如"学而优则仕"就是

---

① 一般认为，知识是能力的基础。一个人的知识越丰富，经验越多，他的能力就越强，因为知识多少、经验的多寡与能力的大小通常是一致的。但需要说明的是，进行一定的教育与学习，是人才成长的必要条件但并非是充分条件，知识层次越高并非业绩越大。具备了良好的先天素质条件，加上良好的后天教育，只是具备了成才中极为有利的内外条件。一个人真正要成才，还必须积极参与社会实践活动，在社会实践活动中不断积累内容性知识。社会实践活动不仅是促进才能发展的必要条件，也是才能发挥转化为业绩的必要环节。见王康、王通讯《人才学基础》，哈尔滨工业大学出版社，1987，第88页。

② 王通讯：《宏观人才学》，中国社会科学出版社，2001，第329页。

对知识水平高的人才给予高度认可的明证，而对"博古通今""上知天文、下晓地理"则是大家耳熟能详的对能人贤士知识结构多样化的高度评价。

（一）知识的分类

从不同的角度，依据不同的标准，可以将知识分为不同类别。

1. 按其来源不同，分为理论知识与经验知识

理论知识是对前人经验与认识的总结与概括，是通过学习获得的；经验知识是人们亲身实践的认识与体会，是在生产生活实践过程中形成的。

2. 按其作用不同，分为生活知识与生产知识

生活知识是对人们日常生活、社会活动有直接影响的经验知识与社会基本知识等；生产知识是对人们所从事的社会生产活动有直接影响的基础专业知识与特殊专业知识等。

3. 按内容不同，OECD 将知识分为四种

一是知道是什么（Know-What），记载事实的数据；二是知道为什么（Know-Why），记载自然和社会的原理与规律方面的理论；三是知道怎样做（Know-How），指某类工作的实际技巧和经验；四是知道是谁（Know-Who），指知道谁有所需要的知识。其中知道是什么和知道为什么是关于自然和社会的运动规律、原理方面的理论体系，可称作狭义知识。查尔斯·萨维奇（Charles Savage）补充了 OECD 的知识分类，又加入了两个分类：知识适用的场合（Know-Where）和知识适用的时机（Know-When）。

（二）知识的特征

1. 累积性与结构性

知识是认识结果的存量表现，可以不断累加，学习是知识积累的过程，当要学习的东西与书籍东西发生联系时，才能达到学习的最佳状态。[①] 知识的增长具有持续性和无限性，知识在生产和传播过程中，有不断增强、丰富的可能性，使用的人越多，其价值越高。知识要素的组合方式构成知识结构，主要包括知识的学科结构。学科可以分为基础学科、交叉学科和综合学科。一般地，知识结构反映主体的认识结构水平和程度，各知识要素的组合方式和结合状况体现主体的知识结构水平和程度。

2. 介质依赖性与主体依赖性

知识是非物质形态的无形资源，需要依存于一定的物质形态的介质才

---

① W. M. Cohen, D. A. Levinthal, "Absorptive Capacity: A New Perspectiveon Learning and Innovation", *Administrative Science Quarterly*, 1990 (35): 128 – 152.

能存储，不至流失，如人脑、纸张、胶卷、磁盘、磁带、光盘和芯片等。

需要说明的是，知识是人脑机能作用的结果，人脑对于知识来说是必需的。虽然计算机可以帮助人类获得分析知识，但计算机得到的分析结果只是数据经过技术处理后得到的新的数据或信息，这些数据或信息只有被人脑加工后才能成为有价值的知识。

3. 存储性、传递性与原生性

在不同介质中保有的知识可以被存储与传承，存储于不同的介质间的知识可以相互转换，也可以在不同主体间进行无损耗交流与传递，即知识不因与人交流或传递而丧失。

4. 稳定性与相对性

由于客观规律具有稳定性，所以，经过实践检验的正确的知识在一定时空内亦是稳定的。知识的稳定性使知识形成系统循环，指导人的思维方式。但知识的稳定性容易使人产生固定的思维模式，这种封闭的逻辑体系局限了主体的行为模式，主体很难独立跳出自己熟悉的知识体系，从某种意义上可以说知识是刚性的。

5. 非磨损性和可共享性

知识在使用中本身不会被消耗，可重复使用。知识是全人类共同发展、共同享有的，知识产品和物质产品最大的区别在于一般物质商品都有排他性，但知识不排除他人可以同样完整地拥有，从技术上讲，知识产品可以同时供无穷多的人使用。

（三）知识的测评指标

个人知识包括一般知识和专业知识。

1. 一般知识

一般知识是与本职工作没有直接关系的社会通用知识，虽然这些知识一般不直接形成工作的竞争优势，但却是组织内外部及员工专业知识的基础。如文化知识、政治知识、信息知识、生活知识、人体知识、思想知识、科学知识、社会关系知识、安全知识等。一般知识可以从学校中学到，也可以从生活、工作等实践活动中直接得到，而测试一个人一般知识水平的通常工具是智商测试。一般可以用智商水平、平均年龄来测度个人的一般知识水平。

2. 专业知识

专业知识是指熟练掌握与完成工作或与职位有关的必须具备的可观察到的基本知识，知道工作如何开展，并保证工作任务能顺利完成，达到组织所要求的目标。专业知识需要与本职工作一致，或者密切相关。比如，在软件公司，信息科学与技术专业的知识是专业知识，这个专业与公司的业务相符。不同专业的知识内容千差万别，但是个人专业知识一般均可以分为初级、中级、专业级、专家级、高级专家级等不同层级。

三　识达测评体系的构建

面对知识经济的飞速发展、市场状况的瞬息万变，无论哪一类人才，没有良好的知识水平和知识结构储备，都难以胜任其工作。我们认为，对知识水平和知识结构的评价至少要包括以下内容：学识水平、工作经验、综合知识结构。循着这个思路，我们将"识达"这个一级指标细分为三个子指标（二级指标），即学达、验达、综达指标；二级指标确定以后，首先对其分别给出定义，然后将实践中常用的或时代发展所重点要求的评价指标根据其含义及其在评价中的功能与作用进行分析和归纳，以三级指标的形式分别列入其所属的二级指标体系中（见图 4 - 5）。

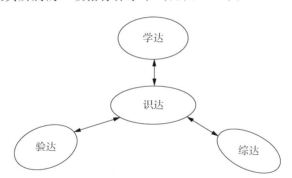

图 4 - 5　"识达"包括的内容以及要素之间的关系

（一）学达：学识水平达到要求

学识水平指人才对知识的掌握程度，反映人才的知识深度，对学识水平的评价主要考虑以下指标内容。

1. 受教育年限

指接受的国民教育序列的总时间。

2. 学历

指接受教育特别是高等教育的经历。目前我国正式承认的学历分为四个层次：专科、本科、硕士研究生和博士研究生。

3. 职称

关于什么叫职称，在国内外定义有所不同，国际上对职称通常的定义是"区别专业技术或学术水平的等级称号"，是授予专业技术人员的"衔"或"称号"，反映一个人的"专业技术或学术水平的等级"。在我国自1986年实行专业技术职务聘任制后，《党政干部大词典》（1987）就把职称明确定义为"职务的名称，反映干部业务水平和业务能力的称号"。

需要指出的是，学历和职称这两个指标，在近年来关于人才标准的讨论中受到了广泛的批评，尤其是在专业技术人才评价体系中，论文数量、外语和学历成为主要衡量指标，结果导致科技人才一味追求论文数量甚至出现学术腐败，各类人才苦修外语却可能成为摆设，过分强调学历而使得注水文凭泛滥，使得人才评价体系的制度导向出现严重扭曲。但我们经过多次讨论后认为，仅以学历和职称这两个标准作为衡量是否是人才固然有失偏颇，但它们至少反映了人才所具有的学习潜能和在基本知识与专业技能方面的储备状况等，在评价人才时仍具有其他指标无法替代的作用。因此，我们决定保留这两个指标。

4. 职业资格

是评价人才知识水平特别是专业知识水平的一个重要指标，它反映劳动者具备某种职业所需要的专门知识和技能。评价一个人是否具备某种职业资格的最直接最有说服力的方法是考察其是否取得相应的职业资格证书。①

---

① 国家职业资格证书制度是指按照国家职业标准，通过政府认定的考核鉴定机构，对劳动者的技能水平和从业资格进行评价和认证的国家证书制度。1993年11月14日中国共产党第十四届中央委员会第三次全体会议通过的《中共中央关于建立社会主义市场经济体制若干问题的决定》明确提出"要制订各种职业的资格标准和录用标准，实行学历文凭和职业资格两种证书制度，逐步实行公开招聘，平等竞争，促进人才合理流动。"自此，职业资格证书制度成为我国劳动就业制度的一项重要内容。《劳动法》第八章第六十九条规定："国家确定职业分类，对规定的职业制定职业技能标准，实行职业资格证书制度，由经过政府批准的考核鉴定机构负责对劳动者实施职业技能考核鉴定。"为职业资格证书制度进一步提供了法律依据。2003年《中共中央国务院关于进一步加强人才工作的决定》中也明确提出："要完善技能人才的职业资格证书制度，推进技师考评制度改革，实行培训、考核、使用和待遇相结合，逐步建立统一标准、自主申报、社会考核、企业聘用的高技能人才成长机制。"2010年《国家中长期人才发展规划纲要（2010~2020年）》更是明确提出："统筹推进专业技术职称和职业资格制度改革。推进专业技术人才职业资格国际、地区间互认。"

职业资格证书作为反映劳动者具备某种职业所需要的专门知识和技能的证明，近年来在选拔和评价人才的实践中发挥了积极的作用。在职业人才持证上岗制度已呈发展趋势的今天，职业资格已成为人才测评工作中不容忽视的一类重要指标。我国现行的国家职业资格证书制度规定，职业资格证书分为五个等级，即初级（职业资格五级）、中级（职业资格四级）、高级（职业资格三级）、技师（职业资格二级）、高级技师（职业资格一级）。

5. 执业资格

执业资格制度是国家对某些承担较大责任，关系国家、社会和公众利益的重要专业岗位实行的一项管理制度。这项制度在发达国家已实行了近百年，对保证执业人员素质、促进市场经济有序发展具有重要作用。新中国成立后，我国曾在相关的专业领域实行专业技术资格制度。如工程技术领域有工程师、技术员等资格；医药卫生领域有主任医师、主治医师、医师等资格；教育领域有教授、副教授、讲师等资格；其他专业领域还有记者、编辑等资格。改革开放后，执业资格制度作为国际通行的管理制度在我国应运而生，1986 年，我国颁布《注册会计师条例》，建立起第一项专业技术执业资格制度。1994 年，我国开始制定各类职业的资格标准和录用标准，实行学历文凭和职业资格两种证书制度，在涉及国家和人民生命财产安全及公共利益的专业技术领域，积极稳妥、有步骤地推行专业技术执业资格制度。我国执业资格制度采取全国统一考试取得证书、注册有效和政府监督管理的办法。凡具备相关专业规定学历、规定实践工作年限的专业技术人员都可报考。取得资格证书并经规定机构注册者，可以依法独立执业。目前，我国已建立推行的执业资格制度是：注册建筑师、注册结构工程师、监理工程师、房地产估价师、执业药（中药）师、注册资产评估师、造价工程师、珠宝玉石质量检验师、注册税务师、拍卖师、企业法律顾问、假肢与矫形器制作师、矿产储量评估师、注册城市规划师、价格鉴证师、棉花质量检验师、矿业权评估师、注册会计师、执业律师、执业医师、商标登记代理、专利登记代理、企业登记代理等。执业资格证书作为反映劳动者执业所需要的专门知识和技能的证明，也已成为人才测评工作中的一项重要指标。

（二）验达：实践经验（工作阅历）达到要求

实践经验（工作阅历）是指人才通过从事一段时间的具体工作而积累

的知识。通常可用工作时间的长短、工作地点以及工作行业来评价，它反映了一个人的生活阅历和经验。

1. 工作时间

一般用工龄、岗龄、院龄等时间长短来表示。

2. 工作地点

一般用在国内（国外）、大城市（偏远地方）、发达（艰苦）等的工作经历来表示。

3. 工作行业

一般用在不同行业、不同职业等的工作经历来表示。

（三）综达：综合知识结构达到要求

综合知识结构反映的是人才的知识广度和宽度。时代的发展对人才的知识水平与知识结构都提出新的要求，尤其是对知识结构，在经历了"通才型"和"专业型"的阶段后，出现了转向要求"加"型（即通才＋专业化）人才的趋势，也就是说要求人才努力达到知识的专与博、广与深以及开拓创新的有机结合。比如，对于企业经营管理人才不仅要熟谙外语、国际经济和法律，而且要掌握现代化的管理经验和管理方法，能够对本行业、本企业的发展进行前瞻性思考。对于新型金融专业技术人才要熟悉国际规则，具有较强实践能力的风险投资、高级理财、金融分析等专业技术。人才所具备的综合知识结构应包括以下几个方面的内容。

1. 知识结构

包括与专业相关的各种公共基础知识、学科基础知识和专业领域知识。随着社会的发展，学科知识呈高度综合化的趋势，并且这种趋势随着时间的推移不断加强。学科知识的高度综合要求人才必须具备广博而合理的知识结构，不仅要具备坚实的本专业基础知识，而且要掌握一些自然科学和社会科学的基本知识，除了具备专业精深的知识外，还要掌握相关学科、相关专业的发展动态，具备综合运用知识、信息、技术的能力和跨学科的研究能力。

2. 知识更新

反映知识的及时更新以及与时代发展的匹配情况。

综上所述，根据确定的"识达"内涵，可以把"识达"作为一级指标；选取学达、验达、综达三个指标变量作为二级指标来对"识达"进行测度评价；最后将每个二级指标再进行分解形成三级指标，从而形成一个完整的三级测评体系（见表4－7）。

表4－7 "识达"测评体系的基本框架

	一级指标	二级指标	三级指标
人才测评"达系"	识达	（一）学达	1. 受教育年限；2. 学历；3. 职称；4. 职业资格；5. 执业资格……
		（二）验达	1. 工作时间；2. 工作地点；3. 工作行业……
		（三）综达	1. 知识结构；2. 知识更新……

第七节 人才测评达系的基本框架

在"达系"人才测评系统中，包括：德达、能达、绩达、体达和识达。我们的"达系"也是从品德、能力、业绩、体质和知识五个方面建构的"能绩型"人才测评体系。

一 "达系"测评体系的基本框架

在对各要素指标进行分解与定义基础上，我们初步建立起如表4－8所示的人才测评"达系"基本要素框架。

表4－8 "达系"测评体系的基本框架

	一级指标	二级指标	三级指标
人才测评"达系"	一、德达	（一）德达	1. 世界观、人生观和价值观；2. 社会公德；3. 职业道德；4. 家庭美德；5. 成就动机；6. 主动性和积极性；7. 同情心……
		（二）政达	1. 政治理论；2. 政治判断；3. 政治敏锐；4. 政治态度；5. 政治立场；6. 政治行为……
		（三）廉达	1. 廉洁意识；2. 遵纪守法；3. 组织纪律；4. 作风情况；5. 经济情况；6. 公道正派；7. 群众举报……
		（四）诚达	1. 科学发展观；2. 求真务实；3. 协作精神；4. 有诚必有诺；5. 个人信用……

一级指标	二级指标	三级指标
二、能达	（一）预达	1. 信息获取能力；2. 观察能力；3. 信息处理能力；4. 逻辑思维能力；5. 预测能力……
	（二）策达	1. 推理能力；2. 感悟能力；3. 机遇把握能力；4. 决断能力……
	（三）智达	1. 情绪稳定性；2. 自我约束力；3. 智选能力；4. 应对突发事件能力……
	（四）容达	1. 宽容心；2. 倾听能力；3. 采纳别人意见能力；4. 矫正思想能力……
	（五）通达	1. 语言表达能力；2. 说服能力；3. 沟通协调能力；4. 人际关系能力；5. 合作（协作）能力；6. 组织指挥能力……
	（六）创达	1. 创新信念；2. 创新思维；3. 创新技能；4. 创新素质……
三、绩达	（一）数达	1. 完成工作数量；2. 计划完成情况；3. 工作进步情况……
	（二）质达	1. 工作差错率；2. 实际与计划偏差率；3. 受表扬（表彰、立功、获奖）次数……
	（三）经达	1. 经济效益；2. 投入产出率……
	（四）社达	1. 群众认可度；2. 行业认可度；3. 可持续发展……
四、体达	（一）形达	1. 身体质量指数；2. 特殊性要求……
	（二）精达	1. 精力充沛；2. 环境适应力；3. 疾病抵抗力；4. 亚健康情况……
	（三）内达	1. 常见疾病史及发病情况；2. 心血管系统；3. 呼吸系统；4. 神经及分泌系统……
	（四）理达	1. 心理乐观；2. 心理自制力；3. 意志力；4. 心理调适力……
五、识达	（一）学达	1. 受教育年限；2. 学历；3. 职称；4. 职业资格；5. 执业资格……
	（二）验达	1. 工作时间；2. 工作地点；3. 工作行业……
	（三）综达	1. 知识结构；2. 知识更新……
一票否决		出现重大事故或其他重大情况

　　此外，我们还设计了对人才测评的"一票否决"指标。"一票否决"本意是对党政干部在工作中因成绩极度不理想或出现重大失职失误而不予提

拔任用的一种制度规定。目前，对"一票否决"的应用领域在逐步扩大，现"一票否决"已扩展到廉政、社会治安、重大责任事故及计划生育等方面，凡是在相关领域自身出现问题或负有直接领导责任的人员在考核评价中都会受到影响。

二　"达系"测评体系各要素之间的关系

在"达系"人才测评系统中，"能达"显然是人才特征中最为根本的东西，然而如果没有"体达"做支持，最强的工作能力也难以发挥；如果没有"德达"，最强的工作能力也难以产生良好的社会效果，难以得到有效的维持与发展。我们难以相信一个缺乏创新意识与责任心的高级工程师能够继续作出新业绩。同样难以想象，一个计算机技术高超但是法律意识淡薄、个人主义突出的人，将会做出什么样的事情。[①] 在整个的人才"达系"测评系统中，"能达"与"绩达"是我们衡量人才的关键标准，但我们应该清醒地注意到整个人才"达系"的系统性问题，在总系统中，任何要素的缺失或不足，都将对人才所表现的工作能力与业绩产生实际的影响。如有些大学生非常擅长考试，但工作后所学的知识与技能无法转化为岗位所需要的核心能力和工作行为；有的人才引进时，工作能力比较突出，但是因为组织没有提供相应的工作环境与人际环境支持，缺乏相应的激励机制与发挥作用的平台支持，同样他也难以把相应的工作能力转化为现实的工作业绩。因此，在人才测评"达系"中，环境因素是约束条件；品德是先决条件；知识、体质和能力是基础；业绩是人才价值的外在表现，能够反映人才的作用发挥的情况和能力大小。

三　"达系"测评体系设计需要注意的问题

人才测评"达系"在具体实施时，必须要具体问题具体分析，对不同类型、不同层次、不同行业的人才评价指标设计时一定要各有侧重并及时加以调整，以设计出各自的评价指标体系，真正体现各自的特点和要求。具体设计方法和注意事项我们在后面章节中进行阐述。

---

① 萧鸣政：《能绩人才观的人力资源开发学分析》，《北京大学学报（哲学社会科学版）》2004年第4期。

第五章 不同人才队伍的测评达系

《国家中长期人才发展规划纲要（2010～2020 年)》对未来我国人才队伍建设进行了部署，明确提出要统筹抓好党政人才、企业经营管理人才、专业技术人才、高技能人才、农村实用人才及社会工作人才等队伍建设，培养造就数以亿计的各类人才、数以千万计的专门人才和一大批拔尖创新人才。与此相适应，需要我们建立不同人才队伍的"达系"测评体系。

第一节 党政人才测评达系

党政人才在推进我国改革发展和国家建设中担负着重要责任，发挥着关键作用。党政人才在党和国家各项事业中所处的重要地位，决定了选拔和评价党政人才的重要性。能否选准用好优秀的党政人才关系着党和国家的兴衰成败，决定着我国能不能在未来激烈的国际竞争中占领先机。显然，要科学有效地选拔和评价党政人才，必须要有科学的人才选拔任用体制和测评工具。

一 党政人才建设及评价的作用

党政人才是指在党政机关、事业单位以及群众团体等部门工作，经过专业教育培训或实践锻炼，具备一定管理水平和技能，能够进行创造性劳动的党务和行政管理人员。①《中国共产党章程》第六章规定："党的干部是党的事业的骨干，是人民的公仆。党按照德才兼备、以德为先的原则选拔

---

① 严格地讲，对于党政人才目前还没有一个完全统一的解释。萧鸣政曾把它界定为政府、执政党组织、人大、政协与人民团体机关中的优秀人才，类似于国外的公务员。国外有些国家实行两党或多党政治，为了减少政党竞争对政府正常工作的影响，将公务员分为两类。一类为政务类公务员，是由选举产生或政府任命的官员，包括内阁成员及其助手。有严格的任期，与政党共进退。另一类为业务类公务员，指国家机关中非选举和非政府任命的工作人员，包括政府雇用的文职人员，也包括公共事业单位和政府经营的企业单位的管理人员。一般经考试录用，任期由法定程序设定，不可随意辞退。但也有些西方国家，如英、

干部，坚持五湖四海、任人唯贤，反对任人唯亲，努力实现干部队伍的革命化、年轻化、知识化、专业化。"，党的各级领导干部要"有强烈的革命事业心和政治责任感，有实践经验，有胜任领导工作的组织能力、文化水平和专业知识"。①

（一）党政人才建设的意义

选拔什么样的人，任用什么样的人，历来都是世界各国执政者十分关心的一个重大问题。毛泽东深刻指出，政治路线确定之后，干部就是决定的因素。邓小平明确指出，政治路线确定后，由什么样的人来贯彻执行，结果不一样。江泽民特别强调，政治路线、思想路线与组织路线确定之后，关键是要选好人与用好人。胡锦涛专门论述，政治路线确定之后，人才问题是党和国家事业成功的关键。

建设一支善于治国理政的高素质执政人才队伍，是中国共产党和人民事业不断取得胜利的根本保证。《国家中长期人才发展规划纲要（2010—2020 年)》指出，在全面培养各类高素质人才的同时，突出强调"培养造就一批善于治国理政的领导人才"，"按照加强党的执政能力建设和先进性建设的要求，以提高领导水平和执政能力为核心，以中高级领导干部为重点，造就一批善于治国理政的领导人才，建设一支政治坚定、勇于创新、勤政廉洁、求真务实、奋发有为、善于推动科学发展的高素质党政人才队伍"。党政人才队伍作为践行党的路线、方针、政策的具体贯彻和执行者，这支队伍建设状况的高低优劣，对于党和国家事业的兴旺发达和长治久安具有重要的战略意义。

1. 加强党政人才队伍建设是提高党的执政能力的重要保障

在人才队伍建设中，党政人才作为党的执政能力建设的直接践行者，不仅在相当大程度上影响、制约着企业经营管理人才和专业技术人才队伍建设，而且直接关系到党的执政水平的高低。十六届四中全会《中共中央关

美等国，由选举或政治任命的政务官员以及法官都不属于公务员。见萧鸣政《我国党政领导人才的标准内容探讨》，《北京大学学报（哲学社会科学版）》2005 年第 3 期。也有学者认为，党政人才是党的事业的骨干，党政人才主要包括列入《公务员法》实施范围的在各级党委、人大、政府、政协、司法机关、各民主党派和工商联机关，以及参照《公务员法》管理的在各级人民团体和群众团体中担任公职、从事党务和行政管理的人员。见胡雪梅《大国崛起制高点——科学人才观的理论与实践》，人民出版社，2011，第 230 页。

① 《中国共产党章程》（中国共产党第十八次全国代表大会部分修改，2012 年 11 月 14 日通过）。

于加强党的执政能力建设的决定》指出："党的执政能力，就是党提出和运用正确的理论、路线、方针、政策和策略，领导制定和实施宪法和法律，采取科学的领导制度和领导方式，动员和组织人民依法管理国家和社会事务、经济和文化事业，有效治党治国治军，建设社会主义现代化国家的本领。"党的执政能力，具体体现在所制定的路线、方针、政策的正确性上，体现在各级党政机关的正常运转和功能发挥上，也体现在党政人才的素质上。只有提高各级党政人才的综合素质和工作水平，才能提高党的领导水平和执政水平，才能巩固党的执政地位，才能保证国家长治久安。

2. 加强党政人才队伍建设是应对国际国内新形势挑战的必然要求

世界多极化、经济全球化深入发展，科技进步日新月异，知识经济方兴未艾，加快人才发展是在激烈的国际竞争中赢得主动的重大战略选择。目前，我国正处在改革发展的关键时期，全面推进经济建设、政治建设、文化建设、社会建设以及生态文明建设，推动新型工业化、城镇化、信息化、农业现代化深入发展，对党政人才队伍带来了严峻挑战。在国际国内错综复杂的情况下，要求党政人才具备带领广大人民群众战胜各种灾害、危机的冲击，保持经济平稳较快发展，维护社会和谐稳定的综合素质。只有不断加强党政人才队伍建设，才能使我们党在风云变幻的国际局势中站稳脚跟，在激烈的国际竞争中掌握主动。

3. 加强党政人才队伍建设是改善队伍现状提高队伍素质的迫切需要

当前，我国党政人才队伍建设总的来说是好的，但是也存在一些不容忽视的问题：一是认识还存在偏差。党政干部的工作流程往往被描述成"一杯茶，一根烟，一张报纸看半天"，他们付出的辛劳，往往得不到应有的理解。二是能力方面，"老黄牛型""守摊型"人才多，开拓型、复合型人才少。面对新形势、新情况，党政人才的精神状态、素质能力、思维方式和工作方法，都需要不断提高和改进，才能在日新月异的现代化建设中勇立潮头。[①]

（二）党政人才测评的作用

任何统治阶级要维持其统治地位，都必须在建立和完善适合本阶级统治需要的国家机器的同时，选用一些能贯彻统治阶级意志的、专门管理这些机构的政治人才，否则，建立起来的国家机器就不会正常运转。因此，

---

① 吴向东：《构建完善党政人才评价认可机制》，《中国党政干部论坛》2008年第5期。

在培养与选用这些政治人才前，必须要按照统治阶级意志设计一套人才选拔任用标准，以保证统治阶级意志的贯彻执行。

我国是中国共产党领导的社会主义国家，党政人才选拔测评标准必须体现中国共产党的意志，以保证党的基本路线的贯彻执行，保证党的事业兴旺发达和国家的长治久安。因此，建立科学合理的党政领导人才测评体系，有助于巩固中国共产党的执政地位。[①] 党政人才在国家所需的各类人才中处于特殊重要的地位，对其进行测评是确定其是否具有所需胜任力的基础，是指导领导干部选拔和培训的关键。党的执政能力如何，取决于各级党政人才的执政本领，党政人才的核心能力则直接影响着他们的领导水平和执政能力。[②] 坚持和发展中国特色社会主义，关键在于建设一支政治坚定、能力过硬、作风优良、奋发有为的执政骨干队伍。

党政人才测评，可以认为是指通过一系列有效的手段和方法对党政人才进行测量和评定的活动。简单来讲，就是对党政人才素质的测量与评价，是人才测评的理论与方法在党政机关领域中的实践。胡锦涛在十八大报告中提出要"全面准确贯彻民主、公开、竞争、择优方针，扩大干部工作民主，提高民主质量，完善竞争性选拔干部方式，提高选人用人公信度，不让老实人吃亏，不让投机钻营者得利，不仅需要坚持五湖四海、任人唯贤，坚持德才兼备、以德为先，坚持注重实绩、群众公认，深化干部人事制度改革，使各方面优秀干部充分涌现、各尽其能、才尽其用。还需要完善干部考核评价机制，促进领导干部树立正确政绩观"。建立党政人才测评体系，以此科学合理地选拔出合适的党政人才，对落实科学发展观、全面建设小康社会、提高党的执政能力和执政水平具有重要的意义。

二　我国党政人才队伍建设及其测评现状

（一）党政人才队伍现状及建设目标

党政人才队伍是我国人才队伍中极其重要的组成部分。近年来，通过大规模培训干部，充分发挥党校、行政学院、干部学院等的作用，大幅度提高了干部素质。在贯彻尊重劳动、尊重知识、尊重人才、尊重创造的方

---

① 萧鸣政：《我国党政领导人才的标准内容探讨》，《北京大学学报（哲学社会科学版）》2005年第3期。

② 周雪君：《党政领导人才测评研究进展综述》，《学理论》2012年第17期。

针指导下，党政人才队伍建设取得了丰硕的成绩。2000 年我国党政人才总量为 585.7 万人，2007 年人才总量达到 625 万人，2010 年总量达到 701 万人。党政人才素质也在不断提高，结构不断得到改善。根据《国家中长期人才发展规划纲要（2010~2020 年）》目标要求，"要加强党的执政能力建设和先进性建设的要求，以提高领导水平和执政能力为核心，以中高级领导干部为重点，造就一批善于治国理政的领导人才，建设一支政治坚定、勇于创新、勤政廉洁、求真务实、奋发有为、善于推动科学发展的高素质党政人才队伍。到 2020 年，具有大学本科及以上学历的干部占党政干部队伍的 85%，专业化水平明显提高，结构更加合理，总量从严控制"。①

（二）党政人才测评现状及存在的主要问题

党政人才评价实际上就是对党政人才的素质、工作、业绩和贡献进行价值性的衡量过程，包括党政领导班子群体与党政人才个体两方面。2002 年 7 月中共中央颁布了《党政领导干部选拔任用条例》，2004 年 3 月中央政治局会议审议通过了《公开选拔党政领导干部工作暂行规定》《党政机关竞争上岗工作暂行规定》《党的地方委员会全体会议对下一级党委、政府领导班子正职拟任人选和推荐人选表决办法》《党政领导干部辞职暂行规定》和《关于党政领导干部辞职从事经营活动有关问题的意见》等干部人事制度改革文件，与 2009 年 6 月颁布的《关于建立促进科学发展的党政领导班子和领导干部考核评价机制的意见》一起构成了我国党政人才测评的重要依据。

近年来，各级党委和组织人事部门根据《党政领导干部选拔任用条例》要求，围绕落实群众对干部工作的知情权、参与权、选择权和监督权，积极探索扩大干部工作中民主的方法和途径，初步形成了具有中国特色的党政人才评价机制，但目前的党政人才评价机制还存在一些亟须解决的突出问题，不利于科学、准确地评判党政人才，主要表现在以下方面。

1. 在党政人才测评中缺乏针对性和切合实际性

长期以来，对于党政人才考核指标设置雷同，针对性不强，测评中不顾行业、性质、层次的不同，笼统地使用同一测评内容和标准，结果自然难以反映不同部门、层次党政人才全面情况和个性表现。实际上，不同类型的党政人才在对素质的要求是截然不同的。对于高层党政领导者来说，执行能力虽然也很重要，但是更应该强调其决策能力，而对于一般党政人

---

① 《国家中长期人才发展规划纲要（2010~2020 年）》（2010 年 6 月 6 日）。

才而言，行政执行的能力要求则应该更高。

2. 在党政人才评价中虚的多实的少

民主评议是为了更加客观公正地考察党政人才而实行的一种评价手段，是按照国家的方针政策，通过对党员的正面教育、自我教育和党内外群众的评议，以及党组织的考核，对每个党员在各项工作中的表现和作用作出客观的评价，并通过组织措施，达到激励党员、整顿队伍的目的。但在实践过程中，民主评议存在"三多三少"现象，即评自己多，评他人少；评工作多，评思想少；评成绩多，评缺点少。党政人才的民主评议投票缺乏真实性，评议不能反映真实意图，存在拉票现象，人情文化表现比较突出。党政人才关键在于群众认可，但在实际操作中群众多是他的下属、同事，他们出于种种考虑，评价结果都会产生偏颇。①

3. 对于党政人才选拔及评价标准比较原则和宏观

严格意义上，我国并没有真正意义上的关于党政人才的选拔和考核标准，而是散见于《中华人民共和国公务员法》《关于建立促进科学发展的党政领导班子和领导干部考核评价机制的意见》以及《党政领导干部选拔任用条例》中。② 上述文件中，虽明确提出了品德层面与能力层面的标准，如品德层面的标准包括党性原则、忠诚于组织和人民、事业心、政治责任感、团结合作、廉正清明，能力层面的标准包括理论水平、政策水平、组织能力、专业知识等，但总体来看，上述评价主要是针对党政领导干部，且比较原则和宏观。

4. 采集评价信息路径单一，评价信息权重确定非制度化

一是完善的评价认可机制是建立在多渠道、多方式采集评价对象信息并进行综合分析的基础上。信息采集路径的完备性决定了信息采集的综合性，进而决定认可结果的公正性。但在实际工作中，通过民主推荐、民主测评采集的信息，有时成为评价认可的主要或者唯一依据，而干部考察和考核中获取的信息，未能与日常干部监督、后备干部管理及党委和组织部门平时掌握的信息有效衔接。这样，以相对单一的信息渠道采集到的信息

---

① 萧鸣政：《当前人才评价实践中亟待解决的几个问题》，《行政论坛》2012 年第 2 期。

② 如《中华人民共和国公务员法》第十一条规定公务员应当具备下列条件：1. 具有中华人民共和国国籍；2. 年满十八周岁；3. 拥护中华人民共和国宪法；4. 具有良好的品行；5. 具有正常履行职责的身体条件；6. 具有符合职位要求的文化程度和工作能力；7. 法律规定的其他条件。

为主要或唯一依据得出的认可结果，同样也会遭到质疑。

二是权力本位和官本位主导考核的色彩仍然较浓，绩效考核作为干部管理的控制手段，起主导作用的往往是上级领导和组织人事部门，他们掌握着各种资源的配置权和下级政绩的评价权，考核谁、谁来考、考什么都由上级组织和领导决定，这就促使下级官员的行为选择完全围绕上级意图进行。

三是完善的评价认可机制要求对采集到的各层次评价信息按照评价主体关联度不同确定不同的权重，并依此权重得出综合评价信息和评价认可结果。在实际工作中，同一评价主体的评价信息在不同的评价过程中往往占有不同的权重，以致出现所谓的"唯票取人"或"唯责任主体意愿取人"的现象。

三　党政人才评价的内容及侧重点

（一）党的领导集体对于党政人才的标准及评价论述

党的领导集体对于党政人才的标准及评价都有论述。毛泽东认为党政领导人才应该"懂得马克思列宁主义，有政治远见，有工作能力，富于牺牲精神，能独立解决问题，在困难中不动摇，忠心耿耿地为民族、为阶级、为党而工作"。① 邓小平坚持毛泽东提出的德才兼备的标准，并予以创造性发展，提出"实现干部队伍的革命化、年轻化、知识化、专业化，是革命和建设的战略需要"。② 江泽民在1996年《努力建设高素质的干部队伍——在纪念中国共产党成立七十五周年座谈会上的讲话》中指出："作为党的干部首先是领导干部，都要具备基本的政治业务素质。第一，要有远大的共产主义理想，坚持正确的政治方向，坚定地走建设有中国特色社会主义道路，坚决贯彻执行党的基本理论、基本路线和各项方针政策；第二，努力实践党的全心全意为人民服务的宗旨，密切联系群众，特别是工农群众，坚决维护人民群众的利益；第三，解放思想，实事求是，一切从实际出发，善于开拓前进，具有唯物辩证的思想方法和工作方法；第四，模范遵纪守法，保持清正廉洁，发扬艰苦奋斗精神，自觉拒腐防变，坚决反对消极腐败现象；第五，刻苦学习，勤奋敬业，不断加强知识积累和经验积累，具备做好本职工作的专业知识和能力。"胡锦涛在十七大报告中提出："完善

---

① 毛泽东：《毛泽东选集》（第一卷），人民出版社，1991，第277页。
② 邓小平：《邓小平选集》（第二卷），人民出版社，1994，第396页。

体现科学发展观和正确政绩观要求的干部考核评价体系。坚持正确用人导向，按照德才兼备、注重实绩、群众公认原则选拔干部，提高选人、用人公信度。"① 在十八大报告中，胡锦涛更强调指出："坚持和发展中国特色社会主义，关键在于建设一支政治坚定、能力过硬、作风优良、奋发有为的执政骨干队伍。"②。

（二）党政人才评价的内容

测评标准体系的构成分为内容结构和指标构成。内容结构是指将需要测评的党政领导人才素质的要素进行分解，并列出相应的项目；指标构成是指一个完整的素质测评要素用规范化的行为特征或表征进行描述与规定。内容结构是素质测评标准体系的基础，指标构成是对内容结构各项素质的分解和可操作化，二者结合才能构成完整的素质测评标准体系。

党政领导人才一般存在于公务员中。党政干部的评价要涵盖《中华人民共和国公务员法》《党政领导干部选拔任用工作条例》③ 和有关法律、法规对党政人才的要求。对于党政人才测评的内容，萧鸣政认为党政人才的评价内容结构中应包括政治、品德、能力、生理与心理基础等五方面的素质。一些研究者也通过行为事件访谈（BEI）、专家会议及对过往文献的研究分析等方法，提出党政人才所需的特质。如敖小兰通过研究得出党政人

---

① 《高举中国特色社会主义伟大旗帜　为夺取全面建设小康社会新胜利而奋斗——在中国共产党第十七次全国代表大会上的报告》（2007 年 10 月 15 日）。
② 《坚定不移沿着中国特色社会主义道路前进　为全面建成小康社会而奋斗——在中国共产党第十八次全国代表大会上的报告》（2012 年 11 月 8 日）。
③ 《党政领导干部选拔任用工作条例》中，党政人才需具备以下基本素质条件：1. 具有履行职责所需的马克思列宁主义、毛泽东思想、邓小平理论的水平，认真实践"三个代表"重要思想，努力用马克思主义的立场、观点、方法分析和解决实际问题，坚持讲学习、讲政治、讲正气，经得起各种风浪的考验。2. 具有共产主义远大理想和中国特色社会主义坚定信念，坚决执行党的基本路线和各项方针、政策，立志改革开放，献身现代化事业，在社会主义建设中艰苦创业，做出实绩。3. 坚持解放思想，实事求是，与时俱进，开拓创新，认真调查研究，能够把党的方针、政策同本地区、本部门的实际相结合，卓有成效地开展工作，讲实话，办实事，求实效，反对形式主义。4. 有强烈的革命事业心和政治责任感，有实践经验，有胜任领导工作的组织能力、文化水平和专业知识。5. 正确行使人民赋予的权力，依法办事，清正廉洁，勤政为民，以身作则，艰苦朴素，密切联系群众，坚持党的群众路线，自觉接受党和群众的批评和监督，做到自重、自省、自警、自励，反对官僚主义，反对任何滥用职权、谋求私利的不正之风。6. 坚持和维护党的民主集中制，有民主作风，有全局观念，善于集中正确意见，善于团结同志，包括团结同自己有不同意见的同志一道工作。7. 一般应当具有大学专科以上文化程度。8. 身体健康。

才能力及有关特质应包括决策能力、组织能力、协调能力、识人用人能力、激励能力、自信心、事业心、责任心和效率感等因素。[①] 杨选留和张朋柱指出，党政领导人才素质评价内容，除了具有一般人力资源评价内容之外，还包括针对党政领导人才的复杂素质的评价，主要包括政治素质、思想品德、知识技能、个人心理特征、职业倾向等。[②]

通过上述内容不难看出，当代党政人才标准内容的维度，主要包括品德标准、政治标准、能力标准、业绩标准、知识经验标准、身体标准与其他心理素质标准等。例如毛泽东的"懂得马克思列宁主义，有政治远见"、邓小平的"忠诚于党的路线并能够创造性地执行党的路线"和江泽民的"要有远大的共产主义理想，坚持正确的政治方向，坚定地走建设有中国特色社会主义道路，坚决贯彻执行党的基本理论、基本路线和各项方针政策"，都属于"政治标准"的内容。毛泽东提出的"富于牺牲精神""在困难中不动摇，忠心耿耿地为民族、为阶级、为党而工作"，邓小平提出的"公道正派"和江泽民提出的"模范遵纪守法，保持清正廉洁，发扬艰苦奋斗精神，自觉拒腐防变，坚决反对消极腐败现象"等，都属于"品德标准"。毛泽东提出的"有工作能力""能独立解决问题"，胡锦涛十八大报告提出的"不断提高党的领导水平和执政水平、提高拒腐防变和抵御风险能力"等，都属于"能力标准"。邓小平提出的"必须大胆起用那些为改革、开放和社会主义现代化建设做出实际贡献，得到群众承认和信任的干部"，属于"业绩标准"。邓小平提出的"知识化、专业化"，江泽民提出的"刻苦学习，勤奋敬业，不断加强知识积累和经验积累，具备做好本职工作的专业知识"等，属于"知识经验标准"。邓小平提出的"年轻化"，基本上属于"身体标准"[③]，等等。

（三）党政人才测评的重点

科学评价人才，要引入社会认可机制，坚持在实践和群众中识别人才、发现人才。对党政人才，要坚持"群众认可"，要坚持走群众路线，注重通

---

① 敖小兰：《中国局处级干部领导能力及有关特质研究》，华东师范大学博士学位论文，2004，第 4 页。

② 杨选留、张朋柱：《党政领导人才素质评价指标体系与综合评价方法》，《西北大学学报（哲学社会科学版）》2004 年第 4 期。

③ 萧鸣政：《党政领导人才评价标准问题研究》，《北京大学学报（哲学社会科学版）》2005 年第 3 期。

过实践检验人才。选拔任用党政人才，必须得到大多数群众的认可和拥护；凡是多数群众不拥护、不赞成的，绝不能提拔任用。要听其言、观其行、察其绩，通过民意测评、述职述廉等形式，不仅关注他们工作中的"奖杯"，更关注他们在群众中的"口碑"。要褒奖和重用树立正确用人导向，使那些对群众感情真挚、深得群众拥护的干部，那些说话办事有灼见、有效率的干部，那些对上对下都实实在在、不玩虚招的干部，那些清正廉洁、公众形象好的干部，得到褒奖和重用；使那些享乐思想严重、热衷于形式主义、严重脱离群众的干部，受到警醒和惩戒，用为民务实、清廉的良好形象凝聚党心民心。[①]

对于党政人才测评，《中共中央国务院关于进一步加强人才工作的决定》指出"党政人才的评价重在群众认可。树立科学的发展观和正确的政绩观，坚持群众公认、注重实绩的原则。进一步完善民主推荐、民主测评、民主评议制度，把群众的意见作为考核评价党政人才的重要尺度。制定不同层次、不同类型党政人才的岗位职责规范，建立符合科学发展观要求的干部政绩考核体系和考核评价标准。"[②]《国家中长期人才发展规划纲要（2010～2020年)》提出"要坚持德才兼备、以德为先用人标准，坚持民主、公开、竞争、择优改革方针，树立坚定信念、注重品行、科学发展、崇尚实干、重视基层、鼓励创新、群众公认的用人导向。建立健全党政干部岗位职责规范及其能力素质评价标准，加强工作业绩考核。"[③] 综上，党政人才的测评重点可概括为"坚持德才兼备、以德为先，重在群众认可"。

四　党政人才"达系"测评体系

《党政领导干部选拔任用工作条例》要求依据干部选拔任用条件和不同领导职务的职责要求，全面考察其德、能、勤、绩、廉，注重考察工作实绩。《中华人民共和国公务员法》指出"对公务员的考核，按照管理权限，全面考核公务员的德、能、勤、绩、廉，重点考核工作实绩。"在仔细研读

[①] 习近平：《要褒奖和重用不玩虚招的干部》，《北京晨报》2013年2月6日。
[②] 《中共中央国务院关于进一步加强人才工作的决定》（2003年12月26日）。
[③] 《国家中长期人才发展规划纲要（2010～2020年)》（2010年6月6日）。

上述文件精神的基础上①，我们构建的党政人才"达系"测评体系如下：

（一）德达及其包含的主要内容

人才尤其是党政人才能否做到为政以德，对于确保党和国家的各级领导权牢牢掌握在忠于党、忠于国家、忠于人民的人手中，对于确保我们党始终是中国工人阶级和中华民族的先锋队，始终坚持全心全意为人民服务的根本宗旨，始终走在时代前列，具有决定性作用。党政人才是否有德，是否切实树立和践行科学发展观，不仅关系到个人的修养素质，更关系到人民福祉、国家兴衰。在新的形势下，尤其是党政人才要坚持德才兼备、以德为先。始终把政治标准放在首位，既重能力，更重品行，注重考核政治品质、理论素养、责任意识、思想作风、勤政廉政和道德修养，引导领导干部坚持原则、勇于负责，敢抓善管、真抓实干。把政治上靠得住、工作上有本事、作风上过得硬、人民群众信得过的干部选拔到各级领导岗位上来。

党政人才的"德达"内容，主要包括过硬的政治标准、恪尽职守的法规理念、廉洁奉公的抗腐蚀能力、民主决策等。要从履行岗位职责、完成急难险重任务、关键时刻表现和对待个人名利的态度等途径来考察干部的德。要善于识德。干部品德上的一些问题往往具有隐蔽性，要深入了解、客观分析，既能作出准确的评价，又能将"老实人"与"老好人"区分开来。

1. 政治标准

是对于党政人才在政治、思想、作风、精神等方面的素质要求。它在党政人才标准内容中非常重要，是必备条件。党政人才，必须善于从政治的角度、政治的高度去认识、分析和解决问题。注重考核理想信念，重点看是否忠于党、忠于国家、忠于人民。政治标准的内容主要包括理想信念、政治品质和政治作风等。

---

① 2004年4月，中央颁布了《公开选拔党政领导干部工作暂行规定》《党政机关竞争上岗工作暂行规定》《党的地方委员会全体会议对下一级党委、政府领导班子正职拟任人选和推荐人选表决办法》《党政领导干部辞职暂行规定》和《关于党政领导干部辞职从事经营活动有关问题的意见》等干部人事制度改革文件。这5个文件，加上此前经中央同意、中央纪委和中央组织部联合下发的《关于对党政领导干部在企业兼职进行清理的通知》，通称"5+1"文件。这6个文件的颁布，是中央从整体上不断推进干部人事制度改革的重要举措。

2. 道德品行

注重考核品质，重点看是否确立正确的世界观、权力观、事业观；注重考核作风建设，重点看是否真抓实干、敢于负责、锐意进取；注重考核道德品行，重点看是否作风正派、情趣健康等。

3. 法制理念

严格依据法规制度开展工作，既是衡量党政人才贯彻落实科学发展观能力的重要尺度，也是各项建设事业科学发展的重要保证。党政人才要牢固确立法规制度是开展工作的基本依据、依法办事是开展工作的基本方式、知法懂法是自身基本素质。

4. 廉洁奉公

对党政人才来说，拒腐防变是改革开放和市场经济条件下面临的严峻考验，也是科学发展观对党政人才素质结构中执政操守层面的基本要求。

5. 民主决策

坚持走群众路线，严格落实民主集中制，讲实话、办实事、求实效，特别是在涉及群众利益的热点敏感问题上，实行名额、条件、程序、结果等公开制度，以公平求公正。

（二）能达及其包含的主要内容

党政人才的能力，是他们从事行政活动必须具备的并且直接与工作效率有关的个性心理特征，是党政人才胜任工作、行使权力与承担责任的主观条件。2003 年，人事部发布了《国家公务员通用能力标准框架（试行）》，提出公务员必须具备政治鉴别能力、依法行政能力、公共服务能力、调查研究能力、学习能力、沟通协调能力、创新能力、应对突发事件能力、心理调适能力九种基本通用能力。[1]

我们认为，除上述能力外，新形势下党政人才的能力还需要具备依法办事能力和应急管理、舆论引导、新兴媒体运用等方面能力。要有谋划发展、统筹发展、优化发展、推动发展的本领和群众工作、公共服务、社会管理、维护稳定的本领。

---

[1]　英国公务员队伍建设重视"能力"的因素，能力评估的内容包括十项具体能力要求：观察和分析问题的能力、沟通与交流的能力、崇尚客户的意识能力、宏观决策的能力、处理人际关系的能力、领导和管理的能力、组织意识的能力、高效率工作的能力、计划与组织能力、全局意识能力。然后采用以定性为主的分档法对公务员能力进行测评。

1．分析能力

善于观察、思考和处理问题，能透过现象看本质，是非分明，正确把握时代发展要求，科学判断形势。

2．实践能力

认识世界和改造世界的能力，它包括设计能力、操作能力、检验修正所得成果的能力等。

3．决断能力

是决心和智慧、决断和策划的结合，即在掌握全面信息的基础上，通过去粗取精、去伪存真找出影响事物发展的主流，抓住主要矛盾，运用控制论原理，迅速果断地下定决心，做出决断的能力。

4．应对突发事件能力

面对复杂局面与紧急危机事件之时，能够保持高度的镇定，能够在复杂纷乱的局面之中抓住主要矛盾，并积极采取适当的措施和手段，最大限度地减少危机事件带来的损失的能力。

5．沟通协调能力

有效地理解他人的态度、兴趣、需要和观点及尚未说明的想法、感觉等，灵活运用多种沟通方式来表达自己的态度、兴趣、需要和观点，并能使用沟通技巧及时、准确地传递信息，求得共识的能力。

6．组织指挥能力

建立精干有效的项目团队，实行科学的协作与管理，调动一切因素，促进冲突的有效解决，培养项目成员的合作精神与团队精神，给予其相应的引导和指导，使之与项目组织融合，顺利完成目标的能力。

7．创新能力

即思想解放，视野开阔，与时俱进，具有创新精神和创新勇气；掌握创新方法、技能，培养创新思维方式；对新事物敏感，善于发现、扶植新生事物，总结新鲜经验；善于分析新情况，提出新思路，解决新问题，结合实际创造性地开展工作。

（三）绩达及其包含的主要内容

科学发展观与正确的政绩观紧密相关，要树立和落实科学发展观，必须树立和坚持正确的政绩观。没有正确的政绩观，就不可能真正贯彻落实科学发展观，这也是十八大和《党章》对党政人才提出的新要求。

创造政绩是为了发展，是为了造福人民。要用全面的、实践的、群众的、长远的观点看待党政人才的政绩。所谓用全面的观点看政绩，就是既注重考核发展速度，又注重考核发展方式、发展质量；既要看经济指标，又要看社会指标、人文指标；既要看城市变化，又要看社会稳定、保障和改善民生的实际成效；既要看"显绩"，又要看"潜绩"；既要看主观努力，也要看客观条件；既要看在任内做出的政绩，又要看前任留下的基础的起点；既要看眼前的工作政绩，又要看抓基础性、长期性工作的力度。所谓用实践的观点看政绩，就是重实干、办实事、求实效，各项政绩应该经得起实践检验和历史检验。所谓用群众的观点看政绩，就是要倾听群众呼声，忠实履行全心全意为人民服务的宗旨，把实现人民群众的利益作为追求政绩的根本目的。所谓用长远的眼光看政绩，就是不仅要关注当前的、一时一刻的发展，还要立足长远发展、兼顾子孙后代的利益实现。因此，要把按照科学发展观要求履行职责的实际成效作为考核的基本内容和评价的基本依据，引导党政干部全心全意创造经得起实践、人民、历史检验的实绩。

1. 完成工作数量

对工作成果可以用数量来衡量的职位，可以从量上来评价工作的成果。

2. 工作进步情况

本期实现的工作数量与上期相比的增长情况，评价其工作进步大小。

3. 工作差错率

工作中出现差错的比率。

4. 受表扬（表彰、立功、获奖）次数

工作中受到表彰、立功、获奖等次数。

5. 经济效益

完成某项工作所实现的价值与花费成本的比例关系。一般可用工作价值与工作成本的比值来衡量其高低。

6. 社会效益

工作对社会的科技、政治、文化、生态、环境等方面所做出或可能做出的贡献。

7. 群众认可度

所作工作被群众和社会认可的程度，民意调查反映的有关情况等。

8. 可持续发展

所作工作的可持续性及符合科学发展观（受社会称赞或批评）的情况，审计部门提供的有关经济责任审计结论和评价意见等。

（四）体达及其包含的主要内容

身体素质是指党政人才的身体状况和心理健康情况。由于党政人才肩负的工作繁重，没有健康的身体与充沛的精力，是难以担当重任的。身体健康、精力充沛、思维敏捷、意志坚强、性格豁达、情绪稳定是全面提高党政人才的执政能力与行政效率的基础。具体内容参见第四章体达测评体系。

（五）识达及其包含的主要内容

面对知识经济的飞速发展，市场状况的瞬息万变，党政人才如果没有良好的知识水平和知识结构储备，难以胜任其工作。党政人才的知识水平，很大程度上决定着工作能力和领导能力。

1. 知识水平

即胜任工作任务、顺利完成工作所必需的主观条件与本领。

2. 工作阅历

是指人才通过从事一段时间的具体工作而积累的知识。通常可用工作时间的长短、工作地点以及工作行业来评价，它反映了一个人的生活阅历和经验。

3. 知识结构

包括与专业相关的各种公共基础知识、学科基础知识和专业领域知识。

4. 知识更新

反映知识的及时更新以及与时代发展的匹配情况（见表5-1）。

表5-1　党政人才"达系"测评指标体系

	一级指标	二级指标	三级指标
人才测评"达系"	一、德达	（一）德达	1. 权力观；2. 社会公德；3. 职业道德；4. 家庭美德；5. 主动性和积极性……
		（二）政达	1. 政治理论；2. 政治信念；4. 政治态度；5. 政治立场；6. 政治作风……
		（三）廉达	1. 法治理念；2. 廉洁奉公；3. 作风情况；4. 经济情况；5. 群众举报……
		（四）诚达	1. 科学发展观；2. 民主决策；3. 协作精神；4. 责任意识……

续表

一级指标	二级指标	三级指标
二、能达	（一）预达	1. 计划能力；2. 预测能力……
	（二）策达	1. 分析能力；2. 实践能力；3. 决断能力……
	（三）智达	1. 应对突发事件能力；2. 自制力；3. 情绪稳定性……
	（四）容达	1. 宽容心；2. 倾听能力；3. 采纳别人意见能力；4. 矫正思想能力……
	（五）通达	1. 语言表达能力；2. 沟通协调能力；3. 组织能力；4. 合作能力……
	（六）创达	1. 创新思维；2. 创新精神……
三、绩达	（一）数达	1. 完成工作数量；2. 工作进步情况……
	（二）质达	1. 工作差错率；2. 受表扬（表彰、立功、获奖）次数……
	（三）经达	1. 经济效益；2. 审计结论……
	（四）社达	1. 群众认可度；2. 可持续发展；3. 民意调查……
四、体达	（一）形达	1. 身体质量指数；2. 特殊性要求……
	（二）精达	1. 精力充沛；2. 环境适应力；3. 疾病抵抗力……
	（三）内达	1. 常见疾病史及发病情况；2. 心血管系统；3. 呼吸系统；4. 神经及分泌系统……
	（四）理达	1. 心理乐观；2. 心理自制力；3. 情绪稳定性；4. 心理调适力……
五、识达	（一）学达	1. 受教育年限；2. 学历……
	（二）验达	1. 工作时间；2. 工作地点；3. 工作行业……
	（三）综达	1. 知识结构；2. 知识更新……
一票否决		出现重大事故或其他重大情况

党政人才评价问题是关系党和国家事业发展的关键问题。在党政人才"达系"测评指标内容的结构中，应该包括德达、能达、绩达、体达和识达。其中，德达是前提，能达和绩达是关键，体达是基础。从"达系"来看，简单地说，肯干就是德达，善干就是能达，干好就是绩达。把握了这些，就把握了德才兼备的原则。

五 党政人才测评需注意的问题

(一) 要始终把群众认可作为评价党政人才的核心

评价党政人才，必须坚持用科学发展观选人用人，以落实科学发展观的成效作为考核和使用干部的重要标准和依据，促进各级党政人才进一步调整价值取向。在考察评价中，要注重看是否深入理解和始终坚持以人为本，全面、协调、可持续的发展观，是否科学认识和正确把握经济建设和全面发展、当前发展和长远发展的辩证关系。尤其要看在落实科学发展观过程中，是否着力解决当前面临的突出问题和矛盾，化解各种显性的和潜在的风险，以获得更快更好地发展的能力。只有始终把"群众认可"作为考察评价党政人才的重要尺度，才能从根本上改变干部"唯上"而不"唯下"的积习，改变"能上"而不"能下"的顽症，才能真正体现用科学发展观选人、用人。

(二) 对党政人才的测评需要坚持分类考核，量化评价

对党政人才要因岗位性质、工作类别等因素的不同而有所区分。要针对不同的工作岗位进行个性化的设计，科学设置考核内容和指标，坚持共性与个性考核相结合、定性与定量考核相结合，分层分类，突出重点，体现特点。测评时可通过不同测评方法的组合，对不同岗位、类别的人员进行情景化、多样化的测评。一方面使测评过程更为科学严谨；另一方面，也能够满足和平衡党政人才的个性与共性测评的要求。如对领导干部，全面考核德、能、勤、绩、廉，同时体现分层考核重点。对于正职，要重点考核其领导科学发展、驾驭全局、抓班子带队伍、民主作风、道德修养、清正廉洁等情况；对于副职，要重点考核工作思路、工作基础、工作作风、精力投入、执行能力、效能提升、分管工作制度完善、廉洁自律等情况。

(三) 对党政人才的测评需要坚持综合考评，成果及时反馈运用

评价过程中，要善于把平时考核、年度考核、任职考核与任期考核相互结合，将不同考核结果进行综合分析，相互印证，将最终评价结果运用到干部选拔任用、培养教育、激励约束、管理监督各个环节，促进党政人才尤其是党政干部牢固树立、自觉实践科学发展观和正确政绩观。

(四) 对党政人才的测评要便于操作，讲求实效

建立党政人才测评系统，必须通过一系列有效的手段和方法对他们的综合素质进行测量和评定，但这并不意味着需要为此建立一套庞大的测评系统。

目前，人才测评的主要方法有笔试、面试、情景模拟（如无领导小组讨论、公文筐测验、案例分析、管理游戏、角色扮演等）以及评价中心技术。北京、上海、四川等地都曾用测评技术来选拔厅局领导干部，测评手段包括纸笔测验、结构化面试、文件筐、情景模拟等。① 由于这种选拔方式比较客观公正，选拔出来的领导大都能较好地胜任岗位。因此，对党政人才的测评一方面需要与贯彻《公务员法》相统一；另一方面要充分利用各种已有的有效测评方法，既力戒烦琐、便于操作，又要科学严谨、讲求实效。

第二节　企业经营管理人才测评达系

企业是推动经济社会发展和科技进步的主要力量，是富民强国的重要基础。当今世界，以经济和科技实力为基础的综合国力的竞争，集中体现为各国企业之间的竞争；企业之间的竞争，首先体现在企业经营管理人才尤其是企业家能力素质的竞争。加强企业经营管理人才队伍建设，培养造就一大批优秀企业家与高素质的管理者，是新时期我国人才工作的重要任务。

一　企业经营管理人才建设及评价的作用

企业经营管理人才是指在各种所有制企业中从事经营管理工作的人才，是企业生产经营活动的直接领导者和推动生产要素重新组合、创造社会财富的组织者。企业经营管理人才是企业最重要的创业资源、创新资源和发展资源，也是一个国家和地区人才资源开发的重点。② 企业经营管理人才是从事企业战略性决策并直接对企业经营管理活动和经济效益负责的高级管理人员。③ 按照所在的职位层次，企业的经营管理人员分为高层、中层和基

---

① 寇家伦编《人才测评教程》，中国发展出版社，2009，第8页。
② 胡雪梅：《大国崛起制高点——科学人才观的理论与实践》，人民出版社，2011，第252页。
③ 与经营管理人才密切相关的一个概念是企业家。关于经营管理人才和企业家这两个概念的关系，一种观点认为，经营管理人才就是企业家；另一种观点认为，企业家不同于经营管理人才，而是经营管理人才中的优秀者。我们赞同第一种观点，即经营管理人才就是企业家。理由在于：一是如以成败论英雄，那么许多著名的企业家只有在某一时点或某一时段才够格称家。何况成功与否，原因很多、标准也不一致，不能人为地将企业家概念复杂化。二是在经济学和管理学的理论中，依据决策功能、决策权力和决策管理，将企业家的职能进行了分解，并将企业家依据所有权与经营权的分离理论，分为所有者企业家和经营管理人才企业家。

层经营管理人才三类。按照所在企业类型，企业经营管理人才又分为国有企业人才、集体企业人才、私营企业人才和"三资"企业人才等。

（一）企业经营管理人才建设的意义

近些年来，不少企业虽然在人才资源开发方面取得了明显成效，但是不可否认，高层次优秀人才依旧缺乏，人才流失较为严重。无论从现实意义还是从长远发展来看，加强现代企业经营管理人才队伍建设已成为当务之急。①

1. 加强企业经营管理人才队伍建设是提高综合国力的重要举措

企业是推动经济社会发展和科技进步的主要力量，是富民强国的重要基础。当今世界，以经济和科技实力为基础的综合国力的竞争，集中体现为各国企业之间的竞争，企业的活力在一定程度上决定了一个国家的经济活力和命运。企业之间的竞争，首先体现在企业经营管理人才尤其是企业家能力素质的竞争。进入新世纪新阶段，我国企业要加快把发展方式转变到依靠科技进步、劳动者素质提升和管理创新的轨道上来，迫切需要培养造就一大批高素质的经营管理人才。

2. 加强企业经营管理人才队伍建设是促进企业科学发展的有力支撑

人才是企业兴衰之基，发展之本，是构成企业竞争力的核心要素。在市场经济条件下，谁拥有一流的人才，特别是拥有一流的人才队伍，谁就会在激烈的市场竞争中永远立于不败之地。企业要获取长期生存与持续发展的动力和能力，其关键是做到用好现有人才，留住有用人才，吸引紧缺人才，做好人才选拔、引进、培养、使用和储备等工作，对人才资源进行科学有效配置，努力建设一支规模宏大、结构合理、素质较高并适应现代经济发展需要的人才队伍。

3. 加强企业经营管理人才队伍建设是提升企业自主创新能力的关键

从某种意义上说，中国要想立足世界，光靠做世界工厂是远远不够的，必须要有一大批掌握新技术、具有核心竞争力、具备持续创新能力的创新型企业。营造有利于创新人才成长和发挥作用的体制机制和环境，采取有利于创新人才成长的措施，形成尊重知识、尊重人才、尊重创造的企业创新文化。

---

① 《企业经营管理人才队伍建设中长期规划（2010~2020 年）》（2011 年 6 月 17 日）。

（二）企业经营管理人才评价的作用

按照科学人才观，企业经营管理人才的评价则重在市场和出资人认可，当务之急就是要加紧建立人才评价体系，突破计划经济体制下单纯以学历职称界定人才的局限，体现市场经济体制下以能力为本位的人才标准。

对企业经营管理人才的评价，不仅仅是为了任免，更重要的是落实企业的发展战略，检查工作情况，实现经营目标，体现经营管理人才的素质和绩效，并为经营管理人才的奖惩和培训提供可靠的依据。因此，发展企业经营管理人才评价机构，积极开发适应不同类型企业经营管理人才的考核测评技术，进行企业经营管理人才评价，有利于按照企业经营管理人才评价重在市场和出资人认可的原则科学地选拔、聘用高素质的企业经营管理人才，有利于探索社会化的职业经理人资质评价制度，建立科学的企业经营管理者评价机制。

二　我国企业经营管理人才队伍建设及其测评现状

（一）我国企业经营管理人才队伍现状及建设目标

党中央、国务院历来高度重视企业经营管理人才队伍建设，新中国成立以来特别是改革开放以来，围绕解放人才、发展人才、用好人才，制定了一系列推进企业经营管理人才队伍建设的政策措施，人才总量稳步增长，素质显著提高，结构逐步优化，高层次人才明显增多，涌现出一批优秀企业家。各种所有制企业积极探索市场配置人才资源的有效途径和方式，通过公开招聘、竞争上岗等市场化方式选聘的经营管理人才数量大幅增加。2005 年，我国企业经营管理人才有 1770.3 万人，根据 2010 年度我国首次全口径人才资源统计，2010 年年底，我国企业经营管理人才资源为 2979.8 万人。尽管我国企业经营管理人才建设取得了巨大的成绩，但同时必须清醒地看到，我国企业经营管理人才队伍总体上还不能适应企业改革发展和应对国际竞争的需要。突出表现为：战略企业家和高素质职业经理人较为短缺，人才专业化、国际化水平亟待提高，制约人才发展的体制机制障碍仍然存在，有利于人才成长和充分发挥作用的环境尚未全面形成，等等。

根据《国家中长期人才发展规划纲要（2010～2020 年）》目标[①]，要适

[①] 《国家中长期人才发展规划纲要（2010～2020 年）》（2010 年 6 月 6 日）。

应产业结构优化升级和实施"走出去"战略的需要，以提高现代经营管理水平和企业国际竞争力为核心，以战略企业家和职业经理人为重点，加快推进企业经营管理人才职业化、市场化、专业化和国际化，培养造就一大批具有全球战略眼光、市场开拓精神、管理创新能力和社会责任感的优秀企业家和一支高水平的企业经营管理人才队伍。到 2015 年，企业经营管理人才总量达到 3500 万人。到 2020 年，企业经营管理人才总量达到 4200 万人，培养造就 100 名左右能够引领中国企业跻身世界 500 强的战略企业家；培养 1 万名精通战略规划、资本运作、人力资源管理、财会、法律等专业知识的经营管理人才；国有及国有控股企业国际化人才总量达到 4 万人左右；国有企业领导人员通过竞争性方式选聘比例达到 50%。

（二）企业经营管理人才测评的现状

受传统计划经济体制影响，我国企业经营管理人才队伍建设一直是人才工作的薄弱环节。在计划经济体制下，受当时主客观条件的制约和影响，政企不分、政事不分的现象普遍存在，而人才队伍的建设也未像今天这样科学分类和界定，企业经营管理人才、专业技术人才都和党政人才一样，统称为"干部"。在相当长一个时期里，"干部"就等于人才，并且企业经营管理人才都是套用干部的行政级别和工资。实践证明，这种单一的管理体制和管理模式，所忽视的不仅仅是各种人才的特殊身份，更重要的是忽视了各种人才队伍建设的特殊规律。以往对（国有）企业经营管理人才的评价主要是由政府主管部门或政府授权的投资公司直接进行的，很少引入社会和市场上的专业中介力量参与，市场化程度还很低。① 新形势下，要完善以市场和出资人认可为核心的企业经营管理人才评价体系，积极发展企业经营管理人才评价机构，建立社会化的职业经理人资质评价制度，加强规范化管理。

此外，分类考核不彻底。尽管大部分企业基本上都取消了企业的行政级别，把企业领导人员与党政机关干部区别开来；下放了部分企业领导班子的管理权限，避免了一个班子多头管理，为分类测评奠定了基础。但由于受传统观念的影响，个别企业还在自觉不自觉地套用党政人才的考核标准。如在确定考核标准和运用考核评价结果时，对经济管理能力较强但存在这样那样毛病的企业经营管理人才，觉得用起来不放

---

① 庄家祥：《企业经营管理人才队伍建设规律浅探》，《湖湘论坛》2006 年第 1 期。

心，或者片面强调资历、台阶等，影响了一些企业经营管理人才作用的发挥。

三　企业经营管理人才评价的重点

企业经营管理人才的评价要围绕企业发展战略目标，建立健全以岗位职责为基础，以品德、能力和业绩为导向，考核评价结果与人才培养、使用、激励相挂钩，充分体现科学发展观要求的企业经营管理人才考核评价机制。[①]

对于企业经营管理人才的评价要坚持市场认可、出资人认可和职工群众认可的原则，围绕企业发展战略实施的关键绩效指标，逐级分解落实企业发展任务，在此基础上建立健全以目标管理为重点、岗位职责为基础的企业经营管理人才绩效考核评价体系。建立和完善企业经营管理者经营业绩评价指标体系，既要重视财务性指标，从不同方面准确把握经营管理者的经营业绩；也要重视非财务性指标，多视角地反映企业经营管理人才的经营能力、管理水平和潜能。通过定性与定量的合理结合，实现对企业经营管理人才科学、准确的评价。

需要说明的是，企业经营管理人才是市场经济的产物，对他们的评价从根本上来讲还要强调市场认可。强调市场认可，并不是要改变出资人对经营管理人才选拔任用的主体地位，而是要求在企业经营管理人才的考核评价过程中，重视发挥市场的作用，通过市场的手段评价企业经营管理人才的经营业绩和综合素质，借助市场的功能，配置企业经营管理人才，提高评价的科学性和准确性。对企业经营管理人才，要坚持"市场和出资人认可"，政府要创造公平的市场秩序，让他们在激烈的竞争中证明自身的价值。

四　企业经营管理人才"达系"测评体系

改革和完善企业经营管理人才的评价任用方式应以推进企业经营管理者市场化、职业化为重点，坚持市场配置、组织选拔和依法管理相结合，发挥社会中介组织的作用，将先进的评价手段和科学的评价方法引入企业

---

① 《企业经营管理人才队伍建设中长期规划（2010~2020年）》（2011年6月17日）。

经营管理人才评价工作。① 我们构建的企业经营管理人才"达系"测评体系如下：

（一）德达及其包含的主要内容

选什么样的人、用什么样的人是提高企业核心竞争力的重要途径。具备高尚品德的人才，是企业选人的根本前提。在针对企业经营管理人才队伍的建设上，目前"唯业绩论"的标准应用较为普遍。选人过分强调人才的能力和业绩。对业绩的盲从，使得企业难以坚持"以德为先、德才兼备"的选人用人标准。有些企业存在着重才轻德、以才蔽德、以绩掩德的现象，致使一些品行不端、作风不实、投机钻营、有才无德的人得到提拔和任用。只有"以德为先"的用人机制才能让企业赢得口碑，赢得社会的赞誉，才能真正使企业发展壮大。②

企业经营管理人才"德达"的评价标准，要重点看是否确立正确的世界观、事业观，是否真抓实干、敢于负责、锐意进取，是否作风正派、清正廉洁、情趣健康。还要看其是否注重履行岗位职责、是否能够完成急难险重任务，也要看其在关键时刻的表现及其对待个人名利等方面的态度和表现。

1. 基本品德

能够树立正确的世界观、人生观、价值观，正确对待荣誉、地位与个人利益，正确处理好个人与集体、个人与国家的利益。

2. 职业道德

是社会公德在职业生活中的具体体现，用来衡量人才是否爱岗敬业、乐于奉献、自觉履行岗位职责、努力做好本职工作、言行符合职业伦理规范要求。

3. 政治思想

能够坚持正确的政治立场和政治观点，热爱祖国，实事求是，顾全大

---

① 2004 年 6 月，国资委提出"人才强企"战略，明确提出要建立科学的考核评价指标体系，对经营管理人才，主要考核其经营决策能力、市场应变能力、诚信守法表现以及经营效果，重在市场和出资人认可。目前有不少国有企业已经开始了这方面的探索。如中国联通制定了《中国联通高管人员综合考评办法》，对高管人员进行"KPI + 贡献度 + 胜任度 + 公信度"的综合考评。其中，"贡献度"着重考评高管人员对本单位整体业绩的贡献程度；"胜任度"着重考评个人履职能力与岗位职责的匹配程度和能力发挥的实际效能；"公信度"考评廉洁自律、廉政建设和诚信。

② 张相林：《我国国有企业经营管理人才选任机制及其改进》，《中国行政管理》2011 年第 3 期。

局，把自己的事业融入国家和社会发展之中

4．工作态度

指在从事本职工作过程中表现出来的工作主动性、积极性，体现对该工作的责任心、奉献精神和敬业精神。

5．廉洁自律

树立正确的权力观，是否依法办事，严格遵守各项规章制度，不以权谋私。

（二）能达及其包含的主要内容

管理的五大职能是计划、组织、控制、激励和领导，企业经营管理人才的管理能力也直接体现在他们对五大职能的运用情况。一般认为，企业经营管理人才的能力应包含以下方面：市场分析、开拓创新、战略规划、应变决策、组织指挥、财务分析、计划控制、激励沟通、协调公关。每个方面又可以分为若干方面，如协调公关能力就包括表达能力、谈判能力和分析能力等。

1．分析能力

将获得的信息进行逻辑分析，加工，找出有价值的东西，从凌乱的信息中发现潜在内涵，作为判断的依据的能力。

2．应变能力

市场经济时代，各种信息、机会如潮水般涌来，又会稍纵即逝。这就要求企业经营管理人才要头脑灵活，应变敏捷，随着形势的变化及时调整自己。

3．组织管理能力

是指资源供给量一定的情况下，组合协调优化配置各种资源的能力。如要善于把各种不同的人、财、物聚集起来，合理安排，即把各种要素连接起来，为目标服务。

4．协调能力

是化解矛盾的能力，是聚分力为合力的能力，是变消极因素为积极因素的能力，是动员组织成员、充分调动人的积极性的能力。

5．决策能力

决策能力主要是对要解决的问题的一种判断能力，主要受所掌握的信息和信息分析能力的影响。影响决策能力的因素主要是哲学思维（即世界观和价值观）、决策理论的掌握、对决策问题领域的专业认识。决策能力是企业经营管理人才必须必备的基本能力。

6. 人际关系能力

能与他人建立和保持友好、互惠互利的关系的能力。

7. 创新能力

考察是否可以不拘泥于已有的观点，善于分析和研究问题，保持独立思考，具有创新意识和敢于创造的能力。

（三）绩达及其包含的主要内容

企业经营管理人才业绩（绩效）评价，是指运用科学、规范的评价方法，对企业一定期间的资产运营、财务效益等经营成果以及经营管理人才个人能力与努力程度，进行定量及定性对比分析，作出真实、客观、公正的综合评判。

经营管理人才绩效评价包括企业绩效评价和经营管理人才个人绩效评价两个方面。企业绩效评价是经营管理人才绩效评价的重要内容，从股东即投资者的角度看，评价企业绩效主要看经营状况，主要指标应是企业财富的增长情况或股票市场价值情况。企业经营状况评价主要通过基本的业务和财务指标来进行。① 对经营管理人才个人绩效评价也是经营管理人才绩效评价的主要内容。企业绩效评价固然是经营管理人才绩效评价的核心内容，但由于企业经营管理的复杂性、渐进性和系统性，经营管理人才的工作实绩往往不容易全部或直接反映到企业年度经营绩效上，往往有滞后性，而且企业经营绩效还受总体经营环境、意外因素、行为发展状况等外在因素的影响，为客观准确起见，必须对经营管理人才个人工作的绩效进行科学评价。"绩达"评价可分为财务指标和非财务指标评价。

1. 财务指标及其包括的主要内容

（1）经营目标完成情况：包括营业额、利润总额、资金利润率、销售利润率、净利润、总资产收益率、净资产收益率、每股收益、投资收益率、资产保值增值率、营业收入（利润）增长率、市场占有率、销售收入增长情况、市场占有率等。

（2）资产状况：包括资产负债率、流动比率、股价及其变动等。

（3）资金占用状况：包括流动资金周转率、百元销售收入占用资金等。

---

① 《中央企业负责人经营业绩考核暂行办法》（2003 年 10 月 21 日）规定，年度经营业绩考核指标包括基本指标与分类指标。基本指标包括年度利润总额和净资产收益率指标。

（4）财务效能指标：包括预算决算指标、成本控制指标（各种成本和费用开支的合理性）、流动性指标（流动比率、速动比率）、资产管理指标（总资产周转率、应收账款周转率、存货周转率等）、资金安全性指标（资产负债率、呆坏账指标等）、融资管理指标（融资达成率等）、公共关系管理指标（与银行、税务、工商等部门的关系）等。

2. 非财务指标及其包括的主要内容

（1）人力资源与组织效能指标：包括人力资源规划实现情况、员工流动情况、招聘情况及效果、培训情况及效果、绩效评价的效度和信度、薪资管理状况、劳动关系、员工满意度等。

（2）创新指标：包括技术创新、市场创新、产品创新等。

（3）专项管理绩效指标：包括战略管理效能、生产管理效能、营销管理效能、文化管理效能等。

（四）体达及其包含的主要内容

没有一个好的身体，就没有充沛的体力和精力，影响能力发挥及对事业的贡献。身体素质是经营管理人才满负荷工作的基础，它同样包括经营管理人才的身体健康状况和心理精神状况等方面。具体内容参见第四章体达测评体系。

（五）识达及其包含的主要内容

知识素质是企业经营管理人才最基本的素质，它包括经营管理人才的知识水平、实践经验和获取知识的能力等。

1. 知识水平

是企业经营管理人才个体发展与事业成功的关键因素，主要包括受教育年限、学历、外语能力、计算机能力等。

2. 执业（职业）资格

是否具备执业（职业）资格证书。

3. 实践经验

是指人才通过从事一段时间的具体工作而积累的知识。通常可用工作时间的长短、工作地点以及工作行业来评价，它反映了一个人的生活阅历和经验。

4. 知识结构

包括与专业相关的各种公共基础知识、学科基础知识和专业领域知识。企业经营管理人才需要具备计划、组织、领导、控制、决策、市场、基本经济理论知识和法律知识等方面的知识结构。

5. 知识更新

反映知识的及时更新以及与时代发展的匹配情况（见表 5 - 2）。

表 5 - 2　企业经营管理人才"达系"测评指标体系

一级指标	二级指标	三级指标
一、德达	（一）德达	1. 社会公德；2. 职业道德；3. 家庭美德；4. 成就动机……
	（二）政达	1. 政治判断；2. 政治态度；3. 政治行为……
	（三）廉达	1. 廉洁意识；2. 遵纪守法；3. 作风情况；4. 经济情况；5. 群众举报…
	（四）诚达	1. 求真务实；2. 经营作风；3. 个人信用……
二、能达	（一）预达	1. 市场分析能力；2. 预测能力；3. 机遇把握能力……
	（二）策达	1. 信息获取能力；2. 信息处理能力；3. 判断能力；4. 决策能力……
	（三）智达	1. 应对突发事件能力；2. 计划控制能力；3. 情绪稳定性……
	（四）容达	1. 倾听能力；2. 采纳别人意见能力；3. 矫正思想能力……
	（五）通达	1. 语言表达能力；2. 沟通协调能力；3. 协调公关能力；4. 组织指挥能力……
	（六）创达	1. 创新信念；2. 创新思维；3. 创新素质……
三、绩达	（一）数达	1. 财务指标；2. 经济增加值……
	（二）质达	1. 管理指标；2. 非财务指标……
	（三）经达	1. 出资人认可度；2. 市场认可度；3. 经济效益；4. 技术创新……
	（四）社达	1. 行业认可度；2. 社会责任；3. 组织效能……
四、体达	（一）形达	1. 身体质量指数；2. 特殊性要求……
	（二）精达	1. 精力充沛；2. 环境适应力；3. 亚健康情况……
	（三）内达	1. 常见疾病史及发病情况……
	（四）理达	1. 心理乐观；2. 意志力；3. 情绪稳定性；4. 心理调适力……
五、识达	（一）学达	1. 受教育年限；2. 职业资格；3. 执业资格……
	（二）验达	1. 工作时间；2. 工作地点；3. 工作行业……
	（三）综达	1. 知识结构；2. 知识更新……
一票否决		出现重大事故或其他重大情况

（一级指标整体："人才测评"达系"）

五　企业经营管理人才测评需要注意的问题

对于企业经营管理人才的评价要围绕企业发展战略实施的关键指标，逐级分解落实任务，在此基础上建立健全以目标管理为重点、岗位职责为基础的企业经营管理人才评价体系。

（一）要以聘期目标为依据并注重动态测评

要建立和完善以聘期目标为依据的企业经营管理人才经营业绩考核制度，积极推行经济增加值考核，逐步强化考核指标与国际国内同行业企业对标，引导企业经营管理人才不断提高价值创造能力。但目标计划在执行过程中，会存在市场、产品等多种变化因素，因此，考核评价还应有一个参照系，参照同行业在同一年度的经营情况。此外，要建立责任链条，一级考核一级，不越级考核。此外，测评应是动态的，一方面要有任期考核、年终考核、专项考核和日常考核；另一方面当年的考核要参考和对比前些年的考核情况，以及后若干年企业发展战略和经营目标。

（二）要坚持综合考核评价制度

要坚持市场认可、出资人认可和职工群众认可的原则，建立和完善企业经营管理人才综合考核评价制度，在突出经营业绩的基础上，根据董事会成员、党组织负责人、经营管理者的不同岗位责任和履职特点，分层分类确定考核评价内容，综合考评企业经营管理人才的能力素质、履职行为和履职结果，引导企业经营管理人才更加注重科学发展，促使企业更好地履行经济责任、政治责任和社会责任。一般来说，企业考核要以经营绩效为主，在测评指标体系中应适当增加绩效的权重，一般应以占70%左右为宜。

（三）不同类型企业经营管理人才的测评指标要有针对性和区别性

测评指标体系设计要针对被测评对象的特点，不同类型的考核对象要用不同的测评指标。针对生产型、流通型、金融型等不同类型企业的特点，研究制定适合各种类型企业特点的经营管理人才测评技术。如生产型的要与经营型的有所不同；工业生产型的与商业贸易型的要有所不同；生产型中的电子生产类的与机械生产类的有所不同，这样才能准确公正地做出评价。同时，要注意把教育测量学、心理学等科学知识和现代手段运用到企业经营管理人才的考核评价工作中来，提高评价的针对性和科学性。

（四）定期检查绩效目标完成情况并强化考核评价结果的运用

定期检查绩效目标完成情况，加强对企业经营管理人才的绩效辅导和绩效执行的过程管理，及时提出绩效改进和能力发展计划，建立和完善企业经营管理人才业绩档案，不断提高考核评价工作质量和水平。要坚持将考核评价结果作为经营管理人才选拔任用、薪酬分配和职业发展的重要依据。坚持经营业绩考核结果与薪酬激励挂钩、综合考评结果与培养使用挂钩，促使企业各级经营管理人才牢固树立正确的业绩观，不断提高履职能力和水平。

（五）探索建立并实行职业经理人职业资格制度

通过建立和实行职业经理人职业资格制度，用统一、规范的标准来评价职业经理人的任职能力和道德信用，严把"入口关"。凡要进入职业经理人队伍的，必须到权威的资质评价部门获取职业资格评价证书；已经进入职业经理人队伍的，也要建立相应的业绩和信用档案，以便由市场决定其是否能够继续从事企业经营管理工作。通过这一制度，最终实现靠经理人市场对经营管理人才进行评价，为出资人对经营管理人才的使用提供依据。

第三节　专业技术人才测评达系

专业技术人才是我国人才队伍的重要组成部分，是推动科技创新和各项事业发展的关键力量，在经济社会发展中起着基础性、战略性和决定性作用。全面加强专业技术人才队伍建设，是我们应对激烈的国际竞争，提高自主创新能力，实现经济社会又好又快发展的必然要求。正确评价专业技术人员的学识技术水平，不仅能为正确使用人才提供依据，而且能激励广大专业技术人员钻研科学技术，不断提高自身的学识水平和技术能力，从而使专业技术人员队伍不断壮大，素质不断提高。

一　专业技术人才建设及评价的作用

专业技术人员指受过专门教育和职业培训，掌握现代化大生产专业分工中某一领域的专业知识和技能，在各种经济成分的机构中专门从事各种专业性工作和科学技术工作的人员。① 其中较为突出的，熟悉相关技术，并具有自主创新能力的，称为专业技术人才。区别于专业技能人才，技术人才需要借助自身以外的载体来完成任务，即需要掌握一定的专业工具适用能力；而专业技能人才通过语言和行动就可以表达其专业技能，完成任务。

（一）专业技术人才建设的意义

专业技术人才作为知识和科技的载体，是先进生产力的代表，是推动科技、经济、社会发展的主体力量。深刻认识专业技术人员队伍建设的紧迫性和重要性，切实做好专业技术人才队伍建设工作，是实现全面建设小康宏伟目标的重要保障，也是应对国际竞争的迫切需要。

1. 加强专业技术人才建设是全面建设小康社会的需要

专业技术人才是我国人才队伍的重要组成部分，是综合国力竞争的核心。进入全面建设小康社会的新阶段，中共中央提出要深入贯彻落实科学发展观，这对人才工作提出了新的更高的要求。深入贯彻落实科学发展观，要求我们必须更加重视人才资源开发，加强专业技术人才队伍建设，努力把我国巨大的人口压力转化为人力资源优势，从人口大国转变为人才资源强国，为实现全面建设小康社会的各项任务提供坚强的人才保证。

2. 加强专业技术人才队伍建设是建设创新型国家的必然要求

科学技术的快速发展极大地促进了世界各国经济的发展，对人类社会的进步起到了重要的推动作用。自主创新是提升科技水平和经济竞争力的关键，也是调整产业结构、转变经济发展方式的重要环节。把增强自主创新能力作为国家战略，致力于建设创新型国家，这是党中央总揽全局、审时度势做出的重大战略决策。实施这一决策，关键在于建设一支数量充足、结构合理、富有创新能力的专业技术人才队伍。

3. 加强专业技术人才队伍建设是提高我国国家竞争力的迫切需要

国家竞争力的关键是人才竞争力。谁拥有人才和智力资源，谁就能在世界综合国力竞争中赢得主动权。人才资源是国家经济社会发展竞争力的

---

① 从统计学意义上，专业技术人员主要包括：工程技术人员，农业技术人员，科研人员（自然科学研究、社会科学研究及实验技术人员），卫生技术人员，教学人员（含高等院校、中等专业学校、技工学校、中学、小学），民用航空飞行技术人员，船舶技术人员，经济人员，会计人员，统计人员，翻译人员，图书资料、档案、文博人员，新闻、出版人员，律师、公证人员，广播电视播音人员，工艺美术人员，体育人员，艺术人员及政工人员等。见中国人事科学研究院：《中国人才报告——构建和谐社会历史进程中的人才开发》，人民出版社，2005，第65页。

核心，人才资源作为最重要的战略资源，在世界综合国力竞争中越来越具有决定性的意义。为解决人才不足的矛盾，许多国家都出台了一系列的优惠政策吸引人才，一些发达国家还相继采取了新的战略措施，争夺人才。日趋激烈的国际人才竞争要求我们必须采取有效措施，大力培养和吸引优秀专业技术人才，不断提高我国的国家竞争力。

（二）专业技术人才评价的作用

专业性是专业技术人才的最根本特征。一方面，由于人才市场信息的不对称，专业化的人才评价有助于需求方了解人才的客观真实能力，有效地改善供求双方不均衡的信息地位，进而有助于改善人才交易市场的效率。更重要的是，正确评价专业技术人员的学识技术水平，授予相应的任职资格①，不仅能为正确使用人才提供依据，充分发挥专业技术人才的作用，而且能激励广大的专业技术人员钻研科学技术，不断提高自身的学识水平和技术能力，从而使专业技术人员队伍不断壮大，素质不断提高。如果评价不科学合理，导致授予资格与实际水平能力不相符，则会严重挫伤专业技术人员钻研业务能力的积极性，甚至误导他们采取不正当的手段来获取专业技术任职资格，不仅使专业技术资格评价失去意义，而且会影响专业技术人才队伍的建设。因此，改革专业技术人才评价制度，使之更加科学合理，并逐步建立与社会主义市场经济体制相适应的专业技术人才评价制度是专业技术人才开发的重要一环。

二 我国专业技术人才队伍建设及其测评现状

（一）专业技术人才队伍现状及面临的问题

伴随着改革开放 30 多年的发展，我国专业技术人才队伍建设取得了长足的进展：

一是专业技术人才队伍规模不断壮大。2003 年我国专业技术人才为3268.7 万人。根据 2010 年度我国首次全口径人才资源统计，截至 2010 年年底，我国专业技术人才资源 5550.4 万人（具有专业技术职称的企业经营管理人才资源交叉统计在其中）。

二是专业技术人才队伍整体素质逐步提高。截至 2009 年年底，在公有

---

① 目前，在我国现有的专业技术人才评价体系中，只有两种最主要的评价模式，即职业资格考试模式和任职资格评审模式。

经济企事业单位 2888 万名专业技术人才中，大专以上学历 2291.6 万人，占总人数的 79.3%；高级职称 297.5 万人，占总人数的 10.3%；高层次专业技术人才队伍初具规模。

三是专业技术人才在科技进步和经济社会发展中的作用显著增强。在开展重大科研项目攻关和重点工程建设方面取得了显著成绩，在开发国防尖端技术和破解关系国计民生重大问题方面做出了突出贡献，在推进高新技术产业化和理论创新、制度创新、科技创新、文化创新等方面发挥了重要作用。

四是专业技术人才的社会地位明显上升，人才成长与发展的环境日益改善。随着人才强国战略的深入实施，专业技术人才队伍在经济社会发展中的基础性、战略性、决定性地位和作用日益凸显。

尽管我国专业技术人才队伍建设取得了长足进展，但也存在着诸多问题。从整体来看，专业技术人才队伍的整体规模、素质能力、结构分布、体制机制以及发展环境与经济社会发展和建设创新型国家的要求还有一定差距[①]，主要表现在：

一方面，高层次专业技术人才总量不足。我国专业人才队伍绝对数量较为庞大，但高层次人才所占比重较小，且多集中在传统行业部门，各类高新技术、高级企业经营管理人才和跨学科的复合型人才队伍紧缺。据统计，我国每万名劳动者中研发科学家和工程师仅 11 人，而发达国家这一数字接近或超过 100 人。从综合实力来看，我国专业技术人才综合实力也比较低，国际竞争力不强。我国经济较发达的上海，高层次人才仅占人口比例的 0.51%，为日本的 1/10、新加坡的 1/3，远远低于发达国家水平。我国高层次专业技术人才总量不足，难以满足我国发展和建设创新型国家的需要，已成为制约我国核心竞争力进一步提升的瓶颈。

另一方面，专业技术人才队伍结构不合理。这主要表现在：①分布不合理。由于地理环境和区域经济的影响，我国专业技术人才多分布在经济文化比较发达地区，西部地区的专业技术人才不仅少而且外流严重。②年龄结构不合理。我国高层次专业技术人才老化现象严重，后继乏人问题突出。③专业结构不合理。从专业领域分布看，我国专业技术人才主要集中在自然科学领域，而历史学、哲学、法学等人文社会科学领域较少。作为我国"高层次创造性人才计划"核心部分的"长江学者计划"，在其所聘任

---

① 《专业技术人才中长期人才发展规划（2010～2020 年）》（2011 年 6 月 27 日）。

的特聘教授和讲座教授中，自然科学领域的高层次人才远远多于人文社会科学领域，应用研究领域的高层次人才远远多于理论研究领域。

（二）专业技术人才的建设目标

根据《国家中长期人才发展规划纲要（2010～2020年）》目标要求，要适应社会主义现代化建设的需要，以提高专业水平和创新能力为核心，以高层次人才和紧缺人才为重点，打造一支宏大的高素质专业技术人才队伍。到2015年，专业技术人才总量达到6800万人。从事研究开发的科学家和工程师达到200万人年，每万劳动力中从事研究开发的人员达到33人。高、中、初级专业技术人才比例为10：38：52。在高等院校、研究机构、重点企业形成一批在优势领域具有世界水平的创新人才团队。培养造就一支活跃在世界科技前沿，跻身国际一流的专家队伍。专业技术人才流动的体制性政策性障碍基本得到解决，评价、使用、激励保障制度趋于完善，人才公共服务体系以及中国特色的专业技术人才工作法律法规体系框架初步建立，人才成长发展环境得到明显改善。

到2020年，建成一支能够支撑和引领我国现代化建设、规模宏大、结构合理、素质优良、具有强大国际竞争力的专业技术人才队伍，专业技术人才总量达到7500万人，从事研究开发的科学家和工程师达到250万人年，每万劳动力中从事研究开发的人员达到43人年。高、中、初级专业技术人才比例为10：40：50。涌现出一批具有世界领先水平的科学家和研究团队。具有原创能力的创新人才团队由重点院校和国有科研机构向具有国际竞争力的企业集团和社会组织扩展。从事现代服务业、社会和文化事业的专业技术人才队伍数量大幅增长。社会化、科学化、法制化的专业技术人才管理体制基本建成，市场机制调节与政府宏观调控相结合的专业技术人才开发机制基本健全，与社会主义市场经济体制相适应的专业技术人才工作制度体系基本完善，具备与经济社会发展要求同步更新的适应能力。

（三）专业技术人才测评现状

尽管我国在专业技术人才的评价方面，已初步建立了一套旨在充分调动专业技术人才为目的的人才激励机制和评价办法，在调动技术人才积极性方面，也起到了良好的作用并产生了一定的激励效果。但随着市场竞争日益激烈，我们的人才评价机制在充分调动专业技术人才积极性和人才队伍结构的战略调整方面与当今适应科学技术迅猛发展和建设国际一流企业对高素质人才的迫切需要相比，还存在一些差距和不足。

1. **专业技术人才评价受到外来因素干扰，影响评价工作**

一方面是政府主导因素的影响。专业技术职称评定目前仍是由政府部门主导进行评价，政府掌握着评价的指标，同时又对专业技术人才职称评定的审核拥有导向性，从评价标准和程序的制定到实施都有行政介入，领导和相关政府部门不一定了解这些人，评价出来的结果就可能会存在偏差。

另一方面是经济因素的介入。由于评价结果可以带来大量的科研资源，从而使人才评价成为利益集团争夺的焦点，导致经济因素的介入，以争取资源的数量代替评价标准。职称评定的结果与个人的薪酬待遇相联系，有职称便意味着待遇等方面的改善，容易出现拉关系和暗箱操作等现象，直接滋长腐败和不正之风。

2. **专业技术人才评价管理缺位**

一方面是缺乏对评价过程的监督。由于人才评价标准的不确定，同行之间密切的人际关系，出于共同利益的考虑使得内部监督缺乏力度；外部监督机制一般是由政府或科研管理部门建立专门的监督管理机构，对人才评价的客观公正性进行监督，但目前外部监督也存在缺失。

另一方面是缺乏对评价实践的管理。由于现有的评价工作多是政府行为，加上职称评价的终身制，评价后管理松散，使得部分人员在获得职称后便停滞不前，不思进取，向国家向组织提出各种要求，高一层次的人才在能力、业绩方面还不如低一层次的人才，又反过来影响了人才评价的公正性。另外，在职称评定与薪酬待遇相连的大背景下，中西部地区还存在着评价后经费和管理难以跟进的问题。

3. **评价组织难以保证评审结果的公正**

现行的评价组织均是依照某一需要进行的人才评价而由单位或部门组建起来的，担任评价工作人员的评价资格也是由单位或部门推荐确定的，其业务水平在一定范围内可能是出类拔萃的，但在其他方面就不易把握和控制，如政策水平、综合能力、全局观念等，再加上"无记名投票"这一带随意性的评价方法影响，职称评审过程中因受人情、关系的影响等，就难以保证评审结果的公正性。

三　专业技术人才评价的重点

长期以来，职称评定是各类专业技术人才必须面对的问题。《中共中央国务院关于进一步加强人才工作的决定》明确了"专业技术人才的评价重在社会和业内认可。以打破专业技术职务终身制为重点，研究制定深化职称制度改革的指导意见。全面推行专业技术职业资格制度，加快执业资格制度建设。积极探索资格考试、考核和同行评议相结合的专业技术人才评价方法。发展和规范人才评价中介组织，在政府宏观指导下，开展以岗位要求为基础、社会化的专业技术人才评价工作。积极推进专业技术人才执业资格国际互认"。

《国家中长期人才发展规划纲要（2010～2020年)》对于职称制度改革的新规定并不明显，但是这不等于就没有新规定。其实有许多新规定与新要求是隐含在其中的。如文件中强调"职称标准的制定要求分类化，资格与聘用分离，突出用人单位聘用的自主权；要求建立以岗位绩效为基础，以能力素质为标准，以业内认可与社会认可为手段的社会化评价机制"。因此，对专业技术人才，要坚持"社会和业内认可"，在打破专业技术职称终身制的同时，探索资格考试、考核和同行评议相结合的评价方法。

《专业技术人才中长期人才发展规划（2010～2020年)》指出"坚持德才兼备、以德为先的识才、选才、用才标准。把品德、知识、能力、业绩和贡献作为衡量人才的主要标准，不唯学历、不唯职称、不唯资历、不唯身份，不拘一格选人才。牢固树立人人都可以成才的观念，积极为广大专业技术人员成才创造有利条件，鼓励多出人才、快出人才、出好人才"，"以深化职称制度改革为动力，实现对专业技术人才的科学评价。坚持以职业分类为基础，以能力和业绩为导向，完善重在业内和社会认可的专业技术人才评价机制，形成科学、分类、动态、面向全社会各类专业技术人才的职称制度。发展专业技术人员职业水平评价制度，提高社会化程度；完善专业技术职务任职评价制度，落实用人单位在专业技术职务（岗位）聘任中的自主权。积极推进职称制度框架体系研究，创新和改进完善职称评价的手段和方式，为科学、客观、公正地评价专业技术人员提供制度保障，为各类用人单位使用专业技术人员提供基础和依据，为专业技术人员职业发展开辟宽广的通道"。可见，对专业技术人才评价的重点在于"社会和业内认可"。

四　专业技术人才"达系"测评体系

世界科技发展日新月异，知识经济已见端倪。人才，尤其是专业技术人员，正在成为社会进步和经济发展的决定因素。专业技术人员是知识型人才的一种，由于受教育程度的不同，知识型人才在个人特质、心理需求、价值观念以及行为方式等方面有很大不同。因此，新的形势要求专业技术人才评价工作要适应新的变化，有新的发展。我们构建的专业技术人才"达系"测评体系如下：

（一）德达及其包含的主要内容

在科技高度发达、人才起决定意义的时代，单个个体所能影响的不再只是他所处的组织，他可以凭借个人所获得的信息和技术影响整个国家甚至整个世界，而且随着人才在国家发展社会进步中所起到的作用越来越大，其可能造成的影响也将越来越大。因此，在专业技术人才测评的过程中，要把好"德"字关。一般来讲，良好的职业道德教育，献身科技、服务社会的历史使命感和社会责任感是对专业技术人员的基本要求。

1. 职业道德

这是社会公德在职业生活中的具体体现，用来衡量专业技术人才是否爱岗敬业、乐于奉献、自觉履行岗位职责、努力做好本职工作、言行符合职业伦理规范要求。

2. 政治立场

指在政治上的方向和原则。

3. 工作作风

指在从事本职工作过程中表现出来的工作主动性、积极性，体现对该工作的责任心、奉献精神和敬业精神。严肃、严格、严密、严谨的科学态度，实事求是，踏实认真。

4. 合作精神

尊重合作者和他人劳动、权益的崇高风尚，健康的学术讨论和尊重学术领域中不同意见的学术民主风尚。

5. 科研诚信

弘扬科学精神和人文精神，坚持真理、潜心研究、勇于创新的学术风气，遏制学术造假现象，净化学术环境和学术风气。

6. 遵纪守法

用来考察专业技术人才是否依法办事，严格遵守各项规章制度等。

（二）能达及其包含的主要内容

能力主要指专业技术人才的业务能力，是其所具备的素质、知识和技能的集合。

1. 知识获取能力

指具有知识的搜寻、学习、消化吸收以及将知识固化到自身专业技能中的能力。如掌握先进的专业技能，利用先进信息手段了解本专业领域的最新技术动态。

2. 应变能力

指在突发事件发生后的应变应急措施的管理和实施。

3. 理解执行能力

指为完成工作任务、实现奋斗目标而应具备的政策理解实施的本领和才能。

4. 沟通协作能力

是专业技术人才必不可少的技能之一，指在社会生活和工作实践中与他人沟通和交流、与他人共事和相处的能力。

5. 学习能力

表现为获取知识、分享知识、使用知识、创造知识、提升自身，推动社会发展、进步的能力，它可以动态地衡量专业技术人才综合素质高低与竞争力的强弱。

6. 技术应用能力

是指利用某种专业技术知识和专长在特定领域从事技术的应用与运作的能力。

7. 创新能力

不迷信权威，善于独立思考，敢于先行先试，从常人不经意的细微之处受到启迪，反复琢磨，萌发创意，在实践中不断检验和实践创新理念，不断提升自主创新，并取得一定的开创性研究成果。

（三）绩达及其包含的主要内容

专业技术人才评价应以业绩贡献为基础和导向。业绩贡献包括工作完成情况、工作质量和效果、人才培养、突出贡献、团队绩效等方面。

1. 工作完成情况

指专业技术人员完成岗位职责工作状况。如承担主要项目的数量、参与研究的情况等。

2. 工作质量和效果

指专业技术人员完成岗位工作的质量和完成效果。

3. 受表扬（表彰、获奖）次数

指工作中受到表彰、获奖等次数。

4．行业认可度

所作工作被所在行业和社会认可的程度。

5．突出贡献

指专业技术人员在解决面临的新难点和新问题中所发挥的突出作用，以及在重要的技术攻关项目中做出的经济和社会贡献。

6．人才培养

指专业技术人员传授技艺、培养人才的效果。作为一名专业技术人员，除了本身具备扎实的理论功底和专业技能之外，带动和培养出新的专业骨干的作用也非常重要。

（四）体达及其包含的主要内容

没有一个好的身体，就没有充沛的体力和精力，影响能力发挥及对事业的贡献。身体素质同样包括专业技术人才的身体状况和心理健康情况。专业技术人才肩负的科研工作繁重，尤其需要健康的身体与充沛的精力。具体内容参见第四章体达测评体系。

（五）识达及其包含的主要内容

知识能力水平是专业技术人才评价指标体系的重要因素，也是专业技术人才个体发展与事业成功的主要因素。除学历外，还包括知识更新以及工作经验等内容。

1．知识含量

在现代社会中，社会分工越来越精细，专业方向越来越多，这种发展趋势事实上对专业技术人才的知识含量提出了更高要求，即对专业技术人才所掌握的专业知识的深度，及其广度有了更高要求。[1]

2．知识更新

指获取知识的能力。随着时间的推移，新的专业技术问题不断涌现，要解决新问题必然要运用新知识、新方法。因此，专业技术人才在工作中，除了及时总结过去的经验外，还需要不断自学，更新自己的知识结构，全面提高自身素质，成为终身学习的实践者。

3．实践经验（工作阅历）

指通过从事一段时间的具体工作而积累的知识。可用工作时间的长短、工作地点以及工作行业来评价。

---

① 陈鼎杰：《创新型专业技术人才评价问题探讨》，《东南学术》2009 年第 4 期。

4. 知识结构

反映的是人才的知识广度和宽度，如具有文学、理学、法学、哲学等与工作、生活密切相关的知识和常识等（见表5－3）。

表5－3　专业技术人才测评“达系”的基本要素框架

<table>
<tr><th></th><th>一级指标</th><th>二级指标</th><th>三级指标</th></tr>
<tr><td rowspan="21">人才测评“达系”</td><td rowspan="4">一、德达</td><td>（一）德达</td><td>1. 职业道德；2. 敬业精神；3. 工作作风……</td></tr>
<tr><td>（二）政达</td><td>1. 政治立场；2. 政治行为……</td></tr>
<tr><td>（三）廉达</td><td>1. 组织纪律观念；2. 法制观念……</td></tr>
<tr><td>（四）诚达</td><td>1. 合作精神；2. 科研诚信；3. 个人信用……</td></tr>
<tr><td rowspan="6">二、能达</td><td>（一）预达</td><td>1. 知识获取能力；2. 信息处理能力；3. 逻辑思维能力……</td></tr>
<tr><td>（二）策达</td><td>1. 推理能力；2. 机遇把握能力；3. 理解执行能力……</td></tr>
<tr><td>（三）智达</td><td>1. 情绪稳定性；2. 自我约束力；3. 应变能力；4. 技术应用能力……</td></tr>
<tr><td>（四）容达</td><td>1. 宽容心；2. 倾听能力；3. 采纳别人意见能力；4. 矫正思想能力……</td></tr>
<tr><td>（五）通达</td><td>1. 语言表达能力；2. 沟通协调能力；3. 人际关系能力；4. 合作（协作）能力……</td></tr>
<tr><td>（六）创达</td><td>1. 创新信念；2. 创新思维；3. 创新技能；4. 创新素质……</td></tr>
<tr><td rowspan="4">三、绩达</td><td>（一）数达</td><td>1. 完成工作数量……</td></tr>
<tr><td>（二）质达</td><td>1. 质量和效果；2. 行业认可度……</td></tr>
<tr><td>（三）经达</td><td>1. 经济效益；2. 突出贡献……</td></tr>
<tr><td>（四）社达</td><td>1. 社会效益；2. 人才培养……</td></tr>
<tr><td rowspan="4">四、体达</td><td>（一）形达</td><td>1. 身体质量指数；2. 特殊性要求……</td></tr>
<tr><td>（二）精达</td><td>1. 精力充沛；2. 疾病抵抗力；3. 亚健康情况……</td></tr>
<tr><td>（三）内达</td><td>1. 常见疾病史及发病情况……</td></tr>
<tr><td>（四）理达</td><td>1. 心理乐观；2. 意志力；3. 心理调适力……</td></tr>
<tr><td rowspan="3">五、识达</td><td>（一）学达</td><td>1. 学历；2. 职业资格；3. 知识含量……</td></tr>
<tr><td>（二）验达</td><td>1. 工作时间；2. 工作地点……</td></tr>
<tr><td>（三）综达</td><td>1. 专业知识；2. 知识更新……</td></tr>
<tr><td></td><td colspan="2">一票否决</td><td>出现重大事故或其他重大情况</td></tr>
</table>

五　专业技术人才测评需要注意的问题

（一）要把专业技术人才测评的重点放在社会和业内认可上

随着市场经济的不断发展，人才配置市场化程度的提高，专业技术人才评价工作要从原来在单位内部、系统内部进行，逐步实现社会化。不断创新评价方式，充分发挥同行、服务对象和业内专家在评价工作中的作用，形成多元化、立体化、业内公认的评价，使之更加科学、合理、公平、公正、透明，更具公信力。在评价标准体系中，按照"模块化"动作模式，将评价条件分解为品德、能力、业绩、体质和知识等要素，分别打分，实行量化评价，其中能力和业绩在整个评价过程中要占到一半以上。学历、资历、论文不再作为专业技术职务评价的首选，能力、业绩要取代学历、资历、论文等成为职称评审的首要条件。在专业技术职务评价中对业绩平平、能力低下、达不到规定条件的专业技术人员要敢于不授予专业技术职务任职资格。

（二）要创新专业技术人才评价程序

逐步建立高效、公正、权威的社会化申报评审平台，加快构建便捷高效的专业技术人才评价工作的社会化服务体系，以满足不同类型、不同层次、不同群体人才的需求。制定简便易行、公开透明、规范有序的评价程序，进一步完善评价软件，试行网上填写表格、报送材料，网上传阅申报材料，网上评价，网上查询评审结果。同时，建立以考查专业技术人员创新能力和工作业绩为主的科学、客观、公正的人才评价标准，把政治素质、学术水平、业务能力、工作业绩等项作为评审要素细化、量化，以此来确定具体的评议内容。在评价中，可采用笔试、人机对话、实际操作、演讲答辩等多种手段开展评审工作，使评价科学合理。

（三）要对特殊专业技术人才实行特殊评审政策

要根据人才就业方式和职业发展新特点，拓展专业技术人才评价的专业领域，探索个性化的评价服务，充分调动专业技术人才和有突出贡献专业人才的积极性和创造性。一是对获得国家发明专利或实用专利、专利应用达到一定规模、取得显著经济效益的专业技术人员可不受学历、资历限制，职称评审应予以破格。二是企业专业技术人员论文数量不作限制性要求，对论文达不到规定要求者，可提供能反映其能力和贡献的科技改造、技术改造、发明专利、研发项目、工艺方案、技术鉴定报告、项目可行性方案、行业标准等替代，进一步突出对企业工程技术人员创新能力的评价。三是对获得科技进步奖、技术发明奖、自然科学等奖项的主要完成人，可组织专家评委团，以面试答辩的方式，破格评审专业技术资格。

第四节　高技能人才测评达系

高技能人才作为我国人才队伍的重要组成部分，是推动技术创新和实现科技成果转化不可缺少的重要力量。高技能人才队伍建设对于加快产业优化升级、提高企业自主创新能力、提升企业竞争力都具有非常重要的作用，培养一大批结构合理、素质优良的技术技能型、复合技能型和知识技能型高技能人才，对于我国走新型工业化道路具有极其重要的意义。

一　高技能人才建设及评价的作用

按照《高技能人才队伍建设中长期规划（2010～2020年）》的解释，高技能人才是指具有高超技艺和精湛技能，能够进行创造性劳动，并对社会作出贡献的人，主要包括技能劳动者中取得高级技工、技师和高级技师职业资格的人员。[①] 高技能人才是我国人才队伍的重要组成部分，是各行各业产业大军的优秀代表，是技术工人队伍的核心骨干，在加快转变经济发展方式、促进产业结构优化升级、提高企业竞争力、推动技术创新和科技成果转化等方面具有重要作用。

（一）高技能人才建设的意义

走新型工业化道路，加快产业优化升级，全面提升企业核心竞争力，迫切需要大力加强高技能人才队伍建设。

---

① 《高技能人才培养体系建设"十一五"规划纲要有关名词解释》中的解释略有不同，其解释为：高技能型人才是在企业生产加工一线的从业者中，具备丰富扎实的专业知识，有精湛过硬的动作技能、知性技能、心智技能，能够在关键环节发挥作用，能够解决生产技术难题，推动技术革新的人员。主要包括技能劳动者中取得高级技工、技师和高级技师职业资格及相应职级的人员，可分为技术技能型、知识技能型、复合技能型三类人员。可以认为，高技能人才是在生产、运输和服务等领域岗位一线，熟练掌握专门知识和技术，具备精湛的操作技能，并在工作实践中能够解决关键技术和工艺的操作性难题的人员。主要包括技术技能劳动者中取得高级技工、技师和高级技师职业资格及相应职级的人员；大专以上学历的技术工人、高级技工、一定级别（如县级）以上技能比赛获奖者。如高级车工、高级模具钳工、汽车维修技师、烹饪高级技师、高级美容师等。职业领域涉及商业、服务业人员和生产、运输设备操作人员等。

1. 加强高技能人才建设是转变经济发展方式的需要

加快转变经济发展方式和调整优化经济结构，对加强高技能人才素质培养提出新要求。加快转变经济发展方式，关键是实现我国经济由主要依靠增加物质资源消耗向主要依靠科技进步、劳动者素质提高、管理创新转变，这对高技能型人才提出了数量、质量和结构的要求。加快发展先进制造业，需要具有精湛技艺和掌握核心技术的高技能型人才队伍；促进现代服务业的发展，需要掌握现代服务技能的高技能型人才；加强基础产业建设，需要提升高技能型人才队伍素质。建设资源节约型、环境友好型社会，也需要高技能型人才。随着产业升级和技术进步，特别是信息化、自动化技术的发展，具备高超技能、良好理论和技术知识素养、一专多能的高技能人才将成为高技能人才队伍的需求主体。

2. 加强高技能人才建设是提高劳动生产率的根本出路

企业技术创新，需要高技能型人才的推动。实现自主创新，不仅依赖科技人才，也需要高技能型人才。高技能人才是技术工人的核心和骨干，是企业核心竞争力和综合实力的重要体现。高技能型人才是企业技术创新的推动者和创新技术成果的应用者，对促进创新起着无可替代的作用。

3. 加强高技能人才建设是增强国际竞争力的需要

我国企业与国外企业特别是国际著名跨国公司相比，差距还很大。我国产业工人队伍素质偏低，高技能人才严重短缺，已经成为制约企业发展的一个瓶颈，这种状况如不改变，我国企业的竞争力将受到严重影响，也无法与国际一流企业进行竞争。

（二）高技能人才评价的作用

高技能人才评价，是对高级工以上技能人才的考核和评定，是职业技能鉴定的一个重要组成部分，科学合理的评价机制，可以使各职业领域、各类群体中的高技能人才都能得到科学、规范、及时的评价，为他们实现就业和职业生涯发展铺平道路。随着经济社会发展对各类高技能人才的需求大幅提升，人才评价技术在高技能人才培养使用中的作用会越来越大。

二　我国高技能人才队伍建设及其测评现状

（一）高技能人才队伍建设现状及存在的问题

近年来，我国高技能人才队伍建设取得了长足的进展，明晰了高技能人才工作的战略地位，改善了高技能人才的成长环境，初步形成了高技能人才的评价体系，高技能人才数量稳步增长。2005 年底，全国高技能人才为 2239 万人。根据 2010 年度我国首次全口径人才资源统计，截至 2010 年年底，我国高技能人才资源总量为 2863.3 万人。

尽管我国高技能人才建设取得了一定的成绩，但仍存在一些亟待解决的问题，具体表现在以下三个方面：

一是数量短缺，高技能人才总量不足。高技能人才市场供需不平衡。目前，我国制造业从业人员有 1.4 亿人，其中技术性工人约占 50%。但在这 7000 万技术工人中，初级工占 60% 以上，中级工占 35%，高级技术人才仅占 4%；而日本、德国等发达国家高级技术人才所占比例达到 40%。特别是制造、加工等传统产业和电子信息、航空航天等高新技术产业及现代服务业领域，高技能人才严重短缺，已成为制约经济社会发展和阻碍产业升级的瓶颈。

二是高技能人才结构不合理。现有技能人才队伍的等级构成、职业工种构成、知识和技能结构等不能适应产业结构调整、技术设备更新的需要。产业分布结构不合理，高技能人才主要集中在城市开发区和传统产业，而生物技术、现代医药、环保、计算机技术、信息技术等高新技术的朝阳产业人才短缺。传统产业虽有一部分高技能人才，但缺乏年轻、知识面广的高技能人才，而新兴的高新技术领域，则缺乏具备综合素质的现代高技能人才。高技能人才年龄结构不合理，高技能人才的老化现象突出，青年高级技能人才严重短缺。随着老一代高技能人才逐渐退出劳动领域，企业原本就奇缺的高技能人才将后继乏人。

三是培养机制不成熟。随着经济全球化和高等教育的大众化，我国高职教育规模迅速扩大，办学模式逐步趋向多元化，但人才培养模式至今未脱离中职或普通高等教育的影响，人才培养质量很难适应市场主体的需要。因此，从总体上看，高技能人才培养基础还比较薄弱，成熟的高技能人才培养体系仍未建立；高技能人才评价、激励、保障机制尚不健全，与走新型工业化道路、优化产业结构和转变经济增长方式的要求相比，无论是高技能人才总量，还是结构和素质，都还不能适应经济社会发展的需要。

（二）高技能人才队伍建设的目标

根据《国家中长期人才发展规划纲要（2010～2020 年）》，要适应走新型工业化道路和产业结构优化升级的要求，以提升职业素质和职业技能为核心，以技师和高级技师为重点，形成一支门类齐全、技艺精湛的高技能人才队伍。到 2015 年，高技能人才总量达到 3400 万人。到 2020 年，高技能人才总量达到 3900 万人，其中技师、高级技师达到 1000 万人左右。①

（三）高技能人才评价的现状及问题

目前，对高技能人才评价标准主要依据国家职业标准，其主要手段是通过职业技能鉴定，而职业技能鉴定工作不论是从标准到技术、从内容到方法都不能满足企业技能人才培养的需要。从目前看，高技能人才评价工作存在三大不足：

1. 评价工作滞后，影响高技能人才的成长

评价系统存在缺陷，应试、培训不系统，尤其缺乏指标性的测评和综合性的评价，只是单纯的理论和实操考试。一方面一些通过社会化考评拿到技师、高级技师等职业资格的人才在企业不一定得到认同，拿到资格的人在企业里的作用并不明显；另一方面，许多在企业生产一线成长起来的高技能人才不能获评相应的高技能证书。如一些企业里的技术骨干和传统工艺的老员工都未必能通过高技能资格认证，其能力和才干没有得到应有的体现，成长受到制约，积极性、主动性和创造性受到严重影响。

2. 评价质量不高，影响评价工作的科学性、规范性和权威性

一些企业对高技能人才评价指标内容不切实际，量化指标少，定性评价多，结合企业实际生产情况的考核指标不多。此外，一些地区、行业的鉴定机构存在严重的质量问题，鉴定程序不够规范，存在以假乱真、以次充好、以低顶高等现象。对高技能人才的评价，缺乏科学性、规范性和权威性，直接影响高技能人才的社会声誉。

3. 高技能人才评价与培养、使用、激励等环节没有形成有效联动

高技能人才评价应该作为岗位使用与待遇的依据，并能够引导劳动者参加培训，提高技能。但在实际工作中，评价工作还存在与企业实际需求脱节的现象，评价工作还没有发挥应有的作用。一是社会化鉴定不能完全满足企业高技能人才评价的需要，其鉴定职业能力以考为主，在一定程度上存在"能考不能干"的问题；二是企业作为用人主体，更关心员工的绩效，认为高技能人才是"干出来的"，希望从实践中选拔高技能人才；三是

---

① 《国家中长期人才发展规划纲要（2010～2020 年）》（2010 年 6 月 6 日）。

技能鉴定标准覆盖面窄，不能满足企业技能人才评价需要；[1] 四是目前还没有建立与国家职业标准和国家职业技能鉴定规范相结合的培训标准规范、质量评价体系；五是评价结果没有与职位晋升、薪酬福利、休假疗养等政策制度有效挂钩，人才评价的导向激励作用还没有得到充分发挥。

4. 评价内容与岗位工作脱节

随着企业产业结构的调整升级，企业对技能人才的技能需求已经从传统的操作技能向提高科技含量和复合型技能转移，在现行的技能评价考核工作中，常常会遇到考核者参加考核的内容与其所在岗位工作脱节，造成一些确有实际工作能力和水平、深受企业欢迎但不具备某些方面知识的人员得不到职业技能资格，但一些通过了社会考核取得资格的人员却又不一定能得到企业承认的尴尬现象。

三 高技能人才评价的重点和难点

（一）高技能人才评价的重点

企业是技能人才培养和使用的主体，也应该是技能人才评价的主体，应该把高技能人才评价的主导权更多地交给企业。高技能人才评价体系应该让企业走到前台，应放在能力与业绩上。

《推进企业技能人才评价工作指导意见》指出，高技能人才要按照建立以职业能力为导向，以工作业绩为重点，注重职业道德和职业知识水平的技能人才评价体系总体要求，指导企业依据国家职业标准，结合企业生产（经营）实际，采用贴近生产需要、贴近岗位要求、贴近职工素质提高的考核方式，对职工技能水平进行客观、科学、公正的评价，努力使企业技能人才结构更加合理，高技能人才更快成长，并带动各等级技能劳动者队伍的梯次发展。[2]

《关于进一步加强高技能人才工作的意见》指出，高技能人才评价要进一步突破年龄、资历、身份等限制，对符合国家职业标准规定条件的后备高技能人才，应及时提供技能鉴定服务；对在岗工作多年并具有相应技能水平和实践经验的在职职工，要普遍开展技能评价认定；对在职业技能竞

---

[1] 彭立波、陈显坤：《对高技能人才评价的思考》，《重庆电力高等专科学校学报》2010 年第 3 期。

[2] 《关于印发〈推进企业技能人才评价工作指导意见〉的通知》（2008 年 6 月 20 日）。

赛中涌现出来的优秀技能人才，可按规定直接晋升职业资格或优先组织参加技师考评，对专业技术人员和生产管理人员等有意愿参加考核鉴定的其他各类人才，要同等提供评价服务。[①]

《关于进一步加强人才工作的决定》指出，要完善技能人才的职业资格证书制度，推进技师考评制度改革，实行培训、考核、使用和待遇相结合，逐步建立统一标准、自主申报、社会考核、企业聘用的高技能人才成长机制。进一步提高高技能人才的社会地位，优化高技能人才成长的社会环境。[②] 可见，高技能人才评价的重点是要以职业能力为导向，以工作业绩为重点。

（二）高技能人才评价的难点

岗位职业工种级别跨度大。国家职业标准规定工人技术等级为初、中、高、技师、高级技师五个级别。每个级别的晋升年限相对较长，按照国家职业资格鉴定要求，从一名初级工成长为高级工至少需要 10 年左右，而一名高级技工到高级技师还需要 10 年左右的时间，这很不利于调动职工工作积极性，不利于企业掌握职工的真实技能水平。等级之间的跨度较大，晋升时间过长，不利于职工职业生涯的发展。

工种岗位人员配置差距大。职业是具有一定特征的社会工作类别，它是一种或一组特定工作的统称。我们以往经常使用"工种""岗位"等概念，实质上就是将职业按不同需要或要求进行的具体划分。一般来说，一个职业包括一个或几个工种，一个工种又包括一个或几个岗位。因此，职业与工种、岗位之间是一个包含和被包含的关系。如在电力行业中，一个工种包括一个或几个岗位的情况太多，各地区、各单位对同一个工种所配置的人员也不尽相同。再如，农网配电营业工，则包括了抄收、核算、用电监督检查、配电线路运行与维护等岗位，要按国家职业标准，正确、完整评价一名高级农网配电营业工，是有一定的难度。

四　高技能人才"达系"测评体系

高技能人才的"高"主要体现在：综合素质高；对前沿技术水平，设

---

① 《中共中央办公厅国务院办公厅关于进一步加强高技能人才工作的意见》（2006 年 4 月 18日）。

② 《中共中央国务院关于进一步加强人才工作的决定》（2003 年 12 月 26 日）。

备技术含量的了解和掌握程度高；技术技能复合程度高；操作能力高，体现在能操作生产过程关键技术和解决疑难问题；创新能力水平高，体现在不断汲取新知识，拓展新技能。因此，高技能人才评价体系的建立，应以核心能力模型为基础，注重职业道德，突出能力业绩，强调技能应用，体现团队合作。

（一）德达及其包含的主要内容

"德达"重点评价高技能人才遵守国家法律法规和企业规章制度、工作责任心和积极性、岗位之间团结协作的品质。要以忠诚度、责任心等为主要内容，衡量高技能人才职业道德水平和个人素质。

1. 职业素质

指有高度的社会责任感和服务意识，艰苦创业的意识，立志岗位成才和终身学习的服务意识。

2. 爱岗敬业

热爱本职工作，对本专业工种有浓厚的兴趣和深厚的感情，立足岗位刻苦钻研技术业务。

3. 工作态度

具有端正的工作态度是一个高技能人才最基本的工作要求。只有在工作中具有高度的工作热忱、强烈的责任心及敬业的工作态度才能真正在工作岗位上发挥自身的真正价值。

4. 遵守法纪

遵守法律法规和企业的规章制度，有没有违法违章，是否受到纪律行政处分。

（二）能达及其包含的主要内容

"能达"主要指高技能人才的业务能力，是高技能人才所具备素质、知识和技能的集合。[①]

1. 基本操作技能

指某一个工种以及这个工种细分的工作岗位所必须具备的最基本的操作技能，是能否做好本岗位工作最基本的工作要求，也是该工种该岗位完

---

① 人力资源和社会保障部职业能力建设司职业技能鉴定中心编《企业技能人才评价工作技术指导手册》，中国劳动社会保障出版社，2011，第49～50页。

成任何工作任务的工作基础。具体包括：动手能力和实践操作能力。动手能力和实践能力是高技能人才的最基本的能力。高技能型人才要有很强的手脑并用的综合能力，他们熟悉现场工作环境、工作规则以及工作的协调合理性，能够熟练掌握和运用包括专业技能和特殊技能在内的各种岗位通用的基本技能。高技能型人才能够完成非常规性技术任务或技术较复杂、难度较高的工作。由于高技能型人才具有丰富的生产实践经验和先进的技术知识，因此他们能够及时发现、处理生产作业中的技术故障，能够有效解决关键的技术难题和实际操作难题。

2. 岗位适应能力

高技能型人才现场适应能力强，精通本专业主要工种和设备的操作技能，同时掌握相关专业知识技术，能够把专业经验和综合经验结合起来，把单一技能和复合技能结合起来，使他们能够很快适应岗位变动。尤其是对于复合型高技能型人才，这种适应能力不仅表现在相同专业岗位的流动方面，更表现在相近专业岗位之间的流动方面。这种适应能力是其他一般技能型人才所无法比拟的，正是因为他们具有这种能力，熟知整个生产流程，他们可以从技能操作岗位向一线生产管理岗位转岗。

3. 岗位关键操作能力

岗位关键操作能力是在具备岗位基础操作技能的基础上，为完成工作任务要求所具备的更具体更重要的操作技能，是该工作任务能否按时完成、完成的质量和效果如何的关键性的技能。如事故处理能力是指能够对紧急情况进行及时处理，采取有效的应变措施，并控制和排除故障的能力。节能降耗能力是指在工作中，能够有使产出收入大于成本的意识，并积极主动地寻找节能降耗的技巧。质量保证能力是指能够在一定程度上理解生产工艺流程、步骤或工作的计划，以确保可以交付预期的结果。安全生产能力是指能够在生产过程中严格遵守相关的安全生产条例，并树立全局的安全意识的能力等。

4. 创造能力

高技能型人才的创造性主要表现在能将传统技能与创造性技能高度结合，从事工艺革新、技术改造、流程改革及发明创造。而一般的技能人才主要是动作技能的重复，其知识技能和心智技能化的程度较低，所以其创造能力也比高技能型人才低。如解决问题的能力是指能够找到合适的方式和方法分析生产过程中存在的难题，并能提供解决措施的途径的能力。技术革新能力是指能够结合技术发展方向，对工艺和设备等进行改进和创新的能力。解决关键技术难题的能力是指在生产过程中或者在技术革新过程中遇到操作性的关键技术难题，能够不退缩、迎难而上，积极并及时地寻找解决方法来克服困难的能力等。

（三）绩达及其包含的主要内容

业绩主要指高技能人才的工作业绩。业务能力与工作业绩具有相互作用、相互促进的辩证关系。"绩达"重点评定高技能人才在工作中取得的业绩和成果，现场解决技术问题情况，技术改造和革新等方面情况及传授技艺、培养指导徒弟等方面的成绩。

1. 工作质量

按照企业的工艺要求保证产品的质量，并且在保证企业产品工艺要求的前提下，具有较高的工作效率。

2. 工作效益

通过运用掌握的新技术、新工艺提高生产效率或提高产品质量等为企业创造较好的经济效益或者能主动提出措施并采取有效手段为企业节约生产成本。

3. 安全生产

在生产工作中，能够严格执行技术工艺操作规范，按照步骤要求进行，没有发生任何安全事故，或者能有效防止和排除各种事故隐患。

4. 现场排除技术故障

在生产现场出现技术故障或者其他相关操作难题时，能够及时准确地解决和排除故障，确保事故不能发生，并在较短时间内让生产恢复正常以保证生产过程的顺利进行。

5. 技术革新成果

通过对已有技术进行刻苦钻研，不断创新，使技术向前发展，获得创新成果。

6. 技术竞赛获奖

高技能人员参加职业技能竞赛，并且在竞赛中取得名次。

7. 传授技艺情况

传授技艺是指导本职业高级工以下人员进行实际操作并传授本专业技术理论知识，即"师带徒"。

（四）体达及其包含的主要内容

身体素质是人才满负荷工作的基础，它包括高技能人才的身体健康状况和心理精神状况。具有健康的体魄和良好的心理素质，是从事一切工作的前提。具有良好的身体体能，才能胜任本专业岗位工作。具有较好的心理素质，才能在工作中讲求协作，对在竞争中遭遇挫折具有足够的心理承受能力。具体内容参见第四章体达测评体系。

（五）识达及其包含的主要内容

高技能人才的基本特质决定了其成长之路必走理论知识与实际操作技能并重、理论知识水平与实际操作能力相互促进之路。高技能人才成长需要完善的、系统的理论知识和经验知识，也就是说科学、合理的知识结构是高技能人才成长的基础和前提。[①] 对于高技能人才的"识达"重点考核职业及岗位相关的必备职业知识。

1. 文化和基础知识

文化知识包括计算机、写作方面的知识。基础知识主要是指比较浅显的自然科学、社会科学、思维科学以及一些新兴学科的常识。

2. 专业及相关学科知识

包括该行业基础知识，该工种该岗位的专业技术知识。

3. 绝技绝活

高技能型人才的绝技绝活实际上是一种蕴涵在他们体内的、不容易被别人观察和学习到的隐性技能或知识。这些技能难于模仿，也很难通过语言和观察等进行传授，即使接受了他们的传授，也未必就能够达到他们的水平，因此这是一种隐性技能，正是这种隐性技能构成了他们的竞争优势（见表5-4）。

表5-4　高技能人才测评"达系"的基本要素框架

一级指标	二级指标	三级指标
人才测评"达系"	一、德达	（一）德达	1. 职业素质；2. 爱岗敬业……
		（二）政达	1. 政治态度；2. 政治行为……
		（三）廉达	1. 遵纪守法；2. 公道正派……
		（四）诚达	1. 求真务实；2. 个人信用……

---

① 张竟成、张甲华：《基于行为业绩的高技能人才评价》，清华大学出版社，2010，第69页。

续表

一级指标	二级指标	三级指标
二、能达	（一）预达	1. 感悟能力；2. 观察能力……
	（二）智达	1. 岗位适应能力；2. 岗位关键操作能力……
	（三）通达	1. 沟通协调能力；2. 动手能力；3. 实践操作能力……
	（四）创达	1. 工艺革新；2. 技术改造；3. 流程改革；4. 发明创造……
三、绩达	（一）数达	1. 完成工作数量……
	（二）质达	1. 工作质量；2. 安全生产……
	（三）经达	1. 经济效益；2. 技术革新……
	（四）社达	1. 社会效益；2. 传授技艺……
四、体达	（一）形达	1. 体形及行动……
	（二）精达	1. 环境适应力；2. 疾病抵抗力……
	（三）内达	1. 常见疾病史及发病情况……
	（四）理达	1. 情绪稳定性；2. 心理调适力……
五、识达	（一）学达	1. 文化基础知识；2. 专业知识……
	（二）验达	1. 绝技绝活；2. 工作时间……
	（三）综达	1. 知识更新……
一票否决		出现重大事故或其他重大情况

五　高技能人才测评需要注意的问题

（一）高技能人才评价方法发展趋势

随着经济社会发展对各类高技能人才的需求大幅提升，高技能人才评价技术方法得到了逐步发展完善，并呈现以下发展趋势。

1. 高技能人才评价理论技术方法逐步本土化

高技能人才评价技术具有国际性与通用性，但是不同的国家、不同的民族有着不同的文化背景和风俗。我国的高技能人才评价是基于深厚的中国文化背景下的组织文化诉求，与中国特色的企业组织架构密切相关。特别是在一些大型国有企业组织框架下，其评价技术方法必须适合企业生产实际，必须植根于企业文化背景下，才能具有生命力和活力。从目前国内一些企业评价体系建立的实践情况来看，评价技术理论国际化、评价指标体系本土化是高技能人才评价工作发展的必然规律。

2. 高技能人才评价方式方法逐步综合化，评价模式多元化

任何一种人才评价工具和使用方法都有自己的针对性和适用范围，没有一种人才评价方法能够涵盖人类全部行为特点。只有根据评价对象不同角度和不同层面综合运用不同的评价方法，才能得到比较正确的评价结果。当前，随着我国市场经济的发展，企业对高技能人才的重视程度、依赖程度不断提高，越来越多的评价技术方法逐步应用于高技能人才评价的各个环节，综合应用评价技术和选择多样化的评价方式是高技能人才评价的基本发展趋势。

3. 高技能人才评价机制、评价类型逐渐科学化

随着企业对高技能人才评价投入的持续加大，逐步形成了高技能人才评价的制度体系。围绕高技能人才评价工作，不少企业建立了相应的培训工作机制、评价指标开发工作机制、评价监督工作机制、评价结果应用指导工作机制等，从各个层面保障高技能人才评价机制的科学化、规范化，逐步建立形成了覆盖高技能人才评价工作各个环节的体制机制。

随着我国企业生产发展和技术进步，大中型企业的劳动分工越来越细，职业（工种）的要求相对于企业的岗位要求宽泛得多，这就使得国家职业标准的共性与企业岗位的个性要求必然进行衔接，这必然会提高高技能人才评价工作的科学化水平。

（二）高技能人才评价需要注意的问题

在建立高技能人才评价体系上，要做到两个结合。一是国家职业标准和企业岗位要求的有机结合；二是评价体系标准化与个性化的有机结合。否则，评价体系就难以对高技能人才进行正确评价。

1. 针对不同类型的高技能人才，评价的重点环节应有所不同

高技能人才对应的职业领域十分宽泛，所具备的职业技能千差万别，即使同一领域的技能人才，其职业能力的方向也存在很大的差异。为了区别这种差异，应将高技能人才分为技术技能型、知识技能型和复合技能型三类，针对不同类型的高技能人才，其评价的重点环节各不相同。技术技能型人才是在企业生产加工一线中从事技术操作、具有较高技能水平、能够解决操作性难题的人员。他们属于高技能人才中的专才，对这类人才的评价，应该凸显一个"专"字，在考核内容上应该突出实际操作能力和解决生产难题的考核，并增加对新技术和新知识的要求，在考核形式上应以行业或企业内部考核为主。

复合技能型人才是在企业生产加工一线掌握一门以上操作技能，能够在生产中从事多工种、多岗位的复杂劳动，解决生产操作难题的人员。他们属于高技能人才中的通才，对这类人才的评价，应凸显一个"通"字，在考核模式上突出实际操作能力和解决关键生产难题的考核要求，并增加新技术和新知识的要求，在考核形式上应以社会化职业技能鉴定为主。

知识技能型人才既具备较高的专业理论知识水平，又具备较高的操作技能水平，能够将所掌握的理论知识用于指导生产实践，创造性地开展工作。对这类人才的评价应凸显"知识"二字，应根据产业结构调整和技术进步的需要，强化综合性考核和多项技能的考核，突出新技术、新知识的掌握和运用。

2. 针对不同类型的高技能人才，要综合考虑评价影响因素

高技能人才评价受国情、企情等外部因素和评价目的的影响，外部环境和评价结果运用情况将直接影响评价工作的各个环节，因此开展好高技能人才评价工作是个系统工程，需要综合考虑，统筹推进，关键是要处理好以下三个关系。一是传统评价与现代评价的关系。既要充分利用查阅档案、群众评议等传统考核评价方式，又要充分借鉴计算机模拟、心理分析等现代评价手段，定性与定量相结合，实现对高技能人才的科学评价。二是人才评价与企业文化的关系。把高技能人才评价工作同企业文化进行有机结合，实现评价工作与企业制度、与组织内外部环境高度融合，保障高技能人才的有效评价。三是国家职业技能鉴定要求与企业生产实际需求的关系。要在国家职业技能鉴定对相关职业工种能力素质的具体要求下，紧密结合企业实际探索建立各具特色的评价体系，实现国家统一要求与企业实际需求的有机结合，提高高技能人才评价的实际效果。

3. 要统一评价模式，完善人才测评监督机制

要解决高技能人才评价标准统一和质量保障问题，必须通过构建统一的标准与工作平台、统一的运作机制和评价模式来确保评价工作质量。[①] 要采用统一的评价模式、各职业（工种）评价方案和评价工作流程，保障评价过程的统一和有效管理。要实行企业内部严格把关和引入群众监督机制。设立举报电话，公示评价结果，定期通报鉴定质量信息。要统一国家题库在企业中的具体运作机制。坚持国家职业标准与企业岗位需求相结合的原

---

① 李光红、杨晨：《高层次人才评价指标体系研究》，《科技进步与对策》2007 年第 4 期。

则，对国家题库考核内容按一定比例加入企业特色内容，确保命题科学合理。评价专家由企业专家和社会专家按一定比例组成，共同参与标准的制定和评价，确保评价既严格执行国家职业标准，又兼顾岗位技术规范要求。

第五节　农村实用人才测评达系

建设社会主义新农村的过程是与现代化建设同步的过程。没有新农民，就没有新农村。没有农民素质的现代化，就没有农业和农村的现代化。大力加强农村实用人才队伍建设，是提高农村生产力水平、加快现代农业发展的重要举措，是缩小城乡差距、推动城乡协调发展的重要途径。

一　农村实用人才建设及评价的作用

（一）农村实用人才及其特点

农村实用人才是指具有一定知识和技能，为农村经济和科技、教育、文化、卫生等各项事业发展提供服务，作出贡献，起到示范和带动作用的农村劳动者。农村实用人才成长于农村、发展于农村、服务于农村，在实践中发挥着较大的示范辐射和领头带动作用。农村实用人才是广大农民的优秀代表，是新农村建设的生力军，是我国人才队伍的重要组成部分。按照从业领域的不同，一般包括五种类型：生产型人才、经营型人才、技能服务型人才、社会服务型人才和技能带动型人才。加强农村实用人才队伍建设是推动新农村建设、全面建设小康社会的必然要求。

1. 加强农村实用人才建设是解决"三农"问题的现实需要

人才资源是第一资源，农村实用人才是强农的根本。只有加强农村实用人才队伍建设，才能加快农业科技进步，切实转变农业发展方式，确保现代农业发展有坚实基础；才能强化农村公共服务能力，促进农村社会全面进步，确保社会主义新农村建设有重要依靠；才能有效带动农村人力资源整体开发，促进农民全面发展，确保广大农民持续平等参与现代化进程，共享更多改革发展成果。

2. 加强农村实用人才建设是促进城乡协调发展的需要

建设社会主义新农村的过程是与现代化建设同步的过程。没有新农民，就没有新农村。没有农民素质的现代化，就没有农业和农村的现代化。大力加强农村实用人才队伍建设，是提高农村生产力水平、加快现代农业发展的重要举措，更是缩小城乡差距、推动城乡协调发展的重要途径。

3. 加强农村实用人才建设是加快推进城镇化进程的需要

目前，我国已经进入工业化中后期，城镇化建设步伐加快，2012 年城镇化水平达到 52.6%，但农业现代化却大大滞后。实现农业现代化需要克服的困难很多，其中，农村实用人才严重匮乏是制约农业现代化的重要因素。城镇化包含土地的城镇化和人口的城镇化，无论哪个方面，都将挤占农业生产要素，若要在农业劳动力和农耕用地都减少的情况下不出现食品价格畸高甚至是粮食安全问题，唯一的办法就是提高单位劳动力及单位土地面积上的生产效率，这必须依赖农业现代化。因此，只有实现农业现代化，才能在解放农业劳动力与农耕用地的同时不危及粮食安全，而农业现代化的重要支撑只能是农村实用人才。

（二）农村实用人才评价的作用

评价与认定是农村实用人才队伍建设工作的基础。目前，一些支持农村实用人才发展的政策没有真正落实，各种有效的激励和扶持措施难以出台，很大程度上源于没有评价和认定标准，不能准确定位农村实用人才群体。职称评定提高了社会对农村人才的认可程度，有利于加强农村人才对农村社会的带动作用。同时，由于评价认定指标给"农村实用人才"设定了相对明确的概念，加之评定结果带来的经济利益、社会认同等各方面好处，使其在农村社会形成一定导向。长此以往，将会使更多人才不断涌现，提高农民的整体素质。因此，制定科学合理的农村实用人才评价指标体系，由农村实用人才队伍建设工作责任部门开展评价工作，可以及时掌握农村实用人才资源的规模、结构和发展趋势，及时评估农村实用人才在经济社会发展过程中的作用发挥情况，为农村实用人才认定和完善管理服务提供依据。

二　我国农村实用人才队伍建设及其测评现状

近年来，从中央到地方都高度重视农村人才资源开发工作，农村实用人才队伍进入了一个新阶段，一支以农技推广、营销管理、种养能手、能工巧匠为主体的乡土人才大军，已成为推进现代农业和城乡统筹发展的生力军，为农村经济社会发展做出了积极贡献。

（一）农村实用人才队伍的发展现状

2003 年全国人才工作会议以来，党中央、国务院把加强农村实用人才队伍建设作为发展现代农业、推进社会主义新农村建设的重要抓手，作为巩固党在农村的执政基础、加强党的执政能力建设和先进性建设的重要途径，摆在突出位置，列入议事日程，采取多种方式，狠抓工作落实，取得了积极成效。

一是队伍规模稳步壮大。根据 2005 年农业部和国家统计局联合开展的全国农村实用人才资源抽样调查，2004 年，我国农村实用人才为 579 万人，平均每万名乡村人口拥有农村实用人才 60 人，平均每个行政村约 9 人。根据 2010 年度我国首次全口径人才资源统计，截至 2010 年年底，我国农村实用人才资源为 1048.6 万人。目前农村实用人才队伍已基本形成五个"方面军"，即生产型人才、经营型人才、技能带动型人才、科技服务型人才、社会服务型人才。适应各地农业产业结构调整和现代农业发展的新形势，近年来一些具有地方特色的农村实用人才新类型不断涌现。

二是队伍结构明显优化。随着农业农村经济持续健康发展，农村实用人才在市场经济大潮中历练成长，增长才干，一大批复合型人才涌现出来，增强了农村实用人才队伍服务农业农村经济发展的能力；随着进城务工农民渐次返乡，创业型农村实用人才日益增多，为农业农村经济发展注入了新的活力；随着城市人才到农村基层就业，进一步优化了农村实用人才队伍结构……有关部门开展的"科技特派员""农业专家大院""科技文化卫生'三下乡'""科技专家服务'三农'"等活动，不仅开辟了高级人才直接为"三农"服务的新途径，也为农村实用人才成长提供了有力的智力支持。[①]

三是农村实用人才对农业农村经济发展的支撑作用明显增强。近年来，农村种植养殖大户、农民专业合作社负责人、农村经纪人数量均呈现大幅度增长，在农业适用技术引进、推广、应用中发挥了带头和示范作用。从事非农产业经营的农村实用人才，不仅丰富了当地的经济类型，提升了产业高度，促进了当地经济的发展，还为农村提供了大量就业机会，为当地农民增加收入做出了重要贡献。2012 年，我国粮食总产量连续 9 年增产，连续 6 年产量超过 6 亿吨，农民收入增长速度连续 3 年超过 GDP 增速，农业农村经济发展保持良好的发展势头，这些都与广大农村实用人才的辛勤

---

① 从 2006 年开始，农业部开始在全国范围内遴选社会主义新农村建设先进村，作为农村实用人才培训基地。

奉献息息相关。

（二）农村实用人才建设面临的主要问题

过去一段时期，由于对农村实用人才队伍建设和农村人力资源开发的重要性认识不够，投入不足，农村人才工作基础薄弱，农村实用人才总量不足、素质不高、结构不合理的问题仍比较突出，不能适应建设社会主义新农村的需要。①

一是人才总量不足，与实际需求还有较大差距。2004 年底，我国农村实用人才占农村劳动力比重只有 1.2%，占乡村人口的比重仅为 0.6%。截至 2010 年年底，全国共有农村实用人才 1048.6 万人，占上述二者的比重依旧很低。这个数字与我国对农村实用人才的要求还相差甚远，还不足以充分发挥其在新农村建设中的作用。同时，农村实用人才的流失情况较为严重。

二是人才整体素质偏低，不足以支撑现代农业发展要求。表现在文化水平不高、职称层次不高、综合素质不高，尤其是有文化、懂技术、会经营的复合型农村实用人才较少。农村实用人才受教育年限短，使其普遍缺乏较高的文化素质和专业技能，使得他们在创业的过程中经营思路和经营模式缺乏科学合理性，影响他们的经营规模和效益，进而影响实用人才发挥其优势带动周边农民致富。

三是人才的地域、产业、层次分布不尽合理，不能适应协调发展的需要。农村实用人才目前仍以传统农业为主，技术推广、市场营销、企业管理等产业的实用人才较为短缺。究其原因，农村实用人才在企业经营和管理方面缺乏理论和实战经验，并且缺乏创业所需的资金条件，因此不敢涉足企业生产和市场营销领域，只能在传统农业中寻找机会。

四是成才渠道较窄，有组织地通过培训培养的农村实用人才数量相对不多，土生土长、自学成才的多。部分地区还没有制定适合当地特点的农村实用人才开发政策体系，特别是在农村实用人才的培养与使用、农民技术职称的评审、优秀农村实用人才的激励、市场的建设发展等方面缺乏得力的政策措施。

五是缺乏相应的组织，仍呈零星式、松散型分布，人才的示范辐射、领头带动等作用还不能充分发挥。大多数农村实用人才彼此间的结合不足，沟通有限，不能够形成信息与资源的共享，同时产、供、销各自为营，大

---

① 《关于加强农村实用人才队伍建设和农村人力资源开发的意见》（2007 年 11 月 8 日）。

大增加了运营成本，消耗较大，不利于农村实用人才的创业。而且农村实用人才的联合体少，不利于对人才的管理，也不利于产业的扩大，抵御市场风险的能力差。

六是农村实用人才职业培训和保障机制缺乏。多数农村实用人才经过培训机构一次培训就被推向社会，忽视了对人才的后续培养，各级政府没有把对农村实用人才的职业培训作为一项系统工程，没有形成有效的保障机制。相当数量的农村实用人才依赖于自我学习、自我成才，处于自然成长状态。

（三）农村实用人才的建设目标

2007 年 11 月，中共中央办公厅、国务院办公厅《关于加强农村实用人才队伍建设和农村人力资源开发的意见》（中办发〔2007〕24 号）明确了当前和今后一个时期，加强农村实用人才队伍建设的目标任务和政策措施。《国家中长期人才发展规划纲要（2010～2020 年）》对农村实用人才队伍建设工作作出了全面部署，提出要围绕社会主义新农村建设，以提高科技素质、职业技能和经营能力为核心，以农村实用人才带头人和农村生产经营型人才为重点，着力打造服务农村经济社会发展、数量充足的农村实用人才队伍。到 2015 年，农业科技人才增加到 68 万人左右，农村实用人才总量达到 1300 万人。到 2020 年，农业科技人才增加到 70 万人，农村实用人才总量达到 1800 万人，平均受教育年限达到 10.2 年，每个行政村主要特色产业至少有 1～2 名示范带动能力强的带头人。农业科技人才中，科研人才学历结构显著改善，高层次创新型人才显著增加，重点领域人才紧缺状况得到有效缓解；推广人才专业素养明显提升，基层推广人才比重稳步提高。农村实用人才素质全面提高，生产型、经营型、技能服务型人才大幅增加，复合型人才大量涌现。随着人才强国战略的深入实施，农村实用人才也使人才的观念逐步深入人心，各地重视农村实用人才、尊重农村实用人才的氛围初步形成，农村实用人才的荣誉感和社会地位逐步提升。

（四）农村实用人才测评的现状

目前，针对农村实用人才这个特殊的人才群体，还没有系统、全面和专门的评价体系，尽管可以借鉴其他较为成熟的人才评价体系，但亦具有相当大的局限性和不适应性。

一是选拔机制不健全。长期以来，社会对农村实用人才的概念缺乏最基本的了解和认同，导致各地对农村实用人才的选拔评定标准不尽一致，很多地方没有从能力、业绩和示范带动作用等方面来综合评定农村实用人才，把能人和人才混在一起，评价标准、评定程序不切合农村实际，规范化、科学化水平不高。此外，在农村实际工作中，往往由于某个方面条件不能很好满足，而导致评价效果不理想或者评价流于形式等问题，甚至会得出与公众意识或社会现实截然不同的评价结果。①

二是扶持措施不完善。目前农业部门、人事部门推动的农民职称评定工作，缺少足够的支持手段，很多地方对获得农民技术职称的实用人才，没有在培训深造、创业项目申报、银行贷款等方面给予相应的扶持。农民职称评定工作发展速度不是很快，基本依靠各地出台的部分政策给予支持，更多是荣誉上的，农民需求不强烈。如目前全国获得绿色证书的农民不到万人，获得农民技术人员职称的不到万人，获得农业特有工种职业资格鉴定证书的不过万人。可见，绝大部分农村实用人才的技术水平及职业技能没有得到客观科学的评价，他们的工作业绩和社会贡献并没有得到肯定和认可。

三是没有真正建立健全分类具体、指标科学的农村实用人才评价体系。目前大部分省份的农村实用人才评价的标准、方法、程序都是参照或沿用专业技术人才的评价方法。这些方法中涉及太多定量的条件，对于目前农村劳动力总体文化素质及生产力现实状况来讲，符合评定条件的人员十分有限，不符合现代农村实用人才的评价标准，而且会造成评价的成本太高。例如专业技术人才一般都有较高的学历，受过良好的高等教育，而农民一般学历较低，很多连初中都没有毕业。浙江省舟山市 2005 年 4 月进行的"农村实用人才资源调查"结果显示，在 1387 名实用人才中，中专及以上学历的只有 15 人，仅占总数的 1.08%；取得农民技术员以上职称的只有 48 人，其中 40 岁及以下的青年实用人才仅 8 人获得农民技术员级技术职称。如果像专业技术人才评价的程序一样，参与评价的农民要提交许多材料，相应也产生了较高的成本。②

---

① 陈文权：《中国农村实用人才资源开发》，河南人民出版社，2011，第 153～158 页
② 萧鸣政认为，对农村实用人才采取简单易行的程序进行评价，不宜照搬照抄专业技术人才和高技能人才的评价模式。如有的地方在农民技术人员职称评定中，模仿专业技术职务评聘办法：首先是要求农村实用人才填写复杂的表格，整理一大堆申报材料，接着是层层审核把关，组织一群专家集中到宾馆评审，投票表决之后，才是发文、办证、颁证等。程序非常复杂，材料工作量十分繁重，费用相当高，时间拖得长，无论是工作部门，还是农村实用人才，皆有劳民伤财之感。其实，农民技术人员的职称，完全可以由人事部门会同相关行业主管部门通过简易程序进行认定授予，没有必要陷入烦琐哲学的泥坑。见萧鸣政《当前人才评价实践中亟待解决的几个问题》，《行政论坛》2012 年第 2 期。

三 农村实用人才评价的重点

新形势下，农村实用人才在新农村建设中的重要性和作用，已被提到了一个前所未有的战略高度。政府履行其社会管理职能，掌握全面的农村实用人才资源状况，为农村实用人才评价的组织、标准、指导提供宏观管理服务，而人才的评价应以社会为主。在农村，一个人是不是人才，从根本上说是由农村的社会和市场来决定的。农村实用人才评价必须依据农村实用人才的特性，建立一个切合实际又可操作的、客观的，以知识、技能、业绩、贡献为主要内容的指标体系，在社会公认基础之上，采用切实可行的评价方法，客观准确地评价农村实用人才。因此，农村实用人才的评价应该立足于农民，以培养农民、提高农民、转移农民和造福农民为宗旨，才能真正建立科学实用的人才评价体系。

根据《农村实用人才和农业科技人才队伍建设中长期规划（2010～2020年）》的精神，农村实用人才评价要以能力和业绩为导向，完善人才评价标准，改进人才评价方式，拓宽人才评价渠道，在生产实践中发现人才，以贡献大小评价人才，把评价人才与发现人才结合起来，建立科学化、社会化的人才评价发现机制。农业科技人才的评价重在业内和社会认可，把对产业发展的贡献作为重要指标，完善评价标准体系。因此，对农村实用人才要坚持"农村和农民认可"，没有群众的认可，经营规模再大，效果再突出，也不能算一名合格的农村实用人才。

四 农村实用人才"达系"测评体系

农村实用人才评价体系的科学性直接制约着评价的效度和信度。因此，农村实用人才评价体系建立的基本思路是从农村实用人才的基本特点出发，遵循人才评价工作的规律性，坚持灵活性和原则性相结合，以能力和业绩为导向，针对不同行业和不同性质的岗位，客观公正地识别农村实用人才，使优秀人才能脱颖而出，为全面建设社会主义新农村提供永久的人才保证和智力支持。我们在遵守以上原则、坚持理论同实践相结合的基础上，设置包括品德、能力表现、业绩贡献、身体素质和知识技能五个一级"达系"指标，在一级指标之下又分设若干个重要的二级指标，二级指标之下再设评价指标。德达包括德达和诚达；能达包括预达、智达、通达、创达；绩达包括经达和社达等。

（一）德达及其包含的主要内容

对于农村实用人才的品德，应重点评价其思想道德素质、政策意识、法律意识、生活道德规范等。

1. 职业道德

对自己所从事的工作怀着一份热爱、珍惜和敬重，全身心投入，不惜为之付出和奉献，从而获得一种荣誉感和成就感。

2. 家庭美德

包括尊老爱幼、男女平等、夫妻和睦、勤俭持家及邻里团结等。

3. 成就动机

希望把工作做得杰出或者能超出优秀标准，具有实现并超过既定目标的强烈愿望。

4. 遵纪守法

按照法律法规的规定进行各种活动的认识和自觉性。

5. 诚信诚实

公开坦诚地表达自己的意图、观点和感觉，言行一致，对群众信守承诺。

（二）能达及其包含的主要内容

农村实用人才一般没有或较少经过系统的学历教育，但他们都具有较强的技能，在某一领域或某一方面具有一定的专长，大多属于经验型、实践型。

1. 语言表达能力

能够用口头语言完整表达自己思想和观点的能力。

2. 文字水平能力

能够用文字正确、生动、形象地表达思维，传播知识，交流信息，记事状物的能力，它体现农村实用人才对客观事物的认知程度和反映程度，属于一种精神生产活动。同时也体现其观察能力、逻辑思维能力以及对事物的分析判断能力与认识能力。

3. 沟通能力

是农村实用人才必不可少的技能之一，主要是指在社会生活实践中与他人沟通和交流的能力。

4. 学习能力

愿意并善于学习、了解和掌握各种知识、经验与技巧，改变和提升自己的观念、思想和行为。具有较强的学习愿望和明确的学习目标，坚持刻苦学习，主动参加培训、竞赛活动，向专家或能者请教，取长补短，提升素质和能力。善于学习他人的经验与技巧，并应用到实际工作中去。运用所学知识和积累的工作经验，举一反三，指导实践，致力于终身学习与发展。

5. 实践能力

掌握先进的科学技术和经营管理理念，又将其应用于农村生产经营实践，把科技成果转化为现实生产力的实践。

（三）绩达及其包含的主要内容

农村实用人才业绩评价应主要包括显绩和潜绩。如显绩应包括产业规模、经济效益、家庭获得经济效益、科技推广应用、对村民示范带动作用情况等；潜绩主要包括社会声誉、获得相关单位或组织的奖励和认可情况、群众公认、周边群众的认可度等。

1. 产业规模

能够依托当地资源优势，以市场为导向，调整产业和产品结构，做大做强特色产业。

2. 经济效益

包括家庭获得的经济效益以及带领周边群众的经济效益等。

3. 社会效益

在一定条件和范围内，自觉地带动群众共同发展，把区域内的共同发展作为自己的责任和义务，其所拥有的知识技能在一定区域内的普及程度、科技推广应用示范和带动作用情况。

4. 群众认可度

认定一个人是否农村实用人才的根本途径是当地群众对他的认可程度。建设新农村，会碰到很多问题和困难，农村实用人才可以凭借自身优势，给大家"出主意""指路子"，经济上互相支持，技术上互相学习，齐心协力克服困难，构建互助合作的关系，获得群众的认同。

由于农村实用人才主要包括生产能手、经营能人、能工巧匠和农民技术人员四大类，对不同的类别业绩考核的重点应有所侧重。生产能手类别中又分为种植能手、养殖能手、加工能手，要求在自身发展的同时能带动周边农户，对其业绩的评价重点在经济效益和带动能力。经营能人类别中又分为农民专业合作社带头人、农村经营人才和农村经纪人，对其业绩评价重点在创业能力、经营发展情况。能工巧匠类别中又分为技能带动型人才和文体类人才，对其业绩评价的重点在带动能力和作用发挥。农民技术人员主要指各类农民技术员和农村各类协会中的技术人员，对其业绩评价的重点在实用技术水平和社会效益。

（四）体达及其包含的主要内容

身体素质更是农村实用人才工作的基础，它包括身体健康状况和心理精神状况。如可以设置身体健康状况、生理卫生状况等指标。具体内容参见第四章体达测评体系。

（五）识达及其包含的主要内容

与专业技术人才和高技能人才相比，农村实用人才是地地道道的农民，他们大多没有学位、职位、职称等各种头衔，是在实践中自学成长起来的乡土人才。他们在某个方面具有不少真知灼见和很多经验体会，但没有上升到理论，写不出论文。他们在实践中也有一些创造发明，但没有申请专利，也没有申报课题，更没有参与评奖。[①] 因此，对于农村实用人才的"识达"应侧重于生产实践方面的评价。

1. 生产实践

经常操作和使用各种设备、工具，完成特定的生产任务。在生产实践中反复操作，通过既动手又动脑的岗位锻炼掌握生产作业的要领和技巧方面的知识技能。

2. 综合知识

主要包括识字语言水平、理财知识、科技素质、生产科学知识、天气知识等（见表5-5）。

表5-5 农村实用人才测评"达系"的基本要素框架

	一级指标	二级指标	三级指标
人才测评"达系"	一、德达	（一）德达	1. 敬业精神；2. 协作精神……
		（二）诚达	1. 求真务实；2. 法制观念……

---

① 邵伏先：《农村实用人才评价机制特点何在》，《中国人才》2006年第7期。

续表

一级指标	二级指标	三级指标
二、能达	（一）预达	1. 感悟能力；2. 观察能力……
	（二）智达	1. 实践能力；2. 应对突发事件能力……
	（三）通达	1. 沟通协调；2. 人际关系……
	（四）创达	1. 创新意识；2. 创新技能……
三、绩达	（一）经达	1. 产业规模；2. 经济效益……
	（二）社达	1. 社会声誉；2. 群众公认；3. 示范带头……
四、体达	（一）精达	1. 环境适应力……
	（二）理达	1. 心理素质……
五、识达	（一）验达	1. 生产实践……
	（二）综达	1. 综合知识……
一票否决		出现重大事故或其他重大情况

五　农村实用人才测评需要注意的问题

建立农村实用人才评价指标体系，应在层层分类的基础上，针对最基础的每个小类的实际特点，提出相应的农村实用人才评价指标。在评价指标体系中，应重在体现掌握实际技能发展生产的能力和水平。

（一）要注意把握农村实用人才评价对象的特殊性

评价体系的特殊性取决于农村实用人才的乡土性。他们活跃在农业和农村经济社会发展第一线，具有一定科学文化知识或者一技之长，并具有一定工作业绩或社会示范力。但在一定程度上，他们系统的专业理论教育和专业技能培训是有限的，也没有取得任何职业资格证明，他们的生活环境、工作目的、服务方式以及成才路径，带有浓厚的乡土色彩。乡土性是研究农村实用人才评价体系的基点。在农村实用人才评价时，要从农业农村工作实际出发，根据当前农村实用人才的基本特点，以能力和业绩为导向，针对不同行业和不同性质的岗位，制定出科学合理的评价指标体系，而不能超越时空，生搬硬套专业技术人才和高技能人才的条条框框。[①]

（二）要注意把握农村实用人才评价标准的实践性

正因为农村实用人才具有以上特点，所以对他们的评价就必须做到"四

---

① 邵伏先：《农村实用人才评价机制特点何在》，《中国人才》2006 年第 7 期。

不唯"：不唯学历、不唯资历、不唯职称、不唯身份。在确定评价标准时，不能拘泥于文凭、论文、外语、课题、专利、奖励等方面，而应该看重他们实际操作的技能技巧，看重他们在本领域或行业中某方面的造诣和贡献，看重他们给邻里乡亲们带来的实惠，看重左邻右舍对他们人格品行的评价。

（三）要注意把握农村实用人才评价方式的多元性

农村实用人才涉及的领域广，人数众多，层级差异明显，仅靠某个部门、采取某种形式或方法来评价是难达目的的，必须与多渠道、多形式的农民科技教育培训鉴定相结合，与不同部门、不同角度、不同内容的鉴定或评价相衔接后，再作出最终评价结论。如早已实施的"绿色证书工程"、"跨世纪青年农民科技培训工程"、农村劳动力转移培训的"阳光工程"，还有各地正在组织实施的"县乡村实用人才工程""农村实用人才工程"等，这些既是农村实用人才的培训渠道，又是农村实用人才的评价形式。多渠道、多形式地评价农村实用人才，是被多年来的实践经验证明了的正确方式，既符合人才评价工作的规律性，又切合农村实用人才的基本特点。

（四）要注意把握农村实用人才评价程序的简易性

农村实用人才一般没有现代化的基础设施和工作条件，必须按照区别对待、分类管理的原则，对农村实用人才采取简单易行的程序进行评价，绝对不能照搬照抄专业技术人才和高技能人才的评价模式。如有的地方在农民技术人员职称评定中，模仿专业技术职务评聘办法，首先是要求农村实用人才填写复杂的表格，整理一大堆申报材料，接着是层层审核把关，组织一群专家集中评审，投票表决之后，才是发文、办证、颁证等。程序非常复杂，材料工作量十分繁重，费用相当高，时间拖得长。其实，农民技术人员的职称，完全可以由人事部门会同相关行业主管部门通过简易程序进行认定授予，没有必要陷入烦琐哲学的泥坑。

（五）要注意把握农村实用人才评价结果的导向性

农村实用人才一般都有一技之长或多才多艺，大都是造福一方的"领头雁"，可算得上当地的公众人物，邻里乡亲很熟悉，老百姓很关注。因此，对他们的评价一定要客观公正，不能疏漏，不能拔高，也不能贬低，更不能凭关系、弄虚作假。导向性源于公正性，只有客观公正的评价，才能真正激发广大农村实用人才的积极性和创造性，才能为农民群众学科技用科技、致富奔小康树立正确的标杆，也才能保持评价工作本身的生命力。为此，对农村实用人才的申报材料和评定结果都要依靠乡镇、村组把关。

要到田间、地头去实地考察，充分听取当地老百姓的意见，面对面地考评农村实用人才的工作能力和业绩。充分发挥他们学科技用科技、致富奔小康的示范、带动作用，真正成为新农村建设的"领头雁""带头兵"。

第六节　社会工作人才测评达系

改革开放以来，随着我国经济社会不断发展和国民收入不断增长，人们民主意识、公平意识和权利意识不断提高，人民群众社会服务需求数量越来越多、领域越来越宽、范围越来越广、质量要求越来越高。现有的社会服务体系与人民群众不断增长的个性化、多样化服务需求还存在着很大差距。加快培养一支数量充足、素质优良、结构合理的社会工作专业人才队伍，对完善现代社会服务体系、改进现代社会服务方式、满足人民群众不断增长的社会服务需求，具有重要的促进作用。

一　社会工作人才建设及评价的作用

《社会工作专业人才队伍建设中长期规划（2011～2020 年）》中对社会工作人才的定义为："社会工作专业人才是具有一定社会工作专业知识和技能，在社会福利、社会救助、扶贫济困、慈善事业、社区建设、婚姻家庭、精神卫生、残障康复、教育辅导、就业援助、职工帮扶、犯罪预防、禁毒戒毒、矫治帮扶、人口计生、应急处置、群众文化等领域直接提供社会服务的专门人员。社会工作专业人才是构建社会主义和谐社会、加强和创新社会管理不可或缺的重要力量。"[1]

（一）社会工作专业人才建设的意义

社会工作人才是公共服务的专业提供者、社会矛盾的有效化解者、社

---

[1]　一般来说，社会工作人才的界定有两种方法。一是国际界定。社会工作是专业机构（或专业组织）及社会工作者依托其特殊的价值伦理和专门技术，协助个人、家庭、团体（小组）、社区、组织（机构）应对其各自问题和需要的过程，其目标在于协助解决人、机构或组织与各自的外在环境互动不当而引发的问题，以及满足上述对象的需求，并在此过程中彰显社会公正。二是中国界定。社会工作是社会建设的重要组成部分，它是一种体现社会主义核心价值理念，坚持"助人自助"宗旨，遵循专业伦理规范，在社会服务与管理等领域，综合运用专业知识、技能和方法，帮助有需要的个人、家庭、群体、组织和社区，整合社会资源，协调社会关系，预防和解决社会问题，恢复和发展社会功能，促进社会和谐的职业活动。

会政策的直接执行者、社会管理创新的有力推动者、社会公平的积极维护者，是社会建设的"工程师"，是构建社会主义和谐社会的重要资源和宝贵财富。在调节社会关系、化解社会矛盾、预防社会冲突、解决社会问题、维护社会公正、促进社会和谐等方面有着独特的作用，是维护社会稳定、促进社会发展的有生力量。

1. **加快社会工作专业人才建设是构建社会主义和谐社会的需要**

大力加强社会工作专业人才队伍建设，对增强社区服务功能，提高社区居民自治能力，促进和谐社区建设；对促进就业，扩大内需，优化人才资本配置；对落实社会政策，创新公共服务方式，满足人民群众日益增长的社会服务需求；对有效预防和解决新型工业化、城镇化、信息化、农业现代化加速发展所产生的社会问题，降低社会管理成本，促进社会和谐稳定，推动文明进步；对彰显人文关怀，密切党和人民群众血肉联系，夯实党的执政基础，加强党的执政能力建设，都具有十分重要的意义。①

2. **加快社会工作专业人才建设是转变政府职能的客观需要**

社会工作人才所担负的事业，关乎社会主义和谐社会长远建设的大局，是现代人类文明不可或缺的"润滑剂""安全阀"，发挥着预防和破解社会问题、维护社会稳定、促进社会和谐与进步的突出作用。社会工作人才广泛分布于贯彻落实科学发展观所要求的各个领域之中，是搞好若干统筹关系第一线工作的主力军之一。从我国社会转型带来的深刻变化来看，我国现在已进入改革发展的关键时期，经济体制深刻变革，社会结构深刻变动，利益格局深刻调整，思想观念深刻变化，各种社会问题大量涌现，复杂性、多样性、多变性明显增强，解决矛盾的难度不断增大，社会福利、社会救助、社区服务等专业化社会工作量越来越大，要求越来越高。十六届六中全会指出，要"建设宏大的社会工作人才队伍"，"造就一支结构合理、素质优良的社会工作人才队伍"。加紧培养大批我国经济社会发展需要的社会工作人才，是大力实施人才强国战略的必然要求，是人才队伍建设的一个新领域，也是转变政府职能的客观需要。

3. **加快社会工作专业人才建设是创新社会管理的需要**

当前，我国正处于利益关系多元化、各种社会矛盾相互交织的关键阶段，由于社会结构变动和利益关系调整，使社会持续发展与各种社会矛盾

---

① 《社会工作专业人才队伍建设中长期规划（2011～2020 年）》（2012 年 4 月 26 日）。

并存成为这个时期一个突出的特点。而传统的社会管理体制和公共服务方式已难以适应这一发展要求，和谐社会建设必须把工作重点转移到创新社会管理体制、整合社会管理资源、提高社会管理水平上来，学会用社会工作理念和专业方法处理复杂社会事务的本领，必须吸引大量社会工作人才利用其专业优势协助党和政府做好化解社会矛盾、预防社会冲突、解决社会问题的工作。这就需要加快建设一支高素质的社会工作人才队伍，来满足社会管理体制改革创新的需要，以改进社会服务方式、提高社会管理水平。

（二）社会工作专业人才评价的作用

建立社会工作者评价制度，对于建立宏大的社会工作人才队伍具有重要的意义。

1. 社会工作人才评价有利于确立社会工作的专业地位

随着社会变迁的加速，社会大众对各领域或各行业的专业水平和能力要求越来越高。在我国，医生、律师、会计师和教师都有了相应的"执照"制度，社会工作者作为社会服务和社会管理的专门人才，需要通过建立专业评价制度，一方面获得社会大众的认可，另一方面也有助于建立社会工作者的专业地位和专业形象。

2. 社会工作人才评价有助于维护社会工作专业水平和促进专业发展

社会工作评价制度是对社会工作者拥有的基本专业知识和能力提出的要求或最低标准，这就要求社会工作者必须达到社会工作专业的最低标准后，才能获得合格评价证书。如果再加上定期审核的制度，就会督促社会工作者在获取合格评价证书期限内不断持续学习，充实自我，来达到评价要求，有助于维持社会工作人才的专业水平和促进专业发展。

3. 社会工作人才评价有助于提升社会工作者的职业归属感

政府部门或专业协会根据社会工作专业的最基本知识和技能订立了取得合格证明的标准，通过考试或者评审来获得专业证明，代表了申请者具有或达到了一定的专业水平，有助于强化社会工作者的信心和自我肯定的提升。

4. 社会工作人才评价有助于增进社会对于社会服务的民主监督

从社会工作的评价制度本身来看，它也是一种对于服务质量的约束机制，它可以通过对社会工作者行为规范做出的要求和规定，来保证社会工作专业服务的严肃性和公正性，这也就增进了社会对于社会服务的民主监督。

二　我国社会工作人才队伍建设及其测评现状

（一）我国社会工作人才建设的现状

随着我国经济社会发展水平的提高，社会工作人才队伍逐步进入公众视野。特别是 2003 年全国人才工作会议以来，社会工作人才队伍建设取得显著成就，社会工作人才在社会福利、社会救助、减灾救灾、扶危帮困、社区建设、社区矫治、医患关系调整、特殊人群服务等领域广泛开展了"助人自助"的专业服务，在社会建设与管理中扮演了越来越重要的角色。①党的十六届六中全会以来，我国社会工作专业人才制度建设稳步推进，实践探索不断深入。他们在提供专业服务、解决群众困难、化解社会矛盾、推进公平正义、促进社会和谐方面的专业作用逐步显现。但据不完全统计，2008 年，我国职业化、专业化的社会工作人才总量仅 11 万人，与社会工作相关的工作人员也仅有 368 万人，社会工作人才占总人口的比重远远低于国际 2‰~3‰的平均水平。如美国 2007 年总人口为 3 亿人，其社会工作者人数为 84.7 万人。②

（二）我国社会工作人才建设面临的问题

社会工作人才是专业技术人才的组成部分。由于我国社会工作与国外相比起步较晚，社会工作职业目前尚未被社会各方面广泛了解和认同。在社会工作专业教育方面，虽然已有 200 多所院校设置了社会工作专业，每年有近万名毕业生，但总体上来看，社会工作人才队伍建设的基础还相当薄弱，尤其是社会工作专业人才的教育和培训，无论是人才培养的规模，还是人才培养的数量，都与经济社会发展对社会工作人才的实际需求不相适应。

（三）我国社会工作人才的发展目标

《国家中长期人才发展规划纲要（2010~2020 年）》提出，我国社会工作专业人才队伍建设的总体目标是：建立健全社会工作专业人才法规、政策和制度体系，造就一支结构合理、素质优良的社会工作专业人才队伍，

---

① 为探索适合国情的社会工作人才队伍建设经验，在 2003 年民政部试点基础上，2007 年以来，全国 170 多个地区和 260 家单位开展了社会工作人才队伍建设试点，试点领域覆盖民政、医疗、司法、教育、青少年事务等领域。

② 《民政部社会工作人才队伍建设领导小组办公室社会工作资料汇编》，2007。

使之适应构建社会主义和谐社会的要求，满足人民群众日益增长的社会服务需求。

一是社会工作专业人才队伍规模不断壮大。到 2015 年，社会工作人才总量将达到 200 万人，社会工作专业人才总量增加到 50 万人，其中具有社会工作师职业水平证书或达到同等能力素质的中级社会工作专业人才达到 5 万人，具有高级社会工作师职业水平证书或达到同等能力素质的高级社会工作专业人才达到 1 万人。到 2020 年，社会工作人才总量将达到 300 万人，社会工作专业人才总量增加到 145 万人，其中，中级社会工作专业人才达到 20 万人，高级社会工作专业人才达到 3 万人。实现这一宏伟目标，既是客观需要，又具有可行性。[①]

二是社会工作专业人才队伍结构不断优化。根据统筹城乡发展、统筹区域发展、统筹经济社会发展的要求，逐步优化社会工作专业人才区域结构、城乡结构、领域结构、专业结构、能力结构和年龄结构，形成合理的初、中、高级人才梯次结构和人才布局，逐步实现社会工作服务在城乡、区域和领域的全覆盖。

三是社会工作专业人才能力素质不断提升。未系统受过社会工作专业教育的社会服务人员普遍接受一定时数的社会工作专业培训。社会工作专业人才思想政治和职业道德水平不断提高，专业价值伦理不断强化，专业理论与知识不断丰富，专业方法与技术不断完善，专业实务能力不断增强，综合素质大幅度提升。

四是社会工作专业人才效能不断增强。社会工作专业人才在提供社会服务、解决社会问题、化解社会矛盾、降低社会风险、维护社会稳定、增进公平正义、促进社会和谐等方面的专业作用得到充分发挥。

五是社会工作专业人才发展环境不断改善。社会工作专业人才培养开发、评价发现、选拔使用、流动配置、激励保障方面的法规、政策与制度不断完善；社会工作服务与管理网络基本建立；社会工作服务组织数量更加充足，布局更加合理，覆盖更加全面，治理更加科学，作用更加明显，社会工作专业人才市场进一步发展；社会工作专业人才队伍建设体制机制更加健全。

（四）我国社会工作人才评价现状

2009 年以来，《社会工作者继续教育办法》《社会工作者职业水平证书

---

① 沈荣华：《培养造就一支宏大的社会工作人才队伍》，《中国行政管理》2011 年第 3 期。

登记办法》《人口和计划生育队伍职业化建设"十一五"和 2020 年中长期规划》《中央社会治安综合治理委员会关于进一步加强刑满释放解除劳教人员安置帮教工作的意见》《关于推进残疾人社会保障体系和服务体系建设的指导意见》等文件相继印发。此后，北京、上海、深圳等多数试点地区出台了社会工作人才评价工作、推进社会工作人才评价的意见及配套文件。职业水平评价是目前我国社会工作人才评价的主要方式。目前，已有 3.57 万人通过社会工作者职业水平考试，其中 2.73 万人取得助理社会工作师职业水平证书，0.84 万人取得社会工作师职业水平证书。① 但由于我国社会工作专业人才队伍建设还刚刚起步，社会工作人才评价还存在基础比较薄弱、岗位不明确、评价体制机制和政策制度不太完善等问题，迫切需要从顶层设计上给予系统化、制度化解决。

三　社会工作人才评价的重点

根据《社会工作专业人才队伍建设中长期规划（2011～2020 年）》，要建立健全科学合理的社会工作专业人才评价政策，实施分类管理，研究制定适合不同类型、不同层次社会工作专业人才的能力素质标准以及评价、鉴定办法。社会工作人才评价的重点在于，根据社会工作专业人才从业领域、单位性质和岗位胜任力要求，坚持以职业道德、能力和业绩为导向，以社会工作专业人才职业水平评价为基础，逐步完善符合国情、与国际接轨、科学合理的社会工作专业人才评价政策。

四　社会工作人才"达系"测评体系

对社会工作人才，要坚持"服务对象认可"，把服务对象的满意度作为重要评价指标。要以职业道德、能力和业绩为导向，以社会工作者职业水平评价为基础，根据从业的领域、单位的性质和岗位胜任能力要求，构建社会工作人才评价达系指标体系。②

---

① 中央人才工作协调小组办公室中共中央组织部人才局编《国家中长期人才发展规划纲要（2010～2020 年）学习辅导百问》，党建读物出版社，2010，第 184～185 页。

② 2006 年 7 月 20 日，人事部和民政部联合发布了《社会工作者职业水平评价暂行规定》和《助理社会工作师、社会工作师职业水平考试实施办法》。2007 年 12 月 21 日，民政部发布了《全国助理社会工作师、社会工作师职业水平考试大纲》，并于 2008 年 6 月进行了第一次全国助理社会工作师、社会工作师职业水平考试。目前，开设社会工作专业的高校数目增加到 200 多所，形成了大专、本科、研究生三个层次的教育体系。

（一）德达及其包含的主要内容

社会工作的职业特殊性，决定了社会工作人才较之其他大多数类型人才而言，有相对更高的品德要求，且应该成为一种内心自觉。这就决定了社会工作人才必须具有较强的服务理念、奉献意识、献身精神和高尚情操，而且富有爱心、乐于助人，树立率先垂范的社会主义荣辱观。

1. 价值观

是指一个人对周围的客观事物（包括人、事、物）的意义、重要性的总评价和总看法。社会工作作为专业的、职业性的助人活动，只有在牢固的价值观的指导下才会自觉地、持久地进行，才会尽最大可能去帮助他人，服务于工作对象。价值观不仅表现在社会工作者对自己工作的看法上，更反映在他的全部工作之中。崇尚利他主义价值观是社会工作人才必然的核心价值取向。

2. 社会公德

包括文明礼貌、助人为乐、爱护公物、保护环境及其他影响社会生活的行为规范。

3. 职业道德

主要体现为对自己所从事的职业怀着一份热爱、珍惜和敬重，全身心投入，不惜为之付出和奉献，从而获得一种荣誉感和成就感。由于种种历史的、经济的、社会的、文化的以及其他原因，在我国，总体上来说，人们对社会工作岗位的认同性还不高，我国的社会工作还是一项相对薄弱和比较艰难的事业，因而，社会工作人才在具体工作中必然会遇到各种各样的困难和挫折，甚至会遭到误解和指责。在这种情况下，社会工作者应该树立良好的职业道德观来从事自己的工作。

4. 同情心

认同他人感受的能力，主要表现为与人为善，体恤他人疾苦。

5. 政治立场

指人才在政治上的方向和原则。主要考评对党的任务的执行情况以及在关键时刻的政治言行等。

6. 遵纪守法

按照法律法规的规定进行各种活动的认识和自觉性。

7. 有诚必有诺

公开、坦诚地表达自己的意图、观点和感觉，言行一致，信守承诺。

（二）能达及其包含的主要内容

从社会工作人员所处环境和所服务的目标来分析为完成任务的具体要求，就是社会工作人才的能力要素[①]，社会工作人才应具备以下能力。

1. 观察分析能力

观察和分析可以使专业社会工作者去粗取精，透过现象看本质，抓住主要矛盾；可以使专业社会工作者注意到一种倾向掩盖的另一种倾向，做到防患于未然。社会工作概括起来可以分成两个方面：一是解决已经出现或发生的问题，二是预防某些社会问题的发生或者当某些社会问题尚处于萌芽状态时加以抑制。解决已经出现的社会问题反映了社会工作被动的一面，预防社会问题的发生或者将其抑制在萌芽状态是社会工作主动的一面。无论是解决已经发生的社会问题还是预防社会问题的发生，都需要专业社会工作人才具备敏锐的观察能力和深邃的分析能力。

2. 沟通表达能力

沟通表达能力是保障社会工作顺利进行的核心。社会工作者要在自己与工作对象之间创造良好的沟通氛围，这样才能加深工作对象对社会工作者的信任，使工作对象完整叙述其所遇到的问题和困惑，也使社会工作者充分了解问题。此外，专业社会工作者在帮助工作对象解决问题的过程中，必然会与各方面、各层次的人群打交道，这就要求专业社会工作者善于从各方面收集信息，消除由于信息沟通渠道不畅而造成的误解或者与他人共同探讨解决问题的途径。

3. 社会协调能力

社会工作是与人打交道的工作，但是它不仅仅是专业社会工作者与工作对象双方之间的互动，还涉及整个社会生活中方方面面的组织、人员。要想顺利完成社会工作，帮助工作对象及时解决社会问题，专业社会工作人才必须善于妥善处理各种人际关系，协调各方的利益，这就要求专业社会工作人才必须具备社会协调能力。

4. 调查研究能力

大量的社会问题，很多情况下是以表象、不全和复杂的状况呈现在社会工作人才面前的，需要具体、深入、实际、全面而深入了解，把握问题

---

① 周宏、付尚媛、梁楠：《中国专业社会工作人才能力框架研究》，《财经问题研究》2009 年第 9 期。

和矛盾的全貌及产生的背景，并据此提出解决问题的基本对策和措施方法。从社会工作人才本身来看，调查研究能力有助于社会工作人才将所获得的各种信息资料综合归纳整理，进而获得关于社会问题和社会工作的基本看法和观点，为相关部门制定和实施解决社会问题、推动社会工作的政策法规提供重要参考和依据。

5. 判断能力

引起社会问题因素的多样性决定了社会问题的复杂性，专业社会工作者要能够分清主次因素，确定工作的重点。专业社会工作者在实施具体行动前要准确判断工作对象所遇到困难的真正原因，只有这样才能正确确定工作的方向。此外，专业社会工作者在工作的过程中，也需要运用敏锐的判断能力辨别工作是否有效，是否应该修正工作方向、改变工作方法，力求在保证质量的同时，提高工作速度。

6. 创新能力

社会工作本身没有统一的模式，没有标准化的程序，也没有唯一固定的方法，在很大程度上属于一种拓展性、创造性的社会实践活动。这个突出特点要求社会工作人才在客观现实的基础上采取灵活多样的态度，针对不同的工作对象或服务客体，结合本地区、本部门、本单位的实际，对具体工作模式、程序和方法有所发现、有所创造，并随着主客观情况的不断变化，不断更新、创新社会工作方式方法，使社会工作不断适应不断变化的形势需要。

（三）绩达及其包含的主要内容

业绩是支撑人才成长的重要内容，是评价人才的重要方面。在人才评价指标体系中，应当突出工作业绩的核心地位。

1. 计划完成情况

可根据实现期初计划的情况来评价其社会工作成果。

2. 工作进步情况

本期实现的工作数量与上期相比的增长情况，评价其工作进步大小。

3. 实际与计划偏差率

工作中实际情况与计划情况的偏差比率。

4. 受表扬次数

工作中受到表扬、表彰的次数。

5. 服务对象满意度

工作被群众和社会认可或满意的程度。

（四）体达及其包含的主要内容

具备较好的身体状况是社会工作人才做好工作的必备条件，相对于其他人才群体，社会工作人才的心理健康更显重要。

1. 心理自信

社会工作的对象主要是在物质上和精神上处于困境的人群，社会工作者与一般人相比能看到较多的生活的无奈。这种现象必然会对社会工作者本身产生影响。如果没有良好的心理素质，就很容易产生不正常的心理，消极、偏激，甚至从助人者变成受助者。社会工作者应从心理上对本职工作的价值和意义充满信心，相信自己有能力去应对并解决不同问题，有能力去帮助他人。即便在必然遇到的各种困难面前，也要有信心。

2. 自我控制

专业社会工作者本身也是社会的一员，本身也生活在激烈的社会竞争的旋涡之中，他们每个人特有的生活经历和性格特征必然造就了他们不同的世界观、人生观、价值观。但是，在工作过程中，社会工作者应当理智地对待各主体，客观地分析工作对象诉求的合理成分和不合理成分，不能掺杂半点个人主观意见。要满足这些要求，显然需要很强的自我控制素质。

（五）识达及其包含的主要内容

社会工作是一种以帮人助人为基本宗旨，运用各种专业知识、技能和方法解决社会问题的专门职业。

1. 专业知识

具有专业技能知识，熟悉和掌握本岗位及相关岗位的操作技能和原理。

2. 基础知识

掌握计算机、外语等学习先进技术需要的基本知识。

3. 知识结构

反映的是人才的知识广度和宽度，如具有文学、理学、法学、哲学等与工作、生活密切相关的知识和常识等。

4. 实践经验（工作阅历）

指通过从事一段时间的具体工作而积累的知识。可用工作时间的长短、工作地点以及工作行业来评价。

5. 知识更新

目前我国经济社会发展迅速，社会工作领域越来越宽，内容越来越多，情况日益复杂。这就对社会工作从业者的综合素质提出了新挑战和新要求。社会工作人才必须根据需要努力学习和不断进步，尽快掌握开展社会工作的新知识、新方法、新技术，使自身综合素质不断得到提升（见表5－6）。①

表5－6　社会工作人才测评"达系"的基本要素框架

	一级指标	二级指标	三级指标
人才测评"达系"	一、德达	（一）德达	1. 价值观；2. 社会公德；3. 职业道德；4. 同情心……
		（二）政达	1. 政治立场；2. 政治行为……
		（三）廉达	1. 遵纪守法……
		（四）诚达	1. 求真务实；2. 协作精神；3. 有诚必有诺；4. 个人信用……
	二、能达	（一）预达	1. 观察分析能力；2. 信息处理能力；3. 逻辑思维能力；4. 预测能力……
		（二）策达	1. 调研能力；2. 感悟能力；3. 推理能力；4. 判断能力……
		（三）智达	1. 情绪稳定性；2. 自我约束力；3. 智选能力；4. 应对突发事件能力……
		（四）容达	1. 宽容心；2. 倾听能力；3. 采纳别人意见能力；4. 矫正思想能力……
		（五）通达	1. 语言表达能力；2. 沟通协调能力；3. 人际关系能力……
		（六）创达	1. 创新思维；2. 创新技能；3. 创新素质……
	三、绩达	（一）数达	1. 完成工作数量；2. 计划完成情况；3. 工作进步情况……
		（二）质达	1. 工作差错率；2. 实际与计划偏差率；3. 受表扬（表彰、立功、获奖）次数……
		（三）经达	1. 经济效益；2. 投入产出率……
		（四）社达	1. 群众认可度；2. 行业认可度；3. 可持续发展……

① 吴长春、高岩、杨宏波：《科学发展观视阈下社会工作人才素质》，《大连海事大学学报（社会科学版）》2009年第6期。

续表

一级指标	二级指标	三级指标
四、体达	（一）形达	1. 身体质量指数；2. 特殊性要求……
	（二）精达	1. 精力充沛；2. 环境适应力；3. 亚健康情况……
	（三）内达	1. 常见疾病史及发病情况……
	（四）理达	1. 心理自信；2. 自我控制力；3. 心理调适力……
五、识达	（一）学达	1. 基础知识；2. 专业知识；3. 职业资格；4. 执业资格……
	（二）验达	1. 工作时间；2. 工作地点；3. 工作行业……
	（三）综达	1. 知识结构；2. 知识更新……
一票否决		出现重大事故或其他重大情况

五 社会工作人才测评需要注意的问题

（一）要完善社会工作专业人才考核制度

完善社会工作专业人才考核制度，根据社会工作专业人才从业领域、单位性质和岗位胜任力要求，分类形成由德达、能达、绩达、体达和识达等要素构成的岗位评价指标体系。建立健全以聘用合同和岗位职责为依据，以工作绩效为主要内容，以服务对象满意度为基础的考核办法，积极引导社会组织建立符合社会工作专业人才特点的评价机制。

（二）基于考核职业能力的不同，测评体系应有所差别

在社会工作人才评价体系的设计上，基于考核职业能力的着眼点不同，一般可以将评价体系分为两部分：一部分从考核要成为胜任的社会工作者所必需的能力要素出发，形成职业资格评价体系；另一部分从考核社会工作者在实际工作中实现其扮演的角色和完成其承担的任务时达到既定标准的能力出发，形成执业职称评价体系。两者存在微妙的差别，同样是社会工作的内容，以判断、选择或者问答等形式来考核，体现的就是社会工作人才具有的能力要素；而如果以案例分析、工作模拟等形式出现，就可以考察社会工作人才具有的实际操作能力。

（三）社会工作人才要区别对待，实施分类测评

实施分类管理，研究制定适合不同类型、不同层次社会工作专业人才的能力素质标准以及评价、鉴定办法。制定社会工作人员和高级社会工作师职业水平评价办法，完善社会工作专业人才职业水平评价制度，形成初、

中、高级相衔接的社会工作专业人才职业水平评价体系。将取得职业水平证书的社会工作专业技术人才纳入专业技术人员管理范围，改进社会工作专业人才人事管理办法。完善社会工作专业人才登记管理办法，探索建立与国际接轨的社会工作专业人才职业资格制度。研究制定社会工作专业人才职业道德守则和专业行为规范，加强职业道德和作风建设。

第六章　达系测评指标的筛选及标准制定

衡量一套人才测评指标体系的好坏，主要看其是否科学、简洁和可操作，因此，在选择指标体系时，关键在于将那些能够真正反映人才能力和业绩水平的重要的、关键的指标纳入进来。

第一节　达系测评指标的筛选

测评要素是指对不同职位的人才进行考核的指标，人才测评首先要有明确的测评指标，这种指标要能严格地、全面地体现被测评人才的情况，因此，做好测评要素的设计及筛选是搞好人才测评的第一个关键。要素的设计是测评指标诞生的粗加工过程，它包括了解要素设计的原则、职务分析、修改完善等工作。

一　"达系"测评要素设计的原则

紧密结合各地各部门的实际，根据不同区域、不同层次、不同类型人才的特点，建立各有侧重、各具特色的人才测评内容和指标，突出不同区域的考核重点，需要坚持以下原则。[①]

（一）科学性原则

科学性原则主要体现在理论和实践相结合，要素的确定要建立在总结我国历史经验的基础上，建立在大面积征求意见、小范围试点的基础上，建立在岗位分析的基础上，体现从实践中来再到实践中去的原则。

这就要求在设计评价指标体系时，首先要有科学的理论为指导，使评价指标体系能够在基本概念和逻辑结构上严谨、合理，抓住评价对象的实

---

① 张文贤编《人才测评》，科学出版社，2010，第41~42页。

质，并具有针对性。同时，评价指标体系是理论与实践相结合的产物，无论采用什么样的定性、定量方法，还是建立什么样的模型，都必须是客观的抽象描述，抓住最重要的、最本质的和最有代表性的东西。对客观实际抽象描述得越清楚、越简练、越符合实际，科学性就越强。

（二）通用可比原则

通用可比性指的是在指标体系中的指标排列方法上，应注意将测评内容可比的指标相邻排列放在相邻位置，以便使测评人员进行比较。

1. 纵向比较

即同一对象这个时期与另一个时期比较。评价指标体系要有通用可比性，条件是指标体系和各项指标、各种参数的内涵和外延保持稳定，用以计算各指标相对值的各个参照值（标准值）不变。

2. 横向比较

即不同对象之间的比较，找出共同点，按共同点设计评价指标体系。对于各种具体情况，采取调整权重的办法，综合评价各对象的状况再加以比较。对于相同性质的部门或个体，往往很容易取得可比较的指标。

（三）实用性原则

实用性原则指的是实用性、可行性和可操作性。

1. 指标要简化，方法要简便

要素设计少而精可以使测评工作可靠易行，要使尽量少的要素反映尽量多的信息，反映本质的信息。因此，要从众多的要素中将那些具有因果关系、相关性强的要素合并；要把那些非关键、非本质的要素压掉，从而使测评工作高效率。

2. 数据要易于获取

评价指标所需的数据要易于采集，无论是定性评价指标还是定量评价指标，其信息来源渠道必须可靠，并且容易取得。否则，评价工作难以进行或代价太大。

3. 整体操作要规范

各项评价指标及其相应的计算方法，各项数据都要标准化、规范化。

4. 要严格控制数据的准确性

实行评价过程中的质量控制，即对数据的准确性和可靠性加以控制。

（四）独立性原则

同一层次的各个指标应当是相互独立的，不能相互包容交叉，也不能有因果关系。测评指标间不适当的并列，会造成指标内涵的重叠，进而产生测评过程中的混乱，影响测评的准确性。如果同一层次中两个或两个以上的测评指标之间高度相关，就要采取以一个测评指标为主的方式加以合并。①

总的来说，一个设计良好的测评指标体系应当具备以下几个显著的特征：

一是定义明确。每一测评指标都有自己的定义，这一定义必须含义明确，内涵、外延清楚。

二是用词精练。测评指标的名称用词要力求避免模棱两可，以免影响测评结果，只有经过反复推敲，才能使测评指标的名称词意清晰。

三是针对性强。测评指标体系能够针对各类被测人员的特点，具有可靠性和确切性，能较好地反映每一类人员的功能情况。

四是直观性强。测评指标的辨认度要高，要有较强的直观性。

指标及指标体系的上述设计原则，是我们成功进行"达系"设计的重要保证。

二　达系指标设计的程序步骤

按"达系"指标要素的程序设计来划分，可将设计程序分三个步骤。

（一）目标总体设计

目标总体设计是根据被测人员的类别特点，在总体结构上对测评指标体系进行设计，以便使指标体系能全面、真实、综合地反映被测人员的整体功能。这时的重点在于解决整个达系的逻辑结构，调整各个结构间的相互关系，使测评体系的逻辑结构合理，与测评目标一致。

（二）结构设计

结构设计是在目标总体设计的基础上，对整个指标体系中的各大结构进行具体的细化设计，使每一结构能够反映被测人员的某项功能。

（三）单项指标设计

单项指标设计是对被测人员的功能进行分解，用某一个或某几个单项指标的组合表示被测功能的内容。

---

① 吴谅谅：《人力资源开发管理技能——心理学在现代人事管理中的应用》，华夏出版社，2002，第108~112页。

一般情况下，为全面、真实地反映被测人员的综合功能情况，就必须按照上述的设计步骤，依次完成目标总体设计、结构设计或单项指标设计过程，得到一个能够达到测评目的的指标体系。但上述程序也不能固化，假如需要测评的是被测人员某一方面的信息，那么就可以直接从结构设计开始，然后完成单项指标设计，得到所需的能够评价被测人员某一功能的指标体系。

三　"达系"测评要素的确定方法

一般来讲，测评要素的确定除可以通过文献资料以及国家对相关职业的任职资格规定外，通常还可以采用下列方法：

（一）职务分析法

由于各类被测评人员的职务不同，工作性质不同，所处的地位、阶层也有所差别，因而对各类被测人员的要求和标准也不同。为了准确地反映各类不同被测评人员的情况，必须对各类人员的工作性质、工作特点和工作要求进行职务分析，在分析的基础上进行测评指标体系的设计。

职务分析就是对各项职务的性质、任务、责任、环境以及工作人员的条件进行系统分析，亦称为工作分析。职务分析的主要内容由两部分组成：一是职务说明；二是对人员的要求。职务说明包括各类人员的工作性质、职务、责任以及进行工作所需的各种材料、物理环境、社会环境（一起工作的人数、年龄、工作时间、工作地点）与其他工作之间的相关程度等。对人员的要求包括各类人员完成本职工作所应具备的智力、专业知识、工作经验、技能要求和工作绩效等。通过职务分析，确定职位或岗位对人员提出的素质要求，以便为指标要素的设计提供依据。

（二）专家调查法

"专家"是指那些既有专业理论和技术知识，又具有管理知识和实际工作经验的人才。专家调查法常用的几种形式有：问卷调查法、个别访问法和座谈讨论法。在具体使用时，可以采用其中一种，也可以几种方法组合使用。

1. 问卷调查法

问卷调查法是指设计者将需要设计的指标和指标体系，以问卷的形式编制成表格，然后分发或邮寄给有关人员填写，以确定测评要素的一种设计方法。它与一般的个别访问调查方法的区别在于：问卷调查法主要通过问卷进行，而一般的访问调查虽然也在调查中使用访问调查表，但不如问卷调查法中使用的调查问卷更为详细和完整。这种方法尤其适用于调查对象分布在较大的区域里，难以用个别访问法和座谈讨论法进行时。由于问卷表是获得调查信息的主要手段，因此，对问卷表的设计就要有较高的要求。

一般来讲，一个成功的问卷设计步骤如下：第一，按测评目的要求，把需要通过问卷调查法进行筛选的测评指标列写出来予以归类，并进行测评体系的初步设计。第二，根据调查的具体情况，选择问卷表的类型和方式。第三，拟定问卷提纲。对初步设计的指标体系进行检查，看其是否符合各项设计原则，然后设计每个指标的提问方式。第四，问卷定稿。将问卷初稿送交上级部门审查，然后，根据所提的意见修改、定稿。第五，经试用，问卷可以使用时，即可加上指导语寄送或分发给填写人。

问卷调查法有较多优点，它可以在大范围内进行调查，可以获得详细、客观的描述人员功能特征的信息；能够节省人力、财力、物力、时间。问卷调查法的主要缺点是调查难以深入，不易获得最为真实的信息。

2. 个别访问法

个别访问法是通过访问有关部门的领导和专家，听取并综合他们的意见和接受其指导，从而完成测评指标体系的设计。

3. 座谈讨论法

座谈讨论法就是根据调查需要，组织有关人员座谈讨论，对某类被测人员的工作特点、工作性质和工作要求进行分析和研究，从而概括出该类被测人员所应具备的素质，并在此基础上进行指标体系的设计。参加座谈讨论的人员通常有各级部门的领导、从事实际工作的专业技术人员、组织管理人员以及人事部门的人员。

（三）案例（样例）分析法

案例研究法就是在特定的测评对象范围内，重点对某个调查对象或调查对象某个方面的特征进行研究、分析，并从中找出测评要素。

案例研究法的步骤一般如下：第一，确定研究目的。根据测评目的，明确被测人员的指标内容和类别。第二，案例选择。选择典型人物或典型资料为案例进行研究。如选择成功的典型人物，则可进行正向研究；如选择失败的典型人物，则可进行负向研究。负向研究方法具有很强的针对性，重点突出，是案例研究的有效手段之一。在设计中如能把正向研究和负向研究结合起来，将会收到更好的效果。案例选择是案例研究法的重点环节，案例的选择是否具有代表性，将直接影响案例研究结果的好坏。第三，选择分析方法。案例研究中常用的分析方法为类推法。使用类推法，可以发现下面三类测评指标：①某类被测人员都应具备的一般功能测评指标；②某类被测人员中的部分专门人员所应具备的特殊功能测评指标；③某类被测人员中的少数优秀分子所应具备的高层功能测评指标。第四，归纳和总结。对分析结果进行归纳和总结，形成设计方案。

案例研究法适用于目标总体设计、结构设计和单项测评指标设计。案例研究法的优点是：由于典型人物和典型资料产生于现实生活之中，具有很好的代表性和真实性，使研究建立在对真实的事件或状况的描述之上，因而所设计的测评指标体系具有很强的针对性和很高的感受度。进行案例研究时，研究人员可以同典型人物或典型资料进行长时间的广泛接触，可以避免一般的书面调查研究方法格式化的倾向。此外，案例研究的结论是对某类被测人员全体而言的，因此，准确性较强。但是，案例研究法也存在一些缺点，如在通常情况下案例的典型程度很难掌握，而且在研究过程中，设计人员的经验和直觉起了很重要的作用，这就对设计人员的素质提出了较高的要求。

（四）多元统计法

多元统计法是通过因子分析、聚类分析等方法，从初步选定的数量较多的测评指标中找出关键性的测评指标，以便对某类被测人员的特征进行更有效的测评。采用多元统计法设计指标体系的主要优点是：

第一，设计方法具有逻辑和统计意义，有较强的科学性。

第二，能对大量的数据和信息进行处理，对于大样本来说，尤其可以做到快速、准确，具有较高的效率。

第三，能建立定性与定量相结合的测评指标体系，并使原测评指标体系得到简化。

第四，可以采用电子计算机进行运算，使设计工作标准化，并节省人力、财力和时间。

四 "达系"测评要素的简化和筛选

任何测评要素的设计，我们都希望尽量减少要素个数，而仍可反映较多的信息，从而节省计算工作量；若不严重影响考核目的，我们希望避免那些花费很大成本才能观测的要素，或者放弃那些测量时间过长的要素。在理论上，即使以牺牲一些信息为代价，我们还是愿意降低维数，或者希望通过变换而舍弃一些令人讨厌的参数。

筛选测评指标一般依据下列两个问题逐个检核指标：一是这个测评指标是否具有实际价值；二是这个测评指标是否切实可行。

一个测评指标虽然具有实际价值，但并不一定切实可行，或者虽有可行的条件但实际价值不大，这种指标都应筛掉，而另行设计符合实际的测评指标。假如对上述两个问题的回答都是肯定的，就需要进一步检核这个测评指标是否比其他指标更为合理。

检验一个测评指标的实用价值与可行性可以采取下列步骤：第一步就是要对这个测评指标陈述一个明确的道理与用途，说明为什么要制定这个测评指标，以及所得结果将如何使用。做到了这一点也就回答了这个测评指标的潜在价值。假如某一个测评指标保留的必要性与潜在价值得到了肯定，下一步就要考虑它的可行性与现实性。这可以针对下面四个问题进行检核：一是保留这个测评指标并进行测评，在逻辑上是否可行；二是所需要的数据结果及行为表现是否可以从这个测评指标中得到，或者测评者与被测评者双方经过合理的努力之后是否能够得到；三是实施这个测评指标的条件是否具备；四是这个测评指标的保留有无充分的价值，是否保证有理由使用其结果等。

在"达系"测评指标的筛选时我们还需要对每一个测评指标都进行认真分析研究，界定其内涵与外延，并给以清楚、准确的表述，使测评者、被测评者以及第三者均能明确测评指标的含义。指标的表述特别要注意保证不要引起测评者产生不同的理解并由此对标准掌握不一而产生误差。此外，还要分析测评指标体系的整个内涵，把那些内容上有重复的指标删除掉，同时根据方便可测性的要求，反复斟酌，用较简便可测的指标去代替看似精确但可测性较差的指标。

五　人才测评"达系"指标设计应注意的问题

在设计人才测评"达系"指标时，应注意以下几个问题：

（一）各级、各层指标之间要相互补充

人员能力是由人员素质的内在结构决定的，如"能达"指标主要反映能力之间的协调关系（能力的潜在形态），而"绩达"指标所反映的主要是

能力的实现形态。因此，通常在反映人员的一般抽象能力时，应以素质结构指标为主，绩效指标为辅；而在反映人员的实践工作能力时，应以绩效指标为主，素质结构指标为辅。由于人员能力系统是一个有层次的复杂结构，因此在不同层次上的能力具有不同的特点。一般来说，层次越高人员的能力，越便于采用绩效指标，而不是采用素质结构指标表示。这是因为层次越高，能力的综合性就越强，其效果和效率就越容易计量，则涉及人员素质结构的内容也越复杂。[①]

（二）某一测评指标有可能同时反映其他素质与功能特性

人员素质和功能要素存在着相互影响相互作用的复杂关系，因而某一测评指标既能反映这一素质与功能的特性，同时也可能反映其他素质与功能的特性。测评指标与所要反映的素质与功能特性并不一定是相互对应的关系。因此，在确定测评指标时，一方面需要以指标所反映的主要方面为依据；另一方面，还要适当增加指标以排除其他素质与功能要素所产生的影响。

（三）综合指标和局部指标相互补充

根据人员测评内容范围的大小，我们可以把测评指标分为综合指标和局部指标。一般来说，综合指标能够反映人员素质及功能各个方面的主要内容，是测评指标的主体；同时，综合指标所反映的素质和功能特性又比较模糊，因而需要用局部指标来补充。如"策达"指标是一项综合指标，为了更准确地反映一个人的决策能力，还需要用决策水平和协调能力等局部指标加以补充。

（四）指标要素应具有一定的行业特点和时间性

人员测评指标要素是和人员在某一方面的具体活动相联系的，不同行业、职业、岗位对人的素质会提出不同的要求。被测人员的测评指标特征，首先应取决于他们的工作性质，其指标要素的设计要体现不同人员的工作特征，如农村实用人才的测评指标与党政人才、企业经济管理人才的测评指标就应反映出各自的特点。

从时间角度看，随着经济社会、文化背景的改变，不同时期对人的素质提出不同的要求，人员素质及其功能的内容和表现形式也会发生相应变化，需要不断地根据社会需要增加、减少或修订指标要素体系。

---

① 彭剑锋编《人员素质测评》，中国华侨出版公司，1990，第181~183页。

（五）人员测评指标需要采用多种计量方法

人员素质及功能是一种比较复杂的现象，因而要对其进行定量化描述是特别复杂和困难的问题。对不同人员的素质及功能特性需要采用多种计量方法，有的要素可以精确定量，有的只能模糊定量；有的可用严格的数量尺度来表示，有的却只能采用比较简单的评分法。在操作过程中，应视实际情况，根据人员素质及其功能特性选择适当的计量方法。

第二节　达系测评指标权重的确定

在完成指标体系的构建工作之后，还需要权衡每个层次的每个指标在整个测评体系中所处的地位和作用，并且适当地增大或减小有关测评指标在总分中的比重，而不能把每个测评指标都等量齐观，这是因为各个测评指标相对于不同的测评对象来说，会有不同的地位与作用。因此，要根据各测评指标对测评对象所反映的不同重要程度，适当地分配与确定不同的权重。

一　权重及加权的类型

权重体系是相对于指标体系来确立的，因此，首先必须有指标体系，然后才有相应的权重体系。指标权重的选择，实际上也是对系统评价指标进行排序的过程。

（一）权重与加权

指标权重，即测评指标在测评体系中的重要性或测评指标在总分中所应占的比重，其数量表示即为权数。在人才测评中，对不同的要素、结构、层次指派不同的分值，就是加权在人才测评中的具体应用。通过加权和计算，显示各类人员实际存在的功能差异，达到可比、客观的目的。权数的形式有绝对权数和相对权数两种，绝对权数是分配给测评指标的分数，也叫自重权数，其通常为绝对数量。如在绩效结构中，对工作数量和工作质量分别指派40分和60分的权重，这两个分数的本身就表示了两要素的重要程度，同时也给出了得分的最高标准。相对权数是指以某个测评指标作为一个单位，在总体中的比重值，其通常表现为相对数量，即百分比、小数等。实际上相对权值是二重权值，是权上加权。相对权值的一种较普遍的用法是在要素原始得分的前面加权，这时的原始得分相当于自重权值，但并非事先所指定的。[①]

需要注意的是权值与要素的等级是不同的。权值是要素自身重要性程度的体现，在同一个测评中是固定不变的，对被测评者来说是外在的东西，而要素的等级是被测评人员在该要素上符合的程度，是被测评者在该要素上自身价值的体现，而不是要素本身的价值，对于不同的被测评人等级是可变的。

从以上概念可以看出，权重表示在评价过程中，对被评价对象不同侧面的重要程度的定量分配，即对各评价因子在总体评价中的作用进行区别对待。事实上，没有重点的评价就不算是客观的评价，每个人员的性质和所处的层次不同，其工作的重点也肯定是不能一样的。因此，相对工作所进行的业绩考评必须对不同内容对目标贡献的重要程度做出估计并确定权重。

总之，权重是要从若干评价指标中分出轻重来，一组评价指标体系相对应的权重组成了权重体系。一组权重体系 $\{V_i \mid i = 1, 2, \cdots, n\}$，必须满足下述两个条件：

$$\sum_{i=1}^{n} V_i = 1$$
$$0 < V_i \leqslant 1; \ i = 1, 2, \cdots, n$$

其中 n 是指标的个数。

（二）加权的类型

加权的类型主要有要素加权、层次加权、部分加权和次数加权。

1. 要素加权

对素质量表中各要素加权。这是各类加权中应用最多的一种加权，也是最重要的一种加权。它根据不同的测评对象、目的，可以随时变动权值。

2. 层次加权

即根据参评人的层次不同，对其测评结果赋予不同的权值。参评人一般有领导、同级、下级和本人，有的还加上组织部门、业务部门。这些测评角度中，由于所处的层次不同、业务不同、亲疏不同、作风与心理不同，因而对被测人的了解和评价的客观程度就不同，所以对不同的参评人员的测评结果就要赋予不同的权值。同时对于同一层次的参评人员，对不同要素评价的客观程度也不一样，下属可能对其成绩、效率、工作作风比较客

[①] 萧鸣政：《人员素质测评理论与方法》，北京大学出版社，2011，第 70~74 页。

观，同级则对其相容性、纪律性、敏感性等评价较客观，因而在不同的要素上对不同层次的人员赋予的权值亦应有所不同。

3. 部分加权

就是根据不同的测评目的，对需要突出的要素进行加权。在日常测评中，为了调查研究、全面掌握情况，就不必突出某些素质。如若测评目的有所侧重，情况就不同。若为了挑选有潜在能力的人才，就要加强智能结构中的要素权值；若为了晋级、提升，就要突出绩效与智能结构中的要素。在层次加权中，不同层次的人员对同一个人的不同要素了解程度不一样，比如主管领导可能对德、能要素了解较深，在这些了解较深的要素上突出加权也属部分加权。

4. 次数加权

即将几次测评的结果进行加权。这种方法常用于上级测评机构对各部门测评结果进行审核和校正，这种加权往往带有事后调整的性质。

总之，在测评结果的处理中，要避免由于对加权的原理和方法不了解或出于怕麻烦，而采取千篇一律的加权模式，这样会降低人才测评的效果，但也不要人为地去增加花样。此外，一般的加权要根据不同的测评主体、测评目的、测评对象、测评时期和测评角度指派不同的数值，因此，加权是相对特定的情况而进行的，适用于某一场合的权数并不一定适用于另一场合。

二 确定权重的原则

（一） 系统优化原则

在评价指标体系中，每个指标对系统都有它的作用和贡献，对系统而言都有它的重要性。所以，在确定它们的权重时，不能只从单个指标出发，而是要处理好各评价指标之间的关系，合理分配它们的权重。应当遵循系统优化原则，把整体最优化作为出发点和追求的目标。

在这个原则指导下，对评价指标体系中各项评价指标进行分析对比，权衡它们各自对整体的作用和效果，然后对它们的相对重要性做出判断。确定各自的权重，既不能平均分配，又不能片面强调某个指标、单个指标的最优化，而忽略其他方面的发展。在实际工作中，应该使每个指标发挥其应有的作用。

（二） 主观意图与客观情况相结合原则

评价指标权重反映了评价者和组织对人员工作的引导意图和价值观念。

当他们觉得某项指标很重要，需要突出它的作用时，就需要给该指标以较大的权数。但现实情况往往与人们的主观意愿不完全一致，为此，评价者必须把自己的主观意图与客观情况结合起来，比如，确定权重时要考虑这样几个问题：①历史的指标和现实指标的对比；②社会公认的和组织的特殊性；③同行业、同工种间的平衡。如评价企业经营管理人才的经营业绩就应该把经济效益和社会效益同时加以考虑。

（三）民主与集中相结合原则

权重是人们对评价指标重要性的认识，是定性判断的量化，往往受个人主观因素的影响。不同的人对同一件事情都有各自的看法，而且经常是不相同的，其中有合理的成分；也有受个人价值观、能力和态度造成的偏见。这就需要实行群体决策的原则，集中相关人员的意见互相补充，形成统一的方案。这个过程有下列好处：

一是考虑问题比较全面，使权重分配比较合理，防止出现个别人认识和处理问题的片面性。

二是比较客观地协调了评价各方之间意见不统一的矛盾，经过讨论、协商、考察各种具体情况而确定的方案，具有很强的说服力，预先消除了许多不必要的纠纷。

三是在方案讨论的过程中，各方都提出了自己的意见，而且对评价目的和系统目标都有进一步的体会和了解，在日常工作中，可以更好地按原定的目标进行工作，因此，这也是一种参与管理的方式。

三　确定指标权重的方法

常见的权重确定方法有德尔菲法、层次分析法、多元分析法和经验总结法。

（一）德尔菲法（专家咨询法）

德尔菲法（Delphi Method）是美国兰德公司于 1964 年首先用于技术预测的。这种方法是通过分发专家咨询表，一般德尔菲法会邀请 30 名左右在某个领域非常擅长的专家，先给他们有关预测话题的背景资料和信息，要求每位专家独立地对测评指标进行排序；然后将专家的总体意见反馈给各位专家，再次要求专家进行排序，进而对各个测评指标赋予权重系数；如此反复进行多次，通过信息的不断反馈以期专家意见趋于一致，得出一个较为合理的权重分配方案；最后通过数据处理确定测评指标的权重。

这种方法避免了权威、职称、职务、口才以及人数优势对确定权重的干扰，集中了大多数人的正确意见。缺陷是由于最后不再考虑少数人的意见，容易失去一部分信息，同时也缺乏科学的检验手段。弥补的方法是，可以检验各个测评指标的积分和总分的相关性。重要测评指标的积分应该和总分有较强的相关性，否则就应该修改既定的权重系数。尽管这种检验方法不甚客观，但目前尚有一定的使用价值。不过，在民主气氛较浓的场合下，也可以面对面地反复充分讨论，最后形成一致的意见。[①]

（二）层次分析法

从 20 世纪 70 年代起，美国数学家斯塔（T. L. Saty）首先提出层次分析法（AHP）的概念，经过众多学者的探索和在企业界的实际应用，已发展得比较成熟。应用该方法时，首先必须把素质测评目标分解为一个多级指标，在同一层次上根据相对重要性等级表（见表 6－1）确定指标的权重。

表 6－1　斯塔相对重要性等级

相对重要程度	定　义	说　明
1	同等重要	两者对所属测评目标贡献相等
3	略为重要	据经验一个比另一个测评的结果稍为重要
5	基本重要或高度重要	据经验一个比另一个测评的结果更为重要
7	确实重要	一个比另一个测评的结果更为重要，其优势已为实践证明
9	绝对重要	明显重要程度可以断言为最高
2，4，6，8	以上两相邻程度中间值	需要折中时采用

层次分析法把专家的经验认识和理性的分析结合起来，使比较过程中的不确定因素得到很大程度的降低，因此它是确定权重较常用的方法。

虽然层次分析法比较简单实用，但是一般只能分别用于各个层次内确定同一层次的目标或指标的权重。因为如果指标项目多，配对的次数将按几何级数增长，若确定 10 个指标的权重，则需要配对分析 45 次。同时，为了提高可靠性，在实际工作中常常不是由某一单个人确定权重，而必须找一组专家，让每个人独立按规定比较评判，然后求出所有专家评判结果（权重）的平均值，并将其归一化，才能得到比较可靠的权重数。

---

① 张文贤、董临萍编《人才测评》，科学出版社，2010，第 46 页。

（三）多元统计分析法

确定权重也可以利用多元统计分析中的因素分析、主成分分析以及多元回归分析来计算各个测评指标的权重数。因素分析与主成分分析一般是把同一级的各个测评指标看作观察变量，并计算变量之间的相关系数，然后通过计算机进行因素分析或主成分分析，以确定各个测评指标的权重。

多元回归分析是把同级的单个测评指标看作与另一个更高级的指标有关系的变量，并通过数学运算找出同级指标与另一个更高级、更概括的指标的线性代数式。多元统计法比较客观，但要求测评者或研究者精通多元统计分析。

（四）主观经验法

主观经验判定法是最简单的权重确定方法。它是决策者个人根据自己的经验和对各项评价指标重要程度的认识，或者从引导意图出发，对各项评价指标的权重进行分配。但主观经验判定法在使用时要注意以下几个原则：权重分配的合理性，即权重分配要反映测评对象的内部结构和规律，防止因权重分配不当而脱离实际或产生偏向；权重分配的变通性，即权重分配要符合客观实际的需要，可以根据测评目的与具体要求而适当地变通分配；权重数值的模糊性，即对权重的分配不必十分精确，可以为了方便测评而模糊一些，实际上有的测评指标根本无法做到精确，只能模糊一些；权重数值的归一性，即各个测评指标的权数和应为 1 或 100％。

主观经验判定法应通过富有经验的领导、人事组织部门工作人员及有关研究人员共同商定。它把人们长期的工作经验作为依据，一般说来，有这方面能力的人员所确定的权值都具有一定的客观性。这种方法简便，花费的时间和精力比较少，且往往具有较好的效果。现行的许多企业人员业绩考评多采用这种方式。但它实质上是将主观判断数量化，从根本上讲，它没有脱离主观构思的形式，在缺乏经验或粗枝大叶的情况下，容易造成失误，并且仅凭个人经验决策，往往带有片面性。因此，在应用时，应该注意的问题是要召集利益冲突的各方进行充分讨论，平衡各种不同的意见，避免专断的行为。

（五）权值因子判断表法

权值因子判断表法是指由评价人员组成评价的专家组，由专家组制定和填写权值因子判断表，然后由各位专家所填权值因子判断表来确定权重值的方法。

这种方法通常包含以下四个步骤：

第一步，组成评价的专家组。根据不同的评价对象和目的，专家构成可以不同。比如，在人事评价中，专家组包括人事部门的人员、评价专家以及相关的其他人员。

第二步，制订评价指标因子判断表。

第三步，专家填写权值因子判断表。方法如下：将行因子与每列因子相互对比，若采用四分制时，非常重要的指标为 4 分，比较重要的指标为 3 分，同样重要的为 2 分，不太重要的为 1 分，相比很不重要的为 0 分。

第四步，对各位专家所填权值因子判断表进行统计，方法如下：①计算每一行评价指标得分值；②求评价指标平均分值；③评价指标权值计算。

四 权重确定方法举例

设某一评价的一级指标体系为 $\{W_i \mid i=1, 2, \cdots, n\}$，其对应的权重体系为 $\{V_i \mid i=1, 2, \cdots, n\}$ 则有：

① $0 < V_i \leqslant 1$，$i=1, 2, \cdots, n$；

② $\sum\limits_{i=1}^{n} V_i = 1$。

如果该评价的二级指标体系为 $\{W_{ij} \mid i=1, 2, \cdots, n, j=1, 2, \cdots, m\}$，则其对应的权重体系 $\{V_{ij} \mid i=1, 2, \cdots, n, j=1, 2, \cdots, m\}$ 应满足：

① $0 < V_{ij} \leqslant 1$；

② $\sum\limits_{j=1}^{m} V_{ij} = 1$；

③ $\sum\limits_{i=1}^{n} \sum\limits_{j=1}^{m} V_i V_{ij} = 1$。

对于三级指标、四级指标以及更多级的指标可以依此类推。

第三节 达系测评标准的制定

人才测评要素及权重确定之后，相继而来的问题就是测评标准问题。测评要素与测评标准是两个不同的概念，测评要素是对不同岗位上的人才素质的要求及考核指标，对处在同一岗位、同一层次的人才的要求是相同的，它是对人才功能客观本质的反映，是构成人才功能的基本素质。而测评标准是对人才的各项考核指标进行定性、定量评价的准则，是测评要素与数字或等级之间的中介，对处在同一岗位、同一层次的人才反映出来的评价结果一般是不一样的。测评标准的制定依赖于测评要素，而测评要素的评价则依赖于测评标准的确定。

一　常用的测评标准类型

目前常用的效度较高的测评标准主要有以下几类：[①]

（一）分段式标准

分段式标准就是将每个要素分为若干个等级，并对每一个等级指定一定的分值（实际上就是赋予权重），使分值拉开一定档次，即具有一定的幅度。表 6 - 2 为分段式测评标准应用的实例。

表 6 - 2　"预达"结构的考核标准

结构	要素	权值	等级			
			优	良	中	差
预达	预测能力	5	3.8 ~ 5.0	2.6 ~ 3.7	1.3 ~ 2.5	0 ~ 1.2
	信息处理能力	2	1.6 ~ 2.0	1.1 ~ 1.5	0.6 ~ 1.0	0 ~ 0.5
	观察能力	2	1.6 ~ 2.0	1.1 ~ 1.5	0.6 ~ 1.0	0 ~ 0.5
	逻辑思维能力	1	0.9 ~ 1.0	0.6 ~ 0.8	0.3 ~ 0.5	0 ~ 0.2

此外，分段式标准还可以对各个区分段进行描述，如表 6 - 3 对"德达"中的敬业精神的评价。

表 6 - 3　"德达"（敬业精神）的考核标准

结构	要素	等级				
		上	中上	中	中下	下
德达	敬业精神	有明确的奋斗目标；有旺盛的工作热情，刻苦钻研，积极进取；有开拓性	有一定进取心与工作学习热情，肯钻研	有一定的工作学习热情，有提高自己的业务能力和科学文化水平的愿望与行动	在别人带动下，能激起工作学习热情，但不能持久	工作学习热情时高时低，缺乏进取精神
	评分标准	0.91 ~ 1.0	0.8 ~ 0.90	0.6 ~ 0.79	0.4 ~ 0.59	0.1 ~ 0.39

分段式标准的特点是分档细致，编制使用方便，且解决了许多人在同

[①]　吴春华编《人员素质测评理论与方法》，天津教育出版社，2011，第 83 ~ 85 页。

一档次上区分强弱的问题，使分数的确定具有广泛的选择性。

（二）隶属度标准

隶属度标准就是以模糊数学中隶属度函数为标度的测评标准。它的标准内容可以是积分评语式的，也可以是期望评语式的，通过相当于该要素最高等级的多大程度或者说隶属于该要素最高等级的程度来进行评定。隶属度标准的特点是运用模糊集合概念进行测量与评价人才功能，使难以精确定量的要素和模糊思维走向确定。隶属度标准的编制方法有两种，一种是规定要素的各个等级分别属于隶属度函数的某个范围或某一确定值，这种方法叫隶属度分段法，通常同量表式标准或期望行为标准相匹配。表6-4为"德达"工作作风的隶属度分段法的应用实例。

表 6 - 4 "德达"工作作风的定量隶属度

工 作 作 风	隶 属 度
责任心不强，马虎粗心，错误多	0
能服从分配，有一定责任心，差错少	0 ~ 0.4
服从工作分配，责任心较强，有时有差错	0.4 ~ 0.6
作风严谨，责任心强，基本无差错	0.6 ~ 0.8
有事业心、进取心，作风严谨，成绩明显	0.8 ~ 0.9
有魄力，事业心强，成绩显著，群体意识好	0.9 ~ 1

资料来源：王通讯：《人才学通论》，中国社会科学出版社，2001，第393页。

另一种方法是不作任何规定，每个等级均可选 ［0，1］ 以内的任何实数，表示被测者属于某个等级的可能性大小，或不同参评人对同一被测者的不同评价。这种方法称隶属度全域法，通常与期望评语式标准相匹配。如表6-5中对不同外语能力的定量隶属度就属于隶属度全域法。

表 6 - 5 不同外语能力的定量隶属度

外 语 能 力	隶 属 度
完全不懂	0
达到一门外语的初级班水平	0.4
达到一门外语的中级班水平	0.6
熟练掌握一门外语并有译著发表	0.8
熟练掌握两门外语并有重要译著发表	1

资料来源：王通讯：《人才学通论》，中国社会科学出版社，2001，第391页。

（三）评语式标准

评语式标准就是利用文字描述每个要素的不同等级，也称为描述式标准，这是目前人才评价中运用较广的一种标准，其形式主要有两种。

1. 积分评语式标准

这种标准是将每个要素再分解而不是分等，给每个再分解的子要素指定固定的分数，将各子要素的得分相加就是对该要素的评价。表 6 - 6 为"容达"（采纳别人意见能力）的积分评语式标准的应用实例。

表 6 - 6　"容达"（采纳别人意见能力）的积分评语式标准

结构	要素	子要素	指定得分	实际得分
容达	采纳别人意见能力	了解本部门人才意见，合理采纳	4	3
		注意部门人员的意见，并采纳	2	1
		能采纳部门意见，有采纳之例	1.5	1
		能够采纳别人意见	2.5	2
合　计			10	7

这种标准通过要素再分解使标准明细，使用方便，有目标导向作用，但子要素分解要合理、准确，否则会偏离原义。

2. 期望评语式标准

这种标准是根据岗位职责的理想要求，将要素分为若干个等级，每个等级确定相应的评语。表 6 - 7 是"通达"（语言表达能力）期望评语式标准的应用实例。

表 6 - 7　"通达"（语言表达能力）评语式标准应用

结　构	要　素	等　级			
		A	B	C	D
通达	语言表达能力	思维敏捷，说话逻辑性强，语言简练、生动、准确、说服力强，有较高的文字水平	思维清楚，有逻辑性，表达准确，有重点，有一定的文字能力	语言清晰，能表达其意，但欠简练，能起草一般的文字材料	说话不简练，中心不突出，文字能力差，病句多

期望评语式标准以岗位职责和上级要求为准则，同样具有目标导向作用，且易于做出判断，使用方便，但评语的文字表达要求较高，编制较困难。

总之，评语式标准是一种动态与静态相结合的较为实用的测评标准，编制要注意客观性和严密性。首先要给各要素立意，明确内涵。如责任心这一要素是指对分内工作的尽责程度，因而在人才测评时对其职权以外的工作就不能作为衡量其责任心的依据。其次要分析各要素的具体含义的深度与广度，如语言表达能力，横向看指演讲、宣传、解释的能力，纵向看指鼓动性、诱导性和趣味性，从而使标准的内容、脉络清晰。再次，要清楚岗位职责对该要素的一般要求和最高要求，并寻找符合这种期望要求的行为特征。这样才能使评语式标准公正、客观、恰如其分。

（四）量表式标准

量表式标准就是用刻度量表的形式直观地划分等级的一种标准。在测评每个对象后就可直接在表上形成一条曲线。表 6 - 8 为量表式标准应用实例。

表 6 - 8　"通达"（沟通协调能力）的量表式标准

结　构	要　素	测评标准
通达	沟通协调能力	信息沟通方向：向下、多向下、有下有上、上下左右
		下级接受信息的态度：怀疑、有时怀疑小心、乐于接受
		向上传递的准确性：不准确、常不准确、一般、准确

量表式标准图文并茂、直观形象。编制时通常分为五个等级，但这时易出现回归现象（往中间集中的倾向），因此，有时亦用偶数分等。可以认为，量表式标准实际上是积分评语式标准的另一形式。

（五）对比式标准

对比式标准就是将各要素的两个极端间的中间地带分为若干等级，通过比较对被测评者作出评价的标准。它是在量表式标准的基础上派生出来的，其突出优点是便于比较，表 6 - 9 是对比标准应用实例。

表 6 - 9　对比式标准

要素：高		高效	果断	敏捷	开拓	主动	守纪	利人
等级	4							
	3							
	2							
	1							
	0							
	1							
	2							
	3							
	4							
要素：低		低效	犹豫	迟钝	保守	被动	违纪	利己

通过测评，可以将每个选项描述为被测者的测评曲线。很显然，我们从表中很快就可看出每个被测者各要素与理想状态的"距离"，且被测者之间也可以方便地进行比较。

二　测评标准的编制原则

编制标准的目的是为了保证测评的客观性，从而有效地评价人才，提高测评效度。为此，在标准编制过程中要掌握几条原则。

（一）科学性、针对性

测评标准在人才管理中具有目标导向作用，因而标准的内容必须是严格的、全面的、确切的。在分级中，等级之间要是等距的，评价的结果要呈正态分布，且对每两个要素水平的高低，在同一等级上水平要相同，不能把中间水平在某一要素中放在第二等级，在另一要素中则放在第三等级。

此外，标准的编制要体现因岗而异的原则。要确立不同层次人才的评价重点，既要考虑周全，防止大的遗漏，但也不能太细、太烦琐，不要做没有目的和意义的标准。测评标准不仅要体现对人才基本功能的共性要求，更要体现具体岗位、具体环节的特征，以编制出具有较强针对性的标准。

（二）实践性、时代性

测评标准的编制是以实践为基础的，它来自实践，又要在实践中不断完善和修订。尤其是对于新设的岗位和职务，过早地编制测评标准往往脱离实际，一定要在一段实践的基础上进行职务分析，然后制定标准初稿，在实践中产生第二稿、第三稿……实践证明，不失时机地做好测评标准的修订工作是保证其客观性和科学性的重要一环。

测评标准的内容还要符合时代的要求，要与党的政策保持一致，要突出开拓、创新、决断，要注意采用现代考核技术和手段（如应用计算机进行数据处理、利用现代数学研究的成果等），要不断吸收其他学科和国际上人才测评标准制定的经验做法，从而建立具有特色的现代化的测评标准体系。

（三）大众性、广泛性

人才的评价标准在于体现杰出性的同时要具有大众性和广泛性。人才的广泛性主要体现为人才类型的多样性和人才标准的多元性，各类人才都要有充分反映其知识、能力和业绩贡献情况的人才标准，使各类人员中的杰出分子都纳入到人才队伍中来，从而将评价误差减少到最小。

（四）相对性、导向性

人才的相对性，不仅是一般人才相对于非人才而言，高级人才相对于一般人才而言，也是各类人才相对于社会需要而言。只有适合社会需要，才能得到社会承认而成为人才。人才评价标准要根据经济社会发展水平及需要确定，随经济社会发展而不断调整，才能发挥人才标准的社会导向作用。

三　测评标准编制的注意事项

在明确测评标准的编制原则之后，对于标准的措辞及等级的划分还要注意掌握一定的技巧。[①]

（一）措辞切忌模棱两可

措辞的界限不清、模棱两可最容易使参评人员造成错误的判断或无法判断。比如测评标准中出现"可能有受贿行为""有受贿动机"等句子，这样就会在分段式标准中相邻分数段出现重合的现象。

（二）避开专门术语

专门术语往往只有专门人才才能理解和使用，尽管这些术语使叙述变

---

① 吴谅谅：《人力资源开发管理技能——心理学在现代人事管理中的应用》，华夏出版社，2002，第 114~115 页。

得简捷、明确，但对大多数人来讲却是生疏、模糊、难以捉摸的，例如"反馈""集合""线性回归""正态分布"及其他岗位上的专门术语等，对于中等文化以下的参评者难以一下子理解，组织测评的人员既没有必要也不可能在短时间内讲清楚，因而会造成因对词语概念理解失当而带来测评的误差。

（三）不可用词过贬

过贬的用词不仅会给被测者带来很大的精神刺激，而且会给参评人心理上带来很大的压力，使参评人因怕得罪人而选择中间等级，这是造成人才测评中出现回归现象的原因之一。例如在评价"学习态度"时，最低档次用"好逸恶劳、不学无术"的叙述，就非常具有刺激性，而换一种方式描述为"学习常常需要领导和同事们督促和帮助"。这种迂回的方式描述的深度是一样的，但无论是对被测者还是参评者都较易接受。

（四）不要自相矛盾

测评标准中出现自相矛盾的现象即意味着测评标准失效，哪怕只有少数几处，不加认真修改，亦不可使用。如有的测评标准在测评工人的功能时，用了"动手能力较强，实际操作水平尚可"、"能完成规定的工作量，事业心较差"等，就会使参评人无法作出评价。

（五）力求等级适度

对于一个测评标准来说，被测者大体可划分为几类或组织者希望将被测者划为几类，即可将测评标准确定为几个等级。等级过少将会增加人员分类中的跨度，使素质差别较大者归为一类，使测评失去其意义；等级过多，使人员分类过细，以致造成边界模糊，难以确定等级，表面看起来"细"，实际使用起来"粗"。例如有的将等级分为九等、十一等，乃至十五等，还有的又在每二等中分为上、中、下，结果适得其反，降低了测评效度。对于偶数分等，要采取连续分割的办法，即一变二，二变四……；对于奇数分等，要采取依正态分布规律，从中间向两边推延的办法。

第七章　达系测评指标的测评方法

在长期的实践发展过程中，形成了多种多样的人才测评技术。就测评的基本方法而言，人才测评就是通过参评人员对被测者的过去行为和当前行为进行评定的技术。对过去行为的测量通过参评人员对感知对象的印象和回忆进行评价，属于再现型观察；对当前行为的测量是对被测对象直接进行的笔试、口试、谈话、操作、表演等，它为每个被测者提供了一个机会均等的舞台，属于现场型观察。

第一节　德达指标的测评方法

品德是一个人用来调节与处理对己、对人、对事的稳定行为特征与倾向，在外表现为行为态度与行为特征，在内表现为个人信念与行为准则。"德"是做人的首要的基本问题。坚持德才兼备、以德为先的选人用人导向，就必须将德的考评结果贯穿于人才教育培养、选拔任用、监督管理全过程之中。

一　品德测评的主要方法

品德测评是一种建立在对品德特征信息"测"与"量"基础上的分析与评判活动。在这种活动过程中，测评者通过"测"与"量"的活动，获得所要搜集的品德特征信息，然后对它们进行综合分析与评判解释。这里的"测"包括测评者的耳闻、目睹、体察、访问和调查等，是以认识与评判品德为目的的特定活动，"测"既可以是自测，也可以是他测，还可以是观测；"量"是指与一定品德测评标准的比较与衡量；"分析"是指对测与量所获得的品德特征信息的综合分析；"判断"是指对综合分析的结果予以确认与解释，而判断的基本形式通常有两种：一是定性判断，二是定量判断；最后是对判断的结果予以报告与解释。

（一）　西方及我国古代对品德测评的主要方法

19 世纪英国的巴恩斯（F. M. Barnes）采用问卷法研究儿童惩罚观念的发展，开创了道德认知科学研究的先河。随后，对道德认知的研究，有几位重要的人物在这方面作出了改进与发展，从测评方法变化的角度看，从皮亚杰（J. Piaget）的"对偶故事法"、柯尔伯格的"两难故事法"，到莱斯特（G. Leste）的"限定问题测验法"，再到林德（G. Lind）的"道德判断测验"（MJT），反映了道德认知发展测评研究方法的不断创新与进步。① 许多研究者使用并改进这些方法对儿童的道德认知进行了深入研究，发现了儿童道德认知发展的规律和特点，促进了提高儿童道德认知水平的教育干预研究，构成了道德认知发展研究的一个新趋势。②

我国民国学者邵祖平在《观人学》中详细地论述了如何通过一个人的言谈举止、待人接物、处世交友等情境中的不同反应，全面地分析判断该人的性情特征和人格品质，对我国古代知人、知德、考德的经验进行了综合评述，对当今品德测评极具参考价值。③ 需要说明的是，古人对品德的考评经验还谈不上是严格意义上的科学测评。其不足之处在于：什么样的品德测评内容和测评标准才能真正反映一个人品德的整体状况，这在古代似乎更多是主观判断，而没有系统的结构，所以古代品德测评的标准常带有片面性与主观性，内容上带有明显的封建主义色彩。方法上除情境考评和面谈外，主要使用观察法。观察法只能观察个体表面的行为，并不能洞察一个人品德的整体状况，特别是一个人的道德认知和道德动机等方面。王守仁所说的"日询常规，务实考德"，提倡从日常生活中进行品德测评，但日常生活中出现的信息太多，哪些方面的信息具有德育意义，仍然没有作出明确说明，这就会影响测评的效度和效率。④

（二）　当前对品德测评的常用方法

萧鸣政把 20 世纪 80～90 年代的品德测评方法归纳为三大类：一是侧重定性测评的方法；二是侧重于定量测评的方法；三是介于两者之间的中性测评方法（见图 7－1）。⑤

---

① 萧鸣政编《人员测评与选拔》，复旦大学出版社，2010，第 320～321 页。
② 胡朝兵、张大均：《国内外品德测评方法述评与展望》，《中国教育学刊》2008 年第 3 期。
③ 邵祖平著《观人学》，管曙光译，长春出版社，2001，第 1～56 页。
④ 萧鸣政：《试论品德的资本性及其测评》，《中国人民大学学报》2002 年第 5 期。
⑤ 萧鸣政：《品德测评的理论与方法》，福建教育出版社，1995，第 272～325 页。

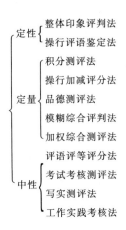

图 7-1 品德测评的三类方法

应该说，我国目前对于人才品德的考核方法有很多种，这些方法的形成一方面是吸取了传统考核方法中的有益之处，同时也借鉴了西方发达国家的一些良好的方法。概括起来主要有以下几种：[①]

1. 民意测验法

该方法的做法是将品德的外延细化为几个方面，制成考核的表格，每项后面空出五格：优、良、中、及格、差，然后将考核表发至适当范围。考核前，也可先请被考核者汇报工作，作出自我评价，而后，由参加评议的人填好考核表，最后算出每个被考核者得分的平均值，借以确定被考核者工作的档次。民意测验的参加范围，一般是被考核者的同事和直属下级及与其发生工作联系的其他人员。

民意测验法的优点是群众性和民主性较好，缺点是主要从下而上地考察干部，缺乏自上而下的考察，由于群众素质的局限，会在掌握考核标准上带来偏差或非科学因素。一般常将此法用作品德测评辅助的、参考的手段。

2. 评语法

这是最常见的以一篇简短的书面鉴定来进行考评的方法。考评的内容、格式、篇幅、重点等均不拘一格，完全由考评者自由掌握，不存在标准规范。通常将谈及被考评者的优点与缺点、成绩与不足、潜在能力、改进的

建议及培养方法等。此法无行为对照标准，所以难作相互对比，加之几乎全部使用定性式描述，无量化数据，据此做出准确人事决策相当不易。但因为它明确而灵活，反馈简捷，所以至今仍颇受欢迎。在我国，此法更是一种传统的考核方法。

3. 要素评定法

也称功能测评法、测量法或点评估法、序列评定法。这是一种将定性考核与定量考核相结合的考核方法。即根据不同类型人员所必须具备的品德内涵的不同，确定不同的考核要素，然后制定考核表（测评表），由主考人员逐项打分。一般将每个要素按优劣程度划分 3 ~ 5 个等级，每个等级都对应确定分数。该法优点是易学、易用，容易进行比较。缺点是容易流于形式，出现平均主义、"好好先生"的现象，如给员工都打高分或打平均分。

4. 考核清单法

这种考核法用的也比较普遍，这类考核法，又可分为简单清单法和加权总计评分清单法。

（1）简单清单法。此法通常只考核职工总体状况，不再分维度考核，先将与某一特定职务占有者工作绩效优劣相关的多种典型工作表现与行为找出，供考评者逐条对照被考评者实际状况，将两者一致的各条勾出，即成为现成的评语。此种方法便捷易行，但主观性较强。

（2）加权总计评分清单法。事实上，各工作维度对绩效的作用并不相等，例如"工作敏捷利索"与"人际关系融洽"对一线工人的绩效虽都有影响，但前者就比后者更重要。此法是要分解为若干维度来分别考核清点评定后取总记分的，此时需按各维度重要性，分别给予不同权重，一般每一维度按四级至九级中的某一尺度给分，并乘以权重。考核时各维度条目混排打乱，使考评者不致根据对被考评者某一方面印象较深而影响对其他方面评分的公正性与客观性。但最后要分别按各维度求得小记分，再加出总分，便可既知其特定方面情况，又可知道总体状况。

5. 比较法

比较法一般包括：发展轨迹对比法、成对比较法和排队法。

（1）发展轨迹对比法。考察人才的德，不仅要看其现在的表现，还要看其过去的所作所为，要根据其发展轨迹将过去与现在联系起来，用发展的观点对人才的德进行对比、分析。考察人才的过去，不能完全依靠档案，应当到人才曾经工作过的单位、部门，通过人才的上级、同级、下级，多方位、多视角考察了解，综合分析其工作、学习、生活情况。采用任前考察与回头考察相结合、现场考察与旧地回访考察相结合等多种方式，通过拓展考察的深度，将人才的品德修养放进历史的长河中进行检验，在对比分析中获得对人才品德修养的真实评价。[①]

（2）成对比较法。成对比较法是将两个被测评人的品德进行比较，一个人品德总体表现高于另一个人时即赢得一次肯定，肯定率越高的员工，考核的结果越佳，这样如有 N 个员工就要进行 N 次比较。如在人少的情况下此法简单易行，但人一多就很麻烦，而且它仅是含糊地对员工进行比较，而不是比较他们的具体某一方面，因此主观性较强。

（3）排队法。排队法就是将一个主管所辖范围的员工按照其表现依次排队。此种方法最大的特点是能够克服考核人员考核时的"好好先生"、平均主义，结果可以直接用于员工的加薪、提升等。同时其缺点也很明显，一方面是考核的结果不反馈给员工，员工无从改进，另一方面因其缺乏通用标准，部门之间难以进行比较。如一个部门的员工表现都是上佳的而另一个部门员工的表现都不太行，那么这两个部门的最好的员工的表现有可能差别很大，这种考核结果的比较就不合理。

6. 关键事件考评法

十七届四中全会强调，要注重从履行岗位职责、完成急难险重任务、关键时刻表现、对待个人名利等方面考察干部的德。这种考核方法更多将品德的考核建立在相关工作事件上，用上级或员工共同提供的工作案例来评估员工，这种案例常常只寻出是好或者最差的案例进行分析，每间隔一段时间就进行一次考核。该法可考核出优秀和不良的员工表现。关键事件考评应侧重以下四个方面：

一是在履行岗位职责方面，着重考察人才是否履行职能使命；是否践行社会主义荣辱观和核心价值观；是否树立科学的世界观、人生观、价值观；是否具有职责意识、大局观念；是否具有纯正的工作动机、端正的工作态度、务实的工作作风、突出的工作成效、团队的协作精神等。

二是在完成急难险重任务方面，着重考察人才的胆识、意志品质，特别是在重大和突发事件面前，能否冲在一线、沉着应对、坚忍不拔，按照

---

① 王平安：《军事人才品德考评机制建构》，《人民论坛》2011 年第 26 期。

党的政策、国家法律做好工作；是否具有干事创业的拼搏精神、攻坚克难的精神、昂扬向上的奋斗激情；是否不畏艰险，不顾个人安危，不计较个人得失等。

三是在关键时刻表现方面，着重考察人才在重大问题、重大政治事件面前的政治敏锐性、意志坚定性，看其是否具有坚定的理想信念、政治立场。在大是大非问题面前，是立场坚定、态度鲜明，还是见风使舵、盲目跟从；是坚持原则、勇于斗争，还是是非不分、临阵退缩；是服从组织、顾全大局，还是推托扯皮、讨价还价。

四是在对待个人名利方面，着重考察人才对待个人进退去留、升迁变动、评先评优等问题的态度，是以辛勤的工作、良好的品格、平和的心态、宽阔的胸襟接受组织挑选，以大局为重服从组织安排，还是采取不正当的手段求情拉票；在利益诱惑面前，能不能保持清醒头脑、不为所动；在荣誉面前，能否正确对待、真诚谦让、见贤思齐等。

7. 综合全程跟踪法

考察了解人才的德，除了要看其政治表现、品德修养、廉洁自律等方面，还要重点考察其生活作风、兴趣爱好、社会交往、家庭关系等方面，要看其作风是否正派、交友是否择善、情趣是否健康端正，以及夫妻关系是否和睦、子女教育是否严格、家庭收入是否正常等。要了解人才的综合表现，必须对其德进行全方位的跟踪考察、全程记录、综合分析。在考察方式上，要做到"三个延伸"，即由集中考察向日常考察延伸，由听取本单位领导反映向领导、同事、下属三结合反映延伸，由考察上班时间表现向考察八小时之外表现延伸，进一步扩大考察范围，全方位拓展考察视角，把人才德方面的情况摸准吃透。考评范围不仅包括人才的领导、同事、下属，还应延伸到他的亲人和朋友，力求多角度、全方位考察掌握他们的德的表现。在民主测评中，既要从人才的正面形象入手设计测评问卷，对其德的表现进行考核评价，又要注意考察了解人才的负面反映，以便全面、准确、真实地掌握人才的德的表现。也就是说，考察了解人才的德，既要通过其德的正面素材得分多少来评定其德的表现的良差，更要注意将人才的负面反映的整理结果与正向测评的处理结果逐一对比、相互印证、求证核实、综合分析，进一步考准、考实人才的德，使人才德的评价更加准确、客观、公正、全面。

8. 品德测评的 OSL 和 FRC 法

萧鸣政对品德测评的技术问题进行了理论探索，并首次将现代 AHP（层次分析）技术和 DEA（包络分析）方法用于品德测评领域，创造性地提出了 OSL 教养性品德测评法和 FRC 考核性品德测评法。[①]

OSL 教养性品德测评法是一种品德教养为目的的行为测评法，OSL 是 On（做到）、Short（稍差）、Long（较差）的缩写，O、S、L 即品德养成结果（做到、稍差、较差）主观测评的一种简便标记符号。在这种品德测评的基本设想中：首先采用符号记录测评结果，在最后综合或必要时才转换成分数；其次，测评特别强调学生的自我测评；再次，测评特别注意发挥与利用品德测评的"蝴蝶效应"。

FRC 是事实报告计算机辅助分析的考核性品德测评方法。这种品德测评方法的基本思想是，借助计算机分析技术从品德结构要素中确定一些基本要素，再从基本要素中选择一些表征行为或事实，然后要求自己是否具备这些表征行为或事实予以报告。报告的方式可以是个别谈话，也可以是集体问卷。每个报告的表征行为事实，经过光电信息处理后，储存于个人品行信息库中，然后计算机根据专家仿真系统对报告的表征行为进行分析，做出定性与定量的评定。

（三）品德测评方法举例

如对"廉达"廉政情况进行评价，可采用以下方法进行。

1. 确定"廉达"评价指标和办法

（1）评价说明："廉达"一般每年集中评价一次，总分值 10 分。8 分以上（含 8 分）为廉洁，6 分以上（含 6 分）8 分以下为比较廉洁，6 分以下则为不廉洁。

（2）评价办法：主要分为自我评价、民主评价、客观评价、处罚评价。自我评价是自我认定评价。民主评价重点测评廉洁意识、组织纪律、作风情况、经济情况和群众举报等情况，采取集中问卷测评。客观评价主要包括廉洁自律、工作作风和履行责任制等项评价内容。处罚评价主要包括个人发生违纪违法问题，属违反廉洁自律规定、贪污贿赂和违反财经纪律类错误的，一票否决，"廉达"为 0；其他类错误受党纪政纪处分的，扣 1 分（见表 7 - 1）。

[①] 萧鸣政：《OSL 品德测评法的基本思想及其实验》，《江西教育科研》1994 年第 4 期。

表 7 - 1 　"廉达"评价表

评价方法	评价内容	指数分值
自我评价	自我认定	1 分
民主评价	遵守廉政纪律规定	总分 6 分。测评方法为（满意票×10 分 + 基本满意票×7 分 + 不满意票、弃权票、作废票×0 分）÷总票数，最后得分为 10 分不减分，每降低 0.1 分减 0.1 分，对测评中反映存在的具体问题，经调查属实的，每个项目扣 0.4 分
	组织纪律	
	作风情况	
	经济情况	
客观评价	廉洁自律	3 分
	工作作风	
	履行责任制	
处罚评价	错误被处分	- 1 分
一票否决	个人违法违纪查实	

2. 以"廉达"为平台的廉政预警

（1）对"廉达"状况进行预警。对"廉达"指数低于一定数值者，及时进行谈话、提醒、告诫，督促抓好整改，提高了廉洁自律工作的科学性、前瞻性和主动性，避免了因小错得不到及时纠正而酿成大祸的发生。

（2）作出阶段性廉政鉴定。设立"廉达指数"后，使对廉政鉴定从定性、片面转向量化、全面上来，更加详细地了解一个人的廉洁状况，为组织人事部门选拔任用人才提供更全面、更准确的廉政信息。

（3）教育引导作用。"廉达指数"鲜明的导向性让测评者明白，要提高自己的"廉达指数"，就必须严格按照评价体系中的每项内容和要求去做。同时通过定期公布"廉达指数"，对"廉达指数"高的进行公开表扬，在提拔任用、各种奖励等方面给予优先考虑，引导个人自觉遵守廉洁自律的各项规定（见表 7 - 2）。

表 7 - 2 　"廉达"指数分级预警表

廉　达	预警级次	处置预案
7～8 分	三级预警	谈话提醒，督促限期整改
6～7 分	二级预警	警示谈话；考核扣分；廉政教育
达不到 6 分	一级预警	责令整改；免职或责令辞职等

二 "德达"的模糊综合测评法

应该承认，上述一些品德测评方法有的简便易行，但也存在一些问题。因为品德的考核问题是一个比较主观性的问题，难以客观、精确化，在实践操作中难以具体操作。主要表现在两个方面：一是对于品德的内涵和外延的界定不清，没有一个统一的规范体系；二是品德理念的界定与生活实践联系不紧密，即品德的内涵所规定的品德规范体系在现实生活中难以具体运行。萧鸣政也把当前品德测评问题，概括为"指标多，走形式，数据虚"，民主测评、个别谈话、群体座谈难以客观公正，考评结果不是那么硬。如家庭美德和社会公德测评时，社区与家庭不太愿意表达真实意见、不想表达意见，有的想表达但是怕麻烦，就造成测评时难以得到真实的信息。

定量分析是人才测评科学化的重要保证。因此，"德达"的考核也离不开量化，它应当是在定量基础上的定性考核。我们可以通过引入模糊数学来解决目前品德考核中的客观性欠缺而主观性太强的问题，通过引入这种方式，相对于目前的考核而言，这种模糊数学考核模型能够较客观地进行"德达"的评价，且此方法易于操作。

（一）模糊综合测评法简述

模糊理论（Fuzzy Theory）是由美国自动专家、加利福尼亚大学教授查德（L. A. Zadeh）于1965年创建的，它是用数学方法研究和处理具有"模糊性"现象的数学，故通常称为模糊数学。

模糊评价的基本思想是，许多事情的边界并不十分明显，评价时很难将其归于某个类别，于是我们先对单个因素进行评价，然后对所有因素进行综合模糊评价，防止遗漏任何统计信息和信息的中途损失，这有助于解决用"是"或"否"这样的确定性评价带来的对客观真实的偏离问题。

模糊模型包含以下几个部分：一是由评价指标体系构成的因素集；二是由表明隶属度的模糊因子构成的模糊向量；三是用来对单个因素进行评价的评语集；四是将模糊关系矩阵与模糊向量结合起来的合成算子；五是与模糊评语等级相关的等级向量。其基本步骤如下。

第一步：确定评价因素集，即用什么样的指标来评价或评价者关注哪些方面的内容。

第二步：确定评语集，即就单个因素而言，评价者对被评价因素有什么样的判断或以什么方式表示评价结果。

第三步：确定模糊向量，即对每个因素的重视程度。

第四步：先对单个因素进行评价，得到一个因素与评语之间的模糊关系矩阵。

第五步：采用某个合成算子，对模糊关系矩阵与模糊向量进行合成。

（二）"德达"模糊综合测评模型的构建

1. 确定第三级指标测评因素集

$$M = \{M_1, M_2, \cdots, M_n\}$$

依据综合测评指标体系，设立评价指标集 M，三级评价指标 M = {M_1, M_2, \cdots, M_n} = {世界观，求真务实，…，责任心}。

2. 确定指标权重集

$$U = \{U_1, U_2, \cdots, U_n\}$$

我们通过专家打分法来确定各指标的权重。

3. 确定评语集

$$R = \{R_1, R_2, \cdots, R_n\}$$

评语集是对各种指标作出可能结果的集合，可请专家进行评估定级。根据评价的目的，建立评语集 V。

V = {V_1（非常好），V_2（比较好），V_3（好），V_4（不太好），V_5（不好）}

4. 确定模糊矩阵

从 M 到 V 的模糊关系可以用模糊评价矩阵 R 来描述。

$$R = \begin{pmatrix} r_{11} & r_{12} & r_{13} & \cdots & r_{1m} \\ r_{21} & r_{22} & r_{23} & \cdots & r_{2m} \\ \cdots & \cdots & \cdots & \cdots & \cdots \\ r_{t1} & r_{t2} & r_{t3} & \cdots & r_{tm} \end{pmatrix}$$

利用模糊矩阵的合成运算，得出综合评价模型 S：

$$S = U \cdot R$$

5. 计算评价结果

利用向量的乘积，计算出最终评估结果 T：

$$T = S \cdot V = (T_1, T_2, \cdots, T_n)$$

T 是一个代数值，这样就实现了"德达"测评的量化。

三　德达测评需要注意的问题

（一）品德影响因素的复杂性

"试玉要烧三日满，辨才需待七年期"。在品德形成与发展的过程中会受到来自内外多种因素的影响，其外部影响因素归纳为以下几个方面：①个体生活和成长的社会存在和社会意识，包括个体所处社会的经济制度、政治制度、主导意识形态以及各种思想文化；②个体居住地的自然条件、文化环境、日常生活与生产方式等社区环境影响；③个体经常参与各种户外社会活动；④个体从事学习或工作的组织影响；⑤个体所在的家庭及其成员的影响；⑥媒体与网络信息的影响。上述各方面因素的影响是错综复杂的，有的相互对立，有的相互制约，有的相互促进，但其中的社会影响具有决定作用，家庭与组织的影响具有主导作用，而其他因素的影响具有辅助作用。[1]

（二）品德测评需要深入和动态

品德是人才素质中相对深层的内容，它的表现具有行为的分散性与特定场合的掩饰性。因此对品德的评价，要依靠人民群众，以群众观察的广泛性反映品德行为表现的分散性，以动态深入的考察方式克服特定场合下对掩饰性考察的不足。[2] 因此，对德的测评，要注重从履行岗位职责中考察工作动机、工作态度、工作作风、工作成效和工作中表现出的团结协作精

---

[1]　萧鸣政：《试论品德的资本性及其测评》，《中国人民大学学报》2002 年第 5 期。

[2]　萧鸣政认为，品德的表现全时空性与观察测评的有限性导致测评的片面性，品德结构的复杂性与评价过程的检阅性导致测评结果的表面性，品德的模糊性与分数的精确性导致测评的随意性，品德的变化性与结构的确定性导致测评的失效性，品德的隐私性与行为表现的不一致性导致测评的失真性，品德量化的可能性与现实性矛盾导致测评分数的形式性，品德的个体差异性与评价标准的统一性导致测评结果的不准确性。干部品德测评应从面面俱到的测评转向关键点和区别点行为的分析，从追求成本效率转向关注质量效果，从追求精确评分转向模糊评等，从集中式的德行测评转向平时工作行为的分析，从一次量化评分转向定性定量的综合评估，从统一评分转向共性评分与个性描述结合，从品德的排序评分到领导力的促进与提升。品德测评不要像猫鼠对立，而是要走向促进性。领导干部品德测评要变"一锤定音"为"多敲边鼓"，在测评中引导、促进、提升干部，最后达到能力提升、业绩提升、政绩提升。见萧鸣政《领导干部品德测评要变"一锤定音"为"多敲边鼓"》，2012 年 10 月 22 日人民网。

神；注重从完成急难险重任务中考察胆识、意志品质；注重从关键时刻的表现考察政治立场、政治态度和坚持原则情况；注重从对待个人名利的态度中考察服从组织、顾全大局情况、品行和心态。

（三）品德测评要具体化

对德的内容界定要清楚，不能把德简单地停留在道德和重大事件的评价上（如有把"文化大革命"等政治风波中有没有问题、有没有经济问题等同于德的全部），甚至有的以顺从为德，有的以稳妥为德，有的以才代德，有的以完美为德，求全责备也在某种程度上给全面准确地考察人才的品德带来了一定困难。要改变这种状况，就需要把品德方面的一些要求具体化，变软标准为硬指标，以便于操作的同时加大对日常跟踪考察的力度。

第二节　能达指标的测评方法

能力是人才顺利完成某项活动所必备的条件，是影响业绩的基本因素。由于能力是人才的内在素质，需要我们借助科学的手段，从表现领域的方方面面进行系统的测评。同时，能力又是决定未来业绩的先决条件与基础，应该针对未来的战略目标来确定能力的价值与标准。

一　能力测评的主要方法

能力测评是指对从事一定工作的人的一般能力和专门能力进行测评的技术和操作过程。能力测评包括定性测评和定量测评两种基本方法。

（一）定性测评法

定性测评法是一种传统的能力考评方法，它是由考评者通过多层次、多渠道、多形式获得大量信息，凭借自身知识、才能、经验和直觉对被考评者进行分析，在此基础上作出全面的综合判断，从而了解一个人的能力的有无和大小。其结论多为文字性、描述式评语。这一考评方法主要包括观察法、访谈法和实绩分析法。

（二）定量测评法

定量测评法是以一种测验手段为工具直接对被测评者个体进行特定素质的测量。其实质是在特定条件下，用一种经严格设计的特殊形式来诱发人的行为，用数量指标客观地记录人的行为表现及客观效果，并通过个体间的相互比较，以及通过个体与常模的比较，以鉴定个体情况的高低。常见的具体方法有智力测验、情景模拟测验、心理测验和书面成绩测验等形式。

二 能力测评的具体形式

教育心理学认为，能力表现为两种形式：一是已表现出来的实际能力和已达到的某种经验水平，可以用成就测验来测评；二是潜在能力，即尚未表现出来的心理潜能，是未来通过学习或训练后可能发展起来的能力与可能达到的某种经验水平，可以用个性测验来测评。① 常用的能力测评方法有以下几种。

（一）心理测验

心理测量法是用已标准化了的实验工具如量表，引发和刺激被试者的反应，所引发的反应结果由被试者自己陈述或有旁人记录，然后通过统计方法处理，予以量化，描绘其行为轨迹，并对其结果进行分析，其主要测评脑力和体力的协调程度。这一方法的最大特点是对被试者根据心理现象或心理品质进行定量分析，具有很强的科学性。心理测验主要进行能力测验和个性测验，一般都是采用纸笔测试的方式进行的。

能力测验包括普通能力测验、特殊能力测验和成就能力测验。普通能力测验一般是运用词汇、算数计算、推理等类型的问题对被测评人员进行思维能力、想象力、分析能力、推理能力、数学能力、语言能力及空间关系等进行测评。特殊能力测验是对个体特定能力或者是才能的测评。比如说，动手灵活性、协调空间感等，有的还包括一些专业的基础知识。特殊

---

① 这类似于国外提出的胜任力模型。McClelland（1973）认为，胜任力模型是一组相关的知识、态度和技能，它们影响一个人工作的主要部分，与工作绩效相关，能够用可靠标准测量并能够通过培训和开发而改善。Guiford（1956）指出，胜任力模型描绘了能够鉴别绩效优异者与绩效一般者的动机、特质、技能和胜任力，以及特定工作岗位或层级所要求的一组行为特征。总之，胜任力模型是达成某一绩效目标的一系列不同胜任力要素的组合。根据对胜任力的不同诠释，人们对构成胜任力模型的要素看法不一，因而得出的胜任力模型也差别较大。第一个胜任力模型是 McClelland 和 McBer 咨询公司为甄选美国的国外服务信息官开发出来的冰山模型。"冰山模型"形象地描述出，技能和知识在"水面上"，相对容易观察和评价；自我意识、性格和动机在"水面下"，是看不到的，必须由具体的行动推测出来。见彭剑锋、饶征《基于能力的人力资源管理》，中国人民大学出版社，2003，第26～80页。

能力测验比较常用的方法有斯特龙伯格灵敏度测验、明尼苏达操作速度测验、普渡插棒板测验等。成就测验主要是测试个体所具备的工作能力水平。

个性测验是对人的性格和品质的测试，主要包括人的态度、价值观、性格、情绪等。测试方法主要有个性品质问卷调查法、兴趣盘存法和影射法。个性品质问卷调查法是运用个性品质调查表中的问题对被测试者进行测量，然后依据得分统计分析来评价被测试者的个性品质。兴趣盘存法是把各种人士的兴趣同被测评者的兴趣进行一个对比，从而评断其适合从事的工作。影射法是利用图片、墨迹等不明的物体刺激受测评者，然后要求其诠释不明物体的意义或者是自己有什么反应。

应该说，对心理测验的合理性及科学性问题曾争论不休。到目前为止，国际上关于心理测验合理性问题的争论逐渐趋于一致，认为只要认真编制测评量表，而且不要一次测量定结论，而是采取动态测验及追踪研究，并注意测量中多因素（如疲劳、情绪、态度等）影响的控制，那么心理测量的结果是可信的。实践中，大量的事实也证明了这一点。

（二）评价中心技术

评价中心技术（Assessment Center）又被称为评鉴中心，是通过把被试者置于相对隔离的一系列模拟工作情景中，以团队作业的方式，并采用多种测评技术和方法，观察和分析被试在模拟的各种情景压力下的心理、行为、表现以及工作绩效，以测评被试的管理技术、管理能力和潜能等素质的一个综合全面的测评系统。有研究表明，用评价中心选择出来的经理，工作出色的人数比用一般标准方法挑选出来的要高出50%。[①]

1. 工作抽样测试：公文筐测验（In-Basket）

公文筐测验也叫公文处理、文件筐测验，是评价中心中使用得最多的一种测评形式，使用频率高达80%以上，也被认为是最有效的一种测评形式。其目的在于创造一个现实的环境来让求职者充分展示其才能。其基本方法是将某一特定层次的工作经常遇到的情况，通过案例公文形式让被测者处理，通过直接观察其处理公文的时效和绩效，清楚地分析出被测试者所具备的能力。测试中，将实际工作中可能会碰到的各类信件、便笺、指令等放在一个文件筐中（这些问题会涉及各种不同类型的群体同事、下属

[①] 刘远我：《人才测评——方法与应用》（第二版），电子工业出版社，2011，第9页。

以及组织外的一些人），要求被试者在一定时间内处理这些文件，相应作出决定、撰写回信和报告、制订计划、组织和安排工作（求职者必须先按重要程度对这些问题排序，有时还要求写出具体措施。在测试中对每个人都给予一定的时间限制，偶尔还要被中途打来的电话所打断，以创造一个更紧张和压力更大的环境）。通过让受测者处理一系列文件，主试可以观察评价受测者的组织、计划、分析、判断、决策、分派任务的能力和对于工作环境的理解与敏感程度。[①] 文件筐测验考察被试者的敏感性、工作独立性、组织与规划能力、合作精神、控制能力、分析能力、判断力和决策能力等，测的是受测者实际解决问题的能力，与通常的纸笔测验相比，显得生动不呆板。

从测评形式上看，文件筐测验采用纸笔与面谈相结合的方式，可以多人同时施测，分别对个体行为直接观察，另外测验的灵活性强，可以根据不同的工作特性和待测素质设计题目。最后，从测验结果的效度来看，研究表明文件筐测验与管理者的工作成绩相关较高。因此，文件筐是一种较好的选拔高层管理者的测评工具。考虑到测验成本较高及考核内容的特点，对中层、基层管理者进行测评时一般不采用公文筐测验。

2. 小组讨论（Group Discussion）

小组讨论可以分为两种形式：有领导小组讨论和无领导小组讨论。有领导小组讨论是测试人专门指定某位被测试者为小组中的领导，负责主持整个讨论并最后形成决议。它能够测评出被测评者的各种技能，与实际情形较接近，但是这种方式因为要求每位被测试者都做一次领导，所以需要花费的时间较多。

无领导小组讨论（LGD）是评价中心最具特点、最具典型的测评技术，也是一种十分常用的评估手段，适用于对具有领导潜质的人或某些特殊类型的人群如营销人员进行测评。测试时，安排一组互不相识的被试者（通常为6~8人）组成一个临时任务小组，并不指定任务负责人，在一限定的时间内对一给定的主题进行讨论，施测时间为一小时左右，最后拿出小组决策意见，并以书面形式汇报。[②] 例如 IBM 公司在无领导小组讨论中要求每个人必须对要提拔的候选人（常是虚构的人物）给予 5 分钟的介绍并发表

① 林泽炎编《人事测评技术》，广东经济出版社，2001，第296~298页。
② 马欣川等编《人才测评——基于胜任力的探索》，北京邮电大学出版社，2008，第19页。

自己的观点，然后在讨论中进行辩论。测试者对每个被试者在讨论中的表现进行观察，考察其在自信心、口头表达、组织协调、洞察力、说服力、责任心、灵活性、情绪控制、处理人际关系、团队精神等方面的能力和特点。

无领导小组讨论常用于选拔企业中的优秀人才，与其他测评工具相比，它具有以下优点：能检测出笔试和结构化面试所难以检测出的多种能力与素质，能观察到考生之间的相互作用，能依据被测试人员的行为表现对被测试者进行更全面、更合理的评价；被测试者的掩饰性较小，更易测出其准确的个性与能力；能节省时间，可以同时比较竞争同一岗位上多位被测试者；应用范围广泛，能应用于非技术领域、技术领域、管理领域和其他专业领域等。

3. 管理游戏（Management Games）

管理游戏是一种以完成某项"实际工作任务"为基础的标准化模拟活动。一般情况下是要求被测评者共同完成这项"实际工作任务"，有时候还伴有小组讨论。通过活动观察与测评被试人员实际的管理能力。在这种活动中，小组各成员被分配一定的任务，必须合作才能较好地解决它。有些管理游戏中包括劳动力组织与划分和动态环境相互作用及更为复杂的决策过程。通过被测试人员在完成任务的过程中所表现出来的行为来测评其素质，有时还伴以小组讨论。管理游戏的优点是：能够突破实际工作情景中时间和空间的限制，模拟内容真实感强，具有浓厚的趣味性，具有认知社会关系的功能。当然，其本身也存在某些缺点：通常需要花费很长的时间去准备和实施，富有开创性精神的被试人员往往会因处于被试地位而受到压抑。

4. 角色扮演（Role Plays）

角色扮演是被测试者按照测试人的要求扮演某一种角色，并进入到这种角色的情境中，由主考人员进行口试，从而了解被试者的思维能力、应变能力、口头表达能力、主动精神、政策水平及言谈举止、仪表仪态等，也可向其阐述他现在所处的情景条件及需要解决的问题，然后要求他进入角色，进行即兴表演、问卷模拟（用问卷的形式阐述多种案例进行测验，要求被试者根据指定的社会角色进行系列回答）等，测试者是通过被测试者在角色中所表现出来的行为进行测评（参见表 7 - 3）。

表 7 – 3　各种评价中心形式使用的频率

复杂程度	评价中心形式	实际运用频率	在中国实际运用频率
复 杂 ↓ 简 单	管理游戏	25%	15%
	公文筐测验	81%	89%
	角色扮演	没有调查	64%
	无领导小组讨论	44%	75%
	演讲	46%	21%
	案例分析	73%	83%
	事实判断	38%	43%
	面谈	没有调查	93%

资料来源：彭志忠、王水莲：《人才测评学》，山东大学出版社，2006，第 117 页；孙健敏编《人员测评理论与技术》，湖南师范大学出版社，2007，第 243 页。

在评价中心测评过程中，虽然主要技术是情景模拟，但也会借用一些心理测验作为辅助的工具，包括人格测验以及投射测验等。在评价中心中引入人格测验和投射测验，如动机、社会交际偏好、价值观等，与评价中心的情景模拟技术相互结合、相辅相成、相得益彰，可大大提高测评的效率。①

（三）创造力测评

创造力测验主要测量各种创新思维能力。创造力测评的方法可划分为三种：测验、作品分析和主观评估。创造力测验可分为人格测量、个案调查和行为测验。人格测量又可分为普通的人格测量和专门的创造性人格测量；个案调查是通过测量、访问、谈话等方式，系统研究一个人的生活史，从而衡量其创造力形成、发展过程的特点；行为测验主要是创造性思维测验，最著名的是"托兰斯创造性思维测验"（TTCT）。作品分析主要是通过对被试的产品的创造性水平或通过他人对该产品的创造性水平的评价反映，直接或间接地衡量其创造力。主观评估是通过个人和群体观察者，对研究对象的个性品质和作品的主观判断来评估创造力的方法，如美国心理学家阿玛布丽（Amabile. T. M.，1983）使用的"专家评估法"或"一致评估法"（简称 CAT）。② 目前，创造力测验典型方法有南加利福尼亚大学测验、

---

① 殷雷：《关于评价中心若干问题的探讨》，《心理科学》2006 年第 4 期。

② 罗玲玲：《创造力测评存在的争议及研究转向的方法论意义》，《科学技术与辩证法》2006 年第 1 期。

托兰斯创造性思维测验、芝加哥大学创造力测验等。[①]

创造力测评有利于重视创新能力的开发和培养；有利于较早地发现富于创造性的人才苗子。在现实生活中，由于受传统智商概念的影响，一些具有创造潜能的人才，或因为考试成绩，或因为较强的个性，往往受到埋没甚至扼杀。如果能通过全面的评价，给他们的创造才能以肯定，就会减少或制止出现这种现象。另外，有些富于创造性的人才由于没能从事适宜发挥其才能的工作而被浪费，实施创造力测评，也有助于使这些人才的创造潜能得到应有的发挥。

（四）职业能力测评

职业能力测试是通过某些测试来预测个人的职业定位以及适合的职业类型，又称之为职业能力倾向性测试。职业定位是自我定位和社会定位的统一，只有在了解自己和职业的基础上才能够给自己做准确定位。

职业能力测试的好处在于可以帮助职业测评参测者根据自己的性格、能力来确定自己的职业生涯发展规划；帮助参测者确定职业目标，尽可能地发挥个体的最大潜能；多角度专业化的职业评测维度可以帮助测评者提高个人的工作技能，提高自己的职场竞争力；让用人单位合理地应用职业评测报告结果人岗匹配，达到企业和个人的利益最大化。

职业能力测试具有以下特点：一是职业能力倾向具有相对广泛性。智力的高低几乎影响人一切活动的效率，但这是一种间接的影响；职业能力倾向影响着一个人在某一职业领域中多种活动的效率，而专业知识技能则仅仅影响某一有限或具体的活动。二是职业能力倾向具有相对稳定性。职业能力倾向是相对稳定的，它不像人的智力水平一样很难改变，又不同于具体的专业知识技能那样容易通过强化训练而在短期内提高或由于遗忘而丧失。三是职业能力倾向是一种潜能。职业能力倾向表现为成功的可能性，

[①] 美国南加利福尼亚大学的吉尔福特（J. P. Guilford）和他的同事编制了一套发散性思维测验。测验的项目有：语词流畅性、观念流畅性、联想流畅性、表达流畅性、非常用途、解释比喻、用途测验、故事命题、事件后果的估计、职业象征、组成对象、绘画、火柴问题、装饰。前10项要求言语反应，后4项则用图形内容反应。该测验适用于中学水平以上的人，主要从流畅性、变通性和独特性记分。美国明尼苏达大学的托兰斯（E. P. Torrance）等人编制的创造力测验分为3套，共有12个分测验，为了减少被试者的心理压力，用"活动"一词代替"测验"一词。测验时根据4个标准评分：流利（中肯反应的数目）；灵活（由一种意义转到另一种意义的数目）；独特性（反应的罕见性）和精密（反应的详细和特殊性）。被试者从整个测验中得到一个总的创造力指数，代表个体的创造性思维的水平。

而不是已有的水平。一个人的空间想象力强，我们可以预期他在许多与空间关系密切的活动领域中有取得成功的可能，但这仅是可能而已，这个人也许并没有机会实现他的优势。

目前，职业能力测评系统主要包括：EQ 情商测评、事业心测评、沟通交流能力测评、处理问题能力测评、领导能力测评、创业潜力测评、成功倾向测评、职业选择测评、工作压力测评、工作态度测评、职业满意度测评、人际关系测评等。

三　能达测评需要注意的问题

（一）能达测评关键在于建立合理的能力目标体系

建立科学的能力评价体系，首先必须明确目标，以此作为行动的方针及评估能力的标准。应根据不同人才所对应的岗位职业能力，对应各自的能力目标，然后进一步分解并细化到二级或三级目标，直到子目标既便于评价又方便实际操作为止。

（二）能达测评指标必须全面且便于操作、可量化

评价指标要涵盖人才职业能力素质的各个方面，要考核人才的专业能力、社会能力和使用方法的能力，并将之转化为便于操作的可量化的指标。总之，能力评价标准要对人才进行多元化的评价，切忌采用单一的标准化模式。

（三）能达评价主体和方法要尽可能多元化

能力评价是一件复杂而细致的工作，要做好这项工作不仅要有明确的评价标准，而且要明确评价的主体。由于人是由生理、心理及社会多因素构成的复合体，因而其功能表现为多层次、多测度、多序列的特点。每一种测评方法都对人才功能的某些方面获得一个信息，但每一种测评方法又不是尽善尽美的，测评结果与现实的吻合程度是不同的，不能被当作"万用药"。评价主体是根据能力目标和评价标准，运用一定的测评手段对被测评者进行测评的人，为避免出现选择性偏差，评价主体要尽可能多元化。同样，我们也要避免使用单一的能力测评方法，而应该与其他能力测评方法结合、互补。

第三节　绩达指标的测评方法

业绩是人们工作一定时期后的成果和收获，是人才价值的显性化表现。

业绩测评也就是对人才工作的成果进行评价的过程，对业绩的评价直接反映了人才使用的效果。

一　业绩测评的主要方法

业绩是人才的内在能力与外在条件相互作用的结果，包括一定的机遇与所处的环境条件，并非能力的直接表现。对业绩的评价，既要考虑现有的业绩水平，又要考虑人才的业绩历史与现实的条件。[①] 业绩测评的方法有许多种，常用的有履历分析法、等级评估法、目标考评法、序列比较法、相对比较法、小组评价法、关键业绩指标法等。

（一）履历分析法

个人履历档案分析是根据履历或档案中记载的事实，了解一个人的成长历程和工作业绩，从而对其人格背景有一定的了解。在人事考评中有一句名言，就是"个体过去的行为表现是预测其未来成功的最佳指标"，对个体过去经历的剖析是十分有价值的测评手段，这一方式目前越来越受到人力资源管理部门的重视，被广泛地用于人员选拔等人力资源管理活动中。使用个人履历资料，既可以用于初审个人简历，迅速排除明显不合格的人员，也可以根据与工作要求相关性的高低，事先确定履历中各项内容的权重，把申请人各项得分相加得总分，根据总分确定选择决策。国外常采用的 WAB 技术就是一种对申请表格进行评分的技术，在这种技术中，首先验证申请表中的哪些项目（如"过去的工作经验"或"受教育年限"）可以区分合格和不合格的求职者，确定了这些项目后，进一步分析各项目对于区分合格和不合格求职者的力度并给出加权分数，最后进行计算并据以作为决策的依据，这样，就可以初步建立起一个评分体系。

研究结果表明，履历分析对申请人今后的工作表现有一定的预测效果，个体的过去总是能从某种程度上表明他的未来。这种方法用于人员测评的优点是较为客观，而且成本低。其缺点也是显而易见的，履历所提供的信息量小，真实性也难以得到保证。此外，履历分析的预测效度随着时间的推进会越来越低，履历项目分数的设计是纯实证性的，除了统计数字外，还缺乏合乎逻辑的解释原理。因此，在科学测评中，履历分析要经过严格的科研探索和实践检验，并制定加权评分体系，这样才能对受测者进行科

---

① 萧鸣政：《正确的政绩观与系统的考评观》，《中国行政管理》2004 年第 7 期。

学的评判。

（二）比较法

比较法一般分为序列比较法、相对比较法和强制比较法三种。[①]

序列比较法是对按员工工作成绩的好坏进行排序考核的一种方法。在考核之前，首先要确定考核的模块，但是不确定要达到的工作标准。将相同职务的所有员工在同一考核模块中进行比较，根据他们的工作状况排列顺序，工作较好的排名在前，工作较差的排名在后。最后，将每位员工几个模块的排序数字相加，就是该员工的考核结果。总数字越小，绩效考核成绩越好。

相对比较法是对员工进行两两比较，任何两位员工都要进行一次比较。两名员工比较之后，相对较好的员工记"1"，相对较差的员工记"0"。所有的员工相互比较完毕后，将每个人的得分相加，总分越高，绩效考核的成绩越好。

强制比例法是根据被考核者的业绩，将被考核者按一定的比例分为几类（最好、较好、中等、较差、最差）进行考核的方法。

（三）目标管理法

目标管理是通过将组织的整体目标逐级分解直至个人目标，最后根据被考核人完成工作目标的情况来进行考核的一种绩效考核方式。在开始工作之前，考核人和被考核人应该对需要完成的工作内容、时间期限、考核的标准达成一致。在时间期限结束时，考核人根据被考核人的工作状况及原先制定的考核标准来进行考核。与传统的绩效考评方法不同，目标管理法认为绩效管理是一个领导者和下属双向互动的过程，双方通过充分的沟通共同基于企业和部门目标制定员工个人下一阶段的绩效目标，作为今后的考评依据，从而使员工个人的努力目标与组织目标保持一致，减少管理者将精力放到与组织目标无关的工作上的可能性。

目标管理是一个循环的绩效评估和反馈过程，其基本步骤包括制定目标、实施目标、总结考核和绩效反馈，最后的反馈环节其实又是下一阶段制定目标的开始。

（四）等级评估法

等级评估法根据工作分析，将被考核岗位的工作内容划分为相互独立

---

① 彭志忠、王水莲：《人才测评学》，山东大学出版社，2006，第 136~137 页。

的几个模块，在每个模块中用明确的语言描述完成该模块工作需要达到的工作标准。同时，将标准分为几个等级选项，如"优、良、合格、不合格"等，考核人根据被考核人的实际工作表现，对每个模块的完成情况进行评估。总成绩便为该员工的考核成绩。

（五）全视角考核法

全视角考核法，即上级、同事、下属、自己和顾客对被考核者进行考核的一种考核方法。通过这种多维度的评价，综合不同评价者的意见，可以得出一个全面、公正的评价。

（六）重要事件访谈法

重要事件是指考核人在平时注意收集被考核人的"重要事件"，这里的"重要事件"是指那些会对部门的整体工作绩效产生积极或消极的重要影响的事件，对这些表现要形成书面记录，根据这些书面记录进行整理和分析，最终形成考核结果。重要事件访谈法的目的是收集关于实际发现的具体行为的信息，然后将这些行为归纳到职位维度当中，职位维度和单个重要事件的列表提供了关于职位以及影响职位绩效的行为的大量定性信息。[①]

二　绩达的关键业绩指标考核法

关键绩效指标法是以年度目标为依据，通过对员工工作绩效特征的分析，据此确定反映单位、部门和员工个人一定期限内综合业绩的关键性量化指标，并以此为基础进行绩效考核。关键业绩指标 KPI（Key Performance Indicators）是反映个体或组织关键业绩贡献的评价依据和指标，它是衡量指标，而非具体的目标值。我们对"绩达"进行测评主要采用关键业绩指标测评法。

（一）关键业绩指标考核法的特点

1. 纵向分解

关键业绩指标自上而下，目标层层分解，层层支持，相互具有因果关系。使每一岗位员工个人绩效、部门团队绩效与单位的整体效益建立了有机的联系。

2. 横向联系

保证员工、部门的绩效与内部其他单元、外部单元的价值相连接，共

---

① 〔美〕罗伯特·D. 盖特伍德、休伯特·S. 菲尔德：《人力资源甄选》（第五版），薛在兴、张琳、崔秀明译，清华大学出版社，2005，第 272 页。

同为实现单位的价值服务，最终保证单位整体价值的实现。

3. 整体考虑

关键业绩指标的设计是基于单位的发展战略与业务流程的通盘考虑，而非仅仅从单个岗位的职责出发。兼顾长期和短期的指标，既有数量型也有质量型的指标，既有结果性指标也有过程性指标。

4. 简洁精练

与一般业绩评估指标相比，关键业绩指标可以更加简洁精练地反映实际的业绩，直观性和可控性更强，便于评估和管理，导向性也更强。

（二）设计关键业绩指标的原则

根据成功企业的实践经验，在设计关键业绩指标的时候必须遵循 SMART 原则，这五个字母分别代表一个具体的含义：

S（Specific）：业绩考核指标必须是具体和明确的，指标设计应当细化到具体内容，保证明确的导向性。

M（Measurable）：业绩考核指标应当是容易衡量的，工作业绩成果应体现为可以量化的指标。

A（Attainable）：业绩考核指标应当是可以达到的，在保证一定挑战性的基础上，指标应当是员工在现有资源下经过努力可以实现的目标。

R（Relevant）：业绩考核指标应当具有相关性，必须和单位的发展目标、部门的职能及岗位职责紧密联系。

T（Timed）：业绩考核指标应当有明确的时间要求，关注工作完成的效率。

由于并非所有的绩效表现都应该受到同等程度的奖励，因此，必须按照重要性的不同进行关键业绩指标的对比和选取。在设计指标的过程中，要努力发现绩效表现之间的因果关系，选择那些对策略目标起更重要作用的考核指标；对每一项考核因素而言，绩效指标都不应过多；在选择绩效指标时，要平衡和处理好短期与长期、结果与过程、局部和整体的关系；业绩考核指标应尽量简明、量化，更好地体现战略导向性。

（三）业绩考评指标设计的步骤

业绩考评的内容，最终要落实到具体的指标上，这样才能保证业绩考评具有科学、合理和可操作性。业绩考评指标是指业绩考评内容与标准相结合的具体表现形式或者操作化形式。一般来说，一个完整的业绩考评指标结构，包括考评要素、要素标志和状态标度。考评指标体系是整个业绩考评活动的中心与纽带。它把考评客体、考评对象、考评主体、考评方法与考评结果联为一体，同时也成为整个业绩考评工作指向的中心。建立业绩考评指标体系，需要完成两项基础性的工作，即考评指标设计和考评指标量化。[①]

业绩考评指标设计的关键在于考评要素的拟定与考评标度的划分，难点在于考评标志的选择。因此业绩考评指标设计的方法，包括要素拟定、标志选择和标度划分三个环节。在完成考评指标的设计工作后，基本建立了业绩考评指标体系的基础。但此时考评指标的功能还不健全，还必须进行量化。指标量化主要包括加权、赋分与计分三项工作。

三 绩达测评需要注意的问题

（一）岗位明晰是进行业绩指标测评的基础

工作内容包括明确各岗位设置的目的、各岗位的职责、技能要求与任职条件，并最终形成职务说明书。职务说明书形成以后，要以职务说明书为基础，详细了解岗位工作内容并找出主要工作，在能够反映被考评人的所有评价指标中，选择最重要的、最能反映被考评人业绩的评价指标作为关键业绩指标。

（二）业绩指标选择要软硬兼顾

在制定关键业绩指标时，要采取软、硬指标相结合的方式来对被考评人进行全面考评，以助于衡量被考评人的全面绩效。硬指标要以统计数据为基础，把统计数据作为评价信息，通过硬指标计算公式，最终获得数量结果的业绩考评指标；软指标是由评价者对被考评人业绩作主观的分析，直接给评价对象进行打分或作出模糊评价的业绩考评指标。

（三）业绩的考评内容必须明确

对业绩的定义是进行业绩考评的基础，也是业绩管理的关键。只有明确业绩考评的内容，即界定业绩考评的具体维度以及各维度的内容和权重，被考评者才能明白自己努力的目标。对于业绩的定义，必须明确、具体，具有可操作性，要防止简单概念化和抽象化。对于不同层次、不同类型、不同岗位不能使用同一考评内容和标准，避免用共性代替个性，在实际操作中应该有具体的量化评价标准。一般来说，党和国家的方针政策、目标

---

① 萧鸣政：《现代人事考评技术及其运用》，中国人民大学出版社，1997，第108页。

路线、组织管理的战略、业绩管理计划，以及职务说明书，是界定业绩考评内容的正确基础。但是，在实践过程中必须考虑所在地域与组织的文化、战略和人力资源政策的影响。

（四）业绩考核标准要区别对待

由于不同行业、不同基础的组织差异，组织个人的绩效评价标准有所不同、方法有差异。"绩达"测评通常是通过比较分析来进行的，常用的绩效评价标准设定方法有：同业比较法、历史数据系列分析法和预算标准法。同业标准法是选取同行业平均先进水平作为评价标准。当绩效评价指标受共同的客观因素影响时，有利于剔除这些因素影响，更加客观地评价经营管理人才绩效。历史数据系列分析法是以历史数据作为评价标准，其优点是自身比较，可比性好，同时可以反映自身的成长情况。时间序列标准往往与同业标准结合使用，一般应将同业比较法和历史数据系列分析法相结合制定评价标准。但需要说明的是，由于财务指标，尤其是财务短期会计指标，容易为经营管理人才所操纵，企业盈利会计指标可能不是企业真实绩效的反映，所以在"绩达"测评时，一方面要注重其长期性，分析绩效变动的渐进性和各方面因素；另一方面也要注意非财务指标因素，如技术的提高、客户的满意度、银行及利益相关者的评价、组织或雇员的认同等指标的表现。

（五）业绩考评结果需要及时反馈并进行业绩辅导

业绩考评本身并不是目的，关键是通过对业绩考评结果的反馈使用，进一步提高人才的能力和水平。业绩考评结果的反馈是全方位的。对于被考评人而言，使其更深入地了解自己的工作情况，清楚自己达到组织所期望标准的程度，明确自己需要改进的缺点。对于被考评人的上级或者组织而言，业绩考评结果的反馈能够使其了解下属的优缺点；通过对所获得信息的分析，可以有针对性地与下属面谈，进行适当、明确的指导，以提高将来的业绩，从而使组织得到进一步的发展。对组织而言，通过业绩考评结果的反馈，还可以针对被考评者的不足，根据组织的需要进行有针对性的培训。

（六）探索社会参与的多主体评价机制

针对组织部门作为单一政绩考核主体产生的封闭式的考核机制，应该设立多元考核主体，实行上级组织、民众和中介机构这三个考核主体对被考评人的业绩进行考核。将民众纳入政绩考核的主体，还可以有效地遏制官僚主义、弄虚作假。将中介机构作为业绩考核的主体之一，是指中介机构能够秉承公正、公平、严谨、专业的宗旨，使用一系列科学、有效的考核方法，对被考评人的业绩进行认真、规范的审查和检测。中介机构与业绩的创造者没有直接的利益关系，因此，与上级组织和民众两个考核主体比较而言，身份更加简单，方法更加科学，态度更加端正，考核结果也更具有可信性。[①]

第四节　体达指标的测评方法

衡量一个人健康与否，除了一般标准以外还有特殊标准。从人体医学上看，人的不同年龄阶段、男女性别、地域差异、不同民族在健康要求上的标准也各不相同。因此，健康是一个综合因素，很难有一个统一的要求和共同的标准。影响体质强弱的因素是多方面的，它与遗传、环境、营养、体育锻炼等有着密切的关系。

一　体质及心理健康测评的主要方法

健康的内涵是随着时间的改变而不断更新的，其评价标准也在不断改变，即使在同一时期由于人们对健康的理念不同也会使其评价标准不同。同一个人在不同的标准下所得出的健康评价可能会出现完全不同的结果。我们既可认为健康是一个客观的存在状态，又可认为是一个主观的评价结果。

对健康的测量一般有两种思路。一是建立一个客观标准，达到标准的就为健康，未达到的即为不健康。受试者在测试人员的组织下经过一些标准化的测量和测试，将其结果直接与客观标准进行对比就可得出健康与否的判断。这种方法的优点就是标准化，评定方法简单明了，而且测量的结果客观。二就是自测，是个体对其健康状况的主观评价的期望。自测健康的优势在于它的可靠性及相对稳定性，它可以提供一般测量方法不能检测到的个人日常生活信息。同时这种方法比较简单、易行，不需要烦琐的医学检测和大量的化验，利于大量、可重复的测量。但这种自我健康测试的局限性也很显著。它仅在定性上比较有效果，但在定量上很难有所作为。自我的感知只是能估计出有还是没有，而在数量的精确性上值得怀疑。同时其对一些潜在的不健康因素没有预见性，它反映的只是目前的状态，而

[①]　田艳娟：《对干部政绩考核的一些思考》，《产业与科技论坛》2008 年第 8 期。

不能测试出未来的情况。[①]

（一）体质检查

身体素质的衡量标准是客观的，可以通过遗传学、生理学及医学来检测，因而是显性的。[②] 病理测试即体检。一般来讲，体检可以委托医院进行，通过采用一些仪器，如生理仪器可以对人的生理指标如血压、心电图、脑电图等进行测量。体质的健康状况应该以临床医学的检查报告作为评价的依据。

（二）体质测评

在体质测评方面，我国 1996 年 7 月颁布的《中国成年人体质测定标准》（以下简称《标准》）以及《中国成年人体质测定标准施行办法（试行）》是用以检测、评定成年人体质状况的一套标准。其适用于全国 18～60 周岁的男性与 18～55 周岁的女性。《标准》测定项目分为两套，第一套：甲组 6 项，乙组 6 项；第二套：甲组 8 项，乙组 7 项。第一套测定项目可以基本反映体质状况，简便易行；第二套测定项目可以较全面地反映体质状况。开展体质测定的企业、事业、机关单位可以根据条件，选择其中的一套进行（见表 7－4）。

表 7－4　中国成年人体质测定标准简表

类别	甲组	乙组
1. 形态类	身高标准体重	身高标准体重
2. 机能类	肺活量	肺活量
	台阶试验	台阶试验
3. 素质类	握力	握力
	坐位体前屈	坐位体前屈
	纵跳	闭眼单足站立
	10 米 ×4 往返跑	反应时
	俯卧撑（男）	
	一分钟仰卧起坐（女）	

资料来源：中国国民体质监测系统课题组国家体育总局科教司：《中国国民体质监测系统的研究》，北京体育大学出版社，2000。

---

① 冯宏鹏、钟建伟、庄静、张颖：《关于我国健康评价指标体系建设的几点建议》，《成都体育学院学报》2010 年第 10 期。

② 齐芳、苑静中、梁毅、张建平、程亚伟、阎峰芳等：《体质评价专家系统的设计研究》，《天津理工大学学报》2008 年第 3 期。

其测评办法是，单项测定采用 5 分制评分法，同一年龄段评分标准相同。根据受测者全部项目测定的总分进行评定，标准分为一级（优秀）、二级（良好）、三级（合格）。身体素质的测评可以委托医疗和体育运动部门进行测评。

（三）个体对自我健康的感受

个体对自我健康的感受，这是健康评价中所不容忽视的。反应个体健康状况的最经典的测量指标是美国波士顿健康研究所研制的 SF－36（The Medical Outcomes Study 36－Item Shory-Form Health Survey），该量表的指标包括 9 个维度 36 个指标，其中：生理功能 10 个，生理职能 4 个，身体疼痛 2 个，总体健康 5 个，活力 4 个，社会功能 2 个，情感职能 3 个，精神健康 5 个，健康变化 1 个。[1] 2009 年 9 月，重庆市发布全国首个《市民健康自评指标体系》，该健康评价指标体系共分为体质维度、生理维度、心理维度、生育维度、饮食维度以及行为维度六大指标层次。对照这一健康评价指标体系，19～60 岁的市民可对自己的健康状况心中有数。在 2010 年 5 月 14 日召开的北京市首届健康促进大会上，北京市政府也发布了《北京市 2009 年度卫生与人群健康状况报告》。上述健康指标体系的建立是我国部分城市结合当地实际，有针对性地开展有益的探索和尝试。但截至目前，国内还没有对国人健康发展目标和指标体系进行系统的研究，而且指标体系在全面性、科学性、可行性及时效性上没有保障，对单个指标的界值的研究还没有相关的报道。

（四）心理精神测评方法

常用的心理精神测评方法有生活事件量表、症状自评量表及生活满意度量表等。

1. 生活事件量表（Life Event Scale：LES）

LES 使用的目的是对精神刺激进行定性和定量测评，它适用于 16 岁以上的正常人、神经症、心身疾病、各种躯体疾病患者以及自知力恢复的重性精神病患者。

（1）LES 的构成。LES 是自评量表，含有 48 条较常见的生活事件，包括三个方面的问题：一是家庭生活方面（28 条），二是工作学习方面（13 条），三是社交及其他方面（7 条），另设有 2 条空白项，供填写当事者已

---

[1]　周丽萍：《老年人口健康评价与指标体系研究》，红旗出版社，2003，第 15 页。

经经历而表中并未列出的某些事件。填写者须仔细阅读和领会指导语，然后逐条过目。根据调查者的要求，将某一时间范围内（通常为一年内）的事件记录下来。有的事件虽然发生在该时间范围之前，如果影响深远并延续至今，可作为长期性事件记录。对于表上已列出但并未经历的事件应注明"未经历"，不留空白，以防遗漏。然后，由填写者根据自身的实际感受而不是按常理或伦理道德观念去判断那些经历过的事件对本人来说是好事还是坏事、影响程度如何、影响持续的时间有多久等。

（2）LES的作用。一是LES可以甄别高危人群，预防精神障碍和心身疾病，对LES分值较高者加强预防工作。指导正常人了解自己的精神负荷，维护心身健康，提高生活质量。二是用于指导心理治疗、危机干预，使心理治疗和医疗干预更具针对性。三是用于神经症、心身疾病、各种躯体疾病及重性精神疾病的病因学研究，可确定心理因素在这些疾病发生、发展和转化中的作用分量。

（3）LES结果解释。LES总分越高反映个体承受的精神压力越大。95%的正常人一年内的LES总分不超过20分，99%不超过32分。负性事件的分值越高对心身健康的影响越大；正性事件分值的意义尚待进一步研究。

2. 症状自评量表（SCL90）

症状自评量表（Self-reporting Inventory）又名90项症状清单（SCL - 90），也叫作Hopkin's症状清单（HSCL，编制年代早于SCL - 90，作者为同一人，HSCL最早版编于1954年）。该量表共有90个项目，包含有较广泛的精神病症状学内容，从感觉、情感、思维、意识、行为直至生活习惯、人际关系、饮食睡眠等，均有涉及，并采用10个因子分别反映10个方面的心理症状情况（躯体化、强迫症状、人际关系敏感、抑郁、焦虑、敌对、恐怖、偏执及精神病性等）。症状自评量表SCL90是世界上最著名的心理健康测试量表之一，是当前使用最为广泛的精神障碍和心理疾病门诊检查量表。

（1）SCL90测验的目的及特点。SCL90是从感觉、情感、思维、意识、行为直到生活习惯、人际关系、饮食睡眠等多种角度，评定一个人是否有某种心理症状及其严重程度如何。它对有心理症状（即有可能处于心理障碍或心理障碍边缘）的人有良好的区分能力。适用于测查某人群中哪些人可能有心理障碍、某人可能有何种心理障碍及其严重程度如何，但不适合于躁狂症和精神分裂症。

心理健康症状自评量表具有容量大、反映症状丰富、更能准确刻画被试的自觉症状等特点。它包含有较广泛的精神病症状学内容，从感觉、情绪、思维、行为直至生活习惯、人际关系、饮食睡眠等均有所涉及。

（2）SCL90 的评分。SCL90 的每一个项目均采取 1～5 级评分，具体如下：没有（自觉并无该项问题症状）；很轻（自觉有该问题，但发生得并不频繁、严重）；中等（自觉有该项症状，其严重程度为轻到中度）；偏重（自觉常有该项症状，其程度为中到严重）；严重（自觉该症状的频度和强度都十分严重）。作为自评量表，这里的"轻、中、重"的具体含义应该由自评者自己去体会，不必做硬性规定。该量表可以用来进行心理健康状况的诊断，也可以做精神病学的研究，可以用于他评，也可以用于自评。

（3）SCL90 测验效用评价。一是在精神科和心理咨询门诊中，作为了解就诊者或者受咨询者心理卫生问题的一种评定工具；二是在综合性医院中，常以该量表了解躯体疾病求助者的精神症状，并认为结果满意；三是应用 SCL－90 调查不同职业群体的心理卫生问题，从不同侧面反映各种职业群体的心理卫生问题。

3. 生活满意度量表（LSR）

此量表包括三个独立的分量表，其一是他评量表，即生活满意度评定量表（Life Satisfaction Rating Scale），简称 LSR；另两个分量表是自评量表，分别为生活满意度指数 A（Life Satisfaction Index A）和生活满意度指数 B（Life Satisfaction Index B），简称 LSIA 和 LSIB。LSR 又包含五个 15 分制的子量表，LSIA 由与 LSR 相关程度最高的 20 项同意或不同意式条目组成，而 LSIB 则由 12 项与 LSR 高度相关的开放式、清单式条目组成。

此外，常用的心理精神测评方法还有艾森可情绪稳定性测试及 BECK 抑郁问卷等。艾森可情绪稳定性测试是由英国伦敦大学心理学教授艾森可（H. Eysenck）编制的，艾森可是当代最著名的心理学家之一，编制过多种心理测验。情绪稳定性测验可以被用于诊断是否存在自卑、抑郁、焦虑、强迫症、依赖性、疑心病观念和负罪感。BECK 抑郁问卷是将抑郁表述为 21 个"症状－态度类别"，BECK 量表的每个条目便代表一个类别。这些类别包括：心情、悲观、失败感、不满、罪感、惩罚感、自厌、自责、自杀意向、痛哭、易激惹、社会退缩、犹豫不决、体象歪曲、活动受抑制、睡眠障碍、疲劳、食欲下降、体重减轻、有关躯体的先占观念与性欲减退，其目的是评价抑郁的严重程度。

二 过劳的主要表现及判断

我们认为，当前我国过劳现象应引起足够的重视，下面我们简单地讨论一下过劳的主要表现及判断。[①]

1. 从生理（身体）反应角度看

其主要表现有将军肚、脱发早秃、性能力下降、身体不适、头疼、耳鸣、目眩、血压升高、睡眠障碍、免疫力下降等。

2. 从心理反应角度看

其主要表现有工作满意度下降、情绪低、注意力不集中、焦虑、易怒、烦躁、悲观、易疲劳等。

3. 从行为反应角度看

其主要表现有逃避工作、怠工、吸烟、酗酒、滥用药物、记忆力减退等。

过劳的进一步发展，必然导致亚健康状态甚至过劳死（见图7-2）。

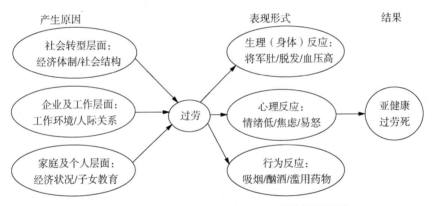

图7-2 过劳产生的原因、表现形式以及结果流程

三 体达测评需要注意的问题

（一）体质评价指标体系要形成具有层次性的指标群

体质评价指标体系要形成具有层次性的指标群，各层之间要具有内部一致性，即每一上级指标都要有相应的下级指标与其相对应。此外，体质评价指标体系的设计既应包括生理、心理健康指标，也要包括社会健康指

---

① 陈大红：《浅议构建和谐社会中的过劳问题》，《中国党政干部论坛》2007年第6期。

标。在自身健康指标中，不仅要包括生理性和心理性指标，还要包括行为和社会健康指标。

（二） 心理精神测评方法对于不同个体可能具有不同的意义

生活事件即便是一种客观存在，但要成为精神压力尚须经过个体的主观感受。精神刺激的强度一方面受到生活事件本身的性质、特点的影响；另一方面更受到个体的需要、动机、个性、以往经历以及神经生物学特性的制约。比如，一般而言，中年丧妻乃人生之一大不幸，然而对于夫妻情感深厚或早已另有新欢的两个男子来说，这一精神刺激的性质和强度会迥然不同。如果不加分辨地按常模二人各记上 100 分，与实际情况便相差甚远。国内一个研究的结果表明，年龄就是一个重要的影响因素。不同年龄阶段的人对同一生活事件的感受差别很大，对 80% 的生活事件条目的评估竟有显著性差异。可以说，不管人们对某一事件的看法与客观实际是否一致，也不管是什么因素影响了他们对事件的认识、判断和评价，唯有个体实际感受到的精神紧张才对健康构成真正的威胁。

（三） 心理精神测评方法会造成精神紧张

人们发现，消极性质的生活事件与疾病最为相关，而中性或积极性质的生活事件的致病作用却并不明显。基于上述两方面的原因，个体的精神刺激评定不宜使用常模的标准化计分，而应分层化或个体化，并应包括定性和定量评估，以分别观察正性（积极性质的）、负性（消极性质的）生活事件的影响作用。

第五节　识达指标的测评方法

知识测评实际是对人们掌握的知识量、知识结构与知识水平的测评与评定。知识是人员综合素质的重要组成，知识的高低直接影响人们的生活、学习、工作效率与工作质量。

一　知识测评的主要方法及其特点

虽然对知识测度这一术语还没有统一的理解，但是人们对于知识测度的实践却由来已久。在漫长的历史时期，知识测度最初被广泛应用于教育领域和人才选拔程序中，通常指对人的某类知识的掌握程度进行测试。

（一）专家评价法

专家评价法是基于一组有关专家的知识、经验和主观判断能力，根据评价目的，按照规范化的程序和评价标准，对某一评价对象提取最一致的信息，并形成专家群决策意见的方法。这类方法简单，易于操作，又能有效地吸引专家的知识和经验，是科技领域应用最多、最广的一种方法。但是，这种方法容易受专家知识、经验不足和主观等因素的影响。[①]

（二）知识测验法

知识测评可通过测验、面试、试用等多种方式进行，其中最简单、最有效的方式是测验。测验在知识测评中的应用形式是教育测验，即我们通常所说的笔试。可以说，知识测评的主要方法就是笔试。

笔试是被测评者按统一时间、统一地点、统一要求，通过纸笔的形式完成测评题，评判者按统一评分标准评判被测评者所掌握的知识数量、知识结构与知识程度的一种方法。纸笔考试主要用于测量人的基本知识、专业知识、管理知识及相关素质等要素。它是一种最古老而又最基本的人员测评方法，至今仍是组织经常采用的选拔人才的重要方法。

笔试通常分为选拔考试笔试与资格考试笔试两种主要类型。选拔考试笔试是"常模参照性"笔试，其主要功能是区分应试者的差异，选拔优秀人才。国家公务员录用笔试就是这种类型。资格考试也称水平考试，其中的笔试就是"目标参照性"笔试，其主要功能是评定、鉴别、测评应试者的素质、水平是否达到某一规定标准。全国统一举行的会计师、统计师、经济师等许多专业任职资格考试中的笔试都属于这种类型。

笔试有如下主要特点：

1. 灵活、系统、容量大

无论是选拔考试还是资格考试，都可以按照各种考试的不同要求，灵活设置考试科目，制定考试内容，确定试题难易程度，并能对应试者的知识数量、知识结构与知识水平进行系统、全面、综合测评。笔试试卷容量大、内容涵盖广是其他测评方法难以达到的。

2. 信度、效度相对高

笔试能够在统一时限内以团体方式对所有测评对象同时进行测试，所有测评对象使用同一试卷或等值复本试卷，测试的程序和规则相同，应试

---

① 毕克新：《中小企业技术创新测度与评价研究》，科学出版社，2006，第 61～62 页。

环境大体一致，评分标准统一，能够有效地控制测试过程中各个环节的误差。尤其是随着标准化考试的推行，客观性试题比重加大，试卷编制及评卷的计算机化，避免了人为主观因素的影响。同时，大规模考试组织的统一性、严密性、权威性，使测评的客观公正性得到保障。由于各环节质量的保证，使笔试较之其他测评方法的可靠性和有效性即测评信度和效度相对更高。

3. 经济、快速、效率高

笔试成本低，可在短时间内对大量应试者进行大规模测评，它的经济、快速、高效的特点是其他测评方法不可替代的。笔试作为初试，与面试、试用等其他测评方法结合使用，是目前我国人才测评与选拔的主要方式。

笔试的缺点是难于检测应试者的实际工作能力和某些操作技能，而且如果笔试多采用主观性试题，那么就会出现测试内容狭窄，评分易受评卷者水平、好恶、情绪的影响，进而造成测评分数失真的情况。

（三）面试法

面试（Interview）是一种最为古老和重要的人才测评方法。古人云"百闻不如一见"，说的就是这个道理。它是指在特定的时间、地点进行的，有着预先精心设计好的明确的目的和程序的谈话，通过主试者与被试者双方面对面地观察、交谈等双向沟通的方式了解应试人员的素质特征、知识技能以及求职动机等方面情况的一种人才测评技术。在国外的一次调查中，56%的被调查者认为在人才选拔过程中面试是最重要的（G. T. Milkovich，1991），90%的组织在他们组织的人员选拔中使用了面试的方法（M. D. Hakel，1982）。[1] 通过测试者与被试者双方面对面的观察、交谈，收集有关信息，从而了解被试者的素质状况。

1. 面试的类型

面试按其形式的不同可以分为结构性面试、非结构性面试和半结构性面试。

结构化面试就是首先根据对职位的分析，确定面试的测评要素，在每一个测评的维度上预先编制好面试题目并制定相应的评分标准，对被试者的表现进行量化分析。不同的测试者使用相同的评价尺度，对应聘同一岗位的不同被试者使用相同的题目、提问方式、计分和评价标准，以保证评

---

[1] 刘远我：《人才测评——方法与应用》（第二版），电子工业出版社，2011，第15页。

价的公平合理性。

非结构化面试则没有固定的面谈程序，评价者提问的内容和顺序都取决于测试者的兴趣和现场被试者的回答，不同的被试者所回答的问题可能不同。有研究发现，结构化面试比非结构化面试具有更高的信度和效度。[①]

半结构性面试是介于结构性面试和非结构性面试之间的面试。这种面试只是大致规定面试的内容、方式、程序等，允许主试者在具体操作中，根据实际条件作一些适度的调整和改变。

根据面试的标准化程度来划分，面试可以分系列性面试、依序面试、单独面试和小组面试

系列性面试是被测评者依次经过一系列的面试，每次面试的主考官都不一样，评定结果是按一定权重来汇总不同面试考官的面试结果。

依序面试，也叫作渐进式面试，一般分为初试、复试和综合评定三轮。初试主要测评的是被测评者的仪表、工作态度、上进心等；复试主要考察的是专业知识和业务技能；复试以后就是综合评定每位被测评者的测评结果。

单独面试和小组面试。单独面试是一种最为普遍和基本的面试方法，是主考官个别地与被测评者单独面谈。单独面试又分为两种类型，一种是由一位考官负责整个面试过程，另一种是多位考官参加整个面试过程，但是每次面试被测评者都只同一个面试官交谈。小组面试是在被测评者也就是应试人员较多的情况下运用的，将应试人员分成若干个小组，并对一些问题展开讨论。

2. 面试存在的主要问题

应该承认，面试是现代人才素质测评中一种非常重要的方法，它有着其他测评手段不可替代的特点，故而成为人力资源管理领域应用最普遍的一种测评形式，企事业组织在招聘中几乎都会用到面试。面试的主要优点在于：一是可以考察许多在测验中难以测查的内容，如仪表、行为举止、身体状况、口头表达能力等；二是面试设计的周期比较短，通常几天就能编制一套针对性比较强的面试题本，而且根据不同的情景可以对面试设计做出相应的修改和调整；三是面试的实施比较灵活，因为在面试中双方有

---

① 黎恒、王重鸣：《结构化面试研究新进展》，《人类功效学》2003 年第 9 期。

信息交流的机会，可以根据面试的进程灵活地调整问题。① 但是面试手段也存在诸如首因效应、晕轮效应、类我效应等问题。② 与笔试等方法相比，面试主要存在以下问题：

（1）与笔试比较，面试方法的信度与效度普遍较低。背景调查、团体评价、个人评价、行为观察以纯经验的记分方式操作为主，这种记分方式从技术角度考察，存在着比较严重的信度和效度问题。首先，面试的信度水平较低。尽管同一个人和考官面谈有时存在一致性，但不同人的面谈一致性水平很低。其次，面试的效度不高。由于受到信度的制约，整体效度水平也上不去。例如，被试的性别、年龄、学历、谈吐、风度，甚至服饰都可能影响面谈结果，这些因素的影响又随录用职位的工作性质而变化。面谈方法所面临的情境不定性问题是降低效度的关键，这种情境不定性主要来自于难以把握并很难消除的个人因素，如情感、需要、双方的投入程度、考官的偏好、考生的谈吐、个性特点等。

（2）面试考官问题。面试官的选择是面试成败的关键，面试官的能力、经验、个性等方面的特征将直接影响面试的质量。当考官没有把面试看作工具，或没有把面试看作是对合格测评者有价值的辅助时，他们对面试结果的理解常常出现偏差，要么认为面试无用，要么无条件接受。一般认为，合格的面试官应具备良好的个人品质、相关专业知识、丰富的社会经验、良好的自我认知能力，了解组织和职位的要求，掌握人员测评理论与技术，能熟练利用各种面试技巧，能有效地控制面试的进程，善于把握人际关系，能公正客观地评价应试者。③

（3）面试方法的使用范围问题。由于人类的职业范围多种多样，对工作行为的测评范围十分广泛，当工作行为和面试相结合时，面试方法的使用范围就显得十分重要。这里应该注意两个问题：

一是每种面试方法只有在一个和实际工作情境吻合的条件下应用，并且所测评的行为和工作本身要求的行为有适当的对应性时，才能发挥它的有效作用。

① 刘远我：《人才测评——方法与应用》（第二版），电子工业出版社，2011，第 15～16 页。
② 孙健敏、高日光编《人力资源测评理论与技术》，首都经济贸易大学出版社，2010，第 185 页。
③ 付亚和、许玉林编《现代管理制度·程序·方法范例全集——劳动人事管理实务卷》，中国人民大学出版社，1993，第 339 页。

二是每种工作行为测评在某些重要方面又是实际工作的升华，即使测评的结果与工作要求完全一致，也只预示着有高的预测水平。因此，我们不能期望面试能够将应试者的所有素质一测无余。

3. 面试方法在使用中需要注意的问题

最大限度地发挥面试的功能，要注意以下六个问题：

一是设计面试步骤时，要先确定所要测评的行为内容，然后选择最佳方法。

二是每种选择方法都将在适合这种方法的应用范围和使用目的之内发挥自己最大的作用，并且每种方法也有它的局限性。因此，综合使用各种方法，才有可能较全面把握应试者的情况，从而做出准确的预测。

三是如果用不同的方法得出的信息之间有矛盾，可以利用它考察应试者行为的一致性，甄别方法的适用性，如果这些方法揭示了应试者与众不同的特点，可以利用这些信息了解应试者更深层的问题。

四是面试考官有别于面试方法的设计者。目前，我国的面试考官多为行政管理人员。但不论什么人，不论是选择什么面试方法，都必须具备有关面试方面的基本知识和对面试功能的基本了解。

五是对面试分数的解释既需要具备有关数据比较的知识，又需要具备面试所涉及的有关行为方面的知识。这就要求考官具备必要的测量统计方面的知识，以及与被试专业、经验有关的知识，包括能力因素、情感因素、社会因素等。

六是建立规范的面试考官资格制度，从根本上消除不合格考官对面试工作带来的不必要的消极影响；同时，对现有面试管理人员进行有计划的、分门别类的专业培训，从整体水平上提高面试的水平。

此外，对于反映知识要素指标的测评方法，除了采用笔试方法外，我们认为还可以采用客观评价法，即采用类似学历和职称等这些客观标准进行评价，虽然这种方法在近年来关于人才标准的讨论中受到了广泛的批评，仅以这两个标准作为衡量人才的知识水平固然有失偏颇，但它们至少反映了人才所具有的基本知识与专业技能方面的储备状况，在知识测评时仍具有其他指标无法替代的作用。因此，为了简化测评程序，在一定范围内也可以采用类似反映个人知识要素的这些客观指标来对"识达"要素进行描述。

二 识达测评需要注意的问题

(一) 识达测评与组织目标要一致

识达测评要能够促进组织目标的实现,对于不同组织流程、活动所需要的知识,应给予不同的组织目标。在建立"识达"评价体系时,要有共性的指标和个性的指标,不论过程性或陈述性的知识,知识的逻辑性、表述的清晰性和与组织利益是否相关都是很重要的评价指标。但是这两类知识也有其个性化的评价指标。如标准规范等过程性知识与论文等陈述性知识相比,可操作性指标的评价对于前者就要重要得多。[①]

(二) 识达测评要有针对性

不同类型人才具有不同的专业知识要求,对于综述类和标准类的知识通常是不能用相同的指标衡量的,应该选择含义和概念准确、容易理解、容易计算和分析的"识达"指标,同时又要具体、可靠、实用,这样才能做到客观、公正、全面、科学地反映知识的价值。

(三) 识达测评要注重实用

识达指标体系能够全面反映知识的情况,才是完整的指标评价体系,但同时评价指标体系应繁简适当,计算评价方法简便易行,评价指标不能过于复杂,利于评价者方便参与。如果条目过于烦琐,会给具体评价的实施带来困难,同时也很容易出现主次难分、评价重点被弱化的问题,从而最后影响评价工作的执行效率和质量。所以要保持全面性与简洁性的平衡。因此,在建立"识达"测评系统时,必需兼顾全面性和简洁性,过于复杂的评价标准虽然能够帮助描述较为全面的知识特性,但是过于复杂的评价会大大降低评价活动的大众参与程度。

[①] 邱启龙、代凤、董建峰、顾新建、纪杨建:《企业知识库中显性知识的评价体系研究》,《机械工程师》2012 年第 7 期。

第八章 达系测评的组织与结果分析

人才"达系"测评是一项系统工程。从测评的准备阶段到实施，直到结果的分析、应用和反馈，各个阶段环环相扣、密不可分。采用科学的方法分析人才测评结果，提出有针对性的改进措施，是人力资源管理的重要任务。一方面，"达系"测评可以为组织选人、用人提供较为客观的依据；另一方面，"达系"测评也有利于个人制定有针对性的培训计划和职业生涯规划，提高人力资源管理的效能。

第一节 达系测评的基本程序

"达系"测评，一般须经过准备、实施、数据调整与处理以及测评结果的分析，最后得出结论等一系列工作。

一 "达系"测评的程序

"达系"测评必须遵照一定的程序，且有些步骤是不能颠倒的。一般来讲，人才测评的全过程分以下步骤进行。[1]

（一）测评准备工作

1. 建立测评小组，选择和培训测评人员

在测评前，应设立测评工作小组。测评工作的有效性，直接受测评人员的数量和质量的影响，因此，需要做好测评人员的选择和培训工作。对测评人员的要求，应从以下几个方面考虑：一是测评人员的素质，包括原则性、公正性、独立思考能力、实际经验等；二是掌握测评的相关技术，包括熟悉测评指导语、熟悉测评的具体程序与方法等。

在测评人员数量的确定上，理论上讲，数量越多，得出的结果越接近

---

① 王淑红编《人员素质测评》，北京大学出版社，2012，第55～61页。

于客观，但在实际操作中，则应根据各组织的具体情况和测评的具体要求而定。一般说来，对某一被测评对象进行测评，应该在10人左右，并且还应注意测评人员在专业知识、部门和职位层次上的搭配，以实行全方位的考核。

2. 确定测评的内容

测评内容是根据测评目的而确定的。在测评目的中，一是以选拔为目的，因而测评内容应根据所选拔岗位的任职素质要求（通常以工作分析与工作说明书为依据），针对不同职务、不同岗位、不同组织的特征以及某些特殊需要来确定；二是以诊断、评价的内容来确定测评内容。

3. 确定测评的程序

测评操作包括从测评指导到实际测评，直至回收测评数据的整个过程。

第一步，准备测评指导语。测评指导语是在测评实施时，用来说明测评的进行方式及如何回答问题的指导性语言。在测评过程中，应使用统一的指导语且必须清楚、明确、易懂和有礼貌，必要时可作适当的演示。

第二步，进行具体操作。测评时，考评人员可采用单独操作或对比操作的方式对被测对象进行考评。单独操作是考评人员在对某一被测对象全部测评指标完成以后，再对另一对象进行测评，直到测评完所有被测对象为止。对比操作是指对所有被测评对象进行分组，然后对某一组的指标，根据相应的测评参照标准内容且采用对比的方式，来对组内每个被测对象进行对比测评。

第三步，回收测评数据。测评结束后得到的数据，要由测评主持人统一进行回收。如果是集中测评，测评主持人应把收集到的全部数据当众进行封装，减少被评人员的顾虑。如果不是采用集中测评的方式，在发出测评表格时，要发给每位被测评人员一个信袋。测评结束后的数据，由每位被测评人员自己装进信袋并进行封装，之后再交给测评主持人，或由测评主持人向各位被测评人员索取信袋。

（二）测评实施

"达系"测评的实施阶段是测评小组对被测对象进行测评并采集测评数据的过程，它是整个测评过程的核心。

1. 思想动员

测评前动员工作的目的是使参加测评工作的所有人员统一思想，明确测评的意义和目的，为测评的顺利进行提供保证。思想动员的对象是参评人、被测人及所在单位的全体群众。目的是打消被测者的顾虑，使其认识到对人才的考核是经常性工作，是对人才的爱护和帮助，也是对工作的促进。对参评人来讲就是要通过宣传教育，使之认识到参与评价人才是组织赋予自己的神圣职责，要做到思想上重视、行为上公平合理；对广大群众则是造成舆论，给予足够的重视，营造人才测评的大环境。思想发动乃至整个测评工作的主持者最好是单位领导或上级部门的领导及工作人员，这样可以使测评工作保持其严肃性，使参评人引起重视并减少顾虑。

2. 被测者述职

述职就是被考核人向有关领导及群众就个人任职期间的工作情况进行全面汇报。内容包括对本职工作的认识、尽责情况、工作成就、不足及今后的设想。通过述职，参评人可以初步检验其真伪、衡量其价值、体验其气质、发现其不足，从而将被测者的自我评价与参评人的平时印象互相补充、调整与深化。

3. 定量测评

定量测评是通过事先制定好的素质量表和标准量表在人才的德、才所表现的诸方面进行量化的评价。在被测者进行了述职之后，参评人就可以通过量表进行评价了。这里关键是参评人的心理因素和对量表的理解，参评人应尽量排除个人的感情色彩，力求不带倾向性，实事求是，公道正派；同时组织者要把量表向参评人进行认真、细致的解释，允许参评人提问，允许将量表带回，允许无记名填写。总之，使参评人心理压力愈小，反映意见才愈真实。

4. 个别谈话

个别谈话的对象既可以是被测者，也可以是参评人和其他群众。被测者虽然进行了述职，但不能代替个别谈话。个别谈话从内容到形式都与述职不尽相同，个别谈话的内容可以更广、更深，包括在大众场合不便公开的问题通过个别谈话都可以展开；形式可以启发、引导、有问有答，较为轻松自由。从个别谈话中进一步体验被测者的气质、敏感性、周密性及预见性，这种感性认识对工作人员是非常必要的。个别谈话属于定性的考核。此外，参评人在卷面上无法体现或者说不清的东西，可以在个别谈话中进行充分的论证。这种语言的描述不仅以事实为根据、因果关系明确，而且增强了真实性，与定量测评互相补充印证。

5. 重点复核

一般情况下，通过上述工作就可以对被测者写出考核报告了，但为充分体现对人才负责的精神，对那些多数群众认为优秀者和较差者或有争议者，要做进一步复核。这种复核不再重复上述步骤，而就大家集中反映的属于原则性的问题进一步落实。对于优秀者避免空洞地肯定，应进一步发现成绩与不足，以便对其发挥更大的促进作用。对较差者，原则问题一定要做到事出有因或查有实据，从而确定是风气不正、以权谋私，还是开拓创新局面中难以避免的失误；是主观因素的作用还是客观因素的制约；是置党的方针政策于不顾，还是政策水平不高；是对存在的问题不闻不问，还是正在努力改进，短时间内无法产生明显效益，等等，从而对人才做出恰如其分的评价。

6. 综合分析

当定性、定量的素材都已取得，并且对有争议的问题和原则性问题进行复核之后，工作人员要对素材集中分析，主要是两个方面的工作：一是定量测评的计算，需要注意的是数学模型的确定、加权的进行、废票的处理等；二是定性的描述，评价要进行分类，要列举必要的事实，要对极端语言进行处理，又要尽量保留参评人的原话。最后写出考核报告，报告内容包括测评全过程、考核结论、工作人员的意见及必要的说明等。

（三）测评结果的反馈与评价

考核人才的最终目的是为了发现人才、使用人才、教育人才。这就要求考核的结果不仅要"上通"，而且要"下达"，为人才提供一个重新认识和正确认识自己的机会，这不仅是被考核者的愿望，而且是考核的任务之一。过去由于采取封闭式的考核，致使有些人才明显的缺点不被人重视而长期得不到纠正，考核前后一个样。因此信息的反馈应作为考核的一道工序固定下来；要以集中的意见、原则的意见、影响面较大的意见为主；要为反映意见的人保密；反馈时的语言要适当加工，以事实为根据。

反馈的方式以工作人员集体反馈或主管领导反馈为好。对于被考核者本人，能否正确对待反馈意见，这本身也是对干部的一种考核。所以，在适当的时候，工作人员可以听取被考核人对反馈意见的认识。

需要说明的是，实施综合考核评价办法，应当从实际出发，实事求是，避免烦琐，力戒形式主义。坚持边探索、边总结、边完善。在规定程序的基础上，可以根据本地区本单位的实际情况作适当调整。

二 测评空间的选择

测评空间就是指在人才测评工作中从不同层次、不同角度选取的参评人。参评人的社会知觉不同，对人才价值的认识也有所不同。参评人的爱好、信念、标准等内在信息不同，决定了他对人才的评价水平，而人才提供给每个人的外部信息又不完全相同，这就造成了人才评价中天然的困难和差异。若再把人为的因素（感情因素、理解能力、周围影响等）考虑进去，就使人才评价工作更为困难。因此，仅仅测评量表的设计是成功的、数学模型的选择是合理的还不够，最终起作用的是参评人，所以参评空间的选择成为又一关键，否则，人才测评工作将毁于一旦。

"达系"参评空间的选择主要考虑素质、结构、数量等。

素质要求，参评人员要能主持公道，认真负责；客观上对被测者要比较熟悉；要有一定的文化素养、理解能力和评价能力。

结构上，要使参评人构成一个"立体"，被测者处于立体的中心位置。有三种结构模式可供选择：第一种是锥形结构，从层次上有主管领导、同级、下级或群众，从上到下人数逐渐增多，形成锥形。这种结构适应性广，使用较普遍。第二种是柱形结构，这一结构的人员层次同锥形结构，只是各层次人数基本相当，构成柱形，这一结构适用于对中下层人才的考核。第三种是球形结构，这一结构的参评人没有层次性，所有参评人与被测者的关系是"等距"的。这一结构适用于对那些工作面广、接触人多的单位中人才的测评。

数量上，参评人员数量要适度，太多了会给测评工作带来额外的工作量；太少了就得不到统计规律。目前实际使用的一般为 30 人至 50 人不等，下限一般不得低于 30 人，上限有较大的灵活性，不影响测评的总体结果。

在测评空间的选择中，相对于上面所说的立体结构，还有一种测面结构，即从立体结构中选取某一个侧面作为测评空间。这种选取测评空间的方法主要用于晋级、评定职称及干部调整等。如在职称评定中选取同行测评等，因为同行是本专业、本岗位的内行，评定客观、措辞恰当、切中要害。这种测评空间的选择要因人而异、因地制宜。一般地说，应在立体空间使用并取得一定经验的基础上，再选用侧面空间，这样做可以有较高的可靠性。

三 测评时间和环境的选择

选择恰当的测评时间对测评工作也有一定影响。一般而言，测评指标不同，测评时间也不同。在测评具体操作时，如果选用集中测评方式，那么测评时间最好不要选在一周开始的第一天或周末，而应选在一周中间的那几天；如果不采用集中测评的方式，测评人员则不受具体"操作"时间限制，可以在一定时间范围内，将测评时间选择在他认为合适的时间里进行，但一定要预先通知当事人，以便安排好工作，配合测评工作的进行。"达系"测评时间的选择同样包含三个内容：测评的时间跨度、测评次数及测评时机。

（一）测评时间跨度的确定

测评时间跨度的确定不只是个测评艺术问题，它也是测评掌握的原则之一。因为人才的工作有阶段性，才能的显露有时间性，成就的表现有周期性，因而，要想全面了解人才的德才状况，就必须测评人才的一个工作周期内的表现，这就是所说的时间跨度。一般地讲，测评时间跨度依人才层次不同而不同，层次越高，跨度越大，从低层次到高层次，测评时间跨度可以从半年到几年不等。或者根据管理的特点来决定，将目标任期、聘期、合同期等作为测评的时间跨度。或者出于不同的目的，将时间跨度定为当前阶段和过去阶段等。[①] 总之，测评时间跨度的确定要由测评目的来确定，要能全过程地看人才，避免因时间跨度的选取不合适而使测评工作失败。如工作低潮时期、决策的酝酿时期、外界出现严重干扰时期或者成绩集中表现时期等，都不宜作为测评时间的跨度。

（二）测评次数的确定

从人才管理的角度讲，对人才的考核工作要制度化、经常化，这无疑是对的，但并非测评次数越多越好，测评是一项严肃的事情，一般每年进行一次。日常的工作考核，严格地讲不叫测评，不应把测评工作简单化。

（三）测评时机的选择

测评时机的选择是影响测评成效的原因之一。时机适当，测评工作就可顺利、正常地进行，否则会给测评工作带来许多麻烦，甚至导致测评无效。因为测评实际上是一种心理测验，是动态的、敏感的，它易受周围环

---

① 张进辅编《现代人才测评技术与应用策略》，重庆出版集团重庆出版社，2006，第333页。

境、个人情绪等情景因素的影响。一般地说，选择测评时机应注意下列问题。

第一，单位有突击性工作、正在组织实施时不要搞人才测评。如调整工资、评定职务、单位出现突击任务组织会战等，这时人们的注意力往往不在测评工作上，不管工作人员如何强调它的重要性，也不太可能把人们的兴趣和精力引导到测评工作上来。

第二，单位出现重大事故时，不宜进行人才测评。事故的出现往往使人精神紧张、情绪低落，人心慌乱时人们或悲痛或气馁或愤怒，心理上失去常态，且短期内不易恢复。

第三，人才测评可选择在单位年终评比、成果鉴定、阶段总结的时候，因为此时人员集中，干群容易接受。但要避免形式主义，要严格按照人才测评的阶段进行。

第四，从技术掌握上要立足省时。人才测评工作的特点之一就是麻烦、费时辛苦。参评人怕耽误时间，因而工作人员应以最快的速度推进测评工作使参评人尚未感到耽误时间就告一段落了。在这一工作中，最辛苦的是工作人员。因此，测评工作在保证质量的前提下，一定要尽量做到省时，这就是"于法周全、于事简便"原则的具体体现。

（四）选择测评环境

测评的环境条件是影响测评成绩的一个重要因素。不同的环境条件可能导致不同的结果，或导致测评结果的难以解释。尤其对于操作性的测验，测验的环境如果布置得太严肃，容易让被测者感到紧张。因此，测验场所必须确保具有良好的物理环境，包括安静而宽敞的地点、适当的光线和通风条件、适宜的温度和湿度，在测试时还要防止干扰。[①] 需要说明的是，在施测时，首先必须完全遵守测评手册的要求布置测评的场所，其次要在测评过程中记录下任何意外的测评环境因素，以便在解释测评结果时加以考虑。

四　达系测评的360度反馈评价

在传统的测评方法中，都是将测评者与被测评者的关系，局限在上司对部属的关系之上。也就是把它看成上下"线"的评价。对于下属，也只

---

① 寇家伦编《人才测评教程》，中国发展出版社，2009，第385～386页。

能默认最能了解自己的大概莫过于上司，而往往容易认为所谓的"测评"不过如此。

这种上对下的测评，其实存在不少问题。是否会因为日常太过亲近而受感情左右，或者因相处得太近而难免"见树不见林"。只有一人评估，员工有可能对反馈的信息持怀疑态度，因为它只是来自一个人的信息，而这个人可能有偏见。在360度反馈法中，如果从上司、同事、下属和客户都得到的是同样的信息，那么这个信息是很难被怀疑的。例如，如果客户、上级、同事和下级都说某人的沟通能力有问题，或许他就更可能接受这条反馈意见，因为它是来自不同渠道的信息。

360度考核一般采用问卷法。问卷的形式分为两种。一种是给评价者提供5分等级，或者7分等级的量表（称之为等级量表），让评价者选择相应的分值；另一种是让评价者写出自己的评价意见（称之为开放式问题）。二者也可以综合采用。从问卷的内容来看，可以是与被评价者的工作情景密切相关的行为，也可以是比较共性的行为，或者二者的综合。

目前，常见的360度反馈评价问卷都采用等级量表的形式，有的同时包括开放式问题。问卷的内容一般都是比较共性的行为。编制自己组织的360度反馈评价问卷要求人力资源工作者能分析拟评价职位的工作，抽取出典型的工作行为，编制评价问卷，对评价结果进行统计处理，并向被评价者和评价者提供反馈。采用这种方法所编制的问卷，能确保所评价的内容与组织的战略目标、组织文化以及具体职位的工作情景密切相关，使得评价结果能更好地为组织服务。

如果不对评价者进行有效的培训，会导致评价结果产生很多误差。为了提高评价结果的准确性和公正性，在评价之前，要对评价者进行指导和培训，让评价者对被评价者的职位角色有所了解，让评价者知道如何来做出正确的评价，让评价者知道在评价的过程中经常会犯哪些错误。在培训的时候，最好能让评价者先进行模拟评价，然后根据评价的结果指出评价者所犯的错误，以提高评价者实际评价时的准确性和公正性。

第二节　达系测评结果的度量分析

任何人才测评系统必然有误差，而且往往误差还很大。好的人才测评系统不仅要有尽可能高的精度，还必须把误差控制在可接受的范围内，这样测量得到的结果才比较可靠。

一 信度分析

（一）信度的基本概念

信度（Reliability）是测量结果的一致性或者稳定性程度，也就是研究者对相同或者近似的测量对象进行不同形式或不同时间的测量所得结果的一致性程度。具体来说，接受测量时应试者的行为可能会由于各种原因而产生变动，偏离了其真实行为，这就会导致测量结果产生误差。测验结果的可靠性与测验结果受误差影响的程度密切相关。误差大，分数的可靠性就降低。

由于误差的存在，受测者所得到的测评分数事实上由两部分构成：一部分是对测量一致性有贡献的分数，这部分分数反映了受测者的稳定的个体特征或者说测评人员想测量的特质；另一部分分数则反映了测评的不一致性，即个体或情境的那些能够影响测评结果，但又和测评特质无关的特征。这样测评结果就可以用如下公式表示：

测评分数（观测值）＝真实分数（要测量的特质）＋测评误差（不一致）

真实分数是假定为任何被测量的特质的纯正的值，即没有误差的值，或者说在理想条件下使用完备的测评工具应当获得的值。

一般条件下，信度指标都用信度系数的形式呈现。信度系数是同一样本在两种不同时间、不同情境条件或两组不同评价材料评定结果之间的相关系数。在理论上表示为真实分数标准差与实得分数标准差的比率。这里需要强调的是信度系数是代表对一个总体进行测评的一致性，信度系数不仅与测评工具、测评方法有关，而且与被测评的总体有关。信度系数越大，说明测定或评定方法的可靠性越强；信度系数越小，说明测定或评定方法的可靠性越弱。我们可以用已有的同类测验作为比较的标准。一般的能力与成就测验的信度系数在 0.90 以上；人格、兴趣等测验的信度系数通常在 0.80 ~ 0.85。

概括地说，信度能够回答测量工具是否稳定、测量结论是否可以推论，也就是概化能力，即从一次测量来推论总体的正确程度。

（二）信度系数的估计方法

针对不同的误差来源，信度可以有不同的确定方法。一般有以下几种类型：再测信度、复本信度、内部一致性信度、评分者信度。下面我们仅简要介绍其概念，具体计算方法可参见相关专业书籍。

1. 再测（重测）信度

再测信度又称为稳定性系数，它是估计测评跨时间的一致性程度，即用同一测验，在两个不同时间里对同一群体施测两次，这两次测验分数的相关系数就是重测系数。一个测验的重测系数越高，说明测评的稳定性越好，测评受随机因素的影响越小。

2. 复本信度

复本信度又称为等值性系数，即在对被试进行测评以后间隔一定的时间，运用复本再测评一次所获得的复本相关系数。复本是指在内容、数量、格式、难度、平均数、标准差等各方面与原测评一样的测评，即功能等值但题目内容不同。两个等值的测验互为复本，复本信度的高低反映了两个测验复本在内容上的等值性程度。

3. 内部一致性信度

用再测相关系数和复本相关系数，都需要测评两次，不但要花较多的精力，而且受测者会受练习的影响使第二次测评失真。内部一致性系数则不同，它只需要测评一次，它通过分析同一测评内部各测评项目之间的相关系数的方法来估计信度系数。内部一致性信度包括分半信度和同质性信度两种。

4. 评分者信度

在人才测评中，常常会使用主观性的测评，比如面试、创造力测验、投射测验、品德考察等，不同的评分者其观察角度、注意力、对被试者的偏见等都会使评分的结果不一致，因此，评分者的评判也是误差的来源之一。评分者信度就是指不同评分者对同样对象进行评定的一致性。[1]

（三）影响信度系数的因素

测验的信度会受到各种因素的影响，在解释信度系数时应充分考虑这些因素，在编制测验和测验的实施过程中要力图避免它们。信度的主要影响因素有：测验长度和难度、样本团体的性质以及不同信度测验方法的选择。

1. 测验长度和难度

在其他条件相等的情况下，测验长度（题目的多少）越长，信度值越

---

[1] 马欣川等编《人才测评——基于胜任力的探索》，北京邮电大学出版社，2008，第46~50页。

高。因为测验越长，题目取样或内容取样就越充分，结果就越可靠，同时也避免猜测题目的影响。尽管增加同质、难度相同的项目可以带来信度的提高，但在实际实施过程中并非这么容易，我们很难编制出那么多符合要求的测题。此外，测验长度还要受到测验时间、被试者的疲劳和厌烦等的影响。

测验难度对信度也会产生影响。如果一个测验的难度太低，大多数被试都可以轻而易举地答对题目，测验分数会非常集中并聚在高分端；如果测验的难度太高，多数被试都只能凭猜测答题，所有分数都集中在低分端。这样都会使测量到的分数分布太窄，导致信度降低。只有当难度水平适中，使得测验分数分布范围最大时，测验的信度才会比较理想。一般来说，当所有被测者的平均分为测验总分的一半，并且分数从零分到满分分布时，测量的信度最高。

2. 样本团体的性质

（1）样本团体的分数分布。样本团体的分数分布对信度系数的影响在于被试得分的分布范围和平均水平。在其他条件不变的情况下，样本团体的分数分布范围越大，变异性越大，信度系数将越大。

测评的准确性可靠性还与被试得分的平均水平有关系，平均水平过高、过低都会使测评的可靠性降低。

（2）样本团体的异质性。一般来说，样本团体的异质性越大，信度系数就越高。在现实中，对被试团体的选择不可能完全理想，往往会因为团体过于同质或异质而出现信度被低估或高估的情况。

（3）不同团体间能力水平的差异。通常情况下，团体的平均能力水平低，信度值就较低。

3. 不同信度测验方法的选择

由于不同的信度测量方法处理误差的方式不同，这样在估计信度的过程中对不同方法的选择就会产生不同的估计值，比如有些方法倾向于对信度范围做上限估计，有些倾向于做下限估计。

（四）信度使用中可以接受的水准

一般来说，信度系数不能低于 0.70。当信度系数小于 0.70 时，不能用于测验对个人做评价，也不能在团体间作比较。当信度系数大于 0.70 时，可用于团体间的比较；当信度系数大于 0.85 时，可以用于鉴别个人的某些特性。不同的测评工具对信度的要求也有一定的差别，实践中对不同类型的评价工具有不同的标准。表 8-1 给出几种类型的测量工具的信度系数。

表 8-1　几种测量工具的信度系数

测量工具	信　度		
	低	中	高
成套成就测验	0.66	0.92	0.98
学术能力测验	0.56	0.90	0.97
成套倾向性测验	0.26	0.88	0.96
客观人格测验	0.46	0.85	0.97
兴趣问卷	0.42	0.84	0.93
态度量表	0.47	0.79	0.98

资料来源：刘远我：《人才测评——方法与应用》（第二版），电子工业出版社，2011，第 31 页。

二　效度分析

效度（Validity）是衡量人才测评工具的另一个重要指标，效度的作用比信度的作用更为重要。如果一个评价工具的效度很低，无论它的信度有多高，这项评价工具都没有应用价值。

（一）效度的含义

效度就是指测量的正确性，即所采用的测评工具对其所要测评的特性测量到什么程度的估计。理解效度的概念有以下几点需要注意：一是效度是针对测验结果的；二是效度是针对某种特定的测评目的而存在的，一项测验可能有多种效度的评估，效度的确定依赖于测验的具体目的和评估效度的方法；三是效度是连续性的，是一个关于程度的估计。通俗地说，针对具体的测评目的，一个测评工具测量的有效性，我们可以用"高效度""中等效度""低效度"来进行评价，但我们不能简单地说某个测验结果"有效"或"无效"。

我们可以把一组测验分数的总方差分为三个部分：由被测量对象的变化引起的变差（这是我们真正希望了解和测量的）s_v^2；与所测量的特性无关的其他个别特性所造成的变差（由于量具的原因而有规律存在的度量值的变化即系统误差引起的变差）s_i^2；误差变差 s_e^2。其中：$s_x^2 = s_v^2 + s_i^2 + s_e^2$。

从理论的角度分析，效度是与测量目的有关的真实分数方差与总分方差的比率。用公式可以表示为：

$$r_{xy} = s_v^2 / s_x^2$$

在前面对信度进行分析时，只考虑了随机误差的影响，而在效度分析时将系统误差也引入进来。原因就在于系统误差是恒定的，所以不影响测验的一致性，但却影响测验的准确性。从上面的效度公式可以看出，s_v^2 决定着效度的高低，s_i^2 则是降低效度的变异部分，但它的存在却提高了信度。因此，s_e^2 减小时，s_v^2 比例有可能增加，但是系统误差可能大，也可能小，即误差方差 s_e^2 低，信度高，并不保证效度就一定高。不过如果效度高的话，信度必然高。总而言之，信度高是效度高的必要条件，而不是充分条件。

（二）效度的类型及估计方法

根据美国心理学会 1974 年出版的《教育与心理测量的标准》，一般把效度分为内容效度、构想效度和效标关联效度三类。下面分别予以简要介绍。[①]

1. 内容效度

内容效度是检查测验内容是否是所欲测量的行为领域的代表性指标，就是说指标与标准是否符合该类人员的功能特征。要素同结构的归属关系、要素名称同其定义内容的吻合程度、测评标准的标度同其分等内容的相关程度、问卷中诸问题同所要测量的要素之间的关系等都是影响效度的因素。

对内容范围的详细规定提供了评估内容效度的基础。内容范围代表了能够用来测量个体的某个特点的所有行为样组，而每个测评工具都应该是一个特定的行为范围的系统抽样。测量不同的特质，其内容范围也不相同。内容范围是有边界的，它包含了一些内容，同时也将一些不相关的东西排除在外。此外，它还有一定的结构。

2. 构想效度

构想效度是指测验能够测量到理论上的构想或特质的程度。或者说，用某种构想或特质来解释测评分数的恰当程度。所谓的构想是指一些抽象的假设性的概念、特性或变量。如智力、创造力、言语流畅性、焦虑、动机等。构想不能直接测量，需要借助一定的测评工具来反映。

构想效度的估计方法有许多，总的来说，可以分为测验内部的方法和测验间方法两大类。

---

① 孙健敏编《人员测评理论与技术》，湖南师范大学出版社，2007，第 20～25 页。

3. 效标关联效度

效标关联效度是以测评分数和效度准则之间的相关系数来表示测评效度的高低，也就是测评分数对个体的效标行为表现进行预测的有效性程度。

这里效标是指考察测验效用的外在参照标准，是一种可以直接、独立测量的行为。选择效标的准则有四种：

第一，上级部门或领导的评估。这种评估最好数量化或分等级。若以上级测评作为效标，那么复本信度与效度发生重叠，所以通常以划分等级作为效标。

第二，工作成绩或生产数量。这是最明显的效标。通常同时效度的效标可选择近期的或测评期内的工作成效，而预测效度的效标则有待于今后工作成绩的考核来确定。

第三，总结评比的结果。各单位的年终评比、表彰先进等，可作为参照的效标。

第四，综合性标准。这是一种信息量大、综合性强的效标，它将上述三种效标的资料综合起来，运用统计原理及方法进行合理加权，换算成标准分数，最后得出一项综合性的指数和标准作为效标。

通常情况下，对一般职工来讲，其效标应为产量与质量；对于科技人员应以发明、创造及技术成果的数量和效益为效标；对管理人员应以工作效率、职工积极性调动程度和经济效益为效标；对领导人员应以开发人才、开创局面和社会、经济效益为效标。

效标关联效度可以通过效度系数进行估计，效度系数是测验分数和效标准则分数之间的相关系数。

（三）影响效度的因素

影响测验的效度除了有测验本身、测验实施过程、被试主观状态等因素外，还有以下主要因素。

1. 测量工具本身

如果一个测量工具本身存在误差，那么就是不可靠的。误差越多，不可靠性就越大，效度也就随之降低。

2. 受测样本

测验的效度系数是依据样本中的受测者在测验和效标上的得分，求其相关系数而得到的。一个测验施测于不同的样本，由于受测者在年龄、文化程度以及经验背景上的差别，效度就会随之不同，因此，受测样本的选取是用来考察效度所依据的重要因素。例如，初中学业成就测验，用初三毕业生的成绩作受测样本确定效度才是合理的。

样本容量的大小与效度系数的高低有一定关系。样本容量越大，测量误差就会有相互抵消的趋势，由此会有助于提高测验和效标测量的信度，同时有助于提高效度系数。

此外，样本的同质性也会影响效度系数。当测验的其他条件均相同时，样本的测验分数和效标分数分布范围越小，则效度系数就越小。因此，随机抽样可以保证样本中受测者的异质性，有利于提高效度系数。在估计预测效度时，如果测验分数的样本范围缩小，则会因测验分数分布范围的缩小而低估了测验的效度。如以高一数学期末考试的成绩为效标，估计初中升学考试的预测效度时，以进入高中的学生作为样本来计算二者的相关系数，却没有包括参加升学考试但在中专、技校、职校中学习和未进入各类学校的学生，这样就缩小了效标成绩的分布范围，因而会低估它的预测效度。

3. 效标

选择适当的效标是统计效度的先决条件。一个测验由于采用的效标不同，其效度可能会大相径庭。甚至，由于效标选择不当，可能导致无法衡量测验的效度。此外，还要避免效标受到测量变量以外的变量的影响。

（四）测评工具的效度比较

人事选拔的有效性研究表明，人事选拔中各种测评方法技术的效度是很不一样的。Murphy（1997）发现不同的预测源适合不同的效标，如能力适合预测个体任务绩效和有关技术熟练性方面的绩效；责任心适合预测组织公民行为；人格适合用来预测工作动机、团队合作、人际交往等。根据两个比较有影响的元分析结果，各种具体测评技术的效度如表 8-2 所示。

表 8-2　人事选拔各种方法的效度比较

具体技术方法	效度	具体技术方法	效度
评价中心	0.31~0.63	个人履历资料法	0.24~0.37
工作取样	0.31~0.54	个性测验	0.15~0.22
能力测验	0.25~0.53	申请表	0.14~0.26
行为性面试	0.25~0.40	非行为性面试	0.11~0.23

资料来源：刘远我：《人才测评——方法与应用》（第二版），电子工业出版社，2011，第37 页。

可以看出，各种测评技术效度的高低与其应用的普遍性并没有必然的联系，也就是说，效度高的技术并不一定用得最多。评价中心的效度最高，但其应用却不是最普遍的。申请表的效度比较低，但其应用却非常广泛。

三 难度分析

一个测验的信度和效度在很大程度上取决于该测验题目的难度和区分度，编制和筛选具有适当参数的题目是改善测验信度和效度的前提。[①]

（一）难度的概念

难度（Difficulty）是指测验题目的难易程度，也是试题对被试者知识和能力水平的适合程度的指标。难度是一个相对的概念，难度的高低与被试者的水平直接相关。我们在说测量的难易程度时，应该针对具体的被试者。

（二）难度的计算

1. 以答对百分比来估计难度

首先我们引入通过率这一概念，通过率是衡量难度的一般指标，它用正确回答试题的人数与参与测验的总人数的比值（P 值）来表示。

这里，难度实际上表示的是易度，与试题的实际困难程度正好相反。很显然，通过人数越多（P 值越大），题目就越容易，难度也就越低；反之，越难。

当被试人数较多时，可以采用极端分组法求试题的难度，先按测验总分的高低进行排序，然后将被试分成三组：分数高的 27% 被试为高分组，分数最低的 27% 的被试为低分组，中间 46% 的被试为中间组。分别计算高分组和低分组的通过率，再求试题的难度。

2. 题目难度的等距量表

在进行测量时，用来表示一些对象和事件的某些特征的指标称作量表。根据不同的单位和参照点，从低级到高级，从模糊到精确，可以用不同的量表表示。用平均得分比率或答对人数比率表示难度，仅说明事物含有某种属性的多少，它是无相等单位，不具有等距性和可加性的顺序量表。这种量表只能表示事物间的大小、次序关系，不能反映两个比率间的数量差异。

（三）测验难度的确定

确定合理的测验难度才能使试题产生区分不同程度被试者的最大效果。

---

① 郑日昌：《心理测量》，湖南教育出版社，1987，第 175～182 页。

但题目的难度水平究竟多高合适，依赖于测验的目的、性质和题目形式。一般来说，难度为0.50最理想，这个时候项目具有最大的区分度。但在我们实际操作过程中，让所有的项目难度都达到0.50有很大的难度。而且也是不必要的，通常我们只需要使项目的平均难度接近0.50，而各个项目的难度在0.30~0.70之间变化就可以达到目的。[①]

四 区分度分析

（一）区分度的概念

区分度（Discrimination）又称鉴别度，它是指测验项目对不同水平的被试者反应的鉴别能力和区分程度。若项目鉴别力高，则能力强、水平高的被试者得分高，能力弱、水平低的被试者得分低，否则就没有鉴别力。它是评价测题质量、筛选测题的主要指标和依据。

我们用符号D来表示区分度，区分度又分为正区分（D > 0）、零区分（D = 0）和负区分（D < 0）。所谓的正区分是指实际水平高的得高分，实际水平低的得低分；负区分正好相反；零区分是说明实际水平高低与得分之间没有太大的关系，呈现零相关。所以，D值越高，题目就越有效。

（二）区分度的估计方法

1. 鉴别度指数

鉴别度指数是衡量区分度的一种最常用，也是最简便的方法，它是比较得分高和得分低的两组被试者在项目通过率上的差值。

1965年，美国测量专家L. Ebel根据长期经验提出了用鉴别指数评价项目性能的标准，如表8-3所示。

表8-3 鉴别指数评价标准

鉴别指数（D）	项目评价
0.40以上	很好
0.30~0.39	良好，修改后会更佳
0.20~0.29	尚可，但需要修改
0.19以下	差，必须淘汰

[①] 孙健敏、高日光编《人力资源测评理论与技术》，首都经济贸易大学出版社，2010，第28页。

2. 方差法

方差表示一组数据的离散程度。方差大，数据分散。

3. 内部一致性系数计算区分度

我们一般以总分来衡量被试能力的高低，当被试总分高时，在某个项目上的得分也高；总分低时，项目上的得分也低，说明该项目和总分有一致性。在标准化和大规模的测验中，我们通过考察项目和总分的相关性，来测验各项目所测查内容的一致性。如果项目与总分高度相关，那么项目的鉴别力也就高。

4. 项目的组间相关

项目的组间相关是指一个测验中各个测题之间的相互关系。

5. 项目与外部准则的相关——项目效度分析

项目效度分析是考察被试者在项目上反应和在效标上表现的关系，即每个测题所测查的行为是否反映了被试者在效标上的表现。相关系数就是项目通过率与效标成绩的相关系数。相关系数越高，表明项目越具有区分的能力。其估计方法和上述内部一致性分析方法基本相同，只是用效标代替测验总分。

（三）区分度与难度的关系及合理区分度的确定

区分度与难度有密切的关系。如果某项目的通过率为 1.0 或 0，则表明高分组和低分组全部通过或没有人通过，则 D = 0；如果项目的通过率为 0.5，则有可能是高分组的被试者全部通过了，而低分组无人通过，此时，D = 1；如果通过率为 0.7，则有可能高分组通过率为 1.0，低分组的通过率为 0.4，此时区分度 D = 0.6。根据同样方法可以求出不同难度项目的最大可能的 D 值，见表 8 - 4。

表 8 - 4　D 的最大值与项目难度的关系

项目通过率	1.00	0.90	0.70	0.60	0.50	0.40	0.30	0.10	0
D 的最大值	0	0.20	0.60	0.80	1.00	0.80	0.60	0.20	0

表 8 - 4 显示，难度越接近于 0.5 项目潜在的区分度越大，而难度越接近 1.0 或 0 时，项目的潜在区分度越小。因此要提高区分度，最好让项目保持中等程度的难度。这样不仅能保证多数项目具有较高的区分度，而且可以保证整个测量对被试者具有较高的区分能力。

我们在上面已经谈到不同的计算方法会带来不同的区分度值，也就是说区分度的值具有相对性。此外，区分度还与受测团体的同质程度有关，同质性越强，区分度就越小。所以，在确定合理的区分度时，我们既要考虑采用哪种区分度指标，以及样本大小和特性外，还要考虑测验的目的、性质和功能。在实际应用中，项目难度的分布也以常态分布为宜，接近中等难度的项目多些，特别难与特别易的项目尽量少些。

第三节 达系测评结果的综合分析

采用科学的方法分析人才测评结果，提出有针对性的改进措施，是人力资源管理的重要任务。"达系"测评工作从准备到实施要求每一环节都要科学与谨慎，这样才能为人才测评结果的综合分析创造有利的条件。

一 "达系"测评结果的分析

根据定量化的评定结果，可以对被测评人进行定量和定性相结合的个体分析、群体分析和对参加评定的人员的心理倾向进行分析。只有掌握正确的分析方法，才能充分利用评定结果，得出正确的分析结论。

（一）个体结构分析

个体结构分析是指对某一个被测评人，根据他的评定结果进行分析。主要分析方法有分布结构分析和与历史资料进行比较分析。

1. 分布结构分析

在对每个要素评定分布状况进行分析的实际过程中，根据职务、年龄、文化程度等因素，把参加评定的人员分为若干层次。比较各层次的评定分布状况，可以进一步分析不同层次的人员做出怎样评价，从中发现问题，得出更深入的认识。

2. 与历史资料进行比较分析

把被测评人历次评定结果作为资料保存，当再进行评定时，可以把评定结果和历史资料进行比较，分析各要素评价水平的变化情况，从而发现问题、寻找原因并深化认识。在分析时必须考虑参加评定的人员范围、评定量表及各种环境条件变化的影响，并考虑评定的信度和效度影响。

（二）群体分析比较

在实际运用过程中，各部门和单位的每次评定往往有若干名被测评人员，比较他们的评定结果，可以方便有效地对每个被测评人员的评定状况进行分析。

群体分析中较常用的方法是与总均值的比较分析法，即先对每个评定要素计算出所有被测评人评定结果分数的总均值，再把每个被测评人评定结果分数与总均值进行比较，从而分析其在被测评人群体中的"评价位置"，其主要有曲线图形式和 Z 分数形式两种分析比较方法。

曲线图形式是指当被测评人和评定要素都较多时，可以先对每个要素计算出所有被测评人评定结果的平均值，画在坐标图上，并把这些点连成一条曲线，再把某个被测评人的评定结果数值也画在坐标图上，并连成曲线，最后再对这两条曲线进行直观的比较。

Z 分数形式又称为标准分数，是以标准差为单位来度量个体评定结果与总体评定结果平均值之间的差距指标，即：

$$Z = \frac{X - \overline{X}}{\sigma}$$

式中：$\overline{X}$、σ 分别为总体评定结果的平均值和标准差；X 为某被测评人的评定结果。

Z 分数反映了被测评人在某个要素或某类要素评定结果处于总体发布中的位置。Z 分数等于零，说明个体评定结果等于总体平均值；Z 分数大于零，说明个体评定结果高于总体平均值；Z 分数小于零，说明个体评定结果低于总体平均值。Z 分数的绝对值越大，说明个体评定结果与总体平均值偏差越远。但 Z 分数有正有负，数值也较小，应用中很不方便，因此在实际运用过程中，我们常使用《Z 分数（%）转换表》（见表 8 - 5）进行测评分析。如在被测评人总数为 100 人的典型样本中，百分数表明每个人在总体中的位置，结果为 75% 则表明该被测评人的评定结果在 100 人总体中处于 74 人之上。

表 8 - 5　Z 分数（%）转换表

Z 分数	（%）	Z 分数	（%）	Z 分数	（%）	Z 分数	（%）
− 2.33	1.0	− 0.99	16	+ 0.39	65	+ 1.48	93
− 2.05	2.0	− 0.92	18	+ 0.52	70	+ 1.55	94
− 1.88	3.0	− 0.84	20	+ 0.67	75	+ 1.64	95
− 1.75	4.0	− 0.77	22	+ 0.77	78	+ 1.75	96
− 1.64	5.0	− 0.67	25	+ 0.84	80	+ 1.81	96.5

Z 分数	（%）	Z 分数	（%）	Z 分数	（%）	Z 分数	（%）
− 1.55	6.0	− 0.52	35	+ 0.92	82	+ 1.88	97
− 1.48	7.0	− 0.39	35	+ 0.95	84	+ 1.96	97.5
− 1.41	8	− 0.25	40	+ 0.95	84	+ 2.05	98
− 1.38	9	− 0.13	45	+ 1.17	88	+ 2.17	98.5
− 1.28	10	− 0.00	50	+ 1.28	90	+ 2.33	99
− 1.17	12	+ 0.13	55	+ 1.34	91	+ 2.46	99.3
− 1.08	14	+ 0.25	60	+ 1.41	92		

（三） 不同类型人员的比较分析

在工作中通常根据人员工作性质的不同，将人员分为高层管理人员、中层管理人员、基层管理人员、技术人员和操作人员。各类人员之间的业绩是相互影响的。管理人员的管理状况好坏影响着该部门人员的业绩，而部门总的业绩直接体现为主管的业绩；技术人员的成果，如新产品设计、流程的制定合理性和科学性，影响着操作的效率；而操作人员的技术水准决定了新技术的应用，也影响技术人员的业绩。因此，在分析比较各类人员的业绩时，应该注意有没有出现异常的状况，以便及时纠正。

不同类型人员的单项评价指标的比较分析首先可以计算各类人员的单项指标的平均值，再进行比较分析。为直观起见，也可绘制成直方图，观察业绩结果的分布是否和目标的导向一致。

（四） 同类人员部门之间的综合比较分析

如前面所述，同类人员由于工作性质或工作要求相类似，具有更大的可比性，比较结果的说服力更强。比较的内容，包括单项评价指标、各组评价指标和总体评价结果，计算各部门的各项内容的平均值，标在坐标图上并连成一条曲线，从而可以比较各部门的业绩结果。

二 影响测评结果的因素

人才"达系"测评工作是一项复杂的系统工程，它受多因素制约，构成了测评工作的众多环节，测评工作的成功要求每一个测评环节可靠。因此，有必要对影响测评结果的因素进行分析。

（一） 客观因素

客观因素是指参评人（不含被测者）以外的一切因素，主要包括：

1. 量表的设计

量表包含素质量表和标准量表，这两个量表的设计规定了测评的方向、内容及标准，是人才测评的两把尺子，如果测评的尺子就不准确，测评工作就从根本上出了问题。

2. 数学方法的确定

测评得到的原始数据或等级要进行计算或转化，对数字的处理确立什么样的原则和数学方法，会直接影响计算的结果。比如等级与分数的对应、加权技术的应用等，若使用不当，必然会给计算结果带来偏差。

3. 测评的组织工作

测评前要进行认真的宣传和动员，恰当地选择测评空间，正确地解释量表的含义及使用方法，并合理地选择测评时机等，都是保证测评工作顺利进行的外在条件。

4. 被测者的自我防卫（心理防卫）

有些被测者知道要对自己实施测评，便有意识地将自己的弱点在短期内隐蔽起来，使优点变得突出，或者制造一种气氛，给参评人造成一定的压力。被测者这种自我调整的结果，客观上会给测评工作带来阻力。因此，虽然被测者是测评的中心，但他的自我防卫表现却成为影响测评工作的客观因素。

（二）主观因素

主观因素是指参评人自身的内在因素。尽管被测者是测评工作的中心和目标，尽管被测者多数情况下也参与测评，但他终究是以测评的客观身份出现的，主要是受他人的测评，是被动的因素。参评人是测评的主体，是主动的，他们的素质是影响测评结果的主观因素。[①] 主要包括：

1. 参评人的态度

参评人在行使自己的测评职能时，应首先意识到自己肩负的责任，要本着对他人高度负责的精神，认真公道地参与测评工作。参评人态度积极、认真与否，不仅会影响本人评价能力的发挥，而且会影响他人、影响整个测评工作的气氛。

2. 参评人的理解能力

人才测评工作是一项科学的工作，因此要求参评人要有一定的文化素

---

① 金瑜编《心理测量》，华东师范大学出版社，2005，第 25～32 页。

养和评价能力，要有知人识人的实践经验和洞察力，要对测评的指标、标准、步骤和要求有较清楚的理解。否则，他是无法评价别人的，勉强参与测评，只能似是而非、模棱两可，最终导致测评结果的失真。

3. 参评人对被测者的熟悉程度

参评人对被测者比较了解比较熟悉是参评人参与测评工作的前提。即使参评人态度端正、有理解能力，但由于不甚了解被测对象，也只能是心有余而力不足。

4. 习惯势力的影响

实践证明，习惯势力对大部分人都有不同程度的影响，这种影响是隐蔽的，但又是有力的，其主要表现是晕轮效应、权威效应和社会回归心理。晕轮效应的主要表现是以点概全、一好掩百丑或者攻其一点不计其余。权威效应是马太效应的一种表面形式，它不是以测评标准评价人才，而是以岗位、层次及职务来评价被测对象。社会回归心理在人才测评中表现为一种中间集中倾向（趋中倾向）。这些习惯势力的影响在人才测评中应设法降低到最低的水平。

此外，有些参评人在参与测评之前就给自己划定了框框："七分成绩、三分缺点"，"领导比群众水平高"，"男同志比女同志能力强"，等等，这都为正确的测评埋下了隐患。

5. 参评人的感情因素

影响参评人的感情因素主要指情绪低落、心烦意乱；或者和被测者有个人恩怨；或者品质不好，等等。若测评时选中了这些人，而心理又得不到正常调整，都会使测评结果严重失实。

总之，人才测评工作的全过程是一种多因素起作用的过程，任何一个环节出了问题都会前功尽弃。因此，对每个环节的精心安排实质上就是对整个测评工作不断进行误差调整的过程。

三　测评结果的调整

（一）调整的类型

在测评工作中，不同测评人的个体差异或不同被测评人的情境条件差异会产生测评误差。常见的测评误差可按不同的标准进行分类：根据测评情况分析，可把测评误差分为随机误差与疏失误差；根据测评的结果划分，可把测评误差分为个别误差和局部误差。这样，测评误差的调整就可分为测评前调整、测评后调整和猜测修正等几种。[1]

1. 测评前调整

测评前调整是指在测评实施之前，对容易引起测评误差的因素加以防范和克服。如测评量表编制要科学、合理，各要素判分的参照标准要确切、清楚；要通过多种形式的思想工作，鼓励所有测评人抱着对事业、对被测评者负责的态度参与测评工作；要对测评人员进行科学选择，真正把各层次中了解被测评者的人包容进来；要对测评者进行适度培训，使之掌握测评的基本知识，严格按照标准进行判分。

2. 测评后调整

测评后调整是指实施测评之后，运用一定手段对测评结果中出现的实际误差加以鉴别和修正。因为测评后调整是测评误差调整的一种补救手段，且本身又有一定局限性，所以应该坚持测评前调整为主、测评后调整为辅的原则。常见的测评后调整方法主要有以下两种：

第一，应用测量误差理论调整测评误差。测量误差理论是概率论在工程测量工作中进行数据分析处理的一种应用。测评的随机误差虽然是随机出现的，但它又具有符合概率分布规律这一特性，即大误差出现次数少，小误差出现次数多；过高评价出现的正误差和过低评价引入的负误差，其出现机会随着测评人数的增加而趋于均等。

第二，运用对比法调整测评误差。通过个体与个体的相互比较，群体与群体的相互比较，或以基准点为标准进行比较，也可在一定程度上发现和校正测评误差。

个体与个体的比较主要用于分析日常工作表现和工作成效相近的个体的测评结果，从而发现和排除不同评定群体的组间误差。

基准点校正是指在部门与部门之间或部门内同类的组室之间，选择 1～2 个部门或组室，作为相互比较的标准。被选择的部门或组室称为基准点，它是进行系统性误差修正的参照物。选择基准点时，要求样本群体具有两个基本条件：一是整体素质比较好，高、中、低三个层次的人员结构比较全的部门或组室；二是测评实施比较正常，测评层次曲线比较吻合的部门。

3. 猜测修正

在客观题的测验中，有一个重要问题需要解决，那就是如何校正被测

---

① 彭剑锋编《人员素质测评》，中国华侨出版公司，1990，第 313～316 页。

评者的猜测因素对测评结果的影响，怎样正确评估被测评者的真实状况。

在客观题中，特别是对于是非题和选项数目较少的选择题，猜测会提高被测评者的分数。当被测评者确实不知道正确答案，而每个选项又具有同样的吸引力时，被测评者凭猜测选择正确答案的机会是 $1/n$（n 是题中选项的数目），如对是非题而言，猜测正确的几率是 50%。显然大量的猜测就会对是非题和选择题的分数产生很大的影响，有必要对猜测进行修正。

常用的猜测修正公式为：

$$S = R - W/n$$

其中：S 为正确分数，R 为被测评者答对的题目数，W 为被测评者答错的题目数，n 为选项数目。

使用该公式时，必须分别算出答对和答错的题数，n 的大小要根据选项的数目确定。

（二）测评误差的调整方法

人才测评中，参评人提供的信息有时是数字，有时是等级，由于各种各样的原因，这些原始数据带来了不同的误差，测评误差贯穿于整个测评的全过程。

1. 测评误差的分类

（1）根据测评情况分析，可把测评误差分为随机误差与疏失误差。产生随机误差的原因很多，如测评人的心理干扰、对被测者不太了解、测评人身体不佳、情绪烦躁等都可以产生测评误差。随机误差表现在众多测评者的相对低分与相对高分中；而疏失误差是由于测评人缺乏人才测评的基本常识，执行时偏离了测评标准而造成的。疏失误差表现在个别测评者提供的极高分或极低分之中。

疏失误差是一种潜在的危机，要尽可能在测评前消除。随机误差主要靠事后调整。

（2）根据测评的结果划分，可把测评误差分为个别误差与局部误差。个别误差是由于测评者对他人知觉、对人际关系知觉和自我知觉偏差而引起的，它表现在不同测评者对同一被测对象的偏高或偏低的判断中。局部误差则是由于不同部门、不同系统的群体差异引起的，表现在某些部门、单位评定结果整体性偏高或偏低的现象之中。

2. 测评误差的调整

误差调整的方式分事前调整和事后调整。测评前调整是指在测评实施前对容易引起测评误差的因素加以防范与克服。测评后调整是指在实施测评后，运用一定手段对测评结果中出现的实际误差加以鉴别与修正。因为测评后调整是测评误差调整的一种补救手段，且本身又有一定的局限性，所以我们应以事前调整为主、事后调整为辅。常见的测评调整方法有以下几种。

（1）加权法。加权法属于一种事前调整的方式。通过加权不仅使要素的重要性程度、参评人意见的客观性程度得到了体现，同时也是对误差调整的一种重要方式，它把可能扩大的误差进行压缩，使各要素在整个测评指标中所占的比重得以权衡，使不同参评人的意见所占的分量趋于合理。因而现代测评技术几乎无一例外地采用了加权技术。

另外属于事前调整方式的做法还有要素设计的论证、分析，测评标准的推敲，对参评人的培训等。

（2）平衡系数调整法。平衡系数法是利用适当的系数来修正误差的方法。当我们对测评工作进行复核或验收时，发现某部门掌握标准偏严或偏宽而出现全体被测者得分偏低或偏高时，或者发现个别人得分异常时，可采取平衡系数法对测评结果进行放大或缩小。

平衡系数法实质上是加权的一种简单形式，只不过这里体现了事后调整的特点，且往往是整个调整。一般来说，这种方法是不常用的，因为平衡系数的确定比较困难。

（3）应用测评误差理论调整测评误差。对于上述加权法和平衡系数法，其本质是一样的，都是加权的应用。然而对不同职务、不同层次的被测者使用同一量表同样的权值是不合适的，应该有不同系列的权值表。这种权值表的确定若采用主观判断则带有主观随意性，用回归统计去综合，工作量太大，难以实现，目前一般都采用测评误差理论来实现。

（4）运用对比法调整测评误差。通过个体与个体的相互比较，群体与群体的相互比较，或用基准点为标准进行比较，也可在一定程度上发现测评误差，校正测评误差。选择基准点时要求样本群体整体素质比较好，高、中、低三个层次人员结构比较全。

总之，在对测评结果的调整中，不管是事前调整还是事后调整，也不管是加权调整还是依测评误差理论调整，都要在调整前进行认真分析。不需要调整的绝对不去调整，本来简单的问题不要人为地复杂化，该用哪种方法不要随心所欲地乱用，否则将会使调整工作走向反面。

四　测评结果的解释

"达系"测评工作从准备到实施是一个复杂的、环环相扣的工作，它要求每一个环节都要科学与谨慎，这样才能为人才测评结果解释工作创造有利的条件。参评人员、工作人员辛苦工作，最终呈现给决策者的劳动结晶是测评的结果。因此，结果的质量及解释就成为对人才测评具有决定性意义的一环。

（一）测评结果的显示及解释工作的意义

测评结果显示就是将最后供决策使用的测评数据和文字描述以一定的方式呈现出来。对于文字描述，实际上就是定性考核的结论，它的显示方式是写实与分析相结合，它将定性的材料分类整理，加入典型事例与必要的数字，还要有工作人员的分析及结论。对于测评数据的显示主要通过数据表和侧面图。这种显示直观形象，易于比较，若再和文字显示结合起来，可以起到互相说明、互相印证的作用，更有说服力。

正确地解释测评结果的意义：第一，它能帮助领导者和人事、组织工作者正确地评价人才，用人之长，避人之短，这是人才管理的良好开端；第二，测评结果具有很大的保存价值，它是人才管理中积累资料的重要方式，也为人才的动态管理提供了依据；第三，有利于被测者正确地认识自己，从而激励他们奋发努力，提高素质；第四，准确的结果也可作为职业生涯设计的重要参考。

（二）测评数据的表格解释

1. 顺序表

顺序表是将测评分数按一定的顺序进行排列的表格。这种表格可以将同一个被测者的不同素质结构和不同要素按次序排列，从而发现其突出的方面和长处。也可以将几个被测者的同一素质结构或要素按顺序排列进行比较。这是在总分相等或相差无几、难以确定优劣时常采用的参照方法。如某企业两名管理人员测评结果如表 8-6 所示：

表 8 - 6 总分测评结果相同情况的处理

姓名	德达	能达	绩达	体达	识达	总分
甲	26	24	24	25	26	125
乙	23	25	25	25	27	125

两人总分相同，从总分难以确定次序。于是企业领导进行分析，甲在"德达"上高于乙，只是因为甲的工作时间短，在"绩达"与专业知识方面略低于乙，但甲进步较快，是个有潜在能力的人，具有培养前途。这就为从总分无法决策时，结构素质排序提供了参考。若要再细一些，就要进行要素排序，从而对每个被测者要素进行考察。上述三种排序方法若能结合起来使用，则可取长补短，相得益彰，从而减少人才使用中的片面性。

2. 分段法

分段法是以预先指定的自然数为界点，将测评结果归入不同的等级段中。若以 100 分为测评满分，人才分为三个能级，则可将分数段划为 0 ~ 59、60 ~ 89、90 ~ 100 三个能级，分别为低、中、高三个档次，也可以采用对应的名称，如表 8 - 7 所示：

表 8 - 7 分段法测评结果的分级

分段数	0 ~ 59	60 ~ 89	90 ~ 100
能级	低	中	高
名称	提高型	适应型	能干型
	调整型	中间型	高能型

注：59 ~ 60、89 ~ 90 之间出现的小数归入较低能级中。

这种方法在确定名称中应注意避免"低能型""淘汰型"等过贬名称。

3. 常态分配法

常态分配亦即正态分配，就是依正态分布规律划分能级的方法，其计算步骤如下：

第一步，求出一组被测评者的平均得分（可以是综合得分的平均得分，也可以是某一要素得分的平均得分）。

第二步，计算标准差。

第三步，按正态分布规律求出各能级的数字范围。通常能级分级采用三级制或五级制。

第四步，根据划分的等级定出所有被测者的能级。只要测评环境正常，被测者得分一般呈正态分布。

例：某单位10名被测者，根据需要采用五级制分类

第一步，计算出平均分为80分。

第二步，算出标准差 = 8.43。

第三步，按上述方法求出能级区（见表8-8）。

表8-8　确定五级制能级区间

能级	A	B	C	D	E
能级区	x≥96.7	96.7>x≥88.4	88.4>x≥71.6	71.6>x≥63.1	x<63.1

第四步，确定被测者能级（见表8-9）。

表8-9　确定被测者各自能级

被测者编号	1	2	3	4	5	6	7	8	9	10
得分	77	91	81	68	83	75	92	97	64	83
能级	C	B	C	D	C	C	B	A	D	C

可以看出，被测者能级分布基本符合正态分布。

需要指出，常态分配法的应用必须具备一定的条件，它要求被测样本要呈"大数"，一般不低于30人，样本太少则显示不出正态分布规律，而且常态分配法往往用来评价人才的群体质量。群体质量高，则平均值大，或者指定固定区间后，正态分布的曲线向右移动；群体质量差，则出现相反的现象。

另外，对测评结果的解释常用的还有侧面图，包括单线图、多线图、直方图以及交会图等，这些结果的正确解释要以测评结果的合理性为前提。一般使用时，常常同时使用几种方法解释，这样会使结果的解释更加全面与可信。

第四节　达系测评应用需要注意的问题

人才测评有一定局限性，在人才"达系"测评过程中同样需要建立一个多方法、多层次、多维度的综合人才测评体系，对个人的不同角度从不同层面去测评，在力所能及的范围内，尽量提高测评的准确性和客观性，才能得到比较正确的测评结果。

一 达系测评应坚持的原则

人才"达系"测评的基本原则是进行测评活动的基本行为规范，是有效的测评应该满足的基本条件。在这些原则中，有的是在测评实践过程中总结、概括出来的，带有普遍意义并被实践证明是比较成熟的基本行为法则，有的则是以多学科为基础，在融合消化相近学科有关原理的基础上综合提炼出来的。[①] 掌握这些基本原则对"达系"人才测评活动的顺利进行，具有重要的指导意义。

（一）可行性与适用性相结合

可行性是指任何一次测评方案所需时间、人力、物力、财力要为使用者的客观环境条件所许可。因此，它要求在制定测评方案时，应根据测评目标合理设计方案，并对测评方案进行可行性分析。在进行可行性分析时，应考虑以下几个因素：①限制因素分析。任何一项活动都是在一定条件下进行的，必须研究该测评方案所拥有的资源、技术以及其他条件，测评方案的适用对象、适用范围等。②目标效益分析。全面分析和确定测评所要实现的目标，评价测评方案对人力资源管理所能带来的直接和间接的效益、经济效益和社会效益。③潜在问题分析。预测每一个测评方案可能发生的问题、困难、障碍，发生问题的可能性和后果如何，找出原因，准备应变措施。

适用性包括两个方面的含义：一是指测评工具和测评方法应适合不同的测评目的和要求，要根据测评目的来设计测评工具；二是指所设计的测评方案应适用不同行业、不同部门、不同岗位的人才素质的特点和要求。由于测评工具的性质不同，必须根据其特性，在它的限度内使用，才能更好地发挥各种测评工具的效能。

在实际测评工作中，应在可行性与适用性之间较好地谋求一种协调。那种只追求测评的科学性，而忽视现有的技术水平和应用条件，可能会导致对大量测评工作的抹杀和纸上谈兵，反而不利于测评的开展和测评技术水平的进一步提高。

（二）精确测评与模糊测评相结合

作为一种程序，人才测评在编制、实施测评和评分方面都有某种确定

---

① 马欣川等编《人才测评——基于胜任力的探索》，北京邮电大学出版社，2008，第22~24页。

的规则。人才测评的目的是为了准确地估计被测对象的素质、能力、绩效特征，这就需要控制测评误差。控制测评误差的重要手段是使测评情景对所有被测者都是相似的，这种控制的方法称为标准化。同时，在测评中要注意精确测评与模糊测评相结合。精确测评是指在测评过程中，有些测评要素要求进行精确测评的就应该追求精确性和可靠性，如数字推理能力和机械推理能力。模糊测评是指在测评过程中，有的测评信息的收集和判断不需要精确或者说很难做到精确测评的时候就需要模糊测评，如口头表达能力和品德测评。在人才测评中应该是在模糊之中求精确，在精确之中蕴涵模糊。能精确处求精确，不能精确之处则模糊。精确测评与模糊测评相结合，应体现在测评要素的设计、标准的制定、方法的选择、信息分析、结合评定与解释的全过程中。

由于人才素质测评的结果很容易受到各种主客观因素的影响，在人才测评中更应强调标准化的重要性。人才测评的标准化包括：一是程序的标准化，即测评步骤的标准化。人才测评必须按一定的科学程序来进行，从测评的起点到终点，每一步程序都必须明确表述，并赋予其特定的功能。二是实施测评条件的标准化。实施测评条件的标准化要求对所有被测者在相同的条件下实施测量，如果实施测评的条件不同，所得的分数便缺乏可比性。实施测评条件标准化主要包括施测的时间、地点、环境条件、主持测评的人以及标准时限都要进行标准化。三是工具的标准化。它要求施测过程中所采用的量表、仪器、设备、工具、材料等运用都应有明确而统一的规定，有明确的操作定义和操作规则。四是测量方法的标准化。这是指应该详细规定计量的规则，使对每一被测者的素质、能力、绩效的定量化描述都可以按同样的标准规划计分。

（三）静态测评与动态测评相结合

静态测评与动态测评相结合，是指在人才测评的过程中，既要以相对统一的方式在特定的时空下对被测评者已形成的素质水平进行分析评判，不但考虑测评要素的动态变化性，又要从素质形成发展的过程以及前后发展的情况进行测评。在现代人才测评中，静态与动态相结合的原则首先表现在测评要素和测评标准的设计与编制上。静态测评是以相对统一的测评方式在特定的时空条件下进行测评，不考虑测评要素的动态变化性。静态测评的优点是易于看清被测者之间的相互差异，以及他们是否达到某种标准的要求，这样便于横向比较；其缺点是忽视了被测者的原有基础和今后的发展趋向。动态测评有利于了解被测者的实际水平，但不利于对不同被测者测评结果的相互比较。静态测评与动态测评相结合还表现在测评方法的选择上。有的测评要素宜于用静态测评的方法进行测评，如专业知识、能力倾向等；有的测评要素则宜于用动态测评的方法进行测评，如决策能力、人际关系与合作等。

（四）定性方法与定量方法相结合

定性与定量方法是科学研究领域中一直处于相互补充和印证的过程。定性分析是对"质"的分析，带有一种主观性，是凭分析者的直觉、经验，凭借分析对象的过去和现在的状况及其所掌握的信息，对分析对象的性质、特点、变化规律作出判断的一种方法；定量分析是根据统计数据，建立数学模型计算出分析对象的各项指标及其数值的一种方法，分析的结果比较客观。定量是定性的基础，定性是定量的出发点和结果。[①] 人的心理素质测评是主客观的相互结合，所以只有采用定性与定量相结合的方法才能使测评结果更有说服力。在现代人才测评工程中，定量的测量和定性的评定是一个有机的整体，测量是评定的基础，评定是测量的继续和深化。没有准确客观的测量，就不会有科学合理的评定；同样，离开了科学合理的评定，即使有准确客观的测量也难以发挥有效的作用。

二 正确对待和使用人才（达系）测评

2009 年，北森测评公司对我国一些企业的人力资源管理工作者所做的调查表明，在使用过人才测评的公司，大多数的人力资源管理者都认为测评工具能帮助企业在一些主要指标上有所提高，比如上级满意度、员工绩效表现、人岗匹配度、员工满意度和离职率等。不过现代人才测评技术虽具有一定的科学性和客观性，比传统的选人用人办法要客观准确，但这种准确性永远无法与物理测量相比，人的测量要比物理测量复杂得多，当然精确程度也无法和物理测量相比较。达系测评作为一种人才测评方法也不例外。

一是人的态度、个性、能力等许多特性都是无法直接测量的，都只能通过人的外显行为进行间接测量，如果对这些测评要素的界定、标准不准确，将直接影响测量结果的准确性。

二是如果人才测评的工具和方法在信度、效度方面不高，也会导致测

---

① 陆红军：《人员功能测评》，上海人民出版社，1986，第 11 页。

评结果不准确。

三是在人才测评过程中，也会经常受到多种因素的影响和干扰。尤其是施测者和受测者的主观因素对测评结果会有较大影响，如施测者的主观感觉、评分标准的不一致等因素都可能影响测评结果，而受测者的参评动机、受测经验、反应倾向、生理变因等都会对人才测评结果产生不可预期的影响。

三 达系测评体系应用需要注意的问题

（一）完善测评指标体系，提高测评的科学性

建立一套以岗位分类为基础的人才"达系"测评体系，要认真进行工作分析，针对各类人才的工作性质、职务特点、专业技术不同，选择有效的评价指标。在设置评价指标时，要体现以履行岗位职责为主。要依据人才测评的基本原理和理论基础，对评价指标进行反复论证、修订，使其更加准确、完善、可靠。要精心设计考评内容，在内容设计上，紧扣中心工作，综合考虑各方面因素，提炼出若干核心内容。要细化考评指标，从战略高度选择和设计指标，确保能力和业绩测评指标与组织战略目标的高度一致。

（二）突出成效考核评价，提高测评的导向性

要将成效作为考核评价重点，引导个体按照科学发展观的要求，把工作和精力放在"想干事、干成事和不出事"上。考核指标中，对于定义明确、可量化的指标，直接通过公式明确其考核评定标准；对于定性考核指标，制定考核标准，强化过程监控；对于多部门配合完成以及具有重大影响的各类重要事项，通过建立专项考核制度对各业务流程的关键节点进行有效控制。坚持结果与过程并重原则，由各考核责任部门有针对性地对各专业指标进行月度、季度、年度分析，及时发现问题、解决问题。

（三）改进测评方法，提高测评的全面性

坚持走群众路线，拓宽参评主体范围，让更多的"知情人"参与到民主推荐、民主测评、民意调查和考察座谈中来。同时采用自上而下的分解模式，将考核指标从组织管理层面逐级分解到一线员工，确保每一项指标在各个组织层面都有相应的部门和人员承担责任，实现了"上下连责"。明确考核指标由归口管理部门负主责，配合部门负次责，强调指标是对整个组织管理水平的考核，相关平行部门要互相合作、共同完成，实现考核的"左右联动"。

（四）加强测评队伍建设，提高测评的准确性

一方面要强化教育培训，提升考核评价队伍综合素质，要按照考评主

体应具备的资格条件，强化思想政治教育和职业道德教育，强化政策理论和业务能力培训，使其能自觉运用正确的立场、观点、方法去分析、判断和处理问题，能认真研究考评艺术，掌握基本技巧，去粗取精、去伪存真，全面正确评价，防止思想方法上的主观随意性，片面化和绝对化，提高考核质量和水平；另一方面，要切实落实测评监督员制度，聘请"政治上靠得住、工作上有本事、作风上过得硬、人民群众信得过"的人为测评监督员，注重平时对个体的沟通、提醒和记录。

（五）充分运用测评结果，提高测评的效用性

考核评价结果的充分合理使用，直接影响考核评价工作的生命力。因此，要建立尊重测评成果的工作制度，防止考核评价和运用脱节。对经考核评价认定德才表现突出的人员，要极力举荐；对经考核评价认定德才表现较差的人员，要进行诫勉谈话或职务调整。要充分利用考核评价成果，比较个人优势，调整补充人员配置、岗位调整、评优评先和职业生涯发展等，均以测评结果作为重要依据。

（六）强化测评结果运用，对个体和组织发展进行跟踪

考核结果要及时向组织领导和本人反馈。坚持把考核结果作为人才选拔任用、培养教育、管理监督和激励约束的重要依据，加强考核结果的运用和反馈。对那些自觉坚持科学发展、实绩突出、群众公认的优秀人才，给予表彰奖励、提拔重用；对不按照科学发展观要求办事，急功近利、搞形式主义和形象工程，以及完成约束性指标方面发生问题的，进行批评教育、诫勉谈话；对影响科学发展的突出问题，要及时进行整改；对群众意见较大、不胜任现职岗位的，要进行工作调整；对因工作失误、失职造成损失的，严格实行问责制，必要时进行组织处理，产生严重后果的，依法依纪处理。

测评的结果应该作为档案资料进行保存，这样可以对个体的发展进行跟踪，既有助于个体了解自身的发展历程，也有助于组织分析个体的发展潜力。此外，这些资料也为组织诊断和评价自身管理状况提供了重要的依据。通过定期对组织各阶段人员总体资质水平状况的分析，组织可以了解内部人员资质的总体发展变化情况，在此基础上有助于诊断自身的管理问题，进而指导管理工作的实践。[1]

---

[1]　孙健敏、高日光编《人力资源测评理论与技术》，首都经济贸易大学出版社，2010，第290页。

第九章　达系测评的应用举例

本部分我们以某高校教学以及科研人员为例，来介绍人才测评"达系"的具体设计、操作情况。我们的工作主要分为四部分：

第一，确定测评"达系"，我们在工作分析的基础上，结合专家意见进行修改，首先形成测评高校教学以及科研人员的三级"达系"。

第二，确定三级指标的各自权重。我们采用专家咨询法。

第三，对"德达"和"能达"的测评采用模糊评价法；对"识达"和"绩达"的测评采用客观对照法。由于"体达"的测评特殊性，我们在此应用中暂没有纳入。

第四，汇总各项测评结果，形成综合测评结果。

第一节　达系测评指标的确定

我们在设计的人才测评"达系"的基础上，结合高校教学以及科研人员的具体特点，通过工作分析，初步筛选出比较符合高校教学以及科研人员特点的"达系"测评指标，为检验指标体系的科学性和可信性，我们问卷调查了10位高校教学以及科研人员，这10位高校教学以及科研人员职称涵盖了教授、副教授、讲师、助教，学历涵盖了博士、硕士、本科，应当说调查样本是具有较高代表性的。

通过对问卷调查结果的分析，我们又对指标体系进行了修改，并最终形成了比较符合高校教学以及科研人员特点的人才测评指标体系（见表9-1）。

表 9 - 1　高校教学以及科研人员的人才测评"达系"

	一级指标	二级指标	三级指标
人才测评"达系"（高校）	一、德达	（一）德达	1. 世界观、人生观和价值观
			2. 敬业精神
			3. 协作精神
			4. 成就动机
			5. 主动性
		（二）政达	6. 政治态度
			7. 政治理论
			8. 政治行为
			9. 政治判断
			10. 政治立场
		（三）诚达	11. 职业道德
			12. 科学发展观
			13. 求真务实
			14. 个人信用
			15. 法制观念
		（四）廉达	16. 廉洁自律
			17. 举报情况
			18. 生活作风
	二、能达	（一）基本能力达（预达、策达、智达）	1. 观察能力
			2. 逻辑思维能力
			3. 语言理解、表达能力
			4. 获取信息能力
			5. 应对突发事件能力
			6. 情绪稳定性
		（二）业务工作能力达（容达、通达、创达）	7. 教学能力
			8. 科学研究能力
			9. 开拓创新能力
			10. 归纳能力
			11. 沟通能力
	三、绩达	（一）果达（数达、质达）	1. 完成教学、科研工作数量
			2. 计划完成情况
			3. 工作质量
			4. 工作效率
			5. 工作完成增长情况

续表

一级指标	二级指标	三级指标
	（二）益达 （经达、社达）	6. 社会效益（实用性、学术性） 7. 群众威信 8. 人才培养（学生满意、合格程度）
四、识达	（一）学识经验达 （学达、验达）	1. 学历 2. 职称 3. 执业资格 4. 工作阅历 5. 工龄
	（二）综达	6. 专业知识 7. 知识结构情况 8. 知识更新情况 9. 外语知识

第二节　达系测评指标权重的确定

在综合测评数学模型中权数的确定是一个重要问题。权数不同对于同一个测评矩阵所得出的综合测评结果是不一样的。关于如何客观、合理地确定权数是一个有争议的话题。我们认为，尽管如何确定权数问题可以进一步探讨，但是在一次测评中权数分配必须统一。实际上权数分配就是确定把测评的重点放在何处，这一点最好在测评之前就告诉被测评者，使测评能起到对管理工作的调控作用。

"达系"测评指标权重的确定我们采用专家打分法，为此，我们问卷调查了高校的10位教学以及科研方面的专家，为最大限度地保证数据的可信性并减轻专家工作量，我们并没有将二级指标告诉专家，仅请他们对一级和三级指标进行打分，对于二级指标我们通过统计处理即可得到，这样一方面既可以减轻专家工作量，另一方面也减小了权重确定的随意性，以下就是我们的权重系数专家咨询表以及权重处理情况（见表9-2）。

表 9 - 2 权重系数专家咨询表

尊敬的专家：

您好！

非常感谢您参加本次专家调查咨询。本调查咨询的主要目的在于确定人才评价指标体系的权重系数，您的回答对我们非常重要。本调查的结果将用于我们课题的研究，请您根据自己的观点进行回答。谢谢您的合作！

"'达系'人才测评建设"课题组

××××年×月××日

一、您的个人基本情况

职称： 学历：

职务： 年龄：

二、请您对以下各项指标的重要程度作出评价

其中：非常重要 4 分；比较重要 3 分；重要 2 分；不太重要 1 分；很不重要 0 分。

项 目	您的打分
1. 德达	
2. 能达	
3. 绩达	
4. 识达	
您认为需要增加或去除的项目	
增加：	
增加：	
去除：	

三、请您对关于"德达"各项的重要程度作出评价

其中：非常重要 4 分；比较重要 3 分；重要 2 分；不太重要 1 分；很不重要 0 分。

德 达	您的打分
1. 世界观、人生观和价值观	
2. 敬业精神	
3. 协作精神	
4. 成就动机	
5. 主动性	
6. 政治态度	
7. 政治理论	

德　达	您的打分
8. 政治行为	
9. 政治判断	
10. 政治立场	
11. 职业道德	
12. 科学发展观	
13. 求真务实	
14. 个人信用	
15. 法制观念	
16. 自信心	
17. 情绪稳定性	
18. 心理调适力	
19. 廉洁自律	
20. 生活作风	
21. 举报情况	
您认为需要增加或去除的项目	
增加：	
增加：	
去除：	

四、请您对"能达"各项的重要程度作出评价

其中：非常重要 4 分；比较重要 3 分；重要 2 分；不太重要 1 分；很不重要 0 分。

能　达	您的打分
1. 逻辑思维能力	
2. 语言理解能力	
3. 语言表达能力	
4. 观察能力	
5. 发现问题能力	
6. 获取信息能力	
7. 创新能力	
8. 自学能力	

能　　达	您的打分
9. 教学能力	
10. 解决实际问题能力	
11. 科学研究能力	
12. 应变能力	
13. 说服影响力	
您认为需要增加或去除的项目	
增加：	
增加：	
去除：	

五、请您对"绩达"各项的重要程度作出评价

其中：非常重要 **4** 分；比较重要 **3** 分；重要 **2** 分；不太重要 **1** 分；很不重要 **0** 分。

绩　　达	您的打分
1. 完成教学、科研工作数量	
2. 计划完成情况	
3. 工作质量	
4. 工作效率	
5. 工作完成增长情况	
6. 社会效益	
7. 群众威信	
8. 人才培养	
您认为需要增加或去除的项目	
增加：	
增加：	
去除：	

六、请您对"识达"各项的重要程度作出评价

其中：非常重要 **4** 分；比较重要 **3** 分；重要 **2** 分；不太重要 **1** 分；很不重要 **0** 分。

识　达	您的打分
1. 学历	
2. 职称	
3. 执业资格	
4. 工作阅历	
5. 工龄	
6. 专业知识	
7. 外语知识	
8. 知识更新情况	
您认为需要增加或去除的项目	
增加：	
增加：	
去除：	

需要说明的是，表9－1与表9－2的指标体系内容不尽相同，这是由于表9－1是在我们对表9－2专家反馈信息资料的整理基础上进一步修改得到的。

一　"德达"要素权重的确定

（一）反映"德达"要素第三级指标的专家评价数据

我们得到的"德达"第三级指标专家评价数据见表9－3。

表9－3　"德达"第三级指标评价数据

	M_1	M_2	M_3	M_4	M_5	M_6	M_7	M_8	M_9	M_{10}	M_{11}	M_{12}	M_{13}	M_{14}	M_{15}	M_{16}	M_{17}	M_{18}
A	3.0	4.0	3.0	4.0	3.0	4.0	3.0	3.0	3.0	4.0	3.0	4.0	4.0	4.0	3.0	3.0	4.0	3.0
B	3.0	3.0	3.0	3.0	3.0	3.0	2.0	2.0	2.0	3.0	3.0	4.0	4.0	3.0	2.0	3.0	4.0	4.0
C	4.0	3.0	4.0	3.0	3.0	3.0	2.0	3.0	3.0	3.0	4.0	4.0	4.0	3.0	4.0	4.0	3.0	4.0
D	3.0	3.0	4.0	2.0	4.0	2.0	2.0	3.0	2.0	3.0	4.0	4.0	4.0	2.0	3.0	3.0	3.0	3.0
E	3.0	4.0	4.0	3.0	2.0	2.0	2.0	2.0	3.0	3.0	3.0	4.0	4.0	4.0	2.0	3.0	3.0	4.0
F	3.0	3.0	3.0	2.0	3.0	2.0	3.0	3.0	2.0	3.0	3.0	3.0	4.0	3.0	3.0	3.0	2.0	4.0
G	2.0	4.0	3.0	2.0	2.0	3.0	3.0	2.0	3.0	3.0	4.0	4.0	2.0	3.0	2.0	3.0	3.0

续表

	M₁	M₂	M₃	M₄	M₅	M₆	M₇	M₈	M₉	M₁₀	M₁₁	M₁₂	M₁₃	M₁₄	M₁₅	M₁₆	M₁₇	M₁₈
H	3.0	2.0	3.0	3.0	3.0	3.0	4.0	3.0	2.0	2.0	4.0	4.0	4.0	3.0	4.0	2.0	3.0	3.0
I	2.0	3.0	4.0	3.0	4.0	3.0	2.0	3.0	3.0	3.0		4.0	3.0	3.0	3.0	3.0	4.0	4.0
J	2.0	4.0	4.0	3.0	3.0	3.0	3.0	4.0	4.0	3.0	3.0	4.0	4.0	3.0	3.0	3.0	3.0	4.0

说明：①Mᵢ（i = 1，2，3，…，18）为反映"德达"的18个三级指标。

②A、B、C、…、J为10位专家的权重评分情况。

③专家第一次打分数据我们进行处理后，发现数据标准差较大，为降低数据的发散程度，我们将第一次数据的均值和标准差计算结果反馈给各位专家，请他们参考第一次数据整体的均值和标准差进行第二次打分，通过前后两次打分数据的处理分析，我们发现，第二次打分数据的可信性明显高于第一次的打分数据。下面的数据处理限于篇幅，仅列出了第二次的打分数据资料。

（二）反映"德达"要素第三级指标的均值、标准差以及权重的计算

利用统计学方法，可以计算出"德达"要素第三级指标的均值和标准差，并进一步可以确定各自的权重（见表9－4）。

表9－4　"德达"第三级指标均值、标准差及权重

"德达"三级指标	代码	均值	标准差	权重（%）
1. 世界观、人生观和价值观	M₁	2.8	0.6325	18.18
2. 敬业精神	M₂	3.3	0.6749	21.43
3. 协作精神	M₃	3.5	0.5270	22.73
4. 成就动机	M₄	2.8	0.6325	18.18
5. 主动性	M₅	3.0	0.6667	19.48
小　计				100.00
6. 政治态度	M₆	2.8	0.6325	19.86
7. 政治理论	M₇	2.6	0.6992	18.44
8. 政治行为	M₈	3.0	0.6667	21.28
9. 政治判断	M₉	2.6	0.6992	18.44
10. 政治立场	M₁₀	3.1	0.5676	21.98
小　计				100.00
11. 职业道德	M₁₁	3.5	0.5270	20.11
12. 科学发展观	M₁₂	3.8	0.4216	21.84
13. 求真务实	M₁₃	4.0	0.0000	22.99
14. 个人信用	M₁₄	3.0	0.6667	17.24
15. 法制观念	M₁₅	2.8	0.5676	17.82
小　计				100.00

续表

"德达"三级指标	代码	均值	标准差	权重（％）
16. 廉洁自律	M_{16}	3.2	0.6325	29.17
17. 举报情况	M_{17}	3.6	0.6325	33.33
18. 生活作风	M_{18}	2.8	0.5164	37.50
小　计				100.00

（三）反映"德达"要素第二级指标的均值、标准差以及权重的计算

利用统计学方法，可以计算出"德达"要素第二级指标的均值和标准差，并进一步确定出各自的权重（见表9-5）。

表9-5　"德达"第二级指标均值、标准差及权重

"德达"二级指标	代码	均值	标准差	权重（％）
（一）德达	$M_{(一)}$	3.08	0.3114	24.48
（二）政达	$M_{(二)}$	2.82	0.2280	22.42
（三）诚达	$M_{(三)}$	3.48	0.4324	27.66
（四）廉达	$M_{(四)}$	3.20	0.4000	25.44
合　计				100.00

二　"能达"要素权重的确定

（一）反映"能达"要素第三级指标的专家评价数据

我们得到的"能达"第三级指标专家评价数据见表9-6。

表9-6　"能达"第三级指标评价数据

	A_1	A_2	A_3	A_4	A_5	A_6	A_7	A_8	A_9	A_{10}	A_{11}
A	3.0	3.0	3.0	3.0	3.0	4.0	4.0	4.0	4.0	4.0	3.0
B	2.0	2.0	3.0	3.0	3.0	4.0	4.0	3.0	3.0	3.0	2.0
C	4.0	3.0	4.0	2.0	2.0	4.0	4.0	3.0	4.0	3.0	3.0
D	3.0	2.0	3.0	3.0	3.0	4.0	3.0	4.0	4.0	2.0	2.0
E	3.0	3.0	3.0	3.0	3.0	3.0	4.0	2.0	3.0	3.0	3.0
F	3.0	3.0	4.0	3.0	2.0	3.0	3.0	3.0	3.0	3.0	3.0
G	3.0	3.0	3.0	3.0	2.0	4.0	4.0	3.0	4.0	3.0	3.0

续表

	A_1	A_2	A_3	A_4	A_5	A_6	A_7	A_8	A_9	A_{10}	A_{11}
H	2.0	2.0	3.0	3.0	2.0	4.0	3.0	4.0	3.0	2.0	3.0
I	4.0	3.0	3.0	2.0	2.0	4.0	3.0	3.0	3.0	2.0	2.0
J	3.0	3.0	2.0	3.0	3.0	4.0	4.0	3.0	3.0	2.0	2.0

说明：①A_i（$i=1$，2，3，…，11）为反映"能达"的11个三级指标。

②A、B、C、…、J为10位专家的权重评分情况。

（二）反映"能达"要素第三级指标的均值、标准差以及权重的计算

利用统计学方法，可以计算出"能达"要素第三级指标的均值和标准差，并进一步可以确定各自的权重（见表9-7）。

表9-7 "能达"第三级指标均值、标准差及权重

"能达"三级指标	代码	均值	标准差	权重（%）
1. 逻辑思维能力	A_1	3.0	0.6667	16.85
2. 语言理解、表达能力	A_2	2.7	0.4830	15.17
3. 发现问题能力	A_3	3.1	0.5676	17.42
4. 获取信息能力	A_4	2.7	0.4830	15.17
5. 应变能力	A_5	2.5	0.5270	14.04
6. 自学能力	A_6	3.8	0.4216	21.35
小　计				100.00
7. 教学能力	A_7	3.6	0.5164	23.23
8. 科学研究能力	A_8	3.2	0.6325	20.65
9. 开拓创新能力	A_9	3.4	0.5164	21.94
10. 归纳能力	A_{10}	2.7	0.6749	17.41
11. 沟通能力	A_{11}	2.6	0.5164	16.77
小　计				100.00

（三）反映"能达"要素第二级指标的均值、标准差以及权重的计算

利用统计学方法，可以计算出"能达"要素第二级指标的均值和标准差，并进一步确定出各自的权重（见表9-8）。

表9-8 "能达"第二级指标均值、标准差及权重

"能达"二级指标	代码	均值	标准差	权重（%）
（一）基本能力达（预达、策达、智达）	A(一)	2.9667	0.4633	48.90
（二）业务工作能力达（容达、通达、创达）	A(二)	3.1000	0.4359	51.10
合　计				100.00

三 "绩达"要素权重的确定

（一）反映"绩达"要素第三级指标的专家评价数据

我们得到的"绩达"第三级指标专家评价数据见表9-9。

表9-9 "绩达"第三级指标评价数据

	R_1	R_2	R_3	R_4	R_5	R_6	R_7	R_8
A	3.0	3.0	4.0	4.0	2.0	4.0	3.0	4.0
B	2.0	2.0	3.0	3.0	3.0	3.0	2.0	4.0
C	2.0	2.0	4.0	4.0	3.0	3.0	2.0	4.0
D	2.0	3.0	4.0	4.0	3.0	4.0	1.0	4.0
E	2.0	3.0	3.0	3.0	3.0	3.0	2.0	3.0
F	2.0	2.0	4.0	3.0	2.0	3.0	2.0	4.0
G	1.0	2.0	3.0	4.0	2.0	3.0	2.0	4.0
H	2.0	2.0	3.0	4.0	3.0	4.0	2.0	4.0
I	3.0	3.0	3.0	4.0	2.0	3.0	2.0	3.0
J	2.0	2.0	4.0	3.0	2.0	4.0	2.0	3.0

说明：①R_i（i=1，2，3，…，8）为反映"绩达"的8个三级指标。

②A、B、C、…、J为10位专家的权重评分情况。

（二）反映"绩达"要素第三级指标的均值、标准差以及权重的计算

利用统计学方法，可以计算出"绩达"要素第三级指标的均值和标准差，并进一步可以确定各自的权重（见表9-10）。

表9-10 "绩达"第三级指标均值、标准差及权重

"绩达"三级指标	代码	均值	标准差	权重（%）
1. 完成教学、科研工作数量	R_1	2.1	0.5676	14.89
2. 计划完成情况	R_2	2.4	0.5164	17.03

续表

"绩达"三级指标	代码	均值	标准差	权重（%）
3. 工作质量	R_3	3.5	0.5270	24.82
4. 工作效率	R_4	3.6	0.5164	25.53
5. 工作完成增长情况	R_5	2.5	0.5270	17.73
小　计				100.00
6. 社会效益（实用性、学术性）	R_6	3.4	0.5164	37.36
7. 群众威信	R_7	2.0	0.4714	21.98
8. 人才培养（学生满意、合格程度）	R_8	3.7	0.4830	40.66
小　计				100.00

（三）反映"绩达"要素第二级指标的均值、标准差以及权重的计算

利用统计学方法，可以计算出绩达要素第二级指标的均值和标准差，并进一步确定出各自的权重（见表9-11）。

表9-11　"绩达"第二级指标均值、标准差及权重

"绩达"二级指标	代码	均值	标准差	权重（%）
（一）工作成果（数达、质达）	$R_{(一)}$	2.82	0.6834	48.18
（二）工作效益（经达、社达）	$R_{(二)}$	3.0333	0.9074	51.82
合　计				100.00

四　"识达"要素权重的确定

（一）反映"识达"要素第三级指标的专家评价数据

我们得到的"识达"第三级指标专家评价数据见表9-12。

表9-12　"识达"第三级指标评价数据

	K_1	K_2	K_3	K_4	K_5	K_6	K_7	K_8	K_9
A	3.0	3.0	3.0	3.0	2.0	4.0	3.0	4.0	3.0
B	2.0	2.0	2.0	2.0	2.0	2.0	3.0	4.0	3.0
C	3.0	3.0	4.0	3.0	1.0	3.0	3.0	4.0	2.0
D	3.0	3.0	3.0	2.0	2.0	4.0	2.0	4.0	3.0
E	2.0	2.0	3.0	3.0	2.0	3.0	3.0	4.0	2.0

续表

	K_1	K_2	K_3	K_4	K_5	K_6	K_7	K_8	K_9
F	3.0	3.0	3.0	2.0	1.0	4.0	3.0	3.0	1.0
G	3.0	3.0	3.0	2.0	2.0	3.0	2.0	3.0	2.0
H	3.0	2.0	2.0	2.0	1.0	3.0	3.0	3.0	2.0
I	2.0	2.0	3.0	2.0	2.0	4.0	3.0	4.0	2.0
J	3.0	2.0	3.0	3.0	1.0	3.0	3.0	4.0	3.0

说明：①K_i（$i=1，2，3，…，9$）为反映"识达"的9个三级指标。②A、B、C、…、J为10位专家的权重评分情况。

（二）反映"识达"要素第三级指标的均值、标准差以及权重的计算

利用统计学方法，可以计算出识达要素第三级指标的均值和标准差，并进一步可以确定各自的权重（见表9-13）。

表9-13　"识达"第三级指标均值、标准差及权重

"识达"三级指标	代码	均值	标准差	权重（%）
1. 学历	K_1	2.7	0.4830	22.31
2. 职称	K_2	2.5	0.5270	20.66
3. 执业资格	K_3	2.9	0.5676	23.97
4. 工作阅历	K_4	2.4	0.5164	19.83
5. 工龄	K_5	1.6	0.5164	13.23
小　计				100.00
6. 专业知识	K_6	3.3	0.6749	27.27
7. 知识结构情况	K_7	2.8	0.4216	23.14
8. 知识更新情况	K_8	3.7	0.4830	30.58
9. 外语知识	K_9	2.3	0.6749	19.01
小　计				100.00

（三）反映"识达"要素第二级指标的均值、标准差以及权重的计算

利用统计学方法，可以计算出识达要素第二级指标的均值和标准差，并进一步确定出各自的权重（见表9-14）。

表 9 – 14　"识达"第二级指标均值、标准差及权重

"识达"二级指标	代码	均值	标准差	权重（%）
（一）学识验达（学达、验达）	$K_{(一)}$	2.42	0.4970	44.44
（二）综达	$K_{(二)}$	3.025	0.6076	55.56
合　计				100.00

五　一级指标要素权重的确定

（一）反映一级要素的专家评价数据

我们得到的"达系"第一级指标专家评价数据见表 9 – 15。

表 9 – 15　"达系"第一级指标评价数据

	M	A	R	K
A	3.0	4.0	4.0	4.0
B	4.0	3.0	4.0	3.0
C	3.0	3.0	3.0	3.0
D	3.0	3.0	4.0	3.0
E	3.0	4.0	4.0	3.0
F	4.0	3.0	4.0	2.0
G	4.0	4.0	4.0	3.0
H	3.0	3.0	3.0	2.0
I	2.0	3.0	4.0	3.0
J	3.0	3.0	4.0	4.0

（二）一级指标的均值、标准差以及权重的计算

利用统计学方法，可以计算出"达系"第一级指标的均值和标准差，并进一步可以确定各自的权重（见表 9 – 16）。

表 9 – 16　"达系"一级指标均值、标准差及权重

项　目	代　码	均　值	标准差	权重（%）
一、德达	M（moral）	3.2	0.6325	24.06
二、能达	A（ability）	3.3	0.4830	24.81
三、绩达	R（result）	3.8	0.4216	28.57
四、识达	K（knowledge）	3.0	0.6667	22.56

通过对上述计算结果进行综合，我们整理出"达系"一级测评指标各指标的情况如表 9 – 17 所示。

表 9 – 17 "达系"一级指标权重

项 目	均 值	标准差	权重（%）
1. 德达	3.2	0.6325	24.06
2. 能达	3.3	0.4830	24.81
3. 绩达	3.8	0.4216	28.57
4. 识达	3.0	0.6667	22.56

"德达"二级和三级指标的均值、标准差和权重情况如表 9 – 18 所示。

表 9 – 18 "德达"二级和三级指标权重

"德达"二级指标	"德达"三级指标	均值	标准差	权重（%）
品达 均值：3.08 标准差：0.3114 权重：24.48%	1. 世界观、人生观和价值观	2.8	0.6325	18.18
	2. 敬业精神	3.3	0.6749	21.43
	3. 协作精神	3.5	0.5270	22.73
	4. 成就动机	2.8	0.6325	18.18
	5. 主动性	3.0	0.6667	19.48
政达 均值：2.82 标准差：0.2280 权重：22.42%	6. 政治态度	2.8	0.6325	19.86
	7. 政治理论	2.6	0.6992	18.44
	8. 政治行为	3.0	0.6667	21.28
	9. 政治判断	2.6	0.6992	18.44
	10. 政治立场	3.1	0.5676	21.98
诚达 均值：3.48 标准差：0.4324 权重：27.66%	11. 职业道德	3.5	0.5270	20.11
	12. 科学发展观	3.8	0.4216	21.84
	13. 求真务实	4.0	0.0000	22.99
	14. 个人信用	3.0	0.6667	17.24
	15. 法制观念	3.1	0.5676	17.82
廉达 均值：3.20 标准差：0.4 权重：25.44%	16. 廉洁自律	2.8	0.6325	29.17
	17. 举报情况	3.2	0.6325	33.33
	18. 生活作风	3.6	0.5164	37.50

362

"能达"二级和三级指标的均值、标准差和权重情况如表9-19所示。

表9-19　"能达"二级和三级指标权重

"能达"二级指标	"能达"三级指标	均值	标准差	权重（%）
基本能力达 均值：2.97 标准差：0.4633 权重：48.90%	1. 逻辑思维能力	3.0	0.6667	16.85
	2. 语言理解、表达能力	2.7	0.4830	15.17
	3. 发现问题能力	3.1	0.5676	17.42
	4. 获取信息能力	2.7	0.4830	15.17
	5. 应变能力	2.5	0.5270	14.04
	6. 自学能力	3.8	0.4216	21.35
业务工作能力达 均值：3.10 标准差：0.4359 权重：51.10%	7. 教学能力	3.6	0.5164	23.23
	8. 科学研究能力	3.2	0.6325	20.65
	9. 开拓创新能力	3.4	0.5164	21.94
	10. 归纳能力	2.7	0.6749	17.41
	11. 沟通能力	2.6	0.5164	16.77

"绩达"二级和三级指标的均值、标准差和权重情况如表9-20所示。

表9-20　"绩达"二级和三级指标权重

"绩达"二级指标	"绩达"三级指标	均值	标准差	权重（%）
果达 均值：2.82 标准差：0.6834 权重：48.18%	1. 完成教学、科研工作数量	2.1	0.5676	14.89
	2. 计划完成情况	2.4	0.5164	17.03
	3. 工作质量	3.5	0.5270	24.82
	4. 工作效率	3.6	0.5164	25.53
	5. 工作完成增长情况	2.5	0.5270	17.73
益达 均值：3.03 标准差：0.9074 权重：51.82%	6. 社会效益（实用、学术性）	3.4	0.5164	37.36
	7. 群众威信	2.0	0.4714	21.98
	8. 人才培养（学生满意、合格程度）	3.7	0.4830	40.66

"识达"二级和三级指标的均值、标准差和权重情况如表9-21所示。

表 9 – 21　"识达"二级和三级指标权重

"识达"二级指标	"识达"三级指标	均值	标准差	权重（%）
学达 均值：2.42 标准差：0.4970 权重：44.44%	1. 学历	2.7	0.4830	22.31
	2. 职称	2.5	0.5270	20.66
	3. 执业资格	2.9	0.5676	23.97
	4. 工作阅历	2.4	0.5164	19.83
	5. 工龄	1.6	0.5164	13.23
综达 均值：3.03 标准差：0.6076 权重：55.56%	6. 专业知识	3.3	0.6749	27.27
	7. 知识结构情况	2.8	0.4216	23.14
	8. 知识更新情况	3.7	0.4830	30.58
	9. 外语知识	2.3	0.6749	19.01

第三节　达系综合测评

上面我们已经介绍过，对"德达"和"能达"进行测评有许多方法，但多采用定性测评，定量测评不太常用，我们采用模糊测评法对"德达"和"能达"要素进行测评，采用客观对照法对"识达"和"绩达"进行测评。在测评中，我们选择了 10 位测评人员对 5 位被测评者进行评价打分。需要说明的是，我们仅列出 1 位被测评者的详细数据处理情况，其余 4 位被测评者的数据处理完全类似。

一　"德达"的模糊评价

（一）"品达"的模糊评价

1. 确定权重分配矩阵 U

确定反映"品达"素质所对应的 5 个指标的权重分配矩阵 U（见专家权重确定表，即表 9 – 18）：

$$U = (0.1818, 0.2143, 0.2273, 0.1818, 0.1948)$$

2. 确定综合评价结果的矩阵 R

首先，列出 10 位评价人对该被评价者反映"品达"素质所对应的 5 个指标的评分，见表 9 – 22。

表9-22 "品达"的5个指标评分

	M_1	M_2	M_3	M_4	M_5
A	3.0	2.0	3.0	2.0	4.0
B	3.0	2.0	4.0	3.0	4.0
C	2.0	2.0	3.0	2.0	3.0
D	3.0	2.0	3.0	2.0	4.0
E	3.0	2.0	3.0	3.0	4.0
F	2.0	3.0	2.0	3.0	4.0
G	3.0	3.0	3.0	3.0	3.0
H	3.0	1.0	3.0	2.0	3.0
I	3.0	2.0	3.0	2.0	3.0
J	2.0	2.0	3.0	2.0	4.0

其次，计算出各指标每种评分（4分、3分、2分、1分、0分）的频数，见表9-23至表9-27。

表9-23 M_1 世界观、人生观和价值观的频数分布

		频数	百分比	有效百分比	累积百分比
有效值	2.00	3	30.0	30.0	30.0
	3.00	7	70.0	70.0	100.0
	合计	10	100.0	100.0	

表9-24 M_2 敬业精神的频数分布

		频数	百分比	有效百分比	累积百分比
有效值	1.00	1	10.0	10.0	10.0
	2.00	7	70.0	70.0	80.0
	3.00	2	20.0	20.0	100.0
	合计	10	100.0	100.0	

表9-25 M_3 协作精神的频数分布

		频数	百分比	有效百分比	累积百分比
有效值	2.00	1	10.0	10.0	10.0
	3.00	8	80.0	80.0	90.0
	4.00	1	10.0	10.0	100.0
	合计	10	100.0	100.0	

表 9 – 26　M₄　成就动机的频数分布

		频数	百分比	有效百分比	累积百分比
有效值	2.00	6	60.0	60.0	60.0
	3.00	4	40.0	40.0	100.0
	合计	10	100.0	100.0	

表 9 – 27　M₅　主动性的频数分布

		频数	百分比	有效百分比	累积百分比
有效值	3.00	5	50.0	50.0	50.0
	4.00	5	50.0	50.0	100.0
	合计	10	100.0	100.0	

最后，写出反映"品达"素质所对应的 5 个指标的评价频数矩阵 R：

$$R = \begin{pmatrix} 0 & 0.7 & 0.3 & 0 & 0 \\ 0 & 0.2 & 0.7 & 0.1 & 0 \\ 0.1 & 0.8 & 0.1 & 0 & 0 \\ 0 & 0.4 & 0.6 & 0 & 0 \\ 0.5 & 0.5 & 0 & 0 & 0 \end{pmatrix}$$

3. 模糊评价结果

$$S = U \cdot R = (0.12013, 0.52208, 0.33636, 0.02143, 0)$$

从矩阵 S 我们可以看出，该被评价者的"品达"素质评价总体为比较好。

我们定义"品达"素质非常好为 4 分，比较好为 3 分，好为 2 分，不太好为 1 分，不好为 0 分，则可以写出对应的矩阵 V：

$$V = \begin{pmatrix} 4 \\ 3 \\ 2 \\ 1 \\ 0 \end{pmatrix}$$

计算最终该被评价者"品达"素质得分为：

$$T = S \cdot V = 2.74091$$

（二）"政达"的模糊评价

计算方法如上，我们仅列出主要计算结果。

1. 确定权重分配矩阵 U（见专家权重确定表，即表 9 - 18）

$$U = (0.1986, 0.1844, 0.2128, 0.1844, 0.2198)$$

2. 确定综合评价结果的矩阵 R

$$R = \begin{pmatrix} 0.1 & 0.8 & 0.1 & 0 & 0 \\ 0.2 & 0.7 & 0.1 & 0 & 0 \\ 0.1 & 0.7 & 0.2 & 0 & 0 \\ 0.1 & 0.9 & 0 & 0 & 0 \\ 0 & 0.5 & 0.5 & 0 & 0 \end{pmatrix}$$

$$V = \begin{pmatrix} 4 \\ 3 \\ 2 \\ 1 \\ 0 \end{pmatrix}$$

3. 模糊评价结果

$$S = U \cdot R = (0.09646, 0.71283, 0.19081, 0, 0)$$

从矩阵 S 我们可以看出，该被评价者的"政达"素质评价总体为比较好。

计算最终该被评价者"政达"素质得分为：

$$T = S \cdot V = 2.90595$$

（三）"诚达"的模糊评价

1. 确定权重分配矩阵 U（见专家权重确定表，即表 9 - 18）

$$U = (0.2011, 0.2184, 0.2299, 0.1724, 0.1782)$$

2. 确定综合评价结果的矩阵 R

$$R = \begin{pmatrix} 0.1 & 0.6 & 0.3 & 0 & 0 \\ 0 & 0.7 & 0.3 & 0 & 0 \\ 0 & 0.6 & 0.4 & 0 & 0 \\ 0 & 0.3 & 0.6 & 0.1 & 0 \\ 0 & 0.4 & 0.6 & 0 & 0 \end{pmatrix}$$

$$V = \begin{pmatrix} 4 \\ 3 \\ 2 \\ 1 \\ 0 \end{pmatrix}$$

3. 模糊评价结果

$$S = U \cdot R = (0.02011, 0.53448, 0.42817, 0.01724, 0)$$

从矩阵 S 我们可以看出，该被评价者的"诚达"评价总体为比较好。

计算最终该被评价者"诚达"得分为：

$$T = S \cdot V = 2.55746$$

(四)"廉达"的模糊评价

1. 确定权重分配矩阵 U（见专家权重确定表，即表9-18）

$$U = (0.2917, 0.3333, 0.3750)$$

2. 确定综合评价结果的矩阵 R

$$R = \begin{pmatrix} 0 & 0.2 & 0.6 & 0.2 & 0 \\ 0 & 0.1 & 0.9 & 0 & 0 \\ 0 & 0 & 0.8 & 0.2 & 0 \end{pmatrix}$$

$$V = \begin{pmatrix} 4 \\ 3 \\ 2 \\ 1 \\ 0 \end{pmatrix}$$

3. 模糊评价结果

$$S = U \cdot R = (0, 0.09167, 0.77499, 0.13334, 0)$$

从矩阵 S 我们可以看出，该被评价者的"廉达"素质评价总体为好。

计算最终该被评价者"廉达"素质得分为：

$$T = S \cdot V = 1.95833$$

(五) 该测评者的"德达"总体得分

$$M_{甲} = 2.74091 \times 0.2448 + 2.90595 \times 0.2242 + 2.55746 \times 0.2766 +$$

$$1.95833 \times 0.2544 = 2.528065$$

二 "能达"的模糊评价

（一）基本能力达

1. 确定权重分配矩阵 U（见专家权重确定表，即表 9 – 19）

$U = (0.1685, 0.1517, 0.1742, 0.1517, 0.1404, 0.2135)$

2. 确定综合评价结果的矩阵 R

$$R = \begin{pmatrix} 0.1 & 0.7 & 0.2 & 0 & 0 \\ 0 & 0.4 & 0.6 & 0 & 0 \\ 0.2 & 0.8 & 0 & 0 & 0 \\ 0.3 & 0.7 & 0 & 0 & 0 \\ 0 & 0.5 & 0.5 & 0 & 0 \\ 0.1 & 0.9 & 0 & 0 & 0 \end{pmatrix}$$

$$V = \begin{pmatrix} 4 \\ 3 \\ 2 \\ 1 \\ 0 \end{pmatrix}$$

3. 模糊评价结果

$$S = U \cdot R = (0.11855, 0.68653, 0.19492, 0, 0)$$

从矩阵 S 我们可以看出，该被评价者的基本能力总体为比较好。
计算最终该被评价者"基本能力达"得分为：

$$T = S \cdot V = 2.92363$$

（二）业务工作能力达

1. 确定权重分配矩阵 U（见专家权重确定表，即表 9 – 19）

$U = (0.2323, 0.2065, 0.2194, 0.1741, 0.1677)$

2. 确定综合评价结果的矩阵 R

$$R = \begin{pmatrix} 0 & 0.7 & 0.3 & 0 & 0 \\ 0.2 & 0.7 & 0.1 & 0 & 0 \\ 0 & 0.5 & 0.5 & 0 & 0 \\ 0 & 0.7 & 0.3 & 0 & 0 \\ 0 & 0.3 & 0.7 & 0 & 0 \end{pmatrix}$$

$$V = \begin{pmatrix} 4 \\ 3 \\ 2 \\ 1 \\ 0 \end{pmatrix}$$

3. 模糊评价结果

$$S = U \cdot R = (0.0413, 0.58911, 0.36969, 0, 0)$$

从矩阵 S 我们可以看出，该被评价者的业务工作能力评价总体为比较好。

计算最终该被评价者"业务工作能力达"得分为：

$$T = S \cdot V = 2.67191$$

（三）该测评者的"能达"总体得分

$A_{甲} = 2.92363 \times 0.4890 + 2.67191 \times 0.5110$

$\quad = 2.795001$

三 "绩达"的客观评价

同样，由于"绩达"对于每个人来说是比较显性的，因此，对于"绩达"的评价，我们采用客观对照评价法。

（一）"果达"的客观评价

1. 确定各三级指标的客观标准

由于高校教学以及科研人员的业绩主要反映在其教学以及科研的数量和质量上，鉴于此，我们在设计反映工作成果指标的客观标准时借鉴了一些高校的比较成熟的测评量化方法（主要是某高校教学科研岗位工作量折算方法，见表 9 – 28 和表 9 – 29），设计如下：

完成教学、科研工作数量：超出本岗工作量标准 200% 以上 4 分、超出本岗工作量标准 100% ~200% 3 分、完成本岗规定的工作量标准 2 分、未完成本岗规定的工作量标准 50% 以下 1 分、未完成本岗规定的工作量标准 50% 以上 0 分。

表 9 - 28　教学岗位工作量折算表（某高校）

分　类		教师岗位工作量 具体项目	单　位	工作量 W 计算
教学工作量	本（专）科生授课	实际授课课时总数	实际课时（N）	$W = N \times 5.5$
	硕士研究生授课	实际授课课时总数	实际课时（N）	$W = N \times 1.2 \times 5.5$
	博士研究生授课	实际授课课时总数	实际课时（N）	$W = N \times 1.5 \times 5.5$
	指导学生	指导硕士研究生	人次（N）	$W = N \times 20 \times 5.5$
		指导博士研究生	人次（N）	$W = N \times 50 \times 5.5$
	本专科实习	指导实习，写实习报告	人数（N）	$W = N \times 1.5 \times 5.5$
	毕业班集中实习	跟班指导实习	实际跟班天数（N）	$W = （N + 准备时间 3 天）\times 1.2 \times 5.5$
	指导本专科毕业论文、毕业设计	毕业论文、毕业设计	指导人数（N）	$W = N \times 8 \times 5.5$
	带学生军训	军训	军训天数（N）	$W = （N + 准备时间 2 天）\times 1.2$
	硕士论文指导	年度指导完成硕士论文	篇次（N）	$W = N \times 10 \times 5.5$
	博士论文指导	年度指导完成博士论文	篇次（N）	$W = N \times 20 \times 5.5$
	评阅硕士论文	指导硕士论文	篇次（N）	$W = N \times 2 \times 5.5$
	硕士论文答辩	参与答辩	人次（N）	$W = N \times 2 \times 5.5$（答辩委员）或 $W = N \times 3 \times 5.5$（答辩主席）
	评阅博士论文	指导博士论文	篇次（N）	$W = N \times 4 \times 5.5$
	博士论文答辩	博士论文答辩	人次（N）	$W = N \times 4 \times 5.5$（答辩委员）或 $W = N \times 6 \times 5.5$（答辩主席）
	教学评价	聘期内教学事故限制	次	参见备注
		聘期内教学质量评价结果	三评结果	

各级各岗教学科研标准工作量（课时）如下：

教学甲岗：

一级：教学科研总量 2400；教学工作量 1100；科研工作量 1300

二级：教学科研总量 2400；教学工作量 1300；科研工作量 1100

三级：教学科研总量 1950；教学工作量 1300；科研工作量 650

四级：教学科研总量 1450；教学工作量 1150；科研工作量 300

五级：教学科研总量 1390；教学工作量 1150；科研工作量 240

六级：教学科研总量 1100；教学工作量 950；科研工作量 150

教学乙岗：

一级：教学科研总量 3200

二级：教学科研总量 2500

三级：教学科研总量 1900

四级：教学科研总量 1800

五级：教学科研总量 1750

六级：教学科研总量 1550

科研岗：

一级：教学科研总量 2200

二级：教学科研总量 1850

三级：教学科研总量 1300

四级：教学科研总量 1100

五级：教学科研总量 1000

六级：教学科研总量 900

表 9 – 29　科研岗位工作量折算表（某高校）

分　类		具体项目		单位	工作量折算系数
科研工作量	论文类（千字/篇）	国内权威期刊工作量标准		千字	100
		国内核心期刊工作量标准		千字	70
		国外学术刊物工作量标准		千字	70
		国内一般期刊工作量标准		千字	30
		内部刊物	校内工作量标准	千字	15
			校外工作量标准	千字	20

续表

分　类	具体项目		单位	工作量折算系数
学术交流	国际性学术交流（次/学年）	参加会议工作量标准	次	30
		提交论文工作量标准	篇	40
		作主、分报告工作量标准	次	50
	全国性学术交流（次/学年）	参加会议工作量标准	次	20
		提交论文工作量标准	篇	35
		作主、分报告工作量标准	次	40
	一般性学术交流（次/学年）	参加会议工作量标准	次	10
		提交论文工作量标准	篇	25
		作主、分报告工作量标准	次	30
	指导青年科研人员工作量标准		人	60
著作教材类	专著（新教材）工作量标准		千字	10
	一般研究报告工作量标准		千字	10
	部委级科研项目研究报告		千字	13
	国家级科研项目研究报告		千字	15
	编著（国内）工作量标准		千字	5
	编著（国外）工作量标准		千字	20
	公开出版教材	主持改编教材工作量标准	千字	6
		参与改编教材工作量标准	千字	5
	非公开出版教材工作量标准		千字	2.5
	工具书、辞典工作量标准		千字	5
	音像制品及其他工作量标准（小时）		小时	10
	译文（著）（千字/篇、本）	中译外，国外出版工作量标准	千字	40
		中译外，国内出版工作量标准	千字	20
		外译中，国内出版工作量标准	千字	10
		国家级工作量标准	千字	15

续表

分 类		具体项目		单位	工作量折算系数
著作教材类	课题报告（千字/篇）	省部委（市）级工作量标准		千字	13
		局级工作量标准		千字	10
		企业委托工作量标准		千字	8
在研纵向课题	主持	国家级自然基金项目工作量标准		项	700
		国家级社科基金项目工作量标准		项	650
		省部委（市）级项目工作量标准		项	500
		局级项目工作量标准		项	400
	参与	国家级自然基金项目工作量标准		项	400
		国家级社科基金项目工作量标准		项	350
		省部委（市）级项目工作量标准		项	300
		局级项目工作量标准		项	200
在研横向课题	主持	10万元以上工作量标准		项	650
		5万~10万元工作量标准		项	600
		3万~5万元工作量标准		项	550
		1万~3万元工作量标准		项	400
		1万元以下工作量标准		项	300
	参与	10万元以上工作量标准		项	600
		5万~10万元工作量标准		项	550
		3万~5万元工作量标准		项	500
		1万~3万元工作量标准		项	300
		1万元以下工作量标准		项	200

计划完成情况：很好地按进度计划完成了教学科研计划 4 分、比较好地按进度计划完成了教学科研计划 3 分、基本按进度计划完成了教学科研计划

2 分、没有按进度计划完成教学科研计划 1 分、完全没有按进度计划完成教学科研计划 0 分。

工作质量：教学以及科研学校和社会反映非常好 4 分、教学以及科研学校和社会反映比较好 3 分、教学以及科研得到学校和社会的肯定 2 分、教学以及科研学校和社会不太肯定 1 分、教学以及科研学校和社会很不肯定 0 分。

工作效率：教学以及科研工作效率非常高 4 分、教学以及科研工作效率比较高 3 分、教学以及科研工作效率高 2 分、教学以及科研工作效率不太高 1 分、教学以及科研工作效率不高 0 分。

工作完成增长情况：教学以及科研工作完成增长 100% 以上 4 分、教学以及科研工作完成增长 50% 以上 3 分、教学以及科研工作完成增长 20% 以上 2 分、教学以及科研工作完成增长 10% 以上 1 分、教学以及科研工作完成没有增长甚至负增长 0 分。

2. 确定权重分配矩阵 U（见专家权重确定表，即表 9 - 20）

$$U = (0.1489, 0.1703, 0.2482, 0.2553, 0.1773)$$

3. 对照标准，写出该被测评人的各项评分

完成教学、科研工作数量：3 分（借鉴某高校科研处科研标兵部分数据）。

计划完成情况：3 分。

工作质量：4 分。

工作效率：3 分。

工作完成增长情况：2 分。

4. 该测评者的"果达"得分

$R_{(一)}$ = 3 × 0.1489 + 3 × 0.1703 + 4 × 0.2482 + 3 × 0.2553 + 2 × 0.1773

= 2.3050

（二）"益达"的客观评价

1. 确定各三级指标的客观标准

社会效益：科研成果具有非常高的实用或学术性 4 分、科研成果具有比较高的实用或学术性 3 分、科研成果具有一定的实用或学术性 2 分、科研成果基本不具有实用或学术性 1 分、科研成果根本不具有实用或学术性 0 分。

群众威信：具有非常高的群众威信 4 分、具有比较高的群众威信 3 分、具有一定的群众威信 2 分、基本没有群众威信 1 分、群众威信很差 0 分。

人才培养：教学学生满意度以及合格程度非常高 4 分、教学学生满意度以及合格程度比较高 3 分、教学学生满意度以及合格程度高 2 分、教学学生满意度以及合格程度不太高 1 分、教学学生满意度以及合格程度非常低 0 分。

2. 确定权重分配矩阵 U（见专家权重确定表，即表 9 - 20）

$$U = （0.3736, 0.2198, 0.4066）$$

3. 对照标准，写出该被测评人的各项评分

社会效益：科研成果具有比较高的实用或学术性 3 分。

群众威信：具有一定的群众威信 2 分。

人才培养：教学学生满意度以及合格程度非常高 4 分。

4. 该测评者的"益达"得分

$R_{(二)} = 3 × 0.3736 + 2 × 0.2198 + 4 × 0.4066$

$= 3.4244$

（三）该测评者的"绩达"总体得分

$R_{甲} = 2.3050 × 0.4818 + 3.4244 × 0.5182$

$= 2.8851$

四 "识达"的客观评价

由于知识和业绩对于每个人来说是比较显性的，因此，对于"识达"的评价，我们采用客观对照评价法。

（一）"学达"的客观评价

1. 确定各三级指标的客观标准

我们结合高校教学以及科研人员的特点，对于反映"学达"水平的指标客观标准设计如下：

学历：博士 4 分、硕士 3 分、本科 2 分、大专 1 分、中专及以下 0 分。

职称：教授 4 分、副教授 3 分、讲师 2 分、助教 1 分、其他 0 分。

执业资格：具有 3 种及以上执业资格 4 分、具有 2 种执业资格 3 分、具有 1 种执业资格 2 分、具有职业资格证书 1 分、其他 0 分。

工作阅历：具有 3 种及以上工作岗位或单位经历 4 分、具有 2 种工作岗位或单位经历 2 分、具有 1 种工作岗位或单位经历 1 分。

工龄：工龄 20 年以上 4 分、15 ~ 20 年 3 分、9 ~ 14 年 2 分、4 ~ 8 年 1 分、3 年以下 0 分。

2. **确定权重分配矩阵 U（见专家权重确定表，即表 9 - 21）**

$$U = (0.2231, 0.2066, 0.2397, 0.1983, 0.1323)$$

3. **对照标准，写出该被测评人的各项评分**

学历：博士 4 分。

职称：副教授 3 分。

执业资格：其他 0 分。

工作阅历：具有 2 种工作岗位或单位 2 分。

工龄：4 ~ 8 年 1 分。

4. **该测评者的"学达"得分**

$$K_{(-)} = 4 \times 0.2231 + 3 \times 0.2066 + 0 \times 0.2397 + 2 \times 0.1983 + 1 \times 0.1323$$
$$= 2.042$$

（二）"综达"的客观评价

1. **确定各三级指标的客观标准**

我们结合高校教学以及科研人员的特点，对于反映知识结构的指标客观标准设计如下：

专业知识：博士专业 4 分、硕士专业 3 分、本科专业 2 分、大专专业 1 分、中专及以下 0 分。

知识结构情况：具有 4 种及以上专业（资格）4 分、具有 3 种专业（资格）3 分、具有 2 种专业（资格）2 分、具有 1 种专业（资格）1 分、其他 0 分。

知识更新情况：能够非常紧密跟踪本专业领域知识 4 分、能够紧密跟踪本专业领域知识 3 分、能够跟踪本专业领域知识 2 分、基本了解本专业比较新的知识 1 分、不了解本专业比较新的知识 0 分。

外语知识：达到外语专业（8 级）及以上 4 分、达到外语专业（6 级）3 分、达到外语专业（4 级）2 分、掌握一定的外语知识 1 分、其他 0 分。

2. **确定权重分配矩阵 U（见专家权重确定表，即表 9 - 21）**

$$U = (0.2727, 0.2314, 0.3058, 0.1901)$$

3. **对照标准，写出该被测评人的各项评分**

专业知识：博士专业 4 分。

知识结构情况：具有 2 种专业（资格）2 分。

知识更新情况：能够紧密跟踪本专业领域知识 3 分。

外语知识：达到外语专业（4 级）2 分。

4. 该测评者的"综达"得分

$$K_{(二)} = 4 \times 0.2727 + 2 \times 0.2314 + 3 \times 0.3058 + 2 \times 0.1901$$

$$= 2.8512$$

（三）该测评者的"识达"总体得分

$$K_{甲} = 2.042 \times 0.4444 + 2.8512 \times 0.5556$$

$$= 2.4916$$

五　最终测评结果及分析

（一）确定权重分配矩阵 U（见专家权重确定表，即表 9 – 17）

$$U = (0.2406, 0.2256, 0.2481, 0.2857)$$

（二）分别列出该被测评人的各项评分

德达：2.5281

能达：2.7950

绩达：2.8851

识达：2.4916

（三）该被测评人的最终测评结果

$$T_{甲} = 2.5281 \times 0.2406 + 2.4916 \times 0.2256 + 2.7950 \times 0.2481 + 2.8851 \times 0.2857$$

$$= 2.6879$$

其余 4 位被测评人的测评处理结果同上，不再详细列出，仅汇总列出 5 位被测评人的主要测评结果（见表 9 – 30）。

表 9 – 30　综合测评结果

项目 测评人	德达	能达	绩达	识达	总计	备注（个人情况）
甲	2.528	2.795	2.885	2.492	2.688	博士学历年轻教师
乙	2.947	2.500	2.400	1.791	2.419	本科学历老教师
丙	3.058	3.357	3.137	2.592	3.050	硕士学历老教师
丁	2.711	2.833	2.809	2.245	2.664	硕士学历中年教师
戊	2.926	3.344	3.623	2.890	3.221	博士学历中年教师

此外，我们还可以计算出各要素之间的相关系数（见表 9 – 31）。

表 9 – 31　各测评要素的相关系数

	德达	能达	绩达	识达	总计	学历	年龄
德达	1	0.435726	0.206201	0.029966	0.375235	− 0.460390	0.912735
能达	0.435726	1	0.910019	0.88990	0.977871	0.537686	0.145680
绩达	0.206201	0.910019	1	0.963773	0.972776	0.754030	− 0.10554
识达	0.029966	0.889920	0.963773	1	0.935065	0.861020	− 0.29652
总计	0.375235	0.977871	0.972776	0.935065	1	0.631856	0.0588950
学历	− 0.460390	0.537686	0.754030	0.861020	0.631856	1	− 0.73193
年龄	0.912735	0.145680	− 0.105540	− 0.296520	0.058895	− 0.731930	1

（四）测评结果的解释

从上述测评结果可以看出，在高校教学科研人员的人才测评中，呈现以下特点：

一是"德达"测评结果与年龄相关度最高。

二是"能达"测评结果与"识达"、"绩达"、学历均正相关，但与年龄相关度最小。

三是"绩达"测评结果与"识达"、"能达"、学历均高度正相关，与年龄、"德达"相关度不大。

四是"识达"测评结果与学历、"能达"、"绩达"均高度正相关，但与年龄相关度不大。

五是综合测评结果与"能达"、"绩达"、"识达"、学历均高度正相关，但与年龄相关度不大。

为验证结论的可信性，我们将得出的测评结果与学校科研部门的评价结果进行了对比，结论表明：两者的测评结论是一致的。不同的是，我们的测评不但从业绩，而且从品德、知识、能力和业绩四个方面更加综合反映了一个人的实际状况，并且分别给出了各个要素的评价情况，便于测评结果的反馈，使被测评人更加清醒和明了地看到自己的成绩和不足。

特别需要说明的是，我们的"达系"综合测评结果也表明，人才测评的综合结果与能力和业绩的相关度最高，相关系数分别为 0.98 和 0.97，这不但与《中共中央国务院关于进一步加强人才工作的决定》和《国家中长期人才发展规划纲要（2010～2020 年）》的精神要求相吻合，而且在一个方面也为上述文件精神提供了实践证明和量化支持。

　　同样需要说明的是，我们上面的运算程序本身就是综合测评量化的数学模型，它之所以叫作数学模型是因为这种计算方法具有广泛的适应性。这里的测评对象可以是一般人员，可以是主管人员，也可以是组织中的一个部门乃至整个组织。这里的测评因素 U_j，也具有广泛的通用性，如果测评党政人才，测评因素可以从群众认可、工作效率、树立科学的发展观和正确的政绩观等方面来设计；如果是测评企业经营管理人才，测评因素可以从市场和出资人认可、完善经营业绩的财务指标和反映综合管理素质能力的非财务指标相结合的评价体系方面来设计。测评因素的等级也可以因测评对象和测评内容而有所不同，它可以是 A、B、C、D，也可以是非常好、很好、好、不太好、不好等。而综合测评的数学模型相当于一个数学公式，只要有足够的数据代入公式之中就可以计算出结果。

　　也应该承认，尽管上述数学模型给我们的"达系"人才综合测评带来了很大的方便，但上述综合测评量化模型也不是完美无缺的，特别是不能认为用综合测评数学模型进行测评是最客观的而丝毫没有主观因素。事实上，在综合测评里也含有主观成分，如权数的确定就是主观的。不过这种主观因素和过去那种主观评价是不同的。过去的主观评价，往往是个别评价者的意见，而我们这里的权数多是由集体确定的，所以它与由一个人决定的主观评价有着本质的不同。

　　总之，可以认为我们的综合测评是主观与客观的统一物。这就是说，综合测评数学模型中虽然没有从根本上排除主观因素的影响，但是它做到了把主观因素控制到较小的限度。所以，它虽然含有主观因素，但并不失为一种比较全面、比较客观的测评方法。[①]

---

① 文魁、谭永生：《基于模糊理论的人才品德测评量化方法》，《中国人力资源开发》2005 年第 11 期。

附录　重要人才文件人才评价内容摘编

一　《关于进一步加强和改进知识分子工作的通知》

关于进一步加强和改进知识分子工作的通知

（中发 ［1990］ 14 号，1990 年 8 月 14 日）

内容摘编：

努力学习马克思主义，坚持与实践相结合、与工农相结合，仍然是知识分子在今天的建设和改革中实现自己的理想和抱负，承担起历史使命的正确道路。各级党委和政府要为知识分子实行两个结合做好安排，并充分注意知识分子的劳动特点，根据他们所从事的不同行业和专业的要求，采取不同的措施和办法，防止简单化和形式主义的做法。

各厂矿企业和农村基层单位，要把为知识分子和青年学生参加社会实践和生产实习提供条件，当作义不容辞的社会责任，满腔热情地欢迎他们到生产、科研第一线来。大中型厂矿企业要为青年学生建立生产实习基地，并把它作为一项重要的基本建设，抓紧落实。对高等学校教学计划中安排的生产实习和社会实践活动，在经省、自治区、直辖市政府核准后，有关企业事业单位不应收取实习费用；对确需在外地实习的学生，铁路和长途交通费用应实行优惠。有关部门和地方应对此制定具体实施办法。

二　《事业单位工作人员考核暂行规定》

事业单位工作人员考核暂行规定

（人核培发 ［1995］ 153 号，1995 年 12 月 14 日）

内容摘编：

考核的内容包括德、能、勤、绩四个方面，重点考核工作实绩。

德，主要考核政治、思想表现和职业道德表现；

能，主要考核业务技术水平、管理能力的运用发挥，业务技术提高、知识更新情况；

勤，主要考核工作态度、勤奋敬业精神和遵守劳动纪律情况；

绩，主要考核履行职责情况，完成工作任务的数量、质量、效率，取得成果的水平以及社会效益和经济效益。

三 《1998～2003 年全国党政领导班子建设规划纲要》

1998～2003 年全国党政领导班子建设规划纲要

（中办发［1998］16 号，1998 年 6 月 24 日）

内容摘编：

全面贯彻干部队伍"四化"方针和德才兼备原则，把群众公认是坚决执行党的路线、实绩突出、清正廉洁的干部及时选拔到领导岗位上来，尤其要大力培养选拔优秀年轻干部，优化结构，增强活力，发挥领导班子整体功能。

坚持求真务实，真抓实干，讲求实效。深入实际调查研究，以改革的精神研究新情况、总结新经验，勇于到环境艰苦、矛盾集中、困难突出的地方去解决问题、推动工作。反对形形色色的主观主义、形式主义，坚持克服和纠正弄虚作假、好大喜功、摆花架子、做表面文章等不良现象。

自觉反腐倡廉，拒腐防变，正确行使人民赋予的权力，接受党内外群众监督，以身作则，弘扬正气，坚决防止和反对以权谋私。抵制拜金主义、享乐主义、极端个人主义的侵蚀。

对党政领导班子和领导干部普遍实行定期考核制度，全面考核德能勤绩，注重考核实绩。根据不同地区、不同部门、不同层次领导岗位的不同特点，制定切实可行的考核指标体系。通过扩大民主、完善考核工作，客观公正地评价领导班子和领导干部，根据考核结果对领导干部实施升降奖惩。要注意总结和吸取近年来对党政领导班子和领导干部实行工作实绩考核的经验。

四 《深化干部人事制度改革纲要》

深化干部人事制度改革纲要

（中办发［2000］15 号，2000 年 8 月 21 日）

内容摘编：

建立健全党政领导干部定期考核制度。普遍实行届中和届末考核。在建立党政领导班子任期目标责任制和党政领导干部岗位职责规范的基础上，研究制定以工作实绩为主要内容的考核指标体系。建立考核举报、考核申诉、考核结果反馈等制度。改进实绩考核方法，加大考核结果运用的力度。

研究制定防止干部考察失真失实的对策。拓宽考察渠道，广泛听取意见，不仅了解干部工作方面的情况，而且要了解干部思想、生活、社交等方面的有关情况。重视核查知情人提供的情况。对在考察中群众反映强烈、情况复杂或意见分歧较大的问题，要深入进行专项调查。根据实际情况试行考察预告制。探索思想政治素质的评价标准及其考察方法。

完善国有企业领导人员考核办法。对国有企业领导人员实行年度考核和任期考核。根据岗位职责的特点，确定考核指标和考核标准，重点考核经营业绩和工作实绩。改进考核方法，研究制定国有企业领导人员业绩考核评价指标体系，在国有企业中逐步推广。建立国有企业领导人员的业绩档案。

合理设置专业技术岗位，明确岗位职责、任职条件和聘任期限，竞聘上岗，择优聘用。逐步实现专业技术职务的聘任和岗位聘用的统一。对教师、医师等专业技术岗位，推行执业资格注册管理制度，建立政府宏观指导和管理下的公开、公平、公正的社会化评价机制。以岗位职责和聘用合同为依据，建立适合不同专业技术工作特点和岗位特点的考核指标体系。

五　《关于加强专业技术人才队伍建设的若干意见的通知》

关于加强专业技术人才队伍建设的若干意见的通知
（中办发［2001］14号，2001年6月19日）

内容摘编：

大力发展人才市场和科技服务中介组织。制定人才市场管理法规，加强人才市场法制化建设。建立完善人才市场许可制度和年审制度。加强人才市场管理执法监督检查。规范人事代理行为，建立人才中介服务标准体系。鼓励创办为人才资源开发提供服务的各类中介组织。要进一步转变政府职能，加快创业园区、生产力促进中心和"孵化器"的建设。制定和完善管理办法，加强行业自律，提高从业人员素质。

加强对专业技术人才的分类管理。针对科学研究、工程技术、科技管理、教育和文化艺术等各类专业技术人才成长的不同特点、规律和关键性问题，制定不同的评价标准、培养方式、激励措施和管理办法。逐步建立符合社会主义市场经济要求，能够充分发挥各类专业技术人才作用的分类管理体制。完善专业技术职务聘任办法，推进执业资格制度。对责任重大、社会通用性强并关系公共利益的专业技术岗位实行准入控制，推进职业资格的国际互认。

六 《西部地区人才开发十年规划》

西部地区人才开发十年规划

（中办发［2002］7 号，2002 年 2 月 10 日）

内容摘编：

推进国有企业人事制度改革。按照建立现代企业制度的要求和适应我国加入世界贸易组织的需要，以建立健全适合企业特点的领导人员选拔任用、激励和监督机制为重点，把组织考核推荐同引入市场机制、公开向社会招聘结合起来，把党管干部原则同董事会依法选择经营管理者以及经营管理者依法行使用人权结合起来。改革企业经营管理者管理体制，采取面向社会公开招聘、企业内部民主选举、竞争上岗和直接聘任（委任）的方式，多渠道选拔企业经营管理者。在经济结构调整中兼并、重组和股份制改造的企业，要按照市场经济规则，打破地域、所有制界限，广纳人才，组建强有力的企业领导班子和选配经营管理骨干。完善国有企业内部用人机制，落实企业用人自主权，全面推行劳动合同制和管理人员、专业技术人员聘任制。企业可以根据需要，在全国范围内招聘工程技术人员、经营管理人员和技术工人。

加快事业单位人事管理制度改革步伐。以推行聘用制和岗位管理制度为重点，逐步建立适应不同类型事业单位特点的人事管理制度。对不同事业单位领导人员可实行直接聘任、招标聘任、推选聘任、委任等多种任用形式，积极探索固定岗位与流动岗位、专职与兼职相结合的用人制度。

七 《2002～2005 年全国人才队伍建设规划纲要》

2002～2005 年全国人才队伍建设规划纲要

（中办发［2002］12 号，2002 年 5 月 7 日）

内容摘编：

重点加强党政领导人才队伍建设。体现时代要求，赋予干部队伍"四化"方针和德才兼备原则以新的内容。把忠实实践"三个代表"重要思想的要求作为党政领导干部的首要条件，注重工作实绩和群众公认。围绕科学决策能力、驾驭全局能力、开拓创新能力，构建党政领导干部核心能力框架。研究制定不同层次党政领导干部的具体标准。

努力建设高素质、职业化的企业经营管理人才队伍。按照德才兼备原则，培养一批政治上强、能够忠实代表和维护国家利益、实现国有资产保值增值的国有企业产权代表。实行产权代表委任制。研究制定国有企业产权代表管理办法。

继续推进专业技术人才管理制度改革。建立社会化的专业技术人才评价机制。完善专业技术职务聘任制度，落实用人单位聘任权。全面推进职业资格证书制度，加强职业资格的统一管理。构建专业技术人才执业资格制度体系。鼓励企业建立研究开发机构，加大技术创新和人才开发投入，使企业真正成为技术创新和吸纳人才的主体。注意发挥科学技术群众团体在专业技术人才队伍建设中的作用。

八　《党政领导干部选拔任用工作条例》

党政领导干部选拔任用工作条例

（中发〔2002〕7号，2002年7月9日）

内容摘编：

党政领导干部应当具备下列基本条件：

（一）具有履行职责所需要的马克思列宁主义、毛泽东思想、邓小平理论的水平，认真实践"三个代表"重要思想，努力用马克思主义的立场、观点、方法分析和解决实际问题，坚持讲学习、讲政治、讲正气，经得起各种风浪的考验。

（二）具有共产主义远大理想和中国特色社会主义坚定信念，坚决执行党的基本路线和各项方针、政策，立志改革开放，献身现代化事业，在社会主义建设中艰苦创业，做出实绩。

（三）坚持解放思想，实事求是，与时俱进，开拓创新，认真调查研究，能够把党的方针、政策同本地区、本部门的实际相结合，卓有成效地开展工作，讲实话，办实事，求实效，反对形式主义。

（四）有强烈的革命事业心和政治责任感，有实践经验，有胜任领导工作的组织能力、文化水平和专业知识。

（五）正确行使人民赋予的权力，依法办事，清正廉洁，勤政为民，以身作则，艰苦朴素，密切联系群众，坚持党的群众路线，自觉接受党和群众的批评和监督，做到自重、自省、自警、自励，反对官僚主义，反对任何滥用职权、谋求私利的不正之风。

（六）坚持和维护党的民主集中制，有民主作风，有全局观念，善于集中正确意见，善于团结同志，包括团结同自己有不同意见的同志一道工作。

省部级党政领导干部，还应当努力达到中央对高级干部提出的各项要求。

考察党政领导职务拟任人选，必须依据干部选拔任用条件和不同领导职务的职责要求，全面考察其德、能、勤、绩、廉，注重考察工作实绩。

九 《中共中央国务院关于进一步加强人才工作的决定》

中共中央国务院关于进一步加强人才工作的决定

（中发［2003］16 号，2003 年 12 月 26 日）

内容摘编：

树立科学的人才观。人才存在于人民群众之中。只要具有一定的知识或技能，能够进行创造性劳动，为推进社会主义物质文明、政治文明、精神文明建设，在建设中国特色社会主义伟大事业中作出积极贡献，都是党和国家需要的人才。要坚持德才兼备原则，把品德、知识、能力和业绩作为衡量人才的主要标准，不唯学历、不唯职称、不唯资历、不唯身份，不拘一格选人才。鼓励人人都作贡献，人人都能成才。

建立以能力和业绩为导向、科学的社会化的人才评价机制。坚持走群众路线，注重通过实践检验人才。完善人才评价标准，克服人才评价中重学历、资历，轻能力、业绩的倾向。根据德才兼备的要求，从规范职位分类与职业标准入手，建立以业绩为依据，由品德、知识、能力等要素构成的各类人才评价指标体系。改革各类人才评价方式，积极探索主体明确、各具特色的评价方法。完善人才评价手段，大力开发应用现代人才测评技术，努力提高人才评价的科学水平。

党政人才的评价重在群众认可。树立科学的发展观和正确的政绩观，坚持群众公认、注重实绩的原则。进一步完善民主推荐、民主测评、民主评议制度，把群众的意见作为考核评价党政人才的重要尺度。制定不同层次、不同类型党政人才的岗位职责规范，建立符合科学发展观要求的干部政绩考核体系和考核评价标准。完善定期考核和日常考核制度，改进考核方法。建立健全考核工作责任制。

　　企业经营管理人才的评价重在市场和出资人认可。发展企业经营管理人才评价机构，探索社会化的职业经理人资质评价制度。完善反映经营业绩的财务指标和反映综合管理能力等非财务指标相结合的企业经营管理人才评价体系，积极开发适应不同类型企业经营管理人才的考核测评技术。改进国有资产出资人对国有企业经营管理者考核评价工作，围绕任期制和任期目标责任制，突出对经营业绩和综合素质的考核。

　　专业技术人才的评价重在社会和业内认可。以打破专业技术职务终身制为重点，研究制定深化职称制度改革的指导意见。全面推行专业技术职业资格制度，加快执业资格制度建设。积极探索资格考试、考核和同行评议相结合的专业技术人才评价方法。发展和规范人才评价中介组织，在政府宏观指导下，开展以岗位要求为基础、社会化的专业技术人才评价工作。积极推进专业技术人才执业资格国际互认。

十　《中央企业负责人经营业绩考核暂行办法》

中央企业负责人经营业绩考核暂行办法

（国务院国有资产监督管理委员会令第 17 号，

2003 年 10 月 21 日国务院国有资产监督管理委员会

第 8 次主任办公会议审议通过，2006 年 12 月 30 日国务院

国有资产监督管理委员会第 46 次主任办公会议修订）

内容摘编：

年度经营业绩考核指标包括基本指标与分类指标。

（一）基本指标包括年度利润总额和净资产收益率指标。

1. 年度利润总额是指经核定后的企业合并报表利润总额。企业年度利润计算可加上经核准的当期企业消化以前年度潜亏。

2. 净资产收益率是指企业考核当期净利润同平均净资产的比率，其中：净资产中不含少数股东权益。

（二）分类指标由国资委根据企业所处行业和特点，综合考虑反映企业经营管理水平及发展能力等因素确定，具体指标在责任书中确定。

　　确定军工企业和主要承担国家政策性业务等特殊企业的基本指标与分类指标，可优先考虑政策性业务完成情况，具体指标及其权重在责任书中确定。

十一 《公开选拔党政领导干部工作暂行规定》

公开选拔党政领导干部工作暂行规定

（中办发〔2004〕13号，2004年4月8日）

内容摘编：

考试分为笔试和面试。笔试主要测试应试者对领导干部应具备的基本理论、基本知识、基本方法和专业知识的掌握程度，特别是运用理论、知识和方法分析解决领导工作中实际问题的能力。面试主要测试应试者在领导能力素质、个性特征等方面对选拔职位的适应程度。

面试小组成员应当具有较高的思想政治素质，公道正派，并熟悉人才测评工作。面试小组中必须有熟悉选拔职位业务的人员。面试小组成员要实行回避制度。面试前应当对面试小组成员进行培训。

组织（人事）部门依据干部选拔任用条件和选拔职位的职责要求，坚持德才兼备原则，对考察对象的德、能、勤、绩、廉进行全面考察，对是否适合和胜任选拔职位作出评价。要注重考察工作实绩和群众公认程度。

考察采取个别谈话、发放征求意见表、民主测评、实地考察、查阅资料、专项调查、同考察对象面谈等方法进行。

十二 《党政机关竞争上岗工作暂行规定》

党政机关竞争上岗工作暂行规定

（中办发〔2004〕13号，2004年4月8日）

内容摘编：

竞争上岗应当进行笔试、面试并量化计分。笔试、面试可依据《党政领导干部公开选拔和竞争上岗考试大纲》命题。笔试、面试结束后应将成绩通知本人。

笔试主要测试竞争者履行竞争职位职责所必备的基本知识以及调研综合、办文办事、文字表达等能力。

面试主要测试竞争者履行竞争职位职责所必备的基本素质和能力，应当根据需要采取适当的测评方法进行。

面试小组成员应当挑选公道正派、政策理论或者专业水平高、熟悉相关业务的人员担任。面试小组成员要实行回避制度。面试前应当对面试小组成员进行培训。

民主测评内容包括德、能、勤、绩、廉等项，每项可细分为若干要素，每个要素划分为若干档次，每档确定相应的分值，由参加测评人员无记名填写评价分数，由干部（人事）部门汇总计算每位竞争者的平均分。考察工作由干部（人事）部门组织进行。考察要坚持德才兼备原则，考察内容包括考察对象的德、能、勤、绩、廉情况及其政治业务素质与竞争职位的适应程度，注重考察工作实绩和群众公认程度。

十三 《贯彻落实中央关于振兴东北地区等老工业基地战略进一步加强东北地区人才队伍建设的实施意见》

贯彻落实中央关于振兴东北地区等老工业基地战略
进一步加强东北地区人才队伍建设的实施意见

（中办发〔2004〕22号，2004年8月15日）

内容摘编：

牢固树立人人都能成才的观念，不唯学历、不唯职称、不唯资历、不唯身份，坚持德才兼备的原则，把品德、知识、能力和业绩作为衡量人才、使用人才的主要标准，不拘一格选人才；牢固树立以人为本的观念，把促进人才健康成长和充分发挥作用放在首位，充分尊重人才的创造价值，挖掘人才的发展潜力，鼓励人人都作贡献；牢固树立不求所有、但求所用的观念，实现人才的柔性流动；牢固树立整体推进人才资源开发的观念，努力培养造就大批振兴东北地区等老工业基地急需的各类优秀人才。要紧紧围绕树立科学的人才观，加大宣传力度，在全社会形成尊重劳动、尊重知识、尊重人才、尊重创造的浓厚氛围和鼓励人才干事创业的良好环境。

加快研究制定各类人才的评价标准，建立以业绩为重点，由品德、知识、能力等要素构成的人才评价指标体系，为合理使用和有效激励人才提供依据。

大力发展人才测评、人事代理、选聘人才等人才市场中介服务，提高人才市场配置效率；加强人才市场法制化建设，保证人才流动的开放性和有序性。

十四 《中共中央关于加强党的执政能力建设的决定》

中共中央关于加强党的执政能力建设的决定

（2004 年 9 月 19 日中国共产党第十六届
中央委员会第四次全体会议通过）

内容摘编：

深化干部人事制度改革，建设一支善于治国理政的高素质干部队伍。坚持党管干部的原则，全面贯彻革命化、年轻化、知识化、专业化的方针。坚持德才兼备、注重实绩、群众公认，坚持任人唯贤、公道正派，把那些政治上靠得住、工作上有本事、作风上过得硬的干部选拔到各级领导岗位上来。继续推行和完善民主推荐、民主测评、差额考察、任前公示、公开选拔、竞争上岗、全委会投票表决、党政领导干部辞职等制度。加大干部交流力度，进一步落实和完善领导干部任职回避制度。抓紧制定体现科学发展观和正确政绩观要求的干部实绩考核评价标准，完善职务和职级相结合的制度，实行党政领导干部职务任期制度，健全公务员制度。完善党内选举制度，改进候选人提名方式，适当扩大差额推荐和差额选举的范围和比例。严格控制选任制领导干部任期内的职务变动。大力培养选拔优秀年轻干部，特别要培养选拔胜任重要岗位的年轻干部。注重培养选拔妇女干部和少数民族干部。有计划地组织和安排干部到艰苦地区、复杂环境和基层一线经受锻炼和考验。实施人才强国战略，贯彻党管人才原则，坚持党政人才、企业经营管理人才和专业技术人才三支队伍一起抓，把各方面优秀人才集聚到党和国家的各项事业中来。

十五 《中华人民共和国公务员法》

中华人民共和国公务员法

（国家主席令第三十五号，中华人民共和国第十届
全国人民代表大会常务委员会第十五次会议
于 2005 年 4 月 27 日通过，自 2006 年 1 月 1 日起施行）

内容摘编：

公务员的任用，坚持任人唯贤、德才兼备的原则，注重工作实绩。

公务员应当履行下列义务：

（一）模范遵守宪法和法律；

（二）按照规定的权限和程序认真履行职责，努力提高工作效率；

（三）全心全意为人民服务，接受人民监督；

（四）维护国家的安全、荣誉和利益；

（五）忠于职守，勤勉尽责，服从和执行上级依法作出的决定和命令；

（六）保守国家秘密和工作秘密；

（七）遵守纪律，恪守职业道德，模范遵守社会公德；

（八）清正廉洁，公道正派；

（九）法律规定的其他义务。

对公务员的考核，按照管理权限，全面考核公务员的德、能、勤、绩、廉，重点考核工作实绩。

十六　《关于进一步加强高技能人才工作的意见》

关于进一步加强高技能人才工作的意见

（中办发〔2006〕15号，2006年4月18日）

内容摘编：

以能力和业绩为导向，建立和完善高技能人才考核评价、竞赛选拔和技术交流机制。

健全和完善高技能人才考核评价制度。大力加强职业技能鉴定工作，积极推行职业资格证书制度，进一步突破年龄、资历、身份和比例限制，加快建立以职业能力为导向、以工作业绩为重点，注重职业道德和职业知识水平的高技能人才评价体系。要结合生产和服务岗位要求，强化标准，健全程序，坚持公开、公平、公正的原则，进一步完善符合高技能人才特点的业绩考核内容和评价方式，反对和防止高技能人才考评中的不正之风。对在技能岗位工作并掌握高超技能、作出重大贡献的骨干人才，可进一步突破工作年限和职业资格等级的要求，允许他们破格或越级参加技师、高级技师考评。

积极探索高技能人才多元评价机制，逐步完善社会化职业技能鉴定、企业技能人才评价、院校职业资格认证和专项职业能力考核的实施办法。依托具备条件的大型企业，逐步开展高技能人才评价改革试点。试点企业可按规定，结合企业生产和科研活动实际，开展技师、高级技师考核鉴定工作。在职业院校开展职业技能鉴定工作，大力推行职业资格证书制度，努力使学生在获得学历证书的同时，取得相应的职业资格证书。开发与后备高技能人才评价要求相适应的课程标准。选择部分职业院校进行预备技师考核试点，取得预备技师资格的毕业生在相应职业岗位工作满两年后，经单位认可，可申报参加技师考评。推行专项职业能力考核制度，为劳动者提供专项职业能力公共认证服务。

十七 《关于进一步加强高技能人才评价工作的通知》

关于进一步加强高技能人才评价工作的通知

（劳社部发〔2006〕22号，2006年7月5日）

内容摘编：

积极探索多元评价机制，拓宽高技能人才成长通道

推进企业高技能人才评价改革试点。要依据国家职业标准，确定符合企业生产实际的能力考核和业绩评定内容，结合生产服务过程对企业高技能人才进行评价。对于在企业生产一线掌握高超技能、业绩突出的劳动者，经所在单位认可，可在国家职业标准规定的资历条件基础上，破格或越级参加技师、高级技师考评。对于职业技能鉴定试点企业开展的高技能人才考核评价，要按规定派遣质量督导人员进行现场质量督导。

坚持公开、公平、公正的原则，保证高技能人才评价质量

坚持公开、公平、公正的原则，防止高技能人才考评不正之风。要通过报纸、网络等多种方式，公开发布高技能人才评价的申报条件、考评时间及场所、组织实施流程。要公平对待申请参加评价的劳动者，严格执行国家职业标准和有关规定，严肃考场纪律，规范考评行为，杜绝弄虚作假、考场作弊和违规评判等不正之风。要保证高技能人才评价过程和评价结果的公正，认真调查了解群众举报的质量问题，秉公处理。各地各部门要设立高技能人才评价质量监督专线举报电话，在公共职业介绍机构、职业培训机构、职业技能鉴定中心和鉴定所（站）的显著位置公布，广泛接受社会公众的监督。

不断加强高技能人才评价基础建设

加快编制和修订技师、高级技师国家职业标准。加快国家职业标准开发工作，设置技师、高级技师申报条件，确定理论知识和实际操作能力要求，满足高技能人才评价工作需求。规范国家职业标准制定管理工作，由我部或我部会同有关行业主管部门共同组织制定国家职业标准，并发布实施。

十八　《关于进一步加强西部地区人才队伍建设的意见》

关于进一步加强西部地区人才队伍建设的意见

（中办发［2007］9 号，2007 年 2 月 14 日）

内容摘编：

继续推进人才工作机制体制创新，为优秀人才脱颖而出创造良好的制度环境。进一步创新人才培养、使用、流动、激励、保障、投入等各项工作机制，整合和盘活现有人才资源。深入贯彻中央关于深化干部人事制度改革的方针政策，以建立健全选拔任用和监督管理机制为重点，推进党政领导干部任用制度改革，通过加大竞争上岗、公开选拔力度等，把大批优秀人才充实到领导岗位。扩大西部地区事业单位人事制度改革试点范围，以转换用人机制为重点，以推行聘用制度和岗位管理制度为主要内容，完善配套政策。加大国有企业经营管理人才队伍机制体制创新力度，力争用 3 年左右时间在西部地区中央企业及所属单位全面建立人才选聘的竞争机制。建立健全企业人才激励机制，鼓励探索完善高层次科技人才中长期激励措施。

根据农村实用人才的成长规律，加强政策引导和扶持，逐步建立简便规范的人才评价制度，完善激励措施，营造农村实用人才大量涌现、成才兴业的社会环境。

十九　《关于加强农村实用人才队伍建设和农村人力资源开发的意见》

关于加强农村实用人才队伍建设和农村人力资源开发的意见

（中办发［2007］24 号，2007 年 11 月 8 日）

内容摘编：

建立健全农村实用人才认定制度。根据农村实用人才的成长规律和特点，制定以知识、技能、业绩、贡献为主要内容的农村实用人才认定标准。各地要结合实际，按照简便规范的原则，建立不同层级的农村实用人才信息库。省级管理的农村实用人才可以纳入高层次人才库，实施重点管理和服务。制定配套措施，对重点联系的农村实用人才发展生产、创业兴业给予积极支持。

鼓励农村实用人才等各类人才积极参与国家职业资格评定。适应现代农业和农村经济的发展需要，加快农村新职业开发步伐，不断扩大职业资格证书制度在新农村的覆盖面，逐步推广面向农村人才的职业资格评价和职业技能鉴定工作。畅通渠道，鼓励和支持农村实用人才参加国家专业技术职称评定。

二十 《推进企业技能人才评价工作指导意见》

推进企业技能人才评价工作指导意见

（人社厅发〔2008〕39号，2008年6月20日）

内容摘编：

按照建立以职业能力为导向，以工作业绩为重点，注重职业道德和职业知识水平的技能人才评价体系的总体要求，指导企业依据国家职业标准，结合企业生产（经营）实际，采用贴近生产需要、贴近岗位要求、贴近职工素质提高的考核方式，对职工技能水平进行客观、科学、公正的评价，努力使企业技能人才结构更加合理，高技能人才更快成长，并带动各等级技能劳动者队伍的梯次发展。

企业技能人才评价工作以职业能力建设为核心，以高技能人才评价为重点，坚持国家职业标准与生产岗位实际要求相衔接、职业能力考核与工作业绩评定相联系、企业评价与社会认可相结合、属地管理与行业指导相协调的原则。

企业技能人才评价要以职业能力考核和工作业绩评定为重点，同时注重职业道德评价和理论知识考试。

职业能力考核。重点考核技能人员执行操作规程、解决生产问题和完成工作任务等方面的实际工作能力。可结合试点企业生产（经营）实际，在工作现场、生产过程中，采取典型工件加工、作业项目评定、现场答辩、情景模拟等方式进行考核。由试点企业向职业技能鉴定指导中心提出申请，从国家题库中抽取相应职业（工种）的实际操作试题，并可结合岗位实际对试题内容进行调整；尚未开发国家题库的，由职业技能鉴定指导中心与试点企业组织专家依据国家职业标准，结合岗位实际要求共同命制。

工作业绩评定。重点评定技能人员在工作中取得的业绩和成果，以及工作效率和完成产品质量的情况。技师、高级技师还包括完成的主要工作项目、现场解决技术问题情况、技术改造和革新等方面情况，以及传授技艺培养指导徒弟等方面的成绩。工作业绩成果材料应在企业内进行公示。

职业道德评价。重点评价技能人员遵守国家法律法规和企业规章制度、工作责任心和积极性、岗位之间团结协作的能力，可采用上级评价和班组评议相结合的方式进行。

理论知识考试。重点考核本职业及本岗位相关的必备职业知识。由试点企业会同职业技能鉴定指导中心组织实施。理论试题可从国家题库中抽题组卷，对不符合企业实际的试题可按要求进行适当调整；尚未开发国家题库的，由职业技能鉴定指导中心与试点企业组织专家依据国家职业标准，按照《职业技能鉴定命题技术标准（试行）》要求共同命制。考试方式以闭卷笔试为主。

职业能力考核、工作业绩评定、职业道德评价和理论知识考试均实行百分制，成绩全部达到60分及以上者为合格。各地、各行业可根据企业的生产特点，提高标准或对四个模块设定权数确定合格标准。可对少数职业能力考核成绩和工作业绩评定结果特别优异者采取直接认定方式。对掌握高超技能，并在国家级、省级技能竞赛中获得主要名次的优秀人才，可破格或越级参加技师、高级技师考评。

二十一　《中央人才工作协调小组关于实施海外高层次人才引进计划的意见》

中央人才工作协调小组关于实施海外高层次人才引进计划的意见

（中办发〔2008〕25号，2008年12月23日）

内容摘编：

各地区各部门要按照中央要求，结合工作实际，充分发挥各自优势，采取切实有效的措施，扎实开展海外高层次人才引进工作。国家有关部门要继续做好做强"长江学者奖励计划""百人计划""国家杰出青年科学基金"等人才引进项目。同时，要制定实施专项计划，重点引进本行业本领域发展急需和紧缺的海外高层次人才。各省（自治区、直辖市）要结合经济社会发展和产业结构调整的需要，研究制定实施本地区海外高层次人才引进计划，有针对性地引进一批海外高层次人才。有条件的地方特别是东部沿海地区和中心城市，要依托经济技术开发区、高新技术产业开发区、留学人员创业园、大学科技园等，推出一批特色项目，大力吸引海外高层次人才回国（来华）创新创业。支持、鼓励非公有制企业和民办非企业单位开展引进海外高层次人才工作。

坚持重在使用，切实为海外高层次人才充分发挥作用提供良好条件

要进一步解放思想，大胆破除不合时宜的条条框框，完善配套政策措施，为海外高层次人才充分发挥作用提供良好的工作环境和生活条件。要充分理解、充分信任、热情关怀、放手使用引进的海外高层次人才，积极营造尊重、关心、支持海外高层次人才的环境和氛围，努力做到待遇招人、事业留人、情谊感人、服务到人，使他们能够全力以赴地进行创新创业活动，为建设创新型国家贡献智慧、做出成绩。

二十二　《关于建立促进科学发展的党政领导班子和领导干部考核评价机制的意见》

关于建立促进科学发展的党政领导班子和

领导干部考核评价机制的意见

（中办发［2009］30 号，2009 年 6 月 29 日）

内容摘编：

坚持德才兼备、以德为先。始终把政治标准放在首位，既重能力，更重品行，注重考核政治品质、理论素养、责任意识、思想作风、勤政廉政和道德修养，引导领导干部坚持原则、勇于负责，敢抓善管、真抓实干。

坚持注重实绩、科学发展。服务科学发展、促进科学发展，把按照科学发展观要求履行职责的实际成效作为考核的基本内容和评价的基本依据，引导领导班子和领导干部全心全意创造经得起实践、人民、历史检验的实绩。

坚持分类考核、量化评价。科学设置考核内容和指标，坚持共性与个性考核相结合、定性与定量考核相结合，分层分类，突出重点，体现特点，为进一步提高选人用人公信度提供依据。

坚持综合考评、成果运用。将不同考核结果进行综合分析，相互印证，将最终评价结果运用到干部选拔任用、培养教育、管理监督各个环节，促进领导班子和领导干部牢固树立、自觉实践科学发展观和正确政绩观，推动领导班子和领导干部改进工作、提高水平、增强能力，形成促进科学发展的强大合力。

充分体现科学发展观和正确政绩观的要求。坚持发展为第一要义，以人为本为核心，全面协调可持续为基本要求，统筹兼顾为根本方法，既注重考核发展速度，又注重考核发展方式、发展质量；既注重考核经济建设情况，又注重考核经济社会协调发展、人与自然和谐发展，特别是履行维护稳定第一责任、保障和改善民生的实际成效；既注重考核已经取得的显绩，又注重考核打基础、利长远的潜绩，注重综合分析局部与全局、效果与成本、主观努力与客观条件等各方面因素。注重增强新形势下依法办事能力和应急管理、舆论引导、新兴媒体运用等方面能力。提高谋划发展、统筹发展、优化发展、推动发展的本领和群众工作、公共服务、社会管理、维护稳定的本领。坚持科学发展观与正确政绩观有机统一，坚持从实绩看德才，促进领导干部以正确政绩观贯彻落实科学发展观。

充分体现把政治标准放在首位。坚持以党性作为德的核心内容，进一步完善领导干部德的具体内涵和评价标准。注重考核理想信念，重点看是否忠于党、忠于国家、忠于人民；注重考核政治品质，重点看是否确立正确的世界观、权力观、事业观；注重考核作风建设，重点看是否真抓实干、敢于负责、锐意进取；注重考核道德品行，重点看是否作风正派、清正廉洁、情趣健康。积极探索德的考察途径，注意从履行岗位职责中考察干部的工作动机、工作态度、工作作风、工作成效和工作中表现出的团结协作精神；注意从完成急难险重任务中考察干部的胆识、意志品质和对群众的感情；注意从关键时刻的表现考察干部政治立场、政治态度和坚持原则情况；注意从对待个人名利的态度中考察干部服从组织、顾全大局情况、品行和心态，引导各级领导干部始终保持共产党人的政治本色。

二十三 《2010～2020 年深化干部人事制度改革规划纲要》

2010～2020 年深化干部人事制度改革规划纲要

（中办发〔2009〕43 号，2009 年 12 月 3 日）

内容摘编：

健全促进科学发展的党政领导班子和领导干部考核评价机制

认真实行并不断完善地方党政领导班子和领导干部综合考核评价办法（试行）、党政工作部门领导班子和领导干部综合考核评价办法（试行）、党政领导班子和领导干部年度考核办法（试行）。2012 年前在省、市、县全面实施。到 2015 年初步建立符合不同区域、不同层次、不同类型领导班子和领导干部特点的考核评价体系，形成比较完善的考核评价机制，不断提高考核评价工作的科学化水平。

健全考核评价机制

1. 建立岗位职责规范。根据岗位的性质、任务和要求，逐步建立健全干部岗位职责规范及其能力素质标准，作为干部考核评价的基础和依据。

2. 实行平时考核与定期考核相结合。规范干部平时考核制度，加强对干部的经常性考核。综合运用平时考核、年度考核与换届（任期）考察、任职考察等方式，全面准确地评价干部。

3. 改进考核方法。完善民意调查、实绩分析等方法。坚持定性考核与定量考核相结合。整合考核信息，注意综合运用巡视、审计、统计及部门（行业）专项考评等结果。根据考核任务和考核对象，合理运用考核方法。

4. 强化考核结果运用。把考核结果作为干部选拔任用的重要依据，并与干部的培养教育、管理监督、激励约束等结合起来。建立健全考核结果反馈和通报制度。建立健全干部考核信息库。

二十四 《国家中长期人才发展规划纲要（2010～2020年）》

国家中长期人才发展规划纲要（2010～2020年）

（2010年6月6日）

内容摘编：

建立以岗位职责要求为基础，以品德、能力和业绩为导向，科学化、社会化的人才评价发现机制。完善人才评价标准，克服唯学历、唯论文倾向，对人才不求全责备，注重靠实践和贡献评价人才。改进人才评价方式，拓宽人才评价渠道。把评价人才和发现人才结合起来，坚持在实践和群众中识别人才、发现人才。

健全科学的职业分类体系，建立各类人才能力素质标准。建立以岗位绩效考核为基础的事业单位人员考核评价制度。分行业制定事业单位领导人员考核评价办法。完善重在业内和社会认可的专业技术人才评价机制。加快推进职称制度改革，规范专业技术人才职业准入，依法严格管理；完善专业技术人才职业水平评价办法，提高社会化程度；完善专业技术职务任职评价办法，落实用人单位在专业技术职务（岗位）聘任中的自主权。完善以任期目标为依据、工作业绩为核心的国有企业领导人员考核评价办法。探索技能人才多元评价机制，逐步完善社会化职业技能鉴定、企业技能人才评价、院校职业资格认证和专项职业能力考核办法。健全完善党政领导干部考核评价机制。建立健全公务员职位分类制度。建立在重大科研、工程项目实施和急难险重工作中发现、识别人才的机制。健全举才荐才的社会化机制。

二十五　《企业经营管理人才队伍建设中长期规划（2010～2020年）》

企业经营管理人才队伍建设中长期规划（2010～2020年）

（2011年6月17日）

内容摘编：

完善考核评价机制

围绕企业发展战略目标，建立健全以岗位职责为基础，以品德、能力和业绩为导向，考核评价结果与人才培养、使用、激励相挂钩，充分体现科学发展观要求的企业经营管理人才考核评价机制。

加强对企业领导人员的考核评价

建立和完善以聘期目标为依据的企业领导人员经营业绩考核制度，积极推行经济增加值考核，逐步强化考核指标与国际国内同行业企业对标，引导领导人员不断提高价值创造能力。坚持市场认可、出资人认可和职工群众认可的原则，建立和完善企业领导人员综合考核评价制度，在突出经营业绩的基础上，根据董事会成员、党组织负责人、经营管理者的不同岗位责任和履职特点，分层分类确定考核评价内容，综合考评领导人员的能力素质、履职行为和履职结果，引导领导人员更加注重科学发展，促使企业更好地履行经济责任、政治责任和社会责任。强化考核评价结果的运用，坚持经营业绩考核结果与领导人员薪酬激励挂钩、综合考评结果与领导人员培养使用挂钩，促使企业各级领导人员牢固树立正确的业绩观，不断提高履职能力和水平。

全面建立经营管理人才绩效考核评价体系

围绕企业发展战略实施的关键绩效指标，逐级分解落实企业改革发展任务，在此基础上建立健全以目标管理为重点、岗位职责为基础的经营管理人才绩效考核评价体系。定期检查绩效目标完成情况，加强对员工的绩效辅导和绩效执行的过程管理，及时提出绩效改进和能力发展计划，建立和完善人才业绩档案，不断提高考核评价工作质量和水平。考核评价结果作为经营管理人才选拔任用、薪酬分配和职业发展的重要依据。

二十六　《专业技术人才队伍建设中长期规划（2010～2020年）》

专业技术人才队伍建设中长期规划（2010～2020年）

（2011年6月27日）

内容摘编：

以科学人才观为指导。坚持德才兼备、以德为先的识才、选才、用才标准。把品德、知识、能力、业绩和贡献作为衡量人才的主要标准，不唯学历、不唯职称、不唯资历、不唯身份，不拘一格选人才。牢固树立人人都可以成才的观念，积极为广大专业技术人员成才创造有利条件，鼓励多出人才、快出人才、出好人才。

以深化职称制度改革为动力，实现对专业技术人才的科学评价。坚持以职业分类为基础，以能力和业绩为导向，完善重在业内和社会认可的专业技术人才评价机制，形成科学、分类、动态、面向全社会各类专业技术人才的职称制度。推进职称制度改革，调整功能定位，健全分类体系，完善评价机制，实现科学管理。统筹专业技术职务聘任制度和职业资格制度，规范专业技术人员职业资格准入制度，依法严格管理；发展专业技术人员职业水平评价制度，提高社会化程度；完善专业技术职务任职评价制度，落实用人单位在专业技术职务（岗位）聘任中的自主权。积极推进职称制度框架体系研究，创新和改进完善职称评价的手段和方式，为科学、客观、公正地评价专业技术人员提供制度保障，为各类用人单位使用专业技术人员提供基础和依据，为专业技术人员职业发展开辟宽广的通道。

二十七　《高技能人才队伍建设中长期规划（2010～2020年）》

高技能人才队伍建设中长期规划（2010～2020年）

（2011年7月6日）

内容摘编：

高技能人才是指具有高超技艺和精湛技能，能够进行创造性劳动，并对社会作出贡献的人，主要包括技能劳动者中取得高级技工、技师和高级技师职业资格的人员。高技能人才是我国人才队伍的重要组成部分，是各行各业产业大军的优秀代表，是技术工人队伍的核心骨干，在加快转变经济发展方式、促进产业结构优化升级、提高企业竞争力、推动技术创新和科技成果转化等方面具有重要作用。

二十八　《农村实用人才和农业科技人才队伍建设中长期规划（2010～2020年）》

农村实用人才和农业科技人才队伍建设
中长期规划（2010～2020年）

（2011年10月17日）

内容摘编：

以能力和业绩为导向，完善人才评价标准，改进人才评价方式，拓宽人才评价渠道，在生产实践中发现人才，以贡献大小评价人才，把评价人才与发现人才结合起来，建立科学化、社会化的人才评价发现机制。农业科技人才的评价重在业内和社会认可，把对产业发展的贡献作为重要指标，完善评价标准体系；按照国家职称制度改革的总体方向和要求，深化农业技术人员职称制度改革；完善考核方式，规范考核程序，不断提高考核的科学化水平。农村实用人才评价重在群众认可，根据农村实用人才的成长规律和特点，以知识、技能、业绩、贡献为主要内容，分层级、分地区、分类型制定农村实用人才认定标准，采取灵活、务实的评价方式，开展农村实用人才评价认定工作。

二十九　《社会工作专业人才队伍建设中长期规划（2011～2020年）》

社会工作专业人才队伍建设
中长期规划（2011～2020年）

（2012年4月26日）

内容摘编：

坚持以职业道德、能力和业绩为导向，以社会工作专业人才职业水平评价为基础，逐步完善符合国情、与国际接轨、科学合理的社会工作专业人才评价政策。

实施分类管理，研究制定适合不同类型、不同层次社会工作专业人才的能力素质标准以及评价、鉴定办法。制定社会工作员和高级社会工作师职业水平评价办法，完善社会工作专业人才职业水平评价制度，形成初、中、高级相衔接的社会工作专业人才职业水平评价体系。将取得职业水平证书的社会工作专业技术人才纳入专业技术人员管理范围，改进社会工作专业人才人事管理办法。完善社会工作专业人才登记管理办法，探索建立与国际接轨的社会工作专业人才职业资格制度。研究制定社会工作专业人才职业道德守则和专业行为规范，加强职业道德和作风建设。

完善社会工作专业人才考核制度，根据社会工作专业人才从业领域、单位性质和岗位胜任力要求，分类形成由品德、知识、能力、业绩等要素构成的岗位评价指标体系。要在有关事业单位建立健全以聘用合同和岗位职责为依据，以工作绩效为主要内容，以服务对象满意度为基础的考核办法。要积极引导有关社会组织建立符合社会工作专业人才特点的评价机制。

三十　《关于进一步加强党管人才工作的意见》

关于进一步加强党管人才工作的意见

（中办发〔2012〕22 号，2012 年 9 月 26 日）

内容摘编：

促进职能部门各司其职、密切配合。按照统一领导、分类管理的原则，根据部门职能，科学划分有关部门在人才工作和人才队伍建设中的职责。人力资源社会保障部门要在制定人才政策法规、构建人才服务体系、培育和发展人才资源市场等方面积极发挥作用。承担党政人才、企业经营管理人才、专业技术人才、高技能人才、农村实用人才和社会工作人才队伍建设的主要责任部门要明确职责，各司其职。各党政职能部门和企事业单位要齐抓共管、通力合作，共同推动人才工作各项任务的落实。

切实发挥用人单位主体作用。引导和督促各用人单位认真贯彻执行党的人才工作方针政策，自觉做好本单位人才培养、引进和使用工作。不断深化干部选拔任用制度改革，扩大干部工作民主，拓宽选人用人渠道，促进优秀人才脱颖而出。深化国有企业和事业单位人事制度改革，创新管理体制，完善用人机制，尊重和落实单位用人自主权。鼓励和引导非公有制经济组织和新社会组织认真落实所在地方党委、政府人才发展规划，以灵活机制做好人才服务和管理工作。

参考文献

1. 中共中央组织部中共中央宣传部中共中央文献研究室编《论人才——主要论述摘编》，党建读物出版社、中央文献出版社，2012。

2. 中共中央组织部人才工作局编《科学人才观理论读本》，人民出版社，2012。

3. 中共中央组织部人才工作局编《科学人才观实践读本》，人民出版社，2012。

4. 朱耀廷、李树喜：《中国人才史纲》，北京大学出版社，2012。

5. 尹蔚民编《民生为本　人才优先——人力资源社会保障事业十年发展（2002～2012）》，人民出版社，2012。

6. 中共中央组织部人才工作局编《我的中国梦》，党建读物出版社，2012。

7. 王晓初编《专业技术人才队伍建设与管理》，中国劳动社会保障出版社，2012。

8. 高子平：《我国外籍人才引进与技术移民制度研究》，上海社会科学院出版社，2012。

9. 潘晨光编《中国人才发展报告2012》，社会科学文献出版社，2012。

10. 徐颂陶编《人才鉴要——中华人才思想原典》，中国人事出版社，2011。

11. 人力资源和社会保障部职业能力建设司职业技能鉴定中心编《企业技能人才评价工作技术指导手册》，中国劳动社会保障出版社，2011。

12. 何小民：《人才简史》，深圳报业集团出版社，2011。

13. 萧鸣政、杨河清编《中国领导人才的开发与管理——2010领导人才论坛暨第二届中国党政与国企领导人才素质标准与开发战略研讨会论文选集》，人民出版社，2011。

14. 本书编写组编《胡锦涛在全国人才工作会议上重要讲话精神学习问答》，党建读物出版社，2010。

15. 王辉耀：《国家战略——人才改变世界》，人民出版社，2010。

16. 倪鹏飞编《人才国际竞争力》，社会科学文献出版社，2010。

177. 廖泉文编《招聘与录用》，中国人民大学出版社，2010。

18. 刘志生、陈岸然：《中国人才学30年（回顾与展望）》，军事科学出版社，2009。

19. 〔美〕爱德华·E. 劳勒：《人才：使人才成为你的竞争优势》，吴溪译，机械工业出版社，2009。

20. 林泽炎：《强国利器——人才开发的战略选择与制度设计》，中国劳动社会保障出版社，2008。

21. 乔盛：《人才论》，中共中央党校出版社，2008。

22. 杜林致编《人力资源测评理论与实务》，暨南大学出版社，2008。

23. 国家人口发展战略研究组编《国家人口发展战略研究报告》，中国人口出版社，2007。

24. 胡鞍钢：《中国崛起之路》，北京大学出版社，2007。

25. 贾斌、杜大为编《人员素质与能力测评》，电子工业出版社，2006。

26. 杨河清编《人力资源管理》，东北财经大学出版社，2006。

27. 〔美〕戴布拉·艾米顿：《创新高速公路：构筑知识创新与知识共享的平台》，陈劲、朱朝晖译，知识产权出版社，2005。

28. 中国人事科学研究院：《2005年中国人才报告——构建和谐社会历史进程中的人才开发》，人民出版社，2005。

29. 中国教育与人类资源问题课题组编《从人口大国迈向人类资源强国》，高等教育出版社，2003。

30. 萧鸣政、Mark Cook编《人员素质测评》，高等教育出版社，2003。

31. 中共中央组织部编《2002~2005年全国人才队伍建设规划纲要》，党建读物出版社，2002。

32. 戴光前：《中国人才发展大趋势》，中国人事出版社，2002。

33. 中组部干部一局编《大力实施人才强国战略》，党建读物出版社，2002。

34. 中组部干部一局编《人才规划战略研究报告》，党建读物出版社，2002。

35. 沈世德、薛卫平：《创新与创造力开发》，东南大学出版社，2002。

36. 王继承编《人事测评技术》，广东经济出版社，2001。

37. 中国国民体质监测系统课题组、国家体育总局科教司：《中国国民体质监测系统的研究》，北京体育大学出版社，2000。

38. 黄书田：《当代中国廉政建设研究》，北京出版社，1998。

39. 李源潮：《大力宣传和普及科学人才观　努力提高人才工作科学化水平》，《求是》2012 年第 3 期。

40. 刘相谦、马雪辉：《完善地方党政干部政绩评价体系》，《理论前沿》2011 年第 15 期。

41. 刘开君：《从人力资本理论的视角看专业技术人才队伍建设》，《南方论刊》2011 年第 2 期。

42. 梁勇、杨琼：《党政干部选拔的理论思考》，《前沿》2009 年第 9 期。

43. 马志鹏：《领导干部要干干净净为国家和人民工作》，《前线》2008 年第 8 期。

44. 刘民主：《人才概念的发展及科学的人才观〉，《人才开发》2008 年第 8 期。

45. 齐芳等：《体质评价专家系统的设计研究》，《天津理工大学学报》2008 年第 3 期。

46. 石彦：《经济社会发展的人才支撑》，《中国人才》2008 年第 1 期。

47. 王松国：《浅论新农村建设中实用人才队伍的建设》，《中国成人教育》2007 年第 23 期。

48. 李冷：《加快农村实用人才开发思考》，《经济问题》2007 年第 11 期。

49. 张书凤：《我国区域人才发展指数研究》，《科技管理研究》2007 年第 11 期。

50. 李垣明：《关于区域人才发展规划的几个问题》，《人口与经济》2007 年第 11 期。

51. 燕补林：《关于高技能人才激励模式创新之研究》，《企业经济》2007 年第 11 期。

52. 韩玮：《高技能人才成长规律透视》，《中国成人教育》2007 年第 20 期。

53. 李向阳：《加强人才队伍建设　促进县域经济发展》，《中国人才》2007 年第 15 期。

54. 沈泉涌：《切实加强高技能人才队伍建设》，《党建研究》2007 年第 9 期。

55. 任文硕：《我国农村基层专业技术人才队伍建设相关政策反思》，《中国行政管理》2007 年第 5 期。

56. 梁建春、何群、时勘：《基于胜任特征的国企技术管理人员培训体系开发》，《中国培训》2007年第3期。

57. 张义珍：《加强党对高层次战略性人才队伍的管理》，《理论前沿》2007年第3期。

58. 孙大强、李军素：《计算机情境模拟技术在人才测评中的应用》，《中国人力资源开发》2007年第2期。

59. 路甬祥：《造就创新人才是建设创新型国家的关键》，《上海教育》2007年第2期。

60. 刘晓燕、蔡秀萍：《专业技术人才队伍建设重在高层次创新型人才》，《中国人才》2007年第1期。

61. 毕立夫：《完善党政领导干部政绩考核体系的几点思考》，《中国党政干部论坛》2007年第1期。

62. 林日团：《管理人员胜任力研究述评》，《华南师范大学学报（社会科学版）》2007年第1期。

63. 丁向阳：《探索区域人才开发合作新模式》，《中国人才》2007年第1期。

64. 王倩：《围绕重点产业集聚人才的对策研究》，《中国人力资源开发》2007年第1期。

65. 沈荣华：《21世纪中国的人才战略走向》，《中国人才》2007年第1期。

66. 袁兆亿：《人才战略框架下的科技创新人才发展模式》，《改革与战略》2007年第1期。

67. 李永华：《我国区域性人才发展战略的若干思考》，《中央民族大学学报（哲学社会科学版）》2007年第1期。

68. 刘晓燕：《专业技术人才队伍建设重在高层次创新型人才》，《中国人才》2007年第1期。

69. 娄伟：《我国科技人才创新能力不足的原因与对策》，《科学新闻》2006年第22期。

70. 佘国平：《培养创新型人才：研究与思考》，《教育发展研究》2006年第14期。

71. 萧鸣政：《党政领导人才开发的问题与对策》，《党建研究》2006年第6期。

72. 李兴文：《论创新型国家建设与科技人才战略》，《中国人力资源开发》2006年第6期。

73. 沈荣华：《人才建设对提高党的执政能力的当代意义与使命》，《中国人力资源开发》2006 年第 4 期。

74. 张向前：《人才战略与中国区域经济发展研究》，《经济问题探索》2006 年第 4 期。

75. 王松鹤：《落实党管人才原则 推进人才项目建设》，《党建研究》2006 年第 3 期。

76. 郑学宝、孙建敏：《县域经济发展与县级党政领导正职的胜任力模型研究》，《学术研究》2006 年第 1 期。

77. 李延保：《关于推进"国家创新人才工程"的设想》，《高等工程教育研究》2005 年第 5 期。

78. 闵宪鲁：《我国高层次人才发展战略的思考》，《中国成人教育》2005 年第 5 期。

79. 吴小建：《公务员考核制度的偏差及其调适》，《前沿》2004 年第 11 期。

80. 汤永林、叶美霞、陈劲，冯俊文：《基于惯域的领导者创新研究》，《中国行政管理》2004 年第 11 期。

81. 夏书章：《创新能力》，《中国行政管理》2004 年第 11 期。

82. 王义民：《人类社会经济盛衰的考证及构建我国新世纪人才工程的战略研究》，《社会科学战线》2004 年第 5 期。

83. 王志田：《人才发展战略模式探讨》，《中国科技论坛》2003 年第 3 期。

84. 袁树军：《国有企业人才发展的四项战略》，《中国人才》2003 年第 2 期。

85. 杜文举：《以双重职业生涯路径关注人才发展》，《中国劳动》2002 年第 9 期。

86. 人才规划纲要起草小组：《学习贯彻人才规划纲要 大力加强人才队伍建设》，《党建研究》2002 年第 7 期。

87. 郭凤志：《创新意识：激发创造力的重要精神资源和力量》，《科学社会主义》2002 年第 5 期。

88. 丁刚：《人才测评的若干问题》，《中国人力资源开发》2002 年第 2 期。

89. 王重鸣、陈民科：《管理胜任力特征分析：结构方程模型检验》，《心理科学》2002 年第 1 期。

90. 罗章、何家利：《对国家公务员考核的评析》，《重庆大学学报》2002 年第 1 期。

91. 王凤科、周祖城：《创新人才素质测评》，《经济与管理》2002 年第
    1 期。

92. 周甜、张陟遥：《构建研究生思想政治品德考评指标体系》，《中国青年
    政治学院学报》2001 年第 1 期。

后　记

　　本书可以看作是在我主持的北京市哲学社会科学"十五"规划项目（项目编号：04BJBJG117）"人才测评指标体系建设研究"的研究成果基础上修改完善充实而形成的。

　　说"十年磨一剑"有点夸张，但从 2003 年我们准备研究人才测评问题到现在已整整过了十个年头。2004 年北京市哲学社会科学规划办批准我们课题立项，经过 3 年的研究，"人才测评指标体系建设研究"课题于 2007 年结项。结项时以张春华研究员为评审组长，宋长青研究员、王立真教授、杨河清教授、王静教授为评审组的与会专家，认为本课题结构合理，内容全面，实用性强，达到了课题结项的要求，一致同意本课题结项并给予高度评价。

　　根据评审组的评审意见和希望，我们又对"人才测评指标体系"进行深入研究，在课题结题后，北京市哲学社会科学规划办公室 2007 年曾联系我们，建议将这一成果及时出版。正当我们着手出版事宜时，2007 年 10 月党的十七大胜利召开，我们通过学习又吸纳了十七大报告关于人才建设及人才评价工作的新思想。2008 年 5 月经修改充实书稿初步完成。正当我们准备将书稿送交出版社出版时，我们听到了中共中央准备再次召开全国人才工作会议的消息，并且可能出台新中国首个人才发展规划。是先出版还是等待新的人才精神继续充实，当时我们也很矛盾，但考虑再三，我们认为还是等待新的人才精神，一则可以真正理清我们的工作思路，二则也可出版后少留些遗憾，这样出版事宜又被放下。2010 年 5 月，中共中央、国务院再次在北京召开全国人才工作会议，同年 6 月《国家中长期人才发展规划纲要（2010～2020 年）》正式颁布。2010 年下半年，我们又对课题进行了"颠覆式"的研究，充实了大量的内容，在一定意义上可以说又重新做了一个新课题。2011 年上半年，书稿最终完成，照理说完全可以送交出版社出版了。考虑到 2012 年要召开党的十八大，会不会又有新的精神，这次我们又主动选择了等待党的新的精神，继续充实完善。2012年11月，党的十八大胜利召开，会议对人才工作又提出了一些新要求。通过学习十八大报告，并对照历次党代会尤其是十六大以来对人才工作的部署，使我们对党的人才工作思路有了更清晰认识，呈现在各位面前的这部研究成果可以说就是我们对新形势下人才测评工作的一些认识，也是2003年至2013年十年来我们对人才测评研究的一个总结。

需要说明的是，在本书的形成过程中，基本架构和共性理论基础借鉴了我们"人才测评指标体系建设研究"课题的一些研究成果，而在形成本书时，部分课题组成员由于工作变动和其他原因，未能参与到本书的写作中来，在此我们向"人才测评指标体系建设研究"课题组研究团队的其他成员表示感谢，他们是任红艳博士、宇长春博士、刘洪银博士、刘慧博士。

需要特别指出的是，当初出于学科建设的需要和我担当发现人才、使用人才及为高等学府培养人才的职责使命需要，在2004年提出了"达"的理念，并试图以"达"的理念形成一种新的人才观和测评方法。"达"的提出是想以最简要的概念来概况各类人才的本质特征，便于人们理解和把握。所谓人才，我认为就是能够恰当地确立或明确一个目标，并能以自己特定的素质和能力，克服各种困难，有效实现既定目标，或为一个更大组织、一项更大事业的总目标，有效完成自己分担的分目标或阶段目标的人。通俗地说，就是"想干事、会谋事、能成事、不断释放正能量"的人。中文里的"达"字可以生动表达出这样一个丰富的内涵。工作中，当我用"达"的理念要求干部履职后，我发现干部能自觉地以"你达到了吗？"来鞭策和激励自己、检讨自己的工作，"达"的理念产生了积极作用。但要把这样一个理念变为人才工作中可以把握和操作的测评系统，需要更加艰苦的努力和繁重的工作。谭永生是我在中国人民大学带的博士，毕业后，又作为博士后与我一起继续进行学术研究。永生博学聪慧、思维敏捷、治学严谨、勇于探索。在人才研究上，坚持不懈，锲而不舍，在"达"的理念基础上，经过持续探索研究，形成了一个完整系统的"达系"。"达系"的完成，永生付出了艰苦的努力，可以说，这项工作的绝大部分，是永生独立完成的。能把"达"的理念发展出这样一个"达系"，我也要对永生表示深深的谢意，同时希望这部著作能对中国人才学的理论研究和人才事业的实践发展起到积极作用。

我们的研究始终得到了北京市哲学社会科学规划办公室和首都经济贸

易大学的领导和同志们的关心和支持，在此表示衷心感谢！本书在写作过程中，参阅了一些专家学者的著作、论文，引用了其中的一些观点和表述，已在参考文献和注释中标明，在此对各位专家表示真诚的谢意！

感谢社会科学文献出版社经济与管理出版中心恽薇主任的大力支持和他们杰出的编辑工作。

人才测评"达系"可以说是对我国人才测评量化方法研究的一次尝试。尽管我们十分努力，力图有所创新，但书中一定还存在疏漏甚至错误之处，一些问题的研究还需要进一步深入。人才测评"达系"我们一直在不断完善，初始并没有出版的打算，但在专家和同事们的一再鼓励下，我们还是本着"抛砖引玉"，为引起更多研究者对人才测评理论和方法的探索、关注和兴趣，以"一家之言"和"百家争鸣"的态度呈现在各位面前。在此请相关领域专家、学者予以指点讨论，以使我们在今后的工作学习中对此问题的研究进一步深化。我们的联系邮箱是：tanysh2008@163.com。

文　魁

2013 年 2 月 20 日

图书在版编目（CIP）数据

达论：人才测评新体系：从理念到方法的探索/文魁，谭永生著.
— 北京：社会科学文献出版社，2013.6
ISBN 978 - 7 - 5097 - 4636 - 3

Ⅰ.①达…　Ⅱ.①文…　②谭…　Ⅲ.①人才考核 - 研
究 - 中国 Ⅳ. ①C962

中国版本图书馆 CIP 数据核字（2013）第 098714 号

达论：人才测评新体系
——从理念到方法的探索

著　　者／文　魁　谭永生

出 版 人／谢寿光
出 版 者／社会科学文献出版社
地　　址／北京市西城区北三环中路甲 29 号院 3 号楼华龙大厦
邮政编码／100029

责任部门／经济与管理出版中心　（010）59367226　　责任编辑／张景增
电子信箱／caijingbu@ ssap. cn　　　　　　　　　　责任校对／白秀红　　白桂华
项目统筹／恽　薇　　　　　　　　　　　　　　　　责任印制／岳　阳
经　　销／社会科学文献出版社市场营销中心　（010）59367081　59367089
读者服务／读者服务中心　（010）59367028

印　　装／北京季蜂印刷有限公司
开　　本／787mm×1092mm　1/16　　　　　　　　印　　张／26.5
版　　次／2013 年 6 月第 1 版　　　　　　　　　　字　　数／447 千字
印　　次／2013 年 6 月第 1 次印刷
书　　号／ISBN 978 - 7 - 5097 - 4636 - 3
定　　价／89.00 元